Weihnachten
1954.

Georg Hermann

Jettchen Gebert

Georg Hermann

Jettchen Gebert

Roman

Verlag Das Neue Berlin

Man lasse mich hier eine Geschichte erzählen, einfach deshalb, weil es mich gelüstet, es zu tun. Aus keinem Grunde sonst. Ich will mich ganz in ihr verplaudern, mich darin einspinnen wie der Seidenwurm in seine eigenen Fäden. Nehmt es als Laune! Denkt, es ist ein Spielzeug, das er sich zusammenbaut! Weiß Gott, weshalb! Aber — hört zu! Denn erzähle ich nicht diese Geschichte, so wird niemand sein, der sie euch erzählen wird, und sie könnte verlorengehen, könnte ungeschehen werden — und das wäre schade! Sie selbst nämlich, die an den Vorgängen Anteil hatten, werden nichts mehr von ihnen verraten. Keine Silbe darüber werdet ihr von ihnen vernehmen; denn sie sind ein wenig schweigsam, seitdem sie sich vom Geschäfte dieses Daseins vor einigen Jahrzehnten zurückgezogen haben, um ungestört in behaglicher Selbstbeschaulichkeit auf den Tag zu warten, an dem mit Schnur und Meßstange Wege und Straßen durch die lärmumwogte Einsamkeit ihres heutigen Domizils gezogen werden, und man statt ihrer bescheidenen efeubezogenen Hügel, zwischen denen sich nachmittags die Kinder jagen, granitene Bordschwellen und Platten für den Bürgersteig zu Haufen schlichtet. Es ist Sage geworden, das Leben all derer, von denen ich sprechen werde. Mehr noch — es hat sich in Nichts aufgelöst, sie sind, wie der Psalmist sagt, dahingegangen, als ob sie nie gewesen wären.

Und deshalb laßt mich von ihnen sprechen! Denn es ist eine Ungerechtigkeit, eine schreiende Ungerechtigkeit, daß etwas, das einmal gewesen ist, so glatt wieder in das Nichts zurücktauchen soll, daß nach uns ... nach unserer Anwesenheit an dieser zweifelhaften Stelle, kaum fünfzig, sechzig Jahre nach unserem Abgang von der Lebensbühne keine Seele mehr fragen soll, kein Huhn gackern, kein Hahn krähen. Leben wir dazu? Weinen wir und freuen wir uns dazu? Tragen wir die Ketten von eisernen Ringen und goldenen Gliedern, die unlösbar miteinander verhakt und vernietet sind, von Glück und Leid, nur dazu? Soll niemand wissen, was wir getragen haben? Warum soll nicht das Wort vom Leben Zeugnis geben? Warum soll nicht der letzte Hall von Menschen und Dingen aufgefangen werden? Warum nicht den Stein noch einmal mühselig bergan wälzen, ehe er für immer von der nächtlichen Tiefe der Schluchten verschlungen wird?

Welch eine Vorstellung verbindet ihr damit, wenn ihr — solltet ihr euch einmal in diese Ecke Berlins verirren — in den geschwungenen Buchstaben, aus denen schon längst die letzte Spur von Vergoldung gewaschen ist, entziffert, „daß unsere teure Nichte, Henriette Jacoby geb. Gebert, am 15. May 1812 das Licht sah und sich am 3. Oktober 1840 allhier zur Ruhe begab?" Welche sonst ... außer der, daß sie nicht dreißig Jahre wurde, und daß es vielleicht mit ihrer Ehe etwas haperte, da ihrer als Nichte und nicht als Gattin gedacht wird? Und was sagt euch der Stein schrägüber, auf dem steht, „daß der ehrenwerte und geachtete Kaufmann Salomon Gebert, ein Muster der Nächstenliebe, am 3. May 1775 zu Berlin geboren wurde und ebenda am 10. September 1850 starb?" Was mehr ... als daß der Mann fünfundsiebzig Jahre wurde und vielleicht ein

Verwandter jener Henriette Gebert war. Und wenn ihr neben ihm den Stein betrachtet, so meint ihr, daß die mit vielen Tugenden geschmückte Gattin, Friederike Gebert geb. Jacoby, gewiß jahrzehntelang den gleichen Strang zog; und wenn ihr weiter auf dem Friedhof umherstreift, so reimt ihr euch vielleicht zusammen, daß Jason Gebert, der fünf Reihen dahinter seine bescheidene Wohnstätte fand, und Ferdinand Gebert, der unter einem ganz verwahrlosten Hügelchen seine alten gichtischen Knochen ruht, da auch irgendwie einmal mit zum Bau gehörten. Aber mehr werdet ihr von ihnen nicht in Erfahrung bringen.

Ich weiß mehr von ihnen und will es euch nun erzählen. Ihr seht nicht ein, warum ihr euch, die ihr mit eigenen Sorgen genug zu schaffen habt, noch um fremde Dinge kümmern sollt, und gar noch um solche, die über ein halbes Jahrhundert zurückliegen! Aber ich werde darauf keine Rücksicht nehmen. Ich bin darin wie eine Hausfrau, die es nicht liebt und nicht duldet, daß in ihrer Wirtschaft Reste verkommen; denn ob es nun Brot oder Menschenleben ist — es ist doch Gottesgabe!

Es kann sich wohl kaum noch einer erinnern, wie damals Jettchen Gebert die Königstraße entlang ging. Staubwolken blies der Wind vom Alexanderplatz in die Königstraße hinein; denn es war so der erste wirklich schöne blaue Frühlingstag im Jahre. Gerade zwischen den Puppen der Königskolonnaden oben auf dem Dach, zwischen den hastig bewegten Steinfiguren zogen am Himmel weiße Wölkchen hin. In der Neuen Friedrichstraße, in den Gärten hinter der Mauer, wurden eben die Bäume rot und braun; Kätzchen pendelten an den Pappeln, und Blütentupfen überzogen selbst die feinsten Ästchen der Ulmen. Die Fliederbüsche, die sich über den Zaun bogen, hatten sogar dicke grüne Knospen mit zackigen Spitzen, die morgen schon aufbrechen wollten. Um den Turm der Parochialkirche aber flogen, sich jagend und taumelnd wie schwarze verliebte Schmetterlinge, die Dohlen; und die ganze Klosterstraße herunter standen die Planwagen vom Gänsemarkt... große braune Pilze unter der weißen Sonne.

Die schmalen Häuser jedoch, die unter den rotbraunen Kappen der Dächer, rosig und hell angestrichen, mit ihren schlichten Püppchen von Stuck in der Sonne lagen, mit den Kellerhälsen und den Steinbänken daneben, mit den vielen kleinen blanken Scheiben im weißen Rahmen, mit den Spionen an den Fenstern jedes Stockwerks — sie standen da wie zwei Reihen Grenadiere, die Spalier bildeten und präsentieren, weil die Schönheit kommt.

Und in der Mitte auf dem Fahrdamm, auf dem holprigen Pflaster mit den Steinen, wie Kinderköpfe, zwischen den tiefen überbrückten Rinnen, die den Damm vom Bürgersteig trennten, da zogen mit Halli die Postwagen ... manche alt und verstaubt, manche blank und sauber ... hochbepackt in die Welt. Und schwere Lastfuhren, gezogen von schweren Pferden mit klingenden Gehängen, die in die Zöpfchen der Mähne eingeflochten waren, sie rollten zur Stadt hinaus.

An der Neuen Friedrichstraße aber stand mit einer Hornbrille auf der Nase vor seinem Karren ein alter Lumpenmatz und prüfte seine Leinenrestchen, die ihm die Kinder brachten, wichtig und würdevoll, umzwitschert und umschrien von hellen fordernden Stimmchen. Ja die Passanten mußten sogar hier und da ganz nahe am Rinnstein entlang balancieren, so weit auf den Bürgersteig hinaus standen die Felder blauer und roter Hyazinthen in weißen Tontöpfen, wie die Blumenhändler sie verkaufen.

Es kann sich wohl keiner mehr erinnern, wie an diesem Apriltag 1839 Jettchen Gebert die Königstraße entlang ging. Aber die Leute blieben stehen ... damals, und ein Auskultator, der vom Stadtgericht kam, sah ihr lange nach und schrieb dann unter dem Pseudonym „Eginhard" ein Sonett „an die Holde, die vorüberschwebte", das in der nächsten „Eleganten Welt" abgedruckt wurde und zu den seltsamsten Vermutungen Anlaß gab. Ein Weißwarenhändler aus der Fischerstraße antwortete ihm darauf gleichfalls in Sonettform und beklagte — wohl zu Unrecht — die schöne Seele des Jünglings, umnachtet vom Wahnsinn einer sträflichen Leidenschaft.

War das ein hübsches Mädchen! Wie sie trendelte und ging auf ihren kleinen Schuhen mit den breiten Schnallen, ganz in Silbergrau, wie ein Frühlingsabend. Die drei Reihen von Volants am weiten Rock glitten, rauschten und zitterten. Die breiten Bindebänder der Schute flatterten ordentlich ... breite silbergraue Seidenbänder mit Rosen= knospen drauf; und die langen Fransen des indischen Schals, den sie um die vollen Schultern trug — zwischen den breiten Gigotärmeln durchgezogen — tänzelten bei jedem Schritt. Sie trug mattblaue Handschuhe, hatte ein Fischnetz in der Hand, einen Sonnenknicker und ein Täschchen, das eine schwarze Lyra in schwarzen Perlen gestickt zeigte — eine Art von Pompadour.

Sie ging ganz steif und gerade, ohne nach rechts und links zu sehen, wie alle Geberts. Sie hatte etwas wundervoll Stolzes in Gang und in Bewegung. Sie rauschte daher in ihrem silbergrauen Taffetkleid, wie ein Fünfmaster mit vollen Segeln. Sie wußte, daß die Leute stehenblieben und ihr nachsahen ... aber es gehörte zu ihr. An ihr war alles von einer stolzen Schönheit: die große Figur, dieses lange und doch volle Antlitz mit der hohen und weißen Stirn und den schweren Lidern, und der feste, geschlossene Mund, mit jenem leichten Anflug von Flaum darüber wie ein Schatten. In je drei Puffen, sorgsam gedreht, blank und schwarz, legte sich das Haar in der großen Schute rechts und links an die Schläfen und die Wangen —, wie ein Palisanderrahmen um einen englischen Farbenstich sich schließt. Kraft, Lebens= stärke und ein Hauch von Schwermut teilten sich in das brünette Gesicht.

Das waren wieder die dunklen Gebertschen Augen, mandelförmig vom bläulichen Weiß, die vom Großvater an alle Männer zu Schwerenötern und Mädchenjägern gemacht hatten. Sie verrieten Eigenschaften, diese dunklen Augen, über die wir grübeln wie über Rätsel, und die wir nie ergründen, weil sich die Schönheit, der sie dienen, ihrer selbst nicht bewußt ist, ja, sie vielleicht nicht einmal besitzt. Diese Erscheinung und dieses Gesicht hatten eine gewisse Tragik in sich. Sie machten neugierig auf den Menschen und mußten dann Enttäuschung bringen, weil ein solcher Scharm, eine solche Anmut und Gesundheit, eine solche Pfirsichweiche der Seele nur denen zu eigen ist, die wir nachts in unseren Träumen küssen.

Sie war nicht mehr jung, sah älter, voller, reifer aus, als sie war. Doch sie war schön. — Oh, was war sie schön, Jettchen Gebert.

Aber nicht allein nach ihr drehten sich die Leute um; auch nach einem alten, uralten Herrn — bartlos, verschrumpft das Gesicht — der, wie ein Überbleibsel von ehemals, an der Ecke des Hohensteinwegs stand ... an ihm ging ebenso niemand vorbei, ohne ihn genauer zu betrachten und sich noch mal nach ihm umzuschauen, ob er nicht vielleicht doch heimlich unter dem Rockkragen einen Zopf trüge. Ein paar kleine Mädchen mit schottischen Röckchen, mit langen weißen gestärkten Spitzchen an den Hosenbeinen, starrten ihn sogar unverhohlen eine Weile an, wie ein veritables Meerwunder. Nein, einen Zopf, den trug er nicht mehr. Aber, er hatte einen Zylinder auf seiner weiß gepuderten, starren, kurzgeschorenen Perücke, der oben bald doppelt so breit war wie unten, einen braunen, rauhen Filz, mit geschweifter Krempe, wie man sie Anno dazumal hatte, als der Franzose im Land war. Auch trug er noch hohe gelbe Stulpenstiefel und einen langen, ganz langen braunen Frack mit goldenen Knöpfen. An der zweireihigen Weste baumelten dicke Berlocken, Siegelringe, silberne Pferdchen und Wägelchen; und im gefältelten Brusttuch sonnte als Busennadel sich ein großer gesprenkelter Karniol.

Er stand breitbeinig da, der alte Herr, und stützte sich mit beiden Händen auf sein Palmenrohr mit dem Goldknopf. Aufmerksam und unbewegt sah er auf ein paar Postpferde, die vorübertrabten, sah nach ihnen mit einem Gesicht wie ein Nußknacker, den Mund weit offen und die Augen weit vor. Jettchen erblickte ihn schon von weitem, lachte und winkte ihm mit dem Fischnetz. Aber er sah nur nach den Pferden, ernst mit der Miene des Kenners.

„Tag, Onkel Eli!"

„Na, Jettchen, soso, wo gehste hin, mein Kind?"

„Auf 'n Markt, Onkel, ich will 'n Fisch kaufen!"

„E Hecht?"

„Ja, Onkel!"

„Zu heut abend?"

„Ja, Onkel!"

„Nu, was preisen denn jetzt die Hechte?"

„Fünfzehn gute Groschen."

„Fünfzehn gute Groschen! Zu meine Zeit, Jettchen", er sprach sehr langsam und umständlich, er mimmelte, er kaute gleichsam die Worte durch, „zu meine Zeit hat man nicht fünf Groschen gezahlt — für so e Fisch; weißte, hier am Schwibbogen, wo an das Haus steht: ‚Petrus kehrte einst bei einem Fischer ein, drum soll dies Haus gesegnet sein'."

„Sag mal, was macht denn Tante Mine, Onkel Eli?"

Onkel Eli hob bedächtig eine Hand vom Stockgriff, legte sie Jettchen auf den Rücken und sah sie ernst an.

„Ich sag' der, meine Tochter, was ist das menschliche Leben? Nu, was is es? Meine einzige Goldmine da oben."

Onkel zeigte mit dem Stock nach dem Hohensteinweg

hinunter, hinten nach dem Turm der Marienkirche. „Meine Goldmine, da oben liegt se."

„Um Himmels willen, aber was ist denn mit ihr, Onkel?"

„Se weiß sogar gar nicht, ob sie heute abend zu Salomon kommen kann."

„Aber was fehlt ihr denn", fragte Jettchen erleichtert —, denn sie hatte schon gemeint, man müsse den Leichenbitter holen.

„Denke dir, denke dir, Baumbach hat doch gestern dreimal kommen müssen, sie schröpfen, solch einen Zustand hat sie gehabt. Am Donnerstag hat se ein Huhn vom Gendarmemarkt mitgebracht. Vier Stunden hat's gekocht. Nicht kaputt schlagen hat man's können. Ich habe gesagt: ‚Minchen, eß nich!' Deine Tante, se hat doch gegessen."

„Meinst du, Onkel Eli, ob sie heute abend wieder —"

„Meine Mine, so is se. Se trinkt dabei 'ne Tasse Schokolade... Weißt de, aus ihre feine Täßchen... wenn Baumbach sie schröpft, als ob's gar nichts wär'."

„Geht's denn Tante schon besser?"

„Ich weiß doch nicht, aber ich denk' schon. Se hat nämlich de Minna heute 'rauswerfen wollen."

„Na, dann ist sie ja wieder auf 'm Posten!"

„Kommste hier mal 'n bißchen mit, mein Kind, ich will mal auf die Post 'runtergehn. Vor dem Prenzlauer Wagen kommen heute zwei neue ostpreußische Wallache. Nagler kennt mich doch schon. Er hat sich — wie ich höre — erkundigen lassen, wer ich bin, weil ich mir immer seine Gäule ansehe. Er hat gewiß gemeint, ich bin ä Demagoge, Jettchen", er blieb stehen, „siehste, von de Menschen versteh ich heutzutage nichts mehr. Se sind mir alle zu schief. Aber mit de Pferde, da kenn ich mich noch aus. Ebenso wie der Herr Postmeister von Nagler. Das kannst de deinem alten Onkel

glauben. Hörst de de Singuhr von de Parochialkirche? Üb —
immer Treu —" Plötzlich stockte Onkel Eli und zog hastig
seinen braunen Zylinder, daß aus der kurzen Perücke eine
Puderwolke stäubte.

„Bon jour, Herr Viertelkommissarius, bon jour unter=
tänigst!" Der Konstabler nickte und ging gelassen vorüber.

„Er kennt mich", sagte Onkel Eli stolz. „Was lachste?
Wenn de klug wärst, Jettchen, würdst de nicht über deinen
alten Onkel lachen! Heute zutage, sage ich dir, heute zutage
muß man mit 'm Spitz vom Nachtwächter gut Freund sein,
denn man kann gar nicht wissen, wie er mit 'm Oberpräsi=
denten in Verbindung steht."

Eli blieb wieder stehen.

„Siehste, Jettchen, kommt er nicht daher, wie 'ne lahme
Sandkrake, dein Onkel Jason? Und was hat er da schon
wieder vor'n lateinischen Schnorrer aufgegabelt? Wo er
se nur immer herkriegt?"

Richtig, Onkel Jason! Er war der einzige, den Jettchen
wirklich liebte, der jüngste, ein Hagestolz, ein bißchen enfant
terrible der Familie, derb, Durchgänger, aber von Takt und
Bildung. Er hinkte ein wenig, seitdem man ihm bei Groß=
beeren eins aufgebrannt hatte, grad in die linke Hüfte hin=
ein... als er Estafette ritt für Bülow, dessen Sekretär er
als Freiwilliger war, ehedem in seiner Jugend, da er noch
Arndts und Körners Lieder sang. Heute sang er die von
Béranger... Er hinkte ein wenig, aber sonst sah er gewiß
nicht einer lahmen Sandkrake gleich. Groß, schlank, hager,
ein guter Achtundvierziger, ein wenig angegraut, die Züge
mit dem Grabstichel gezogen, scharf in das bartlose Gesicht
hinein. Nur von den Ohren ging ein schmaler Streifen
Bart zum Kinn hinunter. Er trug einen geradkrempigen
Zylinder, einen flaschengrünen Rock mit enger Taille und

breiten Schößen, lang, mit zwei Reihen von Knöpfen; und der Rockkragen war so breit und hoch, daß er die Hälfte vom Hinterkopf bedeckte. Und dazu nach der neuesten Mode ganz helle enge Beinkleider mit Sprungriemen. Aus dem Ausschnitt der rotseidenen Weste quoll ein schwarzer Schal hervor, breit und bauschig, zusammengehalten von einer Agraffe, einer goldenen Lyra mit silbernen Saiten. Und in die scharf gestärkten hohen Vatermörder hatte Jason fest und soldatisch das Kinn gezogen.

Er kam quer über den Damm, ein wenig gespreizt, vorsichtig den Pfützen ausweichend, und winkte einem Herrn, ihm zu folgen. Der zog zag, schüchtern, linkisch, hoch und blond hinter ihm her. Er war keineswegs Stutzer wie Jason, eher ein wenig nachlässig, trug einen weichen Schlapphut, eine gelbe Weste zu einem blauen Rock.

Jason blieb vor den beiden stehen, stocksteif, und zwinkerte lustig mit den Augen. Man merkte, der Schalk saß ihm im Nacken. „Bon jour, ma chère amie, bon jour, ma bien aimée", sagte er und verbeugte sich vor Jettchen. Dann wandte er sich zu Onkel Eli.

„Na, du alter Nußknacker? Das gefällt dir wohl? Nicht?! Das ist was anderes wie deine Zossen, mit so 'nem hübschen Mädchen spazierengehen? Aber ich sage es doch Tante Mine! Heute abend sage ich es Tante Mine!"

„Jason, ich bitte dich", Onkel Eli schüttelte bedenklich den Kopf, „wozu? Du weißt doch, se is sowieso neuerdings so komisch. Se red't sich doch schon immer allerhand über mich ein, und ich bin trotzdem bei Gott wirklich ä solider Mann!"

„Das sagt er jetzt." Jason blinzelte zu Jettchen hinüber. „Ich hab' ihn aber früher gekannt!" Der Herr stand immer noch einige Schritte davon, zögernd, ob er warten oder weitergehen sollte.

„Na, Kößling, kommen Sie heran. Sans gêne et sans souci! Doktor Friedrich Kößling — Herr Elias Gebert, der jeweilige Senior der Geberts, der Bruder meines Vaters; er hat noch jeden Mittwoch nachmittag mit dem Alten Fritzen Franzefuß gespielt."

Onkel Eli hob seinen braunen Zylinder, daß der Puder stäubte, zog dann eine schmale emaillierte Taschenuhr — ganz schmal, mit silbernem graviertem Zifferblatt — und hielt sie sich dicht vor die Augen.

„Se fahren mer sonst fort", sagte er und ging ohne Ab= schied.

„Adieu, Onkel, also heute abend!" rief Jettchen ihm nach. Aber der drehte sich nicht um. Jason blickte vor sich hin.

„Wir sind mit neunundsiebzig nicht mehr so! Wissen Sie, da werfen sie mit meinen Gebeinen schon die Äpfel von den Bäumen, daß 's man so hagelt."

„Neunundsiebzig Jahr! Der könnte erzählen, nicht wahr, Demoiselle?"

„Ach nein, Kößling, der hat nichts erlebt. Er ist 'n alter Pferdeknecht. Die Quadrupeden haben ihm immer mehr gesagt als die Bipeden. Den Geschmack kann ich übrigens begreifen. Der Mensch ist zwar nach Hegel ein mit Ver= nunft begabtes Wesen, aber die Pferde sind mir auch lieber. Aber, Kößling, kennen Sie denn schon meine Nichte, Jett= chen Gebert? Sehen Sie, da haben Sie ja gleich die drei Generationen von uns beieinander gehabt. Den alten Nuß= knacker, mich und sie ... Doktor Friedrich Kößling, ich gab dir neulich die Erzählung von ihm im ‚Gesellschafter'."

Jettchen knickste. „Gewiß, ich kenne Sie schon! Schreiben Sie nicht auch für die ‚Elegante Welt'?"

„Ab und zu, Demoiselle!"

„Aber wir wollen doch hier nicht Wurzel schlagen! . . . Jettchen, wo gehst du noch hin?"

„Ich will noch einiges für heute abend kaufen."

„Wir werden mitkommen."

„Das wird aber vielleicht Demoiselle nicht recht sein."

„Warum nicht —, ich geh auf den Markt!"

„Darf ich das Netz tragen, Demoiselle?"

Jettchen sah ihn an und lächelte. Der lange, blonde Mensch wurde rot wie ein Schulknabe.

„Das heißt, wenn's sich ziemt. Was lachen Sie über mich, Demoiselle?"

„Über Sie gar nicht. Aber die Weste da ist von uns, H.M.B. 17."

„Bei Ihrem Vater werden diese Westen gefertigt?"

Jettchen wurde ernst, kniff die Lippen ein und schwieg. Kößling, der bemerkte, daß er hier eine wunde Stelle berührt hatte, zupfte verlegen an seinem Schaltuch.

„Ach nee, Kößling", sprang Jason ein, der nebenher hinkte . . . Und seine Stimme verlor ihren spöttischen Klang, wurde ruhig und freundlich. „Das ist mein Bruder Salomon, der die Westen macht. Jettchens Vater hat längst das bessere Teil erwählt. Schade, ich hätt' es gern für ihn getan, denn ich hatte nichts zu verlieren, aber er ist damals gleich draußen geblieben, und ich bin wieder nach Hause gekommen. Er war der Beste von uns vieren. Das sehen Sie ja auch an dem Mädchen. Aber, Kößling, nun frage ich Sie: ist es nicht immer so? Der Schund bleibt übrig. Börne stirbt, aber die Pückler und Menzel leben, wachsen und gedeihen." Er hatte sich in Wut geredet. Wir haben leichtsinnig unser Leben eingesetzt. Und wir hatten's dabei gar nicht nötig. Meinem armen Bruder ist ja die Angelegenheit schlecht genug bekommen. Und die hier", er nahm Jettchens Hand,

„und eine Silhouette, das ist alles, was ich von ihm noch habe. Aber die hier ist ähnlicher."

Sie gingen eine Weile nebeneinander her, so in den hellen Tag hinein, jeder mit seinen eigenen Gedanken.

„Wissen Sie, Kößling, zwei große Dummheiten habe ich in meinem Leben begangen. Erstens 1813 und dann 1825 — da habe ich mir eingeredet, ich habe nicht genug zum Leben. Na, die Sache hat nicht lange gedauert. Das Tuchgeschäft aufmachen und liquidieren war eins. Und seitdem langt es wirklich nicht mehr hin und her. Sehen Sie, mein ältester Bruder, Salomon — das ist der einzige Mensch, den ich beneide. Der ißt, trinkt, schläft, spielt Whist und L'hombre, legt mit seiner Frau Patience, fabriziert Westen H.M.B. 17, Schalkragen, exportiert Umschlagetücher, führt italienisch, spanisch, neugriechisch doppelt und dreifach seine Bücher, und das einzige, was ihn aus seiner Ruhe bringen kann, ist, wenn eine Rimesse aus Sommerfeld kommt, oder die Wechsel auf England lang statt kurz sind."

„Sie wohnen bei Ihrem Onkel, Demoiselle Jettchen?"

„Ja, so lange ich denken kann, ... ich bin dort aufgewachsen."

„Sie sind also so gut wie Eltern für Sie?"

Jason nahm ihr die Antwort ab.

„Ach nein, Kößling, das kann man nun gerade nicht behaupten. Meine Schwägerin hat nur einen Menschen auf der Welt lieb, und das ist sie selbst, in höchsteigener Person. Und mein Bruder, der ist eben mit den Jahren doppelte und dreifache Buchführung geworden."

„Aber Onkel Jason, das ist doch nicht wahr."

„Also comme vous voudrez, ma belle Henriette. Wissen Sie, Kößling, Sie kennen ja das. Man kommt in einen großen Kreis von Leuten hinein, in einen Tee, in eine

Gesellschaft, in eine Familie, und man riecht da einen Verwandten heraus, den Bruder, die Schwester, unter Larven die fühlende Brust. So ist das mit uns beiden gegangen, ... aber Eltern hat meine Nichte deswegen doch nicht."

"Wir wollen hier die Spandauer Straße hinunter gehen, am Molkenmarkt sitzt eine Frau, die mit ihrer Ware sehr billig ist", sagte Jettchen.

"Na, Doktor, Sie meinen wohl, Sie kommen nicht früh genug zum Drucker?"

Der fuhr auf. Denn er hatte eben Jettchen Gebert ganz versunken und verloren angestarrt, ungefähr so, wie man ein schönes Bild betrachtet und sich ganz darin vergißt. Er hatte das Haar gestreichelt mit den Blicken, die weiche Haut an den Schläfen berührt mit den Blicken, ganz leise, er hatte das wie eine physische Berührung empfunden, wie einen Nervenreiz, den man in den Fingerspitzen fühlt. Er war fast über sich selbst erschrocken.

"Wollen wir denn noch zu Drucker? Ich möchte lieber bei Stehely ein paar Blätter lesen. Man erfährt ja gar nichts mehr."

"Man kann ja das eine tun und braucht das andere deswegen nicht zu lassen. Aber erst wird der Fisch gekauft. Sie sollen mal sehen, Doktor, wie ich mit Hexen umzugehen weiß."

Ein kleines zerlumptes Kind drängte sich an Kößling heran, ein Mädchen, barbeinig, zwölfjährig, blaß.

"Ach, Herr Jraf, koofen Se ma doch en Veilchensträußchen ab für Ihr Fräulein Braut. Mir hungert so, ick habe heute noch keen Handjeld verdient."

Jettchen lachte. Kößling war rot geworden und legte dem kleinen, blassen, schmutzigen Ding die Hand auf den Kopf.

"Na, mein Kind, was kostet's denn?"

„Man eenen Sechser des Sträußchen."

„Woran siehst du denn, daß die Dame die Braut vom Herrn Jrafen ist?" fragte Jason belustigt.

Die Kleine, die erkannte, daß hier aus dem Sechser vielleicht ein guter Groschen werden könnte, besann sich nicht lange.

„Na, däs merkt man doch jleich. So 'n schönes Fräulein. Und er hat ihr doch immer so von der Seite anjekiekt, der Herr Jraf."

Jason schüttelte sich vor Lachen. Jettchen knabberte etwas unwillig an den mattblauen Handschuhfingern, und Kößling war rot wie ein Krebs. Er steckte dem Kind den Groschen zu und reichte das duftende violette Sträußchen Jettchen, sich tief vor ihr verneigend. Auch Jason nahm zwei Sträußchen, eines gab er Jettchen und küßte ihr die Hand.

„Sehen Sie, Kößling, ich als Onkel darf mir so etwas erlauben."

Das andere Sträußchen drehte Jason zwischen seinen Fingern, und er trällerte im Weitergehen:

„Von blauen Veilchen war der Kranz,
Der Hannchens Locken schmückte,
Als ich zum erstenmal beim Tanz
Sie schüchtern an mich drückte."

Er wußte schon, wem er's geben wollte. Er wußte das immer, wenn es auch nicht immer das gleiche Hannchen war.

„Haben Sie, Demoiselle Jettchen, schon die Hyazinthenfelder in der Fruchtstraße gesehen? Oh, wenn sie jetzt mehr in Blüte sind! So in acht bis vierzehn Tagen — da müssen Sie hinfahren. Es ist da eine hohe Tribüne, und von da schaut man über ein Meer von Farbe fort. Über eine große duftende Palette. Wir haben ja viel Grün hier und viel

Blumen in Berlin, in den Kellern und auf den Märkten, aber das ist doch holländisch, das ist tropisch."

„Wir wollten schon jedes Jahr jetzt hingehen, aber Tante hat immer nicht Zeit gefunden, und dann fährt sie ungern Droschke, sie fürchtet immer, sie könnte damit umfallen."

„Ich möchte es an Ihrer Stelle auch nicht wagen, Demoiselle, denken Sie nur, wenn man Ihnen wie jetzt in Wien der Taglioni einmal die Pferde ausspannt." Es war ihm so entfahren, er war selbst erschrocken über seine Kühnheit.

„Doktor, Doktor", drohte Jason, „machen Sie mir die Kleine hier nicht noch eingebildeter. Geht sie nicht schon wie ein dreijähriger Traber vor der Landaulette?"

„Ach nein, die Pferde werden sie mir schon nicht ausspannen, das brauche ich nicht zu befürchten."

„Vielleicht kommen Sie dieses Jahr zu den Hyazinthen, Herr Gebert, Sie müßten das einmal Ihrer Nichte zeigen."

„Doktor, Doktor", sagte Jason, nahm sein Knipsglas zwinkernd an die Augen und betrachtete den großen, blonden, linkischen Menschen.

„Ach ja, Onkel, du nimmst mich mit", bat Jettchen.

„So als Schatzwächter nebenher humpeln. Weißt du, Jettchen, ich werde heute ernsthafte Worte an deine Tante zu richten haben."

„Nun, wenn du meinst, es ziemt sich nicht ———"

„Gewiß, Jettchen", sagte darauf der Onkel, „ich nehme dich mal mit, sogar mit 'ner Henochschen Droschke mit 'nem Vorreiter." Und dann auf etwas anderes übergehend. — „Doktor, Sie sprachen da eben von der Taglioni. Haben Sie in Berlin die Sonntag gehört, diesen kleinen Goldvogel? Was sind die Hopfereien der Taglioni dagegen? Was die Fanny Elßler? Wissen Sie, daß ich mich mit meinen armen hinkenden Beinen selbst vor ihren Wagen gespannt habe, hier, auf dem Alexanderplatz? Das sind vergangene Zeiten, Doktor ... da hatte Berlin auch noch ein Theater."

Sie standen auf dem Molkenmarkt. Jason zeigte nach der Hausvogtei und klopfte Kößling auf die Schulter.

„Da drüben zu Onkel Dambach werden wir auch noch hinkommen."

„Das ist meine Freundin!" rief Jettchen und ging auf einen Koloß von einem Hökerweib zu, die in einem Mittelding zwischen einer Bude und einem Verschlag saß, den sie ganz ausfüllte. Sie saß neben einer Fischtiene. In der schlug es, plätscherte und platschte es von kleinen Rotflossen, breitschuppigen, schleimigen Karpfen, Schleien und Barsen, und reglos standen lange, schmale, grüne Hechte dazwischen. Ein wahrer Koloß war diese Frau. Mit bloßen Armen wie ein Schlächtergeselle, mit einem gelben geblümten Kattunkleid, einer Strohschute und einem Gesicht darunter, breit wie ein Eierkuchen und pockennarbig, als ob es unter ein Waffeleisen gekommen wäre.

„Na, wat wünschen Se denn, Fräuleinken, schöne Hechte, fünfzehn Jroschen heute de jroßen", sang sie schrill und gleichtönig.

Jason hatte schnell in die Fischtiene gegriffen, einen Hecht am Schwanze gepackt und schwenkte das glänzende Tier hin und her, daß es nur so spritzte.

„Na, Frauchen, was kost' denn der Jklei?" fragte er mit Unschuldsmiene.

Aber da lief er schön an; denn die Hökerin, nachdem sie sich von ihrem ersten Staunen erholt hatte, stemmte die Hände in die Seiten, drückte die Ellenbogen nach außen und begann zu keifen.

„Wat, Er will mir hier wohl aufzwicken? Er hinkebeiniger Lulatsch mit seinen steifen Jaromire an seine uffjeblasenen Kalbsbacken. Komm Er mir nich zwischen de Finger!!"

„Aber Frauchen, wir woll'n ja den Hecht kaufen!"

„Schön, denn koofen Se 'n, aber meine Hechte werden nich an 'n Schwanz jekriegt. Wie möchte Ihnen denn det gefallen?"

Jason lenkte ein, denn er sah wohl, daß sonst hier noch Worte fallen könnten, die für keusche Ohren gerade kein Labsal sind. Jettchen feilschte indessen um einen Riesenkerl mit einem spitzen Kopf, geradezu um einen Briganten von einem Hecht, für den sie zwölfeinhalb geben wollte statt fünfzehn Groschen. Sie einigten sich auf dreizehneinhalb, nachdem ihr noch die Frau versichert hatte, daß sie ihn solcher Kundschaft für zwölfeinhalb einjepökelt nach Hause tragen würde.

Kößling ließ sich das Tier in das Netz werfen, in dessen Maschen es sich sofort schnappend und zappelnd verwickelte, und keine Macht der Erde, sagte er, könnte ihn bestimmen, zu dulden, daß Demoiselle Jettchen die Last trüge.

Jettchen bat um das Fischnetz, doch vergeblich, und wenn man ihn erschlüge, er würde es nicht dulden.

Jason sagte ihm, daß es wohl für ihn weniger passend sein würde, das Fischnetz zu tragen, als für seine Nichte. Aber Kößling blieb fest und sagte, daß, wenn man ihn für einen Diener halten möchte, er sich nur freuen würde, für ihren Diener gelten zu können. Jason bestand nun darauf, daß er wenigstens mit anfassen dürfte, am Bügel, aber auch hiervon wollte Kößling nichts wissen.

„Nun schön, Herr Doktor, wenn Sie mir helfen, den Fisch nach Hause zu bringen, müssen Sie uns auch helfen, ihn zu vertilgen."

„Ja, Kößling —, ich nehme Sie heute abend mit zu meinem Bruder. Mitgefangen, mitgehangen."

Jetzt wurde dem großen linkischen Doktor, der gesellschaftlich ein Kind war, doch angst und bange. Nein, so hätte er es nicht gemeint. Er könne das gar nicht annehmen, und er wüßte auch gar nicht, ob es dem Onkel recht wäre. Sie könnten ihn doch nicht einladen zu eines anderen Mannes Tische.

Oh, wohl könnte er das, sagte Jason, denn er sei noch mit zehn Prozent am Manufakturwarengeschäft des Bruders beteiligt und habe ergo Verfügungsrecht über ein Zehntel des Fisches. Dafür dürfe er immer einen Gast mitbringen. Mehr wie ein Stück Fisch dürfe der natürlich nicht verzehren, wenn er nicht sein — des Onkel Jason — Einkommen schmälern wollte.

Jettchen, die sich an der Verwirrung Kößlings belustigte, sagte, das wäre nicht so schlimm. Er brauche sich nicht zu fürchten. Sie würde ihm auch noch ein halbes Stück abgeben.

„Ja, wenn Sie mir ein halbes Stück abgeben wollen, dann komme ich", sagte Kößling und blickte an sich hinunter, ob er auch noch derselbe wäre wie vorhin.

Jettchen mißfiel diese Huldigung nicht, denn ein Blick hatte sie belehrt, daß dieser Mensch in seiner linkischen Art gegen alle, die ihr schmeichelten, wie ein weißes, unbeschriebenes Blatt war gegen dicke Sündenregister.

„Na, kommen Sie nur heute zu meinem Bruder, ich hole Sie ab, Doktor. Da werden Sie Menschen kennenlernen, die Ihnen neu sind; sie sind nicht immer angenehm, aber sie haben auch ihr Gutes. Warum denn —, es muß doch nicht alles Literat sein!"

Sie schlenderten wieder die Spandauer Straße herauf, streckenweise mußte Onkel Jason hinterherhinken, da nicht drei nebeneinander gehen konnten auf dem schmalen höckerigen Streifen von Bürgersteig. Jason tat das fluchend und räsonierend, daß eigentlich Kößling hinterherlaufen müßte, da besagte Dame seine Nichte wäre und jenen gar nichts anginge. Aber Kößling meinte, daß der andere so lange Jahre schon den Vorzug genossen habe, neben ihr diesen Lebensweg zu gehen, daß man es ihm nicht verargen könne, wenn er nun auch der gleichen Vergünstigung teilhaftig werden möchte. Er proklamierte nach dem Preußischen Landrecht gleiche Nichten für alle.

Sie standen wieder an der Ecke der Königstraße.

„So, ich muß jetzt herüber, da drüben wohnen wir."

„Ich werde den Hecht nicht eher aus den Händen lassen", sagte Kößling, „ehe ich nicht sicher weiß, daß er in die Pfanne kommt. Außerdem muß ich das Haus sehen, damit ich es wiederfinde. Berlin ist so arm an Sehenswürdigkeiten — —"

„— — — Also hier wohnen Sie. Hübsch, recht hübsch, hier müßte eigentlich ein Dichter wohnen wegen der Lorbeerkränzchen unter den Fenstern. Wie lange mag das Haus stehn? ... Vierzig Jahre vielleicht! Wo ist Ihr Fenster?"

„Bemühen Sie sich nicht mit 'nem Ständchen; Jettchen schläft nach hinten 'raus!" stichelte Jason.

„Sie müssen es mir nicht übelnehmen. Ich bin heute ganz außer Fasson. Es kann ja jeder nach der seinen selig werden, und ich bin das immer, wenn mir etwas Hübsches begegnet ist."

„Selig oder außer Fasson?" fragte Jason mit Unschuldsmiene.

„Beides, Freund meines Herzens! Liebling der märkischen Musen."

Eine ganze Weile standen sie noch an der zweiflügeligen breiten Tür, nahmen wohl fünfmal voneinander Abschied und konnten sich doch nicht voneinander trennen, bis oben am Fenster im ersten Stock eine große, weiße, puffige Tüllhaube sichtbar wurde und jemand nölig und langgezogen „Jettchen, Jettchen!" rief.

Jason schwenkte den Zylinder und deklamierte:

> „Und alle lauschten ängstlich
> Auf jeden Blick von ihm,
> Auf jede der Gebärden
> Wie auf ein Ungetüm. —

Wissen Sie, wer das singt? Unser Freund, unser Freund: Doktor Ludwig Liber, alias Ludwig Lesser: ‚Lieber wärst du uns geblieben, Lesser, hätt'st du nicht geschrieben.' "

„Also, Herr Doktor, Sie kommen heute abend?!"

„Ach nein, ich habe ja nur aus Scherz zugesagt."

„Beruhige dich, Jettchen, ich werde ihn dir schon mitbringen."

„Ja, ich werde es gleich der Tante sagen, daß Sie uns beehren."

„Jettchen, Jettchen!" klang es wieder lang und hell von oben.

„Na, auf Wiedersehen!" Sie streckte ihren Begleitern die Hand hin, den Handschuh hatte sie abgezogen — eine schmale, aber fleischige Hand mit Grübchen, da wo die Finger ansetzen, rund, rosig, wie gedrechselt. — Kößling reichte das Netz und hielt dabei die Hand Jettchens etwas länger als gerade nötig. Dann erschrak er, wurde rot und zog sehr förmlich den Schlapphut tief und linkisch.

Jason pfiff und trällerte eins, nahm Kößling unter den Arm, und Jettchen huschte in den Torweg.

Im Torweg, dessen Bohlen gescheuert waren und von Sand knirschten, waren rechts und links zwei Gipsreliefs in die Wand gelassen, zwei weiße Platten im Halbrund, in die fein säuberlich und abgezirkelt die Figuren eingeschnitten waren. Das eine zeigte Amor und Psyche, das andere Bacchus bei der Erziehung des jungen Liebesgottes. Jettchen hatte seit Jahr und Tag nicht mehr auf sie geachtet. Heute aber ging sie ganz langsam zwischen ihnen hindurch, hob den Blick halb flüchtig, grüßte sie wie gute Bekannte und lächelte.

Rechts ging es gleich in den Laden. Die Buchhalter mit den Gänsekielen hinter den Ohren wiegten sich vor hohen Stehpulten auf den Beinen wie Pferde vor der Krippe. Jettchen sah durch die Glastür, deren helle Mittelscheibe von einem Rand von roten, grünen und gelben Glasstücken umrahmt war, und grüßte hinein. Der Onkel hatte diese Scheibe erst vor kurzem einsetzen lassen; früher war dort eine weiß lackierte Holztür gewesen mit allerhand Schnitzwerk und Schweifungen. Aber der Onkel hatte die Füllung herausbrechen und durch buntes Glas ersetzen lassen, weil ihm das vornehmer dünkte.

Die Treppe war sehr dunkel; tief, muldig und ausgetreten die Stufen. Vor den Fenstern mit den weißen bauschigen Mullgardinen zogen sich Galerien hin und nahmen der Treppe noch das bißchen Licht, das die Gardinen zu ihr lassen wollten. Aber Jettchen kannte den Weg. Sie fand im Dunkeln den gestickten Klingelzug, der in Perlen mit schönen, geschwungenen Buchstaben den Namen S. Gebert trug. Jettchen war wohl die einzige, die diese Worte je gelesen hatte, denn sie hatte sie Perle für Perle zusammengesetzt. Hier, wo der Klingelzug jetzt hing, war er nur durch den Tastsinn erkenntlich und lesbar. Die Glocke pinkerte lange und konnte sich gar nicht beruhigen. Immer wieder gluckste sie noch einmal hinterher.

Tante Rikchen öffnete. Sie hatte die bauschige Haube auf, schlürfte noch in Morgenschuhen und trug ein weites faltiges Kleid von einem grau- und weißgestreiften Seidenstoff, wie er vor vier Jahren modern war. Sie war billig dazu gekommen, denn sie hatte das alte Stück, das verramscht werden sollte, vom Lager genommen und sich einen Tag die Schneiderin hingesetzt, die ihr mit tausend Fältchen, Volants und Basteleien für ihre umfangreiche Person eine Hülle geschaffen hatte, die eine Art Mittelding zwischen einem Ballkleid und einem Morgenrock war.

Tante Rikchen war sehr klein, gedrungen und von beträchtlichen Fettmassen. Dabei war ihr Gesicht hübsch, fast kindlich, aber es zeigte auch eine kindliche Enge und Beschränktheit. Zwei schwarze Augen saßen darin wie zwei Korinthen in einer breiten Butterwecke.

„Jettchen, wo du so lange bleibst?" fragte sie indigniert. „Der Onkel wird gleich 'raufkommen, und du mußt noch mal nach 'm Kalbsbraten sehen. Das Mädchen versteht's nicht."

Jettchen trat in den Vorflur, der sein Licht von zwei Seiten aus Glastüren empfing. Er war weißgetüncht, und ein paar alte geschweifte Stühlchen, die noch aus Großvaters guter Stube herstammten, fanden mit verschlissenen Überzügen und abpflasternder Vergoldung hier ihr Ende.

„Ich habe erst Onkel Eli getroffen. Hast du gehört, Tante Mine war nicht wohl? Baumbach hat kommen müssen. Aber heute abend wird sie schon erscheinen, das läßt sie sich doch nicht entgehen."

„Sie wird gewiß wieder was gegessen haben, was ihr nicht bekommen ist."

„Ja, das meinte Onkel auch: — und dann habe ich Onkel Jason getroffen."

„Was macht der?"

„Er läßt dich schön grüßen, und er wird heute abend einen Freund zu dir mitbringen, einen Doktor Kößling!"

„Ich begreife das nicht — aber ich werde es Jason auch sagen. Seit wann hab' ich hier 'n Gasthaus?"

„Aber Tante, er hat doch schon öfter jemanden mitgebracht, und das ist wirklich ein netter Mensch."

„Nu ja, ich hab' ja auch nichts dagegen. Aber er könnte sich doch auch mal revanchieren." Sie nahm das Fischnetz und betastete den Hecht, der nur noch ganz schwache Zeichen von bewußter Zugehörigkeit zu diesem Weltganzen gab.

„Was kostet der?"

„Dreizehn und ein halb, Tante."

„Ich hätt' ihn schon billiger gekriegt. Nu ja, wenn man eben den Narren zum Markte schickt, freuen sich die Krämer", setzte sie spitzig hinzu.

Jettchen war es nicht gegeben, auf so etwas zu antworten. Es würgte ihr im Hals, das Wort blieb ihr in der Kehle stecken, und die Tränen traten ihr in die Augen.

„Hast de mir denn wenigstens bei Fernbach das Buch umgetauscht?"

Jettchen holte aus dem Pompadour ein kleines, abgegriffenes Bändchen mit einem marmorierten Umschlag.

„Ivanhoe?! — Ich weiß nicht, was der Fernbach heute für langweilige Bücher hat. Kannst du nicht mal was von Siede oder von Rambach bringen? Die Bücher habe ich immern gern gelesen. Oder was Neues von Sue! Aber immer wieder Scott und Dickens und Dickens und Scott und Sternberg und die Schopenhauer."

„Na, das nächste Mal will ich nach Siede fragen."

„Nu, geh mal hinter, Jettchen, und sieh nach 'm Essen", sagte die Tante und schob sich, das Buch in den dicken Fingern, nach der „Guten Stube".

Jettchen ging in ihr Zimmer, das gleich am Vorflur lag. Es hatte ein Fenster mit kleinen Scheiben, und eine Tür führte nach dem Hof auf die Galerie hinaus. Es war ein kleines, stilles Zimmer. Das Licht sang nur darin, und es roch herb nach Pfefferminz; denn auf dem Fensterbord standen zwei Balsaminen in hohen, spitzen, weißen Porzellantöpfen mit goldenen Masken. In einer Ecke des Zimmers stand ein Bett unter einem Betthimmel von rotgeblümtem Kattun. Am Fenster selbst waren weißgemusterte Gazegardinen, und vor einem geschweiften Ledersofa mit langen Reihen weißer Knöpfe stand ein hellbirkener Tisch, klein, länglich mit hohen dünnen Beinen. Auf der bedruckten Ripsdecke lag da Jettchens Stammbuch, ein braunes Lederbüchelchen mit einem flammenden Herzen auf dem Altar der Liebe in Goldpressung darauf; lag gerade neben einem Goldfischglas mit bronziertem Tonfuß, an den sich eine Rokokoschäferin von klagender Liebestrauer lehnte. Und der dicke rote Goldfisch schwamm lässig in der Glaskrause hin und her, wurde hinter der bauchigen Glaswand unförmig und wieder schmal, je nachdem er sich wandte, und glotzte ab und zu mit blöden quellenden Augen auf das längliche Lederbändchen und die sentimentale Schäferin. Ein paar weiße Stühle mit geschwungenen Lehnen hielten still an der Wand Wache, rechts und links von einer Mahagoniservante mit allerhand Wunderlichkeiten hinter ihren blanken Scheiben.

Jettchen band sich eine große Schürze vor und ging draußen die Galerie entlang, streifte die Zweige des alten Nußbaums, der sich in dem engen Hof nach allen Seiten ausbreitete und Jettchen mit seinen schwarzen, pendelnden Blütentrauben und seinen klebrigen, scharf duftenden jungen Blättern beinahe berührte.

In der Küche war das neue Mädchen ratlos, und Jettchen drehte das Fleisch, begoß es, legte Feuerung zu, und als der Onkel kam, war der Braten gar und fertig.

Onkel Salomon trug im Hause einen langen Rock mit komplizierten Landkarten von Flecken und dazu stets ein gesticktes Käppchen von schwarzem Samt mit einer Eichenlaubgirlande in Kettelstich. Wenn er das vergaß, so war er am nächsten Tage erkältet, und dann war sogleich das ganze Haus verschnupft.

Salomon sah Jason ähnlich, war aber älter, schon ganz grau, dazu etwas gedunsen. Und die gleichen Züge, die bei Jason fein, scharf geschnitten und geistvoll erschienen, waren bei ihm mit den Jahren stumpf und grob geworden. Die Dezennien kleinlichen Kontorlebens, das Gezänk und Gefrett der Ehe, der Stumpfsinn dieses Zusammenlebens, das Jahrzehnte hindurch schon in den gleichen Bahnen verlief, ohne daß das Morgen sich vom Heute unterschied, all das hatte ihn mürbe und etwas mißtrauisch gemacht. Während er früher von dem berühmten drastischen Witz der Geberts seinen Teil hatte, waren jetzt nur noch ein paar Redensarten übriggeblieben und eine Anzahl von Witzen, die man nicht in jeder Gesellschaft erzählen kann. Auch waren in seinem Spielplan ein paar Scherzchen, die nicht gerade fein waren. So hielt er den ausgestreckten Finger hin, wenn jemand den Kopf wegwandte, rief ihn dann bei Namen und freute sich wie ein Schneekönig, sobald er dem anderen bei der Wendung in die Backe piekte. Tante Rikchen war jedesmal aufs neue darüber aufgebracht und empört. Aber er ließ es nicht. Es war das einzige noch, was er sich erlaubte. Sonst war er

längst gewohnt, in allem, auch in allem seiner Frau nach=
zugeben. Aber das hielt er nun mal für sein verbrieftes und
versiegeltes Reservatrecht.

Punkt ein Uhr saß Onkel Salomon schon an seinem Platz
in seinem hohen Stuhl mit geschweifter Lehne am runden
Mahagonitisch. Er hatte die Serviette vorgebunden und sie
sorgfältig mit drei Nadeln an dem alten Rock befestigt. Er
saß da, sagte kein Wort und piekte nur mit der Gabel takt=
mäßig in die Serviette, um damit seiner Ungeduld Aus=
druck zu leihen, denn sein Leben war so auf die Minute
geregelt, daß die Nachbarn nach ihm die Uhren zu stellen
pflegten.

Das Zimmer war groß, hell und blau gestrichen. Um das
Gesims lief ein breiter silberner Mäander. Dunkle Eichen=
stühle mit hoher geschweifter Lehne paradierten in langer
Reihe an der Wand. Auf dem Büfett, einem braunen,
hohen, glatten Kasten, standen rote, geschliffene Gläser, die
blitzten und kleine Lichtscheine zur Decke warfen. Sie spiegel=
ten sich lustig in einer blanken Sinumbralampe, solch einer
zum Verstellen, und sie umringten die beiden porzellanenen
Leuchter, steile dorische Säulen, mit den dicken gelben Talg=
lichtern, von denen wieder jeder eine silberne Putzschere im
Gefolge hatte. Unter dem Sofa mit dem blauen Damast=
bezug standen noch jetzt im April ganze Reihen von Töpfen
voll eingemachter Früchte. Eine Schlummerrolle, die einen
blauen Papageien in geschorener Arbeit zeigte, hing über
einer Ecke des Sofas, und eine zweite mit schönen ge=
schwungenen Schriftzügen über der anderen. Auf der Fuß=
bank war in gleicher Art ein weißes Seidenhündchen auf
blauem Grund mit schwarzen, krilligen Perlenaugen zu
sehen; und die Fensterkissen, die hoch und weich die beiden
Fensterbänke deckten, zeigten Rosengirlanden in Kreuzstich.

Rote Rosen an Onkels Fenster, unschuldsweiße an Tantens. Schlummerrolle, Fußbank- und Fensterkissen waren Jettchens Werke. Vor dem Fenster aber hingen an kleinen Kettchen weiße Biskuitbilder, die durch das durchscheinende Licht eine schöne Plastik der Figuren zeigten. Onkel hatte sie erst vor kurzem gekauft. „Abendgebet" und „Morgengruß" waren Pendants, und die „Mohrenwäsche" und „Der Krieger und sein Sohn", meinte Onkel, könnten doch immer noch als Gegenstücke gelten.

Onkel Salomon saß immer noch ungeduldig allein und piekte mit der Gabel in das Tischtuch. Dann kam Rikchen und war ungehalten, daß das Essen noch nicht fertig wäre; Jettchen wäre aber so spät gekommen. Und endlich kam Jettchen, hochrot mit tränenden Augen — der Herd hatte geraucht — und hinter ihr her tänzelte das neue Mädchen mit dem Tablett.

So saßen sie nun immer schon zusammen, die drei. Onkel und Tante waren alt geworden um diesen runden Tisch, in diesen Zimmern. Und auch Jettchen hatte nun schon bald ein Vierteljahrhundert an dem runden Tisch mit der Wachstuchplatte mit ihnen gegessen. Als sie in das Haus kam, hatte man ihr Kissen auf den Stuhl legen müssen, daß sie nur mit der Nase über die Tischkante sähe. Jetzt brauchte sie kein Kissen mehr.

Sie hätte sich wohl schon längst verheiraten können, wenn sie nicht eben aus angesehener Familie gewesen wäre. Der Vater hatte ihr zwar kein Vermögen hinterlassen, er hatte alles kleinbekommen; aber man müßte doch dafür sorgen, daß sie nun gleichfalls in eine gute Familie käme. Das hätte man eigentlich schon oft gekonnt, wenn der Onkel Salomon sein Geld nicht festgehalten hätte, und wenn es den beiden nicht bequemer und billiger gewesen wäre, Jettchen zur

Unterstützung der Tante im Hause zu haben. Sie bekäme ja sowieso später genug und übergenug. Da brauche man sich doch nicht jetzt schon zu verausgaben; und sie würde schon noch einen Mann finden. Wenn es durchaus nötig, würde man ihr einen Mann suchen. Vorerst lägen die Dinge ganz gut so, wie sie wären. Und Jettchen wäre noch hübsch genug, um an jedem Finger zehn für einen zu kriegen. —

Der Onkel war mißgestimmt, denn er hatte aus guter Quelle von hintenherum erfahren, daß es dem König nicht gut gehe. Nicht, daß dieses etwa sein vaterländisches Gemüt erschüttert hätte, aber er sagte sich, wenn dem König etwas Menschliches zustieße, gerade jetzt . . . und auch ein König ist ja vor solchen Zufällen — er selbst sprach ungern von dieser Endaussicht unseres Daseins — ja, er bekam den Schlucken, wenn er nur daran dachte — — selbst ein König ist vor solchen Zufällen, sagte er sich, nicht sicher; ebenso wie ein Geheimer Hofrat sterben kann . . . Also, wenn sich dieses ereignete, so würde er — Salomon Gebert & Co. — sicherlich mit der Hälfte seines Lagers farbiger Westenstoffe sitzenbleiben . . . ganz zu schweigen von den Stücken, welche noch einkämen und im nächsten Jahre unmodern sein würden. Und er überlegte hin und her, ob es nicht ratsam wäre, um sich wenigstens etwas zu decken, das schwarze Lager, ebenso wie die schwarz in schwarz gemusterten Sachen zu komplettieren.

Tante meinte, das würde nicht so schlimm sein, mit dem König. Er würde wohl noch einige Jahre am Leben bleiben, auch wünsche sie sich, gottlob, keinen anderen. Sie hatte nämlich so eine Art dunkler Empfindung, als ob sie mit dem preußischen Königshause verwandt oder verschwägert wäre, weil ein preußischer Prinz einmal auf einem Bürgerball mit ihr getanzt hatte, damals, als sie noch hübsch, jung und weniger umfänglich war. Ihr Mann war auf diese Erinnerung, die sie ihm in etwas eigenartiger Beleuchtung auftischte, als ob es nur an der eisernen Widerstandskraft ihrer angeborenen Weiblichkeit gelegen hätte, daß ihre Schönheit nicht die Falle ihrer Tugend geworden wäre, nicht gerade stolz. Aber er sagte sich — und er hatte diese Erfahrung durch dreißig Jahre genugsam erprobt und bestätigt gefunden —, daß sich in dem kleinen Hirn seines Eheweibes die Dinge der Welt etwas anders spiegelten, als sie waren, und daß die Geschehnisse etwas anders darin haftenblieben, als sie sich gerade ereignet hatten. So gut, wie sie die Toten und die Lebenden zusammenhetzte und Leuten Dinge nachsagte, die nicht gestoben und geflogen waren, würde wohl auch in diesem Punkt ihre üppige Phantasie ihr einen Streich gespielt haben.

Jettchen meinte, daß Onkels Nachricht wohl zu überlegen wäre. Aber Onkel sollte nur noch nichts unternehmen. Im Notfall würde er immer noch das Ausland als Abnehmer haben. Und ein absoluter Rückgang der farbigen Westen wäre mit Landestrauer wohl kaum verbunden. Jason, der sonst alles hörte, hätte heute vormittag noch nicht gewußt, daß es dem Könige schlecht erginge.

Mit der Erwähnung Jasons war Tante Rikchen aufgezogen wie ein Mühlenwehr; und ihr kurze Zeit gehemmter Redestrom floß frei und breit dahin.

Sie erging sich in Exkursen über Jasons Daseinsberechtigung und seinen moralischen Wandel und fügte hinzu, daß damit nicht genug, Jason noch einen seiner Spießgesellen heute abend zum Essen bei ihr einführen wollte. Sie begriff nicht, weswegen — schloß sie mit einem langen Seitenblick auf Jettchen.

Salomon aber ging darauf nicht ein, denn er liebte seinen Bruder Jason, weil er heimlich fühlte, daß vieles in jenem zur Reife gekommen war, was bei ihm verkümmerte. Und zudem wußte er nur zu gut, daß seine Frau nun seit dreißig Jahren einen steten Krieg führte gegen alles, was Gebert hieß, weil das höher, seelisch vornehmer und lebensstärker war als die kleinlich beschränkte Gehässigkeit, die die Ihrigen zierte. Trotz der Verschiedenheit jedoch hatte das Band der Gewohnheit dieses ungleiche Menschengespann eng zusammengekoppelt, und sie wollten es nicht anders haben, als nebeneinander herzugehen. Die Stürme der Meinungsverschiedenheiten zwischen ihnen wühlten den ehelichen Hafen nicht im Grunde auf. Ja, sie kräuselten kaum dessen Oberfläche, und der Onkel mochte eben noch seine Frau „Dickkopp" angebrüllt haben, nachher saßen sie doch beide wieder friedlich nebeneinander auf dem Sofa und machten ein Schläfchen; — entweder die Köpfe eng zueinander geschoben oder jeder in seiner Ecke, das Gesicht gegen die Schlummerrolle gepreßt, daß der Onkel noch die nächste halbe Stunde den Kopf des Papageien in Blinddruck und die Tante „Sanft" in Spiegelschrift auf der Backe trug, wenn sie aus dem Fenster sahen, gelehnt auf ihre Kissen von Rosenketten, purpurn und unschuldsweiß —, bis diese Zeichen ihres friedlichen Schlummers langsam verblaßten, um am nächsten Tage wieder zu erblühen.

Früher hatten sie beide ganz gut nebeneinander aus einem Fenster geblickt, aber in den letzten Jahren war das aus physiologischen Gründen unmöglich geworden, und so hatte nun jeder sein Fenster.

In diesem Kreislauf wickelten sich auch heute die Ereignisse ab. Im Laufe des nun folgenden angeregten Gesprächs über Onkel Jason verglich Onkel Salomon Tante Rikchen mit einer Pute. Ein Bild, daß, wenn man das Gesamtgewicht ihres Körpers gegen die Menge ihres Hirns hielt, gar nicht so gar falsch war, und nannte Tante Rikchens Sippe ein „hinterlistiges Otterngezücht". Bei der Bekräftigung dieses letzten Wortes löste sich ein alter Suppenteller aus englischem Steingut, der ein Muster von allerhand tiefblauen Wundervögeln trug — aber er hatte schon lang eine Niete —, in zwei ungleiche Hälften. Doch nach zehn Minuten saßen sie trotzdem wieder beide, Salomon und Rikchen, leise den Odem durch die Nasenlöcher ziehend und blasend, nebeneinander auf dem Sofa, entrückt dem irdischen Gezänke und Getriebe. Und nach einer guten Stunde blickten sie beide wieder hinaus in den schönen sonnigen Nachmittag, jeder aus seinem Fenster, und riefen einander über die Vorübergehenden, die sie kannten oder die ihnen fremd waren, Bemerkungen zu.

Onkel Salomon hatte eine große Fertigkeit darin, zu erraten, welchen Beruf diese Leute hatten. Er hatte sich das im Laufe der Jahrzehnte, da er jeden Nachmittag um die gleiche Zeit auf die Straße blickte ... im Sommer aus dem geöffneten Fenster, im Winter von seinem Fensterplatz mit Hilfe des Spions — hatte es sich so angeeignet; und seine Kenntnisse täuschten ihn nur selten. Die Tante machte ihm immer wieder das Vergnügen, ihn zu fragen, und sie spielten beide wie die Kinder.

„Sieh mal, Männchen, den da?" kam's von den weißen Rosen.

„Er wird gut Violine spielen", klang's von den roten.

„Warum, Salomon?" fragten die weißen.

„Er hat's Kinn rechts und die Schulter links hängen", gaben die roten zurück.

„Und der?"

„Das siehst du doch allein!" entgegnete er halb beleidigt, als wäre diese Frage doch zu leicht. „Nein?! ... Ein

Schuster ist der Kerl. Merkst du denn nicht, wie er den Daumen hält ... als ob er Pechdraht zieht?"

Während sich aber so die beiden Alten auf ihre Art erlustierten und unterhielten und nur ihr Spiel unterbrachen, um über einen Nachbarn herzuziehen, dem sie über die Straße fort freundlich zunickten —, saß Jettchen in ihrem Zimmer vor dem weißen Birkentischchen, hatte ein kleines Büchelchen vor sich, ganz klein, zierlich und zart. Onkel Jason hatte es ihr geschenkt. Er hatte ihr selbst — er pusselte gern ein bißchen mit Blei, Tusche und Farbe herum — ein grünes Kränzchen hineingemalt und dahinein wieder in schwungvollen Zügen Kringelchen und Schnörkelchen, eine sinnvolle Zueignung geschrieben. Onkel Jason liebte dieses kleine Büchelchen, diese wenigen Seiten von Jean Paul vor allem, weil er Hagestolz war und sich nunmehr schon bedenklich jenen Jahren näherte, da wir nachzugrübeln pflegen über das „Immergrün unserer Gefühle". Jettchen aber blickte heute in das Buch, ohne eigentlich zu wissen, was sie las. Und schon zum zwanzigsten Male hafteten ihre Blicke an dieser Stelle. „Und so liegt denn ein Goldschatz von Liebe wenig sichtbar als bis auf ein kleines Flämmchen in der Brust, bis ihn endlich ein Geisterwort hebt und der Mensch den alten Reichtum entdeckt." Die Worte sprach Jettchen vor sich hin, und sie übten einen leichten, ermüdenden Zauber auf sie aus, ohne daß sie doch eigentlich ihren Sinn ganz offenbarten.

Die Fensterflügel standen jetzt halb offen, die Mullgardinen wehten und bauschten sich leise, und der bittere Duft der jungen Nußblätter vom Hof, der jetzt schon halb im Schatten lag, kam mit dem Luftzug ins Zimmer herein. Jettchen saß ganz still, kein Laut kam von draußen, und nur hin und wieder gluckste der Goldfisch im Wasser. Jettchen war unmutig. Nicht gerade mißgestimmt, aber sie wußte nicht so recht, wohin mit ihren Gedanken. Das tauchte auf und schwand wieder, ohne feste Formen anzunehmen. Sie fühlte etwas wie Verlassenheit, wie Unzufriedenheit, fühlte eine Einsamkeit und Fremdheit zu Haus und Menschen, mit denen sie nun schon über zwei Jahrzehnte hier verbunden war —, oder vielleicht immer? Sie erinnerte sich nur noch in Träumen, daß es einmal anders gewesen. Sie sah sich um. Nichts im Zimmer schien ihr freundlich gesinnt; weder das Bett noch das Sofa, noch die Stühle an der Wand. Jettchen hatte das Gefühl, als ob sie hier zu Gast wäre, auf Logierbesuch. Nur die kleine Servante da, die Sächelchen darin, die Porzellanpüppchen und die Tassen und die paar Töpfe am Fenster und die paar Bücher da unten —, eine Freundesschar, die ihr langsam in den letzten Jahren Onkel Jason zugeführt hatte — da er nicht für ihr leibliches Wohl sorgen konnte, war er um ihr seelisches und geistiges doppelt bemüht... Das gehörte ihr ganz, war ihr gegrüßt und vertraut. Und auf der niederen Servante das zierliche goldige Pappkästlein von kunstvoll durchbrochenen Wänden mit einem Spiegelchen als Boden und einem durchscheinenden Glasbildchen als Deckel... dies Kästchen, mit allerhand Andenken darin —, dem Lorgnon und dem Siegelring vom Vater, einem launigen Glückwunsch von Jason, der Locke einer Mitschülerin, einer Nadelbüchse von der Mutter, einer Feder von ihrem selig verblichenen Kanarienvogel und hunderterlei bunten Krams, der sonst für niemand in der Welt Wert hatte — das gehörte ihr. Und ihre Schönheit gehörte ihr, Gesicht, Haare, Gestalt, alles an ihr bis zur Frische ihrer Haut. Das war etwas, das sie allein besaß. Sie war nicht stolz auf ihre Schönheit, aber sie liebte sie wie eine gute Freundin, bei der uns Lob und Wohlgefallen, das sie einheimst, fast so berührt, als ob es uns selbst beträfe.

Plötzlich stand Jettchen auf, als ob ihr etwas einfiele, nahm vom Tisch die beiden Veilchensträuße, sah sie sich genau an, prüfte sie, band dann den einen auf, ging zur Servante, nahm das Kästchen herunter, stellte es vor sich hin und sah lange auf das Bildchen im Deckel. Das waren zwei Mädchen unter einem lichten Himmel. Eine in Rosa, eine in Hellblau, in einem Garten. Die in Hellblau kniete und brach große Zentifolien vom Strauch, und die in Rosa daneben warf sie in ihr Körbchen — von oben herab. Jettchen sah eine Weile auf das Bild, und dann öffnete sie den Deckel, der in Seidenbändern straff zurückfiel, hob den Arm hoch — wie das Mädchen in Rosa — und ließ die Veilchen ganz langsam durch die Finger rieseln in das goldene Körbchen hinein. Sie spürte jedes einzeln zwischen den Fingerspitzen. Die violetten Blüten zwängten sich in Spalten und Ritzen und blieben hängen zwischen Lorgnon, Nadelbüchse, Briefen, Wunsch, Federn, Locken und Notizbüchlein. Ein paar jedoch fielen hindurch bis auf die Spiegelscheibe des Bodens—, und da lagen sie nun und betrachteten ihre eigenen blauen Blättchen.

Jettchen schloß das Kästchen, still, leise lächelnd, nur ein Vorüberhuschen, ein Wetterleuchten von einem Lächeln war das, und stellte dann das Kästchen feierlich und langsam wieder oben auf die Servante, wo die Luft durch sein goldiges Gitter zog und den süßen Geruch der einzelnen lockeren Blüten, der jetzt stärker war, als sie ihn vordem im Sträußchen aushauchten, durch das Zimmer trug. Und dann zog Jettchen unten aus ihren Büchern ein kleines zerlesenes Heftchen heraus, in einem Umschlag von marmoriertem Papier: ihr Vogelbuch. Es handelte von der Aufzucht und der Pflege der Kanarienvögel nebst einem Anhang über Krankheiten und das sachgemäße Anlegen einer Hecke. Das Büchelchen war im merkwürdigsten Deutsch geschrieben, voller Sprachfehler. Im Dasein Jettchens jedoch hatte es eine seltsame Aufgabe zu erfüllen. Es war wie ein Amulett für sie, es feite, es spendete ihr Beruhigung, Trost; selbst wenn sie traurig war, vergaß sie es darüber. Und so schlug es auch Jettchen jetzt wieder auf und las vielleicht zum hundertsten Male: „Acht Wochen nach der Begattung legt das Weibchen die bläulich zartschaligen Eier im Neste." Und Jettchen ließ dabei ihre Gedanken, wer weiß wohin, wandern.

Dann kam Tante Rikchen herein und sagte, daß Jettchen für den Abend alles nur gut zurechtmachen sollte — sie solle ja nach dem Hecht sehen; sie selbst würde noch etwas ausgehen und einiges mitbringen, auch wolle sie bei Weise einen Apfelkuchen zum Nachtisch bestellen. „Trotzdem sie eigentlich nicht wüßte, für wen das vielleicht nötig wäre", fügte sie hinzu, um mit dem „Letzten" ohne Wort und Widerschlag das Feld zu räumen: — aber nicht mehr im Morgenrock und Häubchen, sondern aufgetakelt und in vollem Staat.

Zu der blauen Robe hatte Tante Rikchen einen gelben Türkenschal um die feisten Schultern gelegt, und dazu hatte sie ein ähnliches Tuch um den Kopf gebunden und in das Haar hineinfrisiert, das ihr mit einem flatternden Ende vorn über die eine Schulter hing. In jungen Tagen hatte ihr diese Mode wohl angestanden, aber heute schien es nur mehr eine Art Maskenscherz von ihr zu sein, sich so zu kleiden und wie die Madame Staël mit hohem Turban als echte Haremstürkin die Spandauer Straße und Königstraße zu durchziehen.

Jettchen stand auf, suchte im Spind unter ihren Kleidern und beschaute ein helles von allen Seiten, ehe sie es säuberlich auf dem Bett ausbreitete. Dann stellte sie ein Kästchen daneben und ging über den Flur in das gute Zimmer.

Das war noch verdunkelt, die Gardinen waren so dicht vorgezogen und zugesteckt, daß durch die Spalten nur dünne Lichtstrahlen rieselten, fein wie blonde Haarsträhnen. Ein paar weiße Überzüge leuchteten matt aus der grünen Dämmerung, und der orientalische Geruch von welken Rosenblättern, der aus den vier dickleibigen Chinatöpfen emporquoll, legte sich Jettchen auf die Brust. Jettchen schlug die Gardinen zurück, öffnete die drei Fenster, die nach außen kreischend aufschlugen, und der helle Nachmittag sah erstaunt in den langen Raum. Die Wände waren hier mit mattgrüner, leichter Seide bespannt, von der man das Licht fernhalten mußte, da sie schon ohnedies halb verblichen war. Um die weiße Decke zog sich eine schmale Goldleiste, und aus zwei gemalten Rosetten hingen Kronen aus Holzbronze mit je sechs Lichten, die schief und schräg in den Armen saßen wie die Bäume nach einem Windbruch.

Wenn Jettchen sich hochreckte, konnte sie gerade heranreichen, und sie richtete eine Kerze nach der anderen aus, bis sie alle ihrem innersten Wesen gemäß kerzengerade und gleichmäßig von den goldenen, gebogenen Armen emporstrebten. Dann streifte Jettchen vorsichtig die weißen Bezüge von den Möbeln und dem Sofa. — Sessel und Stühle schienen, von der Hülle befreit, sich zu dehnen, als ob sie vom Schlaf erwachten. Es waren weiße Möbel mit blitzenden Widerscheinen auf dem harten Lack. Sie spiegelten sich hell auf dem braunen, gebohnten Fußboden. Alle Formen an ihnen waren gerade, dünn und zierlich. Nur die Seitenlehnen an den Sesseln und an den beiden kleinen Bänken waren

Schwanenhälsen nachgebildet ... der gebogene Hals weiß, der Kopf golden, stumpf golden wie die Überzüge der flachen harten Polster neben ihnen, stumpf golden wie das zarte Rohrgeflecht in den Lehnen. Stück für Stück stäubte Jettchen vorsichtig ab. Das Mädchen würde es doch nicht so gut gemacht haben. Sie säuberte auch alle Tassen und das Silberzeug in dem hohen Eckschrank.

Auf dem Konsoltischchen zwischen den beiden Fenstern stand unter dem Spiegel im Glasgehäuse eine Uhr, bewacht von einem bunten, schnurrbärtigen Porzellantürken in Pluderhosen zwischen zwei Chinatöpfen. Der widmete sich Jettchen mit besonderem Eifer. Und die andere Uhr am zweiten Pfeiler auf einem gleichen Tischchen unter einem gleichen Spiegel zwischen den gleichen Töpfen, eine Uhr aus Goldbronze, über der Amor seinen Pfeil schärfte, um sie mühte sich Jettchen mit fast noch größerer Sorgfalt. An einer Stelle rieb sie fünf Minuten lang den blank gebohnten Fußboden, weil er ihr gerade da nicht blank genug erschien. Nur ein geschärfter Sinn konnte hier einen Unterschied zur Spiegelglätte der Umgebung wahrnehmen. Sie gab den Gummibäumen und den Palmen auf dem Blumentisch Wasser, putzte jede Taste des braunen Tafelklaviers — es war eine Freude, sie so herumhantieren zu sehen —, und bei alledem sang sie mit kleiner, angenehmer Stimme:

> „O du mein schönes Bauernkind,
> Komm mit mir auf mein Schloß!
> Schokolade, Limonade
> Sollst du stets haben auf meinem Schloß!"

Und sie erwiderte auf diese Werbung halb schmollend, halb belustigt:

"Will hei mich wohl gehen laaten!
Ich bin ihm ja viel tau schlecht.
Geh hei ruhig siene Straten
Hei, oller Burenknecht!
Up det Dorf, da bin ick her.
Weit er denn nich, wer ick wär?
Ich muß fort nach Hause gehn,
Nach Huuuuuse gehn!"

Dann schüttelte sie das Tuch aus dem Fenster, sah auf die Straße, wo die Menschen spazierten, lachte und fing ihren Singsang wieder von vorn an . . .

Onkel Eli und Tante Minchen kamen zuerst. Es war noch kaum dunkel; Jettchen war gerade in der schönsten Arbeit, Tante Rikchen noch nicht zurück —, und Salomon unterzeichnete noch die Post auf dem Kontor.

Tante Minchen war sehr klein, sehr alt und etwas hochschultrig. Sie hatte ein dunkelviolettes Kleid an, einen schwarzen Kantenschal um, einen Marabutoque im Haar, und zudem hatte sie die vielen Teile eines ausgiebigen Malachitschmucks über ihre alte Person gestreut. Tante Minchen war vermurkelt wie eine Backbirne, und ihr alter zitternder Mund, der ein bißchen verquer im Gesicht saß, machte den Eindruck, eines ausgerissenen Knopfloches. Dabei war sie mit ihren fünfundsiebzig Jahren noch sehr gut beieinander, und ihr verqueres Mundwerk arbeitete im Essen und Reden mit Schnelligkeit und Sicherheit. Trotzdem wußte die kleine Tante Minchen aber von nichts Bösem, und auch die Eifersucht auf ihren Gatten war, da er sich nur hippologischen Interessen hingab, unbegründet.

Onkel Eli hatte seinen braunen Frack von Vormittag mit einem besseren Exemplar der gleichen Gattung vertauscht;

nur mußte es das Unglück gewollt haben, daß ihm unterwegs vielleicht wieder ein Herr Viertelswachmann begegnet war, denn auf den Schultern seines Fracks lag der Puder dick wie Mehlstaub. Gegen Tante Minchen war Onkel Eli die Zuvorkommenheit selbst.

„Minchen, nimm nicht das Kantentuch ab, du mögst dich verkühlen", sagte er. „Nachher mögst de es vielleicht abtun, und Jettchen gibt dir, wenn es später kalt sein sollte, 'ne Enveloppe von sich mit."

Daß die kleine Tante Minchen in einer von Jettchens Enveloppen hätte sacklaufen müssen, das bedachte Onkel Eli nicht. Aber ich kann schon vorher sagen, es wurde nicht kühl, und Tante Minchen konnte ruhig, ohne ihre Gesundheit zu gefährden, im Kantentuch, wie sie gekommen, wieder nach Hause gehen ... es war ja auch nur zwei Straßenecken weit.

Jettchen führte die beiden Alten in die Eßstube und wollte die Sinumbralampe anzünden, aber da fiel ihr Minchen in den Arm: wozu das nötig wäre! Für sie, für sie doch nicht! Sie hätten ihr Lebtag bei Lichtern gesessen, täten das noch heutzutage, und sie wollten nicht, daß so eine Verschwendung ihretwegen getrieben würde. Nachher, wenn die anderen kämen, könnte Jettchen die neue Lampe vorführen.

Die zwei roten Höfe der Lichter blitzten auf in dem dämmerigen Raum. Draußen wurde plötzlich der abendliche Frühlingshimmel und drüben die Nachbarhäuser tiefblau hinter den Mullgardinen; und über das seltsame Paar — den nachdenklichen alten Nußknacker und Tante Minchen, die nebeneinander wie zwei Vögel auf der Stange hockten — floß ein Goldschimmer aus dem Kerzenlicht. Sie sprachen fast gar nichts, die beiden Alten. Wenn man sich so lange kennt und so viel miteinander gesehen und erlitten hat, vier

Kinder hat wegsterben sehen, Nachbarshäuser niederreißen, Könige und Herrscher, Russen und Franzosen kommen und schwinden, da sind Worte im Verkehr eine sehr übrige Sache geworden. Aber es wußte wohl jeder, was der andere dachte. Denn sobald einer eine kurze Frage hinwarf, antwortete der andere sogleich; und wenn nach einer Weile der fragte und jener zustimmte, so merkte man daraus, daß sie beide an den gleichen Gedankenfäden weitergesponnen hatten.

Jettchen hantierte indessen im Zimmer umher. Aus dem großen eichenen Schrank hinten im Alkoven — ein ganzes Haus von einem Schrank mit einem richtigen Giebel — holte sie die schweren Damasttücher, sie brachte die Anschieber an den Tisch, breitete die Tischdecke aus, sie stellte blaugemusterte Teller mannigfaltiger Form hin; blanke Leuchter und rote geschliffene Glasschalen, die von getriebenen silbernen Delphinen getragen wurden. Dem Salzlecker zwischen den beiden Fäßchen, der in keiner guten Familie fehlen durfte, und den durchbrochenen Brotkörben gab sie ihren Platz.

Die beiden Alten verfolgten vom Sofa her bedeutsam schweigend jedes Stück. Und sie tauschten darüber Blicke aus, die für einen objektiven Gerichtshof voll genügt hätten, um gegen Onkel Salomon das Entmündigungsverfahren wegen Verschwendung in die Wege zu leiten. Diese Blicke hinderten jedoch Tante Minchen nicht, eine Stunde später wahre Breschen in die Berge von eingemachten Hagebutten, Quitten und Reneklōden zu legen, die Jettchen jetzt aus den Steintöpfen auf die Schüssel schüttelte.

Dann kam Tante Rikchen, schwer beladen und keuchend, und ihr folgend, als Trabant, Weises Hausdiener mit einer Kuchenschachtel.

Rikchen begrüßte Onkel Eli und Tante Mine nicht gerade freundlich, aber die schienen das nicht zu bemerken. Mine machte sich gleich über sie her und ließ sie gar nicht erst verschnaufen, denn sie war hocherfreut, für ihre letzten Erlebnisse mit dem Dienstmädchen einen Abnehmer zu finden.

„Denke dir, Rikchen, ich sage, de Wärmflasche soll sie für Eli bringen. Se bringt nicht. — Ich rufe, sie bringt nicht. Geh ich selbst 'raus, steht das Stück von ä Mädchen doch halb nackt in meine Küche und wascht sich."

Rikchen war über diesen bisher bei Minchens Minna unbeobachteten und auch vollends unerwarteten Reinlichkeitsdrang mit Recht empört. Aber sie fand nicht Zeit, dieser seelischen Erschütterung wörtlichen Ausdruck zu verleihen, denn die Schelle schlug laut und zeternd an. Und da Jettchen in der Küche war oder gar schon in ihrem Zimmer, um sich umzukleiden, so mußte Tante Rikchen selbst öffnen. Aber schlimmer noch, Tante Minchen mußte die Fortsetzung ihrer Schilderungen der Verworfenheit dieses Geschöpfes — das halbnackt in der Küche steht und sich wascht — bis nachher aufschieben. Sie nahm sich dafür vor, auf dieses Thema, das sie seit gestern bis zum Zerspringen ausfüllte, bei vollzähliger Versammlung zurückzukommen, und zudem noch jeden einzeln darüber auszuforschen, wie er wohl in ihrem Fall da gehandelt hätte.

Fünf Mann hoch kamen sie die Treppe herauf, unter dem flackernden Tranlämpchen, Max und Wolfgang zuerst, dann Jenny, dann Onkel Ferdinand und ganz zuletzt Tante Hannchen, keuchend wie ein asthmatischer Mops.

Tante Rikchen lehnte sich über die Brüstung und sah herunter in das Halbdunkel nach dem Hausflur. Von unten hörte sie Salomons Stimme zwischen dem schweren Rattern vom Handkarren des Rollkutschers, der die Auslandkisten abholte, „Salomon, Salomon, es sind schon Leutchen da!" rief sie hell und hoch.

„S. G. C. 14."

„Salomon, Salomon, 's sind schon Leutchen da!"

„Was gehen mich die Leutchen an", brüllte Salomon — „S. G. C. 15."

Indes war auch Tante Hannchen bis hinauf gelangt. Sie war die Schwester Tante Rikchens (zwei Brüder hatten zwei Schwestern genommen), gute zehn Jahre jünger wie Tante Rikchen, aber ebenso klein und umfänglich. Sie war wie breitgehämmert. Ihre Augen saßen ebenfalls wie zwei schwarze Rosinen in einem blonden Eierkuchen, und der Mund war ganz winzig und kraus wie eine Pompadour= schnure.

Tante Hannchen trug ein silbergraues Taftkleid mit einem Kranz von Heckenrosen um den Rocksaum. Der feiste, speckige Hals und der Rücken waren frei, und sie blickten mit hundert leichtgeröteten Augen durch die Muster eines Kantenschals, der über die Schultern gezogen war. Die schwarzen, glänzenden Haare trug Tante Hannchen in einem Filetnetz wie ein Fischbeutel.

In allem war sie der Schwester ähnlich, nur daß sie ihre Herzensgüte nicht einzig auf die eigene Person beschränkte, sondern daß sie ihre drei Kinder, Max, Wolfgang und Jenny, noch daran teilnehmen ließ, und wenn sie bei Salo= mon und Rikchen zu Besuch waren, in sie hineinstopfte, bis sie kaum noch vom Platz aufkonnten, und sie immer wieder ermunterte, doch zuzugreifen und sich nicht zu genieren: Rik= chen gäbe es gern. In ihrem eigenen Hause war Tante Hannchen keineswegs derart auf das leibliche Wohl ihrer Kinder bedacht und schickte sie manchmal mit einer simpeln Butterstulle zu Bett. Ihren Mann hatte sie wirklich auf dem Gewissen. Denn wenn Salomon und Rikchen sich auch häkelten, so hingen sie doch aneinander wie die Kletten; während Hannchen und Ferdinand wirklich wie Hund und Katz' lebten, und Ferdinand schon lange gewohnt war, alles, aber auch alles außer dem Hause zu suchen, was zu den Annehmlichkeiten des Ehestandes gehört.

Ferdinand stand in allem zwischen Jason und Salomon; im Alter, in der Größe und in der Wohlhabenheit. Er war nicht so intelligent wie Jason und nicht so philiströs wie Salomon. Er feierte die Feste, wie sie fielen. Er war nicht so adrett wie Jason und trug sich doch im Hause eigener als Salomon. Er verkaufte und verlieh Fuhrwerke, Phaethons, Landaulettes, Balards, und er hatte wie Onkel Eli einen Pferdeverstand, trotzdem einer das vor dem anderen nicht wahrhaben wollte, und Neffe wie Onkel von der Unkenntnis des anderen Sachverständigen auf diesem Wissensgebiet überzeugt waren.

Max war im Geschäft des Vaters, liebte es, den Grandseigneur und zukünftigen Chef zu spielen. Er war in einem schlimmen Alter, schlaksig, blaß, käsig und verpickelt. Auch sah er der Mutter ähnlich, mit seinen schwammigen, unklaren Zügen, und hatte nichts von jener schönen, schlanken Rassigkeit, die bei allen Geberts in Kopf, Haltung und Gang steckte.

Wolfgang wollte das Griechisch auf dem „Kloster" nicht in den Kopf kriegen. Er war ein kleines, grünlichschlappes Kerlchen von vierzehn Jahren, gedrückt und verprügelt. Denn alle, Vater, Mutter und Max, die Lehrer in der Klasse, die Kameraden auf dem Schulweg, hatten sich über ihn das Züchtigungsrecht angemaßt. Der Junge war nicht schlecht von Wesen und Gemütsart. Wenig begabt, scheu und innerlich verzweifelt. Er fühlte sich nicht zugehörig zum

Haus, zur Familie, zur Schule, zu den Stallungen —, einfach zu nichts fühlte er sich zugehörig. Nirgends glaubte er sich bodenständig oder heimatsberechtigt.

Nur Jenny, die war wieder eine richtige Gebert. Dreizehnjährig, über ihre Jahre hinaus — geistig und körperlich. Sie hatte den Gebertschen Familienschnitt des Gesichts, das längliche Oval, die gerade Nase mit dem langen, an den Seiten scharf modellierten Rücken und die großen, mandelförmigen Augen mit den schweren Lidern. Auch hatte sie das starke, glanzschwarze Haar wie Atlas. Sie war schon ganz als Dame gekleidet, in rosa Gingang — freilich halblang. Sie fragte gleich, wo Jettchen wäre, denn sie liebte Jettchen mit jener verliebten Zuneigung, mit der sich kleine Mädchen an eine schöne Lehrerin zu hängen pflegen. Sie bewunderte sie; Jettchen erschien ihr als ein höheres Wesen, und sie bewahrte entwendete Bändchen und Haarnadeln ihrer Angebeteten sich auf, mit denen sie einen geheimen Kult trieb.

Als sie hereinkam, war Tante Rikchen plötzlich erstaunt und entsetzt, warum nur die Lichter angezündet waren. Vorher freilich hatte sie auf diesen Umstand kein Gewicht gelegt. Was das von Jettchen wohl bedeuten sollte, Gäste bei Talglichtern zu empfangen! Aber Jettchen war nicht da, um sich zu verteidigen, und Tante Minchen schwieg wohlweislich.

Die zwei Kinder krochen in die Fensterwinkel und drückten die Gesichter an die Scheiben. Jenny zupfte im Vorübergehen noch schnell und gewandt eine Hagebutte aus dem ziegelroten Berg, und nachdem sie sie eine Weile unauffällig in der geballten Hand gehalten hatte, warf sie sie geschickt mit einem Klaps vor ihr Kinn in den Mund. Ferdinand, Hannchen und Max nahmen auf den Stühlen, die an der Wand standen, Platz und saßen nebeneinander wie drei Pagoden.

Ferdinand war ungehalten, daß es noch nichts zu essen gäbe, denn dazu und zum Whist wäre er hergekommen. Hannchen hatte viel Stoff zu Mitteilungen, ein neues Mädchen, Anschaffungen in Kleidern, rotem Glas und Porzellan, die Fragen, Schöneberg oder Charlottenburg für den Sommer. In Schöneberg wäre die Luft besser, während man von Charlottenburg doch leichter einmal hereinkäme.

Dann erschien Salomon. Er war über den Hinteraufgang heraufgegangen und hatte sich noch schnell umgezogen. Er hatte eine neue silbergraue Samtweste und eine Halsbinde aus schwarzem Atlas von dem Geschäft mit heraufgenommen und blendend weiße Vatermörder umgelegt. Er hatte jetzt etwas wie ein alter, ausgedienter Offizier; eine steife, ernste Liebenswürdigkeit, eine Art, sich zu geben, die man dem Männchen von vorhin mit dem Samtkäppchen und den Landkarten von Flecken im Rock nicht zugetraut hätte.

Salomon hatte noch einen Geschäftsfreund gebeten, einen Einkäufer aus Stockholm, einen blonden, hageren Menschen, der wenig Deutsch verstand und zu allem, wonach man ihn immer fragen oder ansprechen mochte, „tak" sagte. Der kam noch und irgendeine Verwandte von Rikchen und Hannchen, ein sehr kleines, altes Fräulein mit drei Pudellöckchen an jeder Seite —, vertrocknet und spitz, unzertrennlich von ihrem Strickzeug, das sie in einem Beutel um den Leib trug und das sie seitwärts an der linken Hüfte hielt, wenn sie die Nadeln umeinanderlaufen ließ. Für wen sie all die Strümpfe strickte, war unergründlich. Sie versah ihren ganzen Umkreis damit. Und wenn ihr die Strümpfe für Wolfgang zu klein geraten waren, so fand sich immer noch ein Paar Beine in ihrer Bekanntschaft, dem sie paßten. Sie liebte Kinder über alles, küßte sie, wo sie sie antraf — was diese peinlich berührte —, und erntete als Dank für ihre

Kinderliebe, daß die Gegenstände ihrer zärtlichen Huldigungen sich über sie lustig machten und, nachdem sie die Bonbons mit Behagen aufgelutscht hatten, irgendeinen lächerlichen oder schmerzhaften Schabernack für sie ersannen. Auch jetzt stürzte sie sich auf Wolfgang und Jenny, die entsetzt in eine Ecke flüchteten. Aber wie sie sich auch sträubten, sie entgingen ihrem Schicksal nicht.

Ferdinand, der sich das Hausrecht angemaßt hatte, war sehr ungehalten, wo wieder Jason bliebe und warum Jettchen noch nicht käme. Aber da hörte man schon draußen sprechen; und Jettchen in einem hellen Linonkleid, das mit goldenen Ähren bestickt war und zu dem sie ein Büschel goldene trockene Ähren im Haar trug — Jettchen, Jason und Doktor Kößling kamen. Ferdinand machte erstaunte Augen, wer dieses fremde Gesicht wäre; doch Salomon ging sofort auf Doktor Kößling zu, der, befangen vor diesen Lichtern und Menschen, fast noch in der Türe stehengeblieben war, und bat Jason, ihn vorzustellen.

Es freue ihn sehr, Doktor Kößling kennenzulernen, und er hoffe, es würde ihm in seinem Hause gefallen. Es ginge ganz einfach zu; geistige Genüsse könne er ihm nicht bieten, das sage er ihm gleich —, aber er hätte gewiß genug von dieser Ware und verzichte gern einmal darauf. Früher wären alle möglichen Literaten und Theaterleute gern in sein Haus gekommen. Saphir und Glaßbrenner, drüben sein Nachbar der Angeli, die Wolffs, Rellstab und Liber. Aber jetzt sei es ganz still geworden. „Fragen Sie nur meine Schwägerin da, die wird Ihnen schon Bescheid sagen", setzte er augenzwinkernd hinzu, auf ein fern zurückliegendes Vorkommnis anspielend.

Jetzt kam auch Tante Rikchen und musterte Doktor Kößling mit einem Blick, den nur Frauen haben, und der sich über tausend Dinge zugleich informiert, tausend Fragen verfänglicher Natur stellt und beantwortet.

„Willst du mich nicht auch mit dem Herrn Doktor bekannt machen, Salomon?" sagte sie ziemlich obenhin, und in dem Ton lag ihr festes und abgeschlossenes Endergebnis über Doktor Kößling, der schon angeklagt, verhört und verurteilt war, ehe er ein Wort zu seiner Verteidigung beigebracht hatte.

Indes war Ferdinand auf Jettchen zugetreten, hatte sie umgefaßt und ihr zwei Küsse gegeben, rechts und links auf jede Backe einen. Jason küßte Jettchen nie. Ferdinand tat es stets. Er küßte Jettchen, wo er ihrer ansichtig wurde, zum guten Tag und zum Abschied, beim Mahlzeitsagen und zwischenhindurch. Er hielt das für sein onkelhaftes Recht und ließ es sich nicht verkümmern. Daß dem Recht auch irgendwelche Pflichten gegenüberstanden, daß es erworben werden muß, davon gab es bei ihm nichts. Er erzählte zwar Jettchen immer, wie sehr er ihren Vater, seinen Bruder, geliebt hätte, aber daß er einmal, gerade das eine Mal, wo es darauf ankam, diese Zuneigung zu beweisen, die Achseln gezuckt und die Hand auf die Tasche gehalten, davon schwieg er. Aber er hätte Jettchen damit auch keine Neuigkeit erzählt.

Tante Minchen trat hinzu.

„Jettchen —, laß dich mal ansehen! Gott, was haste dich fein gemacht! Was kost' der Linon? — Und von wo kauffte den?"

„Bei Salomon Gebert & Co., Tante. Hier gleich unten, parterre links."

„Schelmchen! Ich glaube aber, für mich wär' das nichts mehr. Es ist doch zu jugendlich für mich. Vor zehn Jahren hätt' ich noch so gehen können, aber heute bin ich doch nu 'ne alte Frau geworden. Aber du, Jettchen, du siehst hübsch drin aus —, wirklich schön! Es ist 'ne Freude, dich so anzusehen. Ganz einfach. Du brauchst dir nicht tausenderlei umzuhängen wie deine dicke Tante Hannchen. Einen hübschen Menschen mißkleidet eben nichts. — Haste schon von Minna gehört? Hab' ich dir schon erzählt? ... Komm ich doch gestern 'raus, steht doch das Stück von e Mädchen halbnackt in meine Küche und wascht sich!"

Da trat Jason zu Jettchen.

„Gott, Mädel, du siehst ja aus wie die Schönheit vom Lande beim Erntekranz ... mit deinen goldenen Ähren!

Die Städterin droht euch Dirnen den Krieg,
Und doppelte Reize behaupten den Sieg",

stichelte er lustig.

Tante Hannchen trat zu ihnen.

„Tag, Jettchen, ist das das Neue?" Aber sie kam nicht weiter in der Unterhaltung, denn sogleich belegte sie Tante Minchen mit Beschlag.

„Hab' ich dir schon erzählt von Minna? — Ja, also, komm ich gestern 'raus, steht doch das Stück halbnackt ..."

Und hier fand Tante Minchen die erste geduldige Zuhörerin.

Kößling war immer noch bei Salomon, der auf ihn einredete. Kößling blickte verstohlen und verwirrt zu Jettchen hinüber, die er halb vom Rücken sah, mit den weißen Schultern, mit dem schlanken Hals und der hohen Frisur. Gerade noch so sah er sie, daß er einen Teil von Kinn, Wange, Augen und Stirn umfassen konnte, an denen der Kerzenschimmer vorbeischoß und sie mit dünnen, goldenen Linien umzog. Schön und breit kamen die beiden Schultern aus dem Ausschnitt des Kleides, überspannt von zwei weißen, goldbestickten Achselbändern. Kößling war verwirrt und nicht so recht bei der Sache. Er hörte nur halb hin, wie Salomon von Boucher erzählte, dem Sokrates der Violinisten, wie man ihn nannte. Er hätte ihn noch gehört. Es wäre göttlich gewesen. Boucher hätte die Geige sogar auf dem Rücken gehalten und die Air von Bach gespielt. Mancher kann das nicht so, wenn er die Geige vorn hält. Er wisse nicht, was sie jetzt mit Liszt hermachten; ganz verdreht seien die Leute. Und nun die Frauen erst! Liszt wäre gewiß begnadet, aber er für sein Teil zöge Thalberg vor. Er wäre noch aus der Mozartzeit, und wenn er den Don Juan auch nicht so gut wie Bluhme gesungen hätte, er hätte eine ganz nette Stimme gehabt in seiner Jugend, und nur dadurch hätte er auch seine Frau kennengelernt und bekommen.

All das ging Doktor Kößling hier hinein und da hinaus. Kößling fühlte sich in seiner Umgebung nicht recht wohl, denn er erkannte sofort, daß es zwei Welten seien, seine und jene, und daß es nichts gäbe, worin sie sich berührten. Die hier hatten sich eben mit dem Leben als Tatsache abgefunden — wo und in welcher Gestalt es ihnen immer entgegentrat. Sie waren so beleidigend zufrieden alle. Was fehlte ihnen auch? Sie hatten genug und sie wollten nicht mehr. Essen, Trinken, Musik, Literatur, alles reichte für das Haus hin. Die Unzufriedenheit, die Lebensangst, die ihn trieb, Glück und Stachel zugleich, war jenen fremd. Warum nur war er hierhergekommen?

Da zupfte Tante Rikchen Onkel Salomon, er möchte einmal kommen. Der entschuldigte sich, und Kößling stand allein da.

Auf Jettchen hatten sich Jenny und Wolfgang geworfen, die sich wie zwei Kletten rechts und links an sie gehängt hatten; und das sehr kleine, alte Fräulein mit dem

Strickzeug und den Pudellöckchen versperrte ihr schnabbernd den Weg.

Jettchen stand lächelnd zwischen den dreien, die sie hoch überragte, und sah zu Kößling herüber, als ob sie ihn um Befreiung bäte.

Onkel Eli war indes auf dem Sofa leise eingenickt und saß, mit dem Kopf pendelnd, mit offenem Mund — während Tante Minchen still und treu seinen Schlummer behütete.

Der Schwede sprach mit Ferdinand, der so viel Schwedisch konnte wie jener Deutsch; und jedem entgingen die Spitzen und Feinheiten in der Rede des anderen. Sie bemerkten das nicht. Denn man pflegt doch nur gern sich selbst zuzuhören.

Jason wurde durch Tante Hannchen festgehalten; aber er machte sich los, als er Kößling allein sah.

"Na, Kößling, wie gefällt's Ihnen hier? Nicht wahr — ganz nette Leute? Nur einen Fehler haben sie: sie nehmen sich selbst und untereinander so furchtbar wichtig und ernst. Sie legen all ihren Angelegenheiten eine hochpolitische Bedeutung bei. Sehen Sie da, meine Schwägerin da drüben, die Frau von meinem Bruder Ferdinand. Sitzt sie nicht da in ihrem Stuhl — wie Exzellenz bei Boucher? Und dabei hat sie nichts, gar nichts weiter in die Ehe gebracht wie einen Magenkrampf ins Schnupftuch gebunden. Und selbst das Schnupftuch war schon ein bißchen geflickt."

Kößling lachte.

"Ein Berliner Witz ist doch mehr wert als 'ne schöne Gegend, sagt schon Hegel."

"Sehen Sie da drüben meinen Bruder Ferdinand? Der da. Na, wir sehen ja alle gleich aus. Nicht wahr, das leibhafte Philistertum meinen Sie! Dabei, Doktor, der ist noch heute ein Durchgänger wie nur einer. Hören Sie, Kößling, wie wir zusammen bei Pinchen in der Klosterstraße wohnten, hat er, wenn er abends nach Hause kam, schon immer im Dunkeln auf seinem Schreibtisch getastet, ob nicht wieder die langen Briefe mit den Alimentenklagen daliegen. So einer ist mein Bruder Ferdinand gewesen."

„Hören Sie mal, Herr Jason Gebert, Protektor der Musen und Grazien, ich schätze Sie sonst sehr, aber ich glaube, daß hier doch nicht der rechte Ort ist, um mich in alle Ihre Familienintimitäten einzuweihen. Ihre Nichte Jettchen guckt nämlich schon zu uns herüber."

„Mädchen, komm her, mein Liebling!" rief Jason.

Jettchen kam zu ihm herüber aus ihrer Sofaecke, in die sie die drei gedrängt hatten. Die beiden Kinder zog sie mit, und jedes, Wolfgang und Jenny, muschelten sich mit schrägem Kopf an eine Seite zwischen Arm und Mieder hinein.

„Na, siehst du, Jettchen, ich habe ihn doch noch mitgeschleift; er wollte nämlich nicht. Sehen Sie, Kößling, das sind die Kinder von Ferdinand... Junge, gibt man dir denn auch ordentlich zu essen? Wie siehst du denn aus?" sagte Jason und legte Wolfgang die Hand auf den Kopf. „Du mußt mal 'raus hier. Den ganzen Sommer. Na, — und was macht denn die Schule? ίστημ ίστησι ίστητι."

Das blasse Gesichtchen von Wolfgang wurde noch einen Grad ernster.

„Na, lassen wir das", lenkte Jason ein. „Wozu immer vom Geschäft sprechen! Weißt du, wenn du mal nächstens zu mir kommst, kriegst du ein paar hübsche Bücher. Ich gebe dir ‚Hinkel, Gockel und Gackeleia'. Also hol's dir mal."

„Wann kann ich kommen?" sagte der blasse kleine Kerl, und seine Augen leuchteten. Denn wie alle, die sich hier in dieser Welt nicht zurechtfinden können, lebte er in einer anderen, schöneren, in der es keine Prügel gab, keine unregelmäßigen Verben auf ‚μ', ja, nicht einmal regelmäßige; und die Bücher, die er heimlich las, trugen ihm Bausteine zu dieser zweiten Welt zusammen, in der er Kulissen und Soffitten nach Wunsch und Willen verstellen konnte.

„Nun, Mademoiselle Jettchen, darf ich fragen, wie Sie die Stunden bis jetzt verbracht haben?"

„Ich war fleißig und habe auch ein bißchen gelesen."

„Was? Wenn ich fragen darf."

„Jean Paul, ‚Aus dem Immergrün unserer Gefühle'. Kennen Sie es?"

„Gewiß, ich kenne meinen Jean Paul schon."

„Lieben Sie ihn?"

„Gewiß, er ist einer der Feinsten von allen. Altmodisch, umständlich, unmodern, aber welch ein Geist! Er klebt mehr am Boden als die anderen, und doch ragt er dabei höher in die Wolken."

„Und ‚Wilhelm Meister'?" warf Jason ein.

„Nein, ich ziehe mir Jean Paul vor. Hier, das, was da ganz tief in uns drin sitzt, hat mehr davon. Jean Paul ist auch etwas für die, die verneinen, Goethe nur für die, die bejahen."

Jettchen sah ihn erstaunt an. „Verneinen Sie?"

Kößling lachte. „Das ist nicht im Augenblick zu beantworten. Voll verneinen tut wohl niemand. Dadurch, daß wir anwesend sind —, bewußt anwesend an dieser zweifelhaften Stelle, bejahen wir schon. Aber wenn ich voll bejahen würde, dann gehörte ich eben nicht zum Federvieh —, dann würde ich Matrose sein oder Gärtner oder Seidenwarenhändler." Das letzte Wort war ihm so entfahren.

Jettchen wurde rot, und Kößling wollte sich entschuldigen, fand aber nicht das Rechte.

Da kam Tante Rikchen und bat, man möchte Platz nehmen.

Onkel Eli fuhr bei der plötzlichen Bewegung, die in die Gäste kam, von seinem Schlummerplatz auf, daß ihm beinahe die Perücke vom Kopf fiel, die er sich schnell mit einer kurzen Handbewegung wieder zurechtrückte.

„Kößling soll Jettchen führen", sagte Tante Rikchen. — Und so setzten sie sich alle um den langen Tisch; Jason, Jettchen, Kößling kamen nebeneinander, geradeüber von Rikchen und Salomon, Ferdinand neben den Schweden, und das Fräulein mit den Pudellöckchen zu den Kindern, mit denen sie einen Schlachtplan schmiedete: sie würde sich recht viel Kompott nehmen und den Kindern davon heimlich etwas zuschieben, das würde keiner sehen.

Ferdinand mußte raten, was der Hecht gekostet hätte. Er war darin Kenner und riet selten zwei und einen halben Groschen zu hoch oder zu tief. Er traf den Nagel auf den Kopf. Zum Lohn dafür legte er sich auch sehr, ja allzu wacker vor, daß Tante Rikchen bis in die Haarwurzeln erbleichte, weil sie fürchtete, es möchte nicht langen.

„Sst! Ferdinand!" rief Jason über den Tisch, „du weißt, du kannst es nicht vertragen!"

Ferdinand quälte sich immer ein bißchen mit Leber und Galle herum.

„Nachher stehst du wieder am Brandenburger Tor an die Säule gelehnt, wie Licinius, und dann singe ich: ‚Hier an Vestas Tempel treff' ich, Licinius, dich, früh eh' der Morgen graut!' Und du antwortest mir dann: ‚Wirst du loslassen? — Nein, ich will nicht!'" Das letzte sang Jason zum Gaudium des Kindertisches in dem Ton einer Arie aus dem „Don Juan". „Und morgen, morgen liegst du dann wieder da, wie die Plötze auf der Aufschwemme!"

Ferdinand fühlte sich unter dieser Anzapfung nicht wohl. Aber augenblicklich hatte er zu viel damit zu tun, die Gräten zu vermeiden, um sich auf Rede und Gegenrede irgendwie einlassen zu können.

„Höre mal, Jason, hast du etwas über das Befinden unseres Königs gehört? Du bist doch sonst der wandernde ‚Beobachter an der Spree‘!" unterbrach Salomon die Gesangssoli seines Bruders.

„Ich weiß nichts Neues."

„Es soll ihm aber nicht gut gehen."

„Na, er ist doch nu alt genug. Mal werden wir eben alle mit 'nem offnen Mund daliegen", versetzte Jason gleichgültig.

„Ich halte das nicht für heilsam für uns", orakelte Ferdinand und fischte nach einer Gräte.

„Warum?" fragte Jason.

„Na, wer weiß, was wir dann für einen kriegen!"

„Ich glaube, daß der Kronprinz noch unsere einzige Hoffnung ist", warf bescheiden, aber bestimmt Kößling ein. „Er weiß, was die Zeit will und was ihr fehlt."

„Jawohl", sagte Ferdinand spöttisch und machte hierzu die Handbewegung des Glashebens.

„Aber was willst du denn, Ferdinand?" rief Jason lustig, „wenn du den Weinkeller hättest, turkeltest du schon des Morgens beim Zähneputzen!"

Man lachte darüber. Das brachte Stimmung in die Gesellschaft.

Tante Rikchen aber war empört und sagte, sie wolle so etwas gar nicht hören —, das wäre ju bemokratisch.

„Na, Schwägerin", rief Jason, „du glaubst wohl auch noch, daß die Monarchie die normale, von Gott gewollte Form des Staates ist?"

Die Kinder kicherten und quiekten am Tafelende und bedrängten das Fräulein mit den Pudellöckchen, daß es beinahe vom Stuhl fiel. Sie riefen Johann laut und vertraut zu, der Lohnkutscher bei Ferdinand war und hier heute mit bediente. Er hatte eine grüne Livre an, roch nach Stall und balancierte in den weißbehandschuhten Pranken eine Riesenschüssel so geschickt, daß er mit beiden dicken Daumen in die Soße stippte.

„Einen Witz habe ich heute gehört —" begann Salomon, „großartig! Mein Lebtag werde ich ihn nicht vergessen!"

Alles schwieg und lauschte.

Onkel Salomon aber war auch ganz still geworden.

„Na?" sagte Jason erwartungsvoll, denn er war stets williger Abnehmer dieser Ware.

Salomon knabberte an der Unterlippe: „Herrgott nochmal, Rikchen, wie war es doch gleich?"

„Aber Salomon, den kannste doch hier gar nicht erzählen", entgegnete Rikchen.

„Ach, Schäfchen, den meine ich ja gar nicht, ich meine doch den anderen."

„Aber den haste mir doch gar nicht erzählt, Salomon!"

Hier quiekte Jenny ungebührlich, und Vater Ferdinand fuhr auf, um Beweise seiner väterlichen Macht zu geben.

Jenny sollte nicht weiter bei Tisch essen, wenn sie sich nicht danach betragen könnte. Johann sollte sie entfernen. — Aber dagegen erhoben die anderen Einspruch, und Jenny blieb, vergnügt kichernd unter den strafenden Blicken ihrer Eltern.

„Aber der Prinz Wilhelm soll recht krank sein", nahm nach einer Pause Ferdinand das Gespräch von vorhin auf.

„Ich glaube, um Gans wäre es mehr schade, der wird wohl dran glauben müssen. Prinzen haben wir eigentlich nachgerade genug."

Darauf bemerkte Rikchen, daß sie solche Reden in ihrem Hause nicht dulden könnte. Aber Salomon meinte, daß Jason ganz recht hätte. Gans wäre auch ein besonderer Mensch — trotzdem er sich hätte taufen lassen. Und Ferdinand erzählte, wie die Mutter zu Gans gesagt hätte, kurz nachdem er übergetreten wäre: Eli, wackel nicht immer so mit 'ne Stuhl, du megst hinfallen, und du weißt, dein „Kreuz" is noch schwach.

Kößling kannte den Witz nicht und lachte sehr. Er fühlte sich jetzt behaglich. Er saß so dicht neben Jettchen, die mütterlich auf sein leibliches Wohl bedacht war. Auch sprachen sie heimlich und leise zusammen. Jason, Jettchen und Kößling. Sie schienen einen geheimen Dreibund hier gebildet zu haben, und wenn einer den anderen ansah, so sagte eigentlich schon der Blick: wir verstehen uns. Und Kößling sah Jettchen viel an. Offen und frei — und heimlich, verstohlen und unbemerkt, wie er meinte, von der Seite.

„Du willst nach Karlsbad, Salomon?" fragte Ferdinand.

„Ja, vielleicht schon nächste Woche. Der Geheimrat sagt, es wäre nötig. Ich will bloß erst noch für Rikchen 'ne Wohnung in Charlottenburg mieten."

„Höre mal, ich hätte da einen sehr guten Landauer für dich — er muß nur noch einmal überlackiert werden. Ich lasse ihn dir für die Zeit für fünfundzwanzig Taler —, unter Brüdern kostet er sonst fünfzig."

„Damit erkennst du also Salomon nur als deinen Halbbruder an", mischte sich Jason in den Handel.

„Weißt du, Ferdinand, ich wollte gerade mal 'n Stück mit der Eisenbahn fahren."

„Ich begreife dich nicht", rief Ferdinand, „wenn Jason das täte, der doch nach niemand zu fragen hat—, aber du als verheirateter Mann ... Bisher bist du doch ganz gut so gereist —, und da willst du dich mit einmal auf deine alten Tage auf solche Sachen einlassen?"

"Ja", warf Onkel Eli ein, "de Sach mit de Eisenbahn is doch, wie ich dir sage, e aufgedeckte Pleite!"

"Laß nur, Ferdinand", beschwichtigte Rikchen, "er sagt das nur so; ich weiß, er tut's schon meinetwegen nicht."

"Warum?" fragte Salomon ziemlich brüsk.

Aber Rikchen kam nicht dazu, zu antworten, denn plötzlich sprang Minchen mit ihrem ganzen Körper in die Bresche des Gesprächs.

"Denke dir, Rikchen, ich wollte doch noch vorhin von meine Minna erzählen. Da bin ich schön angekommen! Komm ich doch neulich 'raus, steht das Stück von e Mädchen halbnackt in meine Küche und wascht sich."

"Nu — und warum werde ich zu so was nicht zugezogen?!" rief Ferdinand.

"On ne parle pas en présence de la servante", sagte Rikchen mit Augenblinzeln und unter Zuhilfenahme des letzten Restes ihrer französischen Kenntnisse.

"Aber seit wann sprichst du denn Kolonie-Französisch?" warf Jason belustigt ein. Und Rikchen entgegnete ihm dafür mit einem Blick, der wie eine bittere Pille eine Zuckerhülse hatte.

Doch sei es nun, daß Tante Minchen dieses Französisch wirklich nicht verstand und ebenso für die Augensprache bei ihren vorgeschrittenen Jahren schon unzugänglich war — sie ließ sich nicht einschüchtern und begann die Erlebnisse mit Minna in allen Einzelheiten zu schildern, zur großen Freude von Wolfgang und Jenny, die sich darob in den väterlichen Zorn geschwisterlich zu teilen hatten.

Diese Rede Tante Minchens erinnerte Tante Rikchen, daß auch sie einiges auf dem Herzen hätte, und sie machte es wie ein Kind, dem eine Sandburg zerstört wird. Sie hüpfte selbst jubelnd mit beiden Füßen in das Gespräch und wartete hierzu nur auf den Augenblick, da ihre Minna das Feld geräumt hatte. Dann setzte sie auseinander, warum das mit der auch nichts auf die Dauer wäre. Sie wäre so ungeschickt, daß sie das, was sie mit den Händen machte, sicherlich mit den Füßen wieder umstieße. Und neulich sei sie mit der Butter gegen die Wand gerannt; da sähe man noch den Fleck neben der Tür. Und außerdem wäre sie nichts Geringeres wie eine Kanaille. Denn als sie, Tante Rikchen, letzthin in der Küche gewesen wäre, hätte der Schlächtergeselle von unten Erbsen gegen die Scheiben geworfen. Und eine Wäsche hätte sie gewaschen — als ob sie im Rinnstein geschlemmt und im Schornstein getrocknet worden wäre. Das also wäre wohl nichts für ihren Haushalt.

Hannchen wartete nur darauf, daß Rikchen einmal Atem schöpfte, dann sprang sie ein.

„Oh, ich bin sehr zufrieden. Ich habe jetzt ein entzückendes Mädchen —, von der kann man wirklich was lernen. Ich sehe nur immer zu, wie sie Eierkuchen backt. Ferdinand sagt, er hätte noch nie solche Eierkuchen gegessen, nicht einmal im ,Schwan'."

„Entschuldige, Hannchen, die vorgestern waren galstrig!" rief Ferdinand empört.

Aber Hannchen achtete den Einwurf nicht.

„Und es ist ein so anständiges Mädchen. Ihr Onkel ist sogar Schornsteinfegermeister in Landsberg an der Warthe. Und denke dir, Rikchen, sie ist noch nie im Tiergarten gewesen!"

Jason war der Zusammenhang zwischen der Tugend des Mädchens und dem Tiergarten unerfindlich, und er äußerte sich dahin zu seinem Nachbar.

Aber Tante Hannchen sollte sich nicht lange ihres Sieges freuen. Denn Ferdinand sagte, sie möchte die Leute mit ihrem Geschwätz nicht aufhalten, und begann eine sehr interessante Geschichte von Hanne Böhm, dem Sohn vom Fuhrherrn Böhm, der so vorzüglich kutschierte, daß, während er durch den langen, dunklen Hausgang führe, er die Zügel in die Linke nähme und sich noch mit der Rechten die Stiefel anzöge. Er hätte das selbst gesehen. Darauf erzählte er, wie er einmal Estafette geritten wäre, sechs und eine halbe Meile in nicht zwei Stunden.

Das war Wasser auf die Mühle von Onkel Eli, und er berichtete Stückchen aus seiner Jugend, Reiterscherze eines Seydlitz; und sogleich waren Ferdinand und Eli aneinandergeraten, und jeder versicherte dem anderen, daß er nichts von Pferden und Reiten verstände.

Der alte Onkel Eli kollerte wie ein Puter, und Jettchen und Jason waren sehr belustigt ob seines Zornes.

Da aber das Zwiegespräch zwischen Onkel und Neffe recht persönliche Wendung nehmen wollte und auch die Frauen für und wider Partei ergriffen, beschloß Jason die Unterhaltung in etwas andere Bahnen zu lenken und sagte so ganz freundlich und obenhin zu Hannchen: „Na, Schwägerin, wie geht's Euch denn? Ich brauch' Euch ja gar nicht zu fragen —, Ihr geht ja auf wie 'ne Hefekloß. Aber sagt mir bloß das eine, Hannchen, was gebt Ihr denn nur den Jungens zu essen? Die sehen ja wirklich und wahrhaftig aus wie Braunbier mit Spucke." Das sagte er mit ganz verbindlichem Lächeln.

Es war Tusch. Hannchen bat Ferdinand, sie doch gegen derartiges in Schutz zu nehmen, und appellierte an Rikchen, sie möchte doch dafür sorgen, daß sie in ihrem Hause nicht beleidigt würde.

Aber Jason saß da, vergnügt und lächelnd, und sagte, er habe niemand zu beleidigen die Absicht gehabt, und er wäre der erste, der sich freue, wenn er keinen Grund zu der Frage hätte. Es wäre aber wirklich ein Jammer, wie die Jungen aussähen, gerade als ob sie nicht satt zu essen kriegten.

Darauf versicherte Hannchen, daß sie keine Rabenmutter, vielmehr eine echte und rechte Pelikanmutter wäre, wozu sie auch nach ihrer Figur sich mehr zu eignen schien, das heißt, sie sagte das nicht wörtlich, aber wenn man den Inhalt ihrer drei Minuten währenden Verteidigung nahm, so ließ er sich auf diese einfache Formel zurückführen.

Da nun auch dieses Thema drohte brandig zu werden, so begann Salomon mit einem „Kinder, redt' nicht so viel, de Gräten!" von der neuen Kunst des Daguerre zu sprechen, und ob das wohl Aussichten hätte oder nur eine Spielerei wäre, ebenso wie Riddles Universalfederhalter, der auch sehr hübsch aussehe, aber für das Geschäft sich als absolut unbrauchbar erwiesen hätte.

Darauf meinte Kößling, daß er glaubte, die Sache, welche an sich ja höchst wunderbar sei, würde bei einiger Vervollkommnung sicherlich eine Zukunft haben, wenn man erst dahin käme, Menschen damit aufzunehmen. Graf Pückler hätte ja ein österreichisches Bauernmädchen photographiert, und die Ärmste hätte eine halbe Stunde still gesessen, dafür wäre es aber auch sehr naturgetreu geworden. Man könne noch gar nicht absehen, was diese neue Erfindung bringen möchte; — jedenfalls könnten wir doch jetzt erfahren, wie die Dinge eigentlich aussehen.

Ferdinand sagte, er hätte bei Dörfell ein Bild vom Geländer der Puppenbrücke gesehen, die Sache wäre blitzblau gewesen, und man hätte kaum etwas darauf erkennen können. Die Sache wäre ein Schwindel wie alles, was aus Frankreich käme.

Jason kam Kößling zu Hilfe: „Ob die Erfindung Daguerres etwas taugt, muß die Zukunft lehren, ich meine aber eher ja wie nein. Daß die Möglichkeit gegeben ist, durch das Licht selbst ein Bild zu schaffen, ist schon Erfolg genug. Was du da aber gegen Frankreich sagst, ist doch wohl gegen deine Überzeugung. Wo kriegst du denn die Modelle zu deinen Chaisen her, he? Und Salomon seine Seidenstoffe und Muster?" Er war rot geworden, ganz gegen seine Art.

Wer weiß, welchen Sturm noch die Zukunft von Daguerres hochbedeutsamer Erfindung heraufbeschworen hätte, wenn nicht der Braten eine willkommene Unterbrechung der Rede gegeben hätte, denn, man mochte gegen Rikchen sagen, was man wollte: sie gab gut. Das mußte selbst Jason zugestehen. Ihre Braten waren weit berühmt und ihre Mürbekuchen und die gezuckerten Früchte nicht minder. Es war nicht bei ihr wie bei Hannchen, wo man sich fürchtete, zuzugreifen, weil die anderen doch auch noch etwas haben wollten, sondern man fragte sich erstaunt, in welchem Lande es denn Kälber gäbe mit Keulen dieses Kalibers —, und, was die Mädchen herausbekamen, war noch so viel, daß jede von ihnen all ihre vereinigten Bräutigams hätte zu Gast laden können.

Jason sollte tranchieren, sagte aber, das würde er nicht tun: es wäre doch hier nicht wie in England, wo der Hausherr die Keule am Knochen fasse, sie fünfmal unter Geheul um seinen Kopfe schwenke und dann jeden einmal abbeißen ließe.

Hannchen fragte erstaunt: „Ist das wirklich so?"

Ferdinand mußte wieder raten, wieviel der Braten wog, und Rikchen wurde fast doppelt so breit vor Stolz und Freude, als er ihn noch um zwei Pfund zu niedrig abschätzte.

Von jetzt an war die Stimmung weniger kriegerisch, denn eine gute Scheibe Braten pflegt weit beruhigender als ein Stück Fisch auf das Gemüt eines jeden Cholerikers zu wirken — und es waren hiervon zufällig einige beieinander.

Man sprach vom Theater, und Ferdinand sagte zu Köß= ling, er würde wieder ins Königsstädter gehen, den Tag, wo sie da kein Stück aus dem Französischen aufführten, und mit dem Schauspielhaus wäre es doch auch nichts mehr. Immer, wenn man denkt, sie werden „Nathan den Weisen" spielen, spielen sie ausgerechnet „Er requiriert" von Ludwig Schnei= der. Das einzige, was ihm gefiele, wäre das Theater in Steglitz, da könne man wenigstens ruhig rauchen. Und die Oper wäre jetzt nur noch ein permanenter Lärm; ohne Pauken und Trompeten und Elefantengetrampel ginge es gar nicht mehr. Gluck hätte das nicht gebraucht, und die „Iphigenie" wäre trotzdem ganz gute Musik. — „Oder ist vielleicht Mozart schlecht?"

Ferdinand sagte das in einem Ton, als ob Kößling selbst „Nurmahal" und „Olympia" geschaffen oder zum minde= sten Spontini hierzu inspiriert hätte, während Kößling ver= sicherte, hieran kinderunschuldig zu sein, da er als Verehrer Beethovens auf einem anderen Boden stehe.

Trotzdem Ferdinand auch hiermit nicht einverstanden war, so mußte er doch vorerst seine Einwendungen etwas zurückdrängen, weil zwischen Jenny und Wolfgang eine Meinungsverschiedenheit sich ausbreitete, die über dem Tisch mit bösen Blicken und unter dem Tisch mit Fußtritten sich kundtat. Denn Wolfgang behauptete, und nicht zu Unrecht, daß Jenny sich in die Gunst des Fräuleins mit den Pudel= löckchen geschlichen und sie so bewogen hätte, ihn mit dem Kompott zu benachteiligen. Und es wäre doch keine Kleinig= keit, wenn man statt der eingemachten Mohrrüben, die man zu Hause bekäme, hier in gezuckerten Erdbeeren, schwarzen Nüssen und säuerlichen Quitten sich baden könne. Aber, wie das so geht, die höhere väterliche Instanz gab Wolfgang unrecht, ohne erst den Sachverhalt lange zu prüfen, und wollte den Frevler mit einem Katzenkopf vom Tische schicken. Nur dem mannhaften Eintreten Jasons gelang es, daß ihm wenigstens der Rest seiner Strafe erlassen wurde. Den Katzenkopf aber hatte er, und keine Gewalt der Erde hätte ihn ungeschehen gemacht. Aber Wolfgang war auch schon mit diesem Erfolg zufrieden.

Max hatte sich während der Tafel sehr zurückhaltend gezeigt und am Gespräch kaum teilgenommen. Nur, sobald von Literatur die Rede war, hatte er mitleidig gelächelt, denn er hielt sich für den kommenden Mann. Diese seelische Zurückgezogenheit war einzig einer erhöhten Anteilnahme gewichen beim Anblick des Hausmädchens, das mit bloßen rosigen Armen die Schüsseln herumtrug. Und seine ernsten, weltschmerzlichen Züge erhellten sich jedesmal, sowie sie wieder in das Zimmer trat.

Nun bemerkte Jason, daß er nicht mehr länger sitzen könne; man möchte in Rücksicht auf sein lahmes Bein und auf Ferdinands Magen die Session etwas abkürzen. Auch müßte Ferdinand sonst aus seinem Betrieb den Hebebaum herumholen lassen. Und Salomon sagte, Rikchen möchte Gnade vor Recht ergehen lassen und Kuchen, Obst und Speise und was sie sonst noch im Hinterhalt hätte, bis nachher versparen. Man würde es auch im guten Zimmer essen und sich bemühen, es nicht auf den frisch gebohnten Fußboden zu werfen.

Und man ging herum und schüttelte sich die Hände und wünschte einander gesegnete Mahlzeit und noch sonst alles Gute, geradeso, als ob man etwas Besonderes getan hätte;

und Ferdinand versäumte nicht, Jettchen auf natürliche Art den Mund zu wischen, was ja gar nicht nötig war, da sie es schon vorher mit der Serviette besorgt hatte. Jettchen aber ließ diese Prozedur über sich ergehen, so ungefähr, wie ein vernünftiger Mensch sich ruhig vom Zahnarzt behandeln läßt. Jedoch als Jenny an ihr hochsprang und nach einem Kuß haschte, war sie schon weniger spröde und drückte und herzte sich mit dem Kinde herum, daß es eine Freude war, es zu sehen.

Kößling hielt sich in der Nähe von Jettchen. Jason, der erst seine Schwägerin Hannchen beruhigen mußte und sie seines unverbrüchlichen Wohlwollens versicherte — denn es ist immer besser, man steht sich mit den Frauen gut, als man hat sie zu Feinden —, kam dann zu Kößling, der schon wieder allein war. Jettchen und Jenny waren nämlich in die gute Stube gegangen, die Lichter anzuzünden.

„Na, lieber Freund", rief er, „wie fühlen Sie sich hier? Wenn die Menschen so gut wären wie das Essen — nicht wahr? Aber es ist nichts mehr; mit den Geberts geht's 'runter! Von uns ist schon keiner mehr das, was der Vater war. Es hat auch keiner mehr das Ansehen in Berlin; sie haben sich eben verplempert — meine Herren Brüder. Das sehen Sie ja an den Jungens. Was ist denn das für 'ne Ge= sellschaft? — Wie Braunbier und — —"

„Ich weiß schon, Herr Gebert, ich weiß schon!" fiel Köß= ling ein, da Jason wieder dabei war, seine Stimme zu heben. Aber der ließ sich nicht einschüchtern. „Keine Rasse mehr, gar keine Rasse mehr!" rief er. „Und alles nur durch diese verfluchten kleinen litauischen Pferdchen da."

Da kam Tante Rikchen und fragte Kößling, ob er auch satt geworden wäre. Es gäbe nicht mehr viel. In ihrem Hause müßte sich jeder selbst bedienen. Sie hoffe, daß

Kößling das getan habe, sonst wäre es eben diesmal sein eigener Schade.

Kößling versicherte, daß Madame Gebert keinen Grund hätte, zu befürchten, daß er den virtuosen Proben ihrer Kochkunst zu wenig Ehre angetan hätte. Da aber stieß Jettchen die Tür weit auf, stellte sich auf die Schwelle, so daß der Schein von den Kronen und von den Lampen hell an ihr vorbei in das Eßzimmer drang, und bat, man möchte doch hereinkommen.

Das tat man. Allen voran Onkel Eli. Auf dem Fußboden glänzten hundert Lichter, und die weißen Möbel spiegelten sich in dieser Glätte. Der weite, hellgrüne Raum mit seinen seidenbespannten Wänden war ganz von Kerzengold erfüllt, und alles sah schön blank, hübsch und freundlich aus. Die Uhren mit dem Pfeil schleifenden Amor und dem sentimentalen Türken tickerten geschäftig, und auf dem braunen Tafelklavier sammelte sich aller Schimmer und alles Blitzen. In der einen Ecke stand jetzt ein breiter Spieltisch, während auf dem Eßtisch und den Konsolen an der Wand umher die Tassen, die feinen zerbrechlichen Teetäßchen, aufgestellt waren neben den Obstkörben von durchbrochenem, blätterüberranktem Porzellanwerk und bei den silbernen Kuchenschalen mit stolzen Pyramiden aus Mürbekuchen. Onkel Eli ging sofort auf die Kuchenschalen los, faßte bei ihnen Posto und nahm ein gelbbraunes Blättchen mit spitzen Fingern, dem er in gemessenen Zwischenräumen weitere folgen ließ.

„Ich esse gern Kuchchen", sagte er zu Kößling, der an ihm vorüberging, um mit Jettchen zu plaudern — denn Onkel Eli fühlte sich genötigt, den Gast auch einmal ein wenig zu unterhalten. — „Wirklich, Herr Doktor, ich esse gern Kuchchen. Erstens bekommen se mir gut, ich kann sie noch am späten Abend essen. Zweitens schmecken sie mir gut — nicht alle zwar ... aber die hier! — Und drittens sind sie billig. — Die hier zum Beispiel kosten mir gar nichts — nehmen Sie doch auch ein Kuchchen, Herr Doktor!"

Kößling sah erstaunt und belustigt dem Dauerlauf Onkel Elis zu. „Na, Herr Gebert" — hier hieß alles Herr Gebert —, „wenn sie Ihnen nur bekommen werden."

„Wissen Sie, lieber Herr Doktor, Mürbekuchen kann man noch essen, wenn der Leichenwagen schon vor der Tür steht. — Und — wenn wirklich nicht", setzte der Alte bedächtig hinzu, „schön — es soll mir also nicht bekommen! Dann habe ich eben noch mal Kuchchen gegessen!"

Kößling war mit dieser Philosophie einverstanden. Es hätte sogar wenig gefehlt, so hätte er dem Alten auf die Schulter geklopft und ihm gesagt, daß in dieser Erkenntnis eigentlich die Quintessenz des irdischen Wohlbehagens läge; aber er besann sich und tat es nicht.

*

Die Gesellschaft schied sich schnell in einzelne Gruppen; in der einen Ecke spielten Ferdinand, Salomon und der Schwede Whist mit Strohmann, denn Jason war noch nicht zu bewegen gewesen, teilzunehmen. Dazu wäre er nicht hergekommen. Onkel Eli hätte ja auch mitspielen können, aber er spielte Ferdinand zu langsam. Eli überlegte immer eine halbe Stunde bei jedem Stich, und das machte Ferdinand kribblig, so daß man in Gefahr lief, er würfe die Karten gegen die Wand, wie er das schon öfters getan hatte.

Ferdinand war ein Spielgenie, er gab mit der Rechten und schrieb nebenher mit der Linken an; er holte aus seiner Karte heraus, was nur drin war, und rechnete nach jedem Spiel aus, wie es gewesen wäre, wenn der andere Herzen kleingezogen hätte und drüben dafür Karo kurz gesessen hätte. Er liebte es nicht, zu verlieren — dann konnte er unangenehm werden; aber er gab auch nie zu, daß er gewonnen hätte, das Spiel wäre nur immer sososo gewesen.

Drüben in der anderen Ecke hielt Tante Rikchen Cercle mit ihrer Schwester, mit Tante Minchen, dem alten Fräulein mit den Pudellöckchen, mit Max und Wolfgang, die nicht stille sitzen konnten und sich räkelten wie Zwickelfiguren Michelangelos, und endlich mit der Anwartschaft auf Onkel Eli, wenn es dem genehm sein mochte, seine Sinekure bei den Mürbekuchen aufzugeben.

Jenny wich nicht von Jettchens Seite. Sie hatte sie umschlungen und muschelte sich mit dem Kopf mal rechts, mal links an. Sie standen beide in einer Nische neben dem Spiegel beim Tafelklavier. Jason war bei ihnen und Kößling strebte zu ihnen, denn es war nicht abzusehen, wann Onkel Eli sein Werk aufgeben mochte; auch würdigte er — ganz mit sich selbst beschäftigt — Kößling keiner weiteren Ansprache und verhielt sich ablehnend gegen dessen Versuche, eine Unterhaltung zustande zu bringen.

Also Kößling gab Eli auf und schritt zu den Büchern, die in einem Schränkchen an der Wand hingen. Seiner Gewohnheit gemäß studierte er die Titel der kleinen Lederbände, und zu seinem Erstaunen fand er manches darunter, das ihn reizte.

Salomon sah ihn bei dieser Beschäftigung, stand höflich einen Augenblick von dem Kartentisch auf und stellte sich zu ihm. „Na, Herr Doktor, Sie haben gewiß mehr Bücher. Sehen Sie hier, der Mendelssohn ist noch von meinem Vater." Er nahm das helle Lederbändchen heraus, wies Kößling die zierliche Goldpressung und schlug es dann auf. „Sehen Sie nur, wie sauber das gedruckt ist und wie hübsch die Kupfer. Heute macht das niemand mehr so. Und hier ist die erste Ausgabe vom ‚Nathan'. Wie finden Sie das jetzt mit dem Lessingdenkmal in Braunschweig? Sie sind doch Braunschweiger, sagte mir mein Bruder. Nicht? Unerhört, daß der König die Theatervorstellung verbietet! Na ja, Lessing kann zwar nicht so gut tanzen wie die Taglioni; aber einige Verdienste hat er doch immerhin; — das müßte man doch eigentlich zugeben. Und dann kennen Sie das hier? Den Lorenz Stark und den Thomas Kellerwurm? Das liest heute kein Mensch mehr, und ich versichere Sie, es ist reizend, geradezu reizend!"

„Sie haben da die Werke von Saul Ascher, Herr Gebert."

„Ich habe sie nicht gelesen — ich lese sie auch nicht, aber man muß den Mann doch unterstützen."

„So, meinen Sie?!" Das war Kößling so entfahren.

„Na, denn nicht", gab Salomon zurück, „ich verspreche Ihnen, Herr Doktor, — ich lese ihn nicht."

„Salomon", rief Ferdinand ungeduldig, „halts Spiel nicht auf!"

„Sie entschuldigen schon, Herr Doktor, aber die Pflicht ruft!" Mit diesen Worten verabschiedete sich Salomon. Aber er nahm sich vor, Ferdinand für diese Taktlosigkeit eins auszuwischen.

Doch auch jetzt kam Kößling nicht zu Jettchen herüber. Es war wie verhext. Denn Tante Hannchen verstellte ihm wieder den Weg und fragte, ob er musikalisch sei und ob er vielleicht nachher irgend etwas spielen möchte.

Kößling versicherte, daß er nicht musikalisch wäre —, er log es mit dreister Stirn, und daß er infolge dieser seiner mangelnden Gaben auch nicht spielen würde. Hannchen eskortierte ihn aber, ungeachtet seines Einwandes, zu Jason und Jettchen und empfahl ihn dort zur weiteren Bearbeitung.

„Jettchen, denke dir, der Herr Doktor will nicht spielen! Bitt' du ihn doch mal!"

„Wollen Sie uns denn wirklich nichts gönnen? Onkel Jason erzählt mir immer so viel von Ihrem Spiel."

„Ach Gott, ich musiziere ja nur ein bißchen für mich — aber nicht gern und nicht gut genug für andere."

„Na, Jason, dann singst du ein bißchen nachher", schloß Hannchen und kehrte zu ihrem Cercle und zu der ungelösten Dienstbotenfrage zurück.

„Und — Herr Doktor Kößling, wo haben Sie denn so lange gesteckt? He?! — Man vermißte Sie. Schmerzlich wurden Sie sogar hier von irgend jemand vermißt. Sie mußten wohl statt dessen Onkel Elis Mürbekuchen nachzählen und buchen?"

So Jason. Jettchen stand dabei in der Fensternische, hoch, aufrecht, stand mit dem hellen Kleid gegen die weiße Füllung gelehnt, hatte die Arme, die vollen, bloßen, rosigen Arme leicht gehoben und hinter den Kopf gelegt, den sie in den Nacken zurückpreßte. Und ihre Augen sahen an Kößling vorbei in den Saal, halb ernst und halb belustigt.

„Wollen wir nun Pfänder spielen?" rief Onkel Jason.

„Ach ja, ach ja, ach ja!" kreischte Jenny. Aber Jettchen hielt ihr ganz schnell den Mund zu, damit sich die Wolke des väterlichen Zorns, die, weiß Gott weshalb, schon wieder über den Kindern schwebte, nicht entlüde.

„Dich küsse ich auch so", sagte Jason und zog die Kleine an sich, die das nicht ungern über sich ergehen ließ.

„Du bist ja auch 'ne kleine Gebert, und die da drüben" — er zeigte nach den Jungens, die sich auf den Stühlen räkelten — „das sind Jacobys."

„Ach nein, Onkel, lieber nicht Pfänder — musizieren wir ein wenig."

„Na, wie du willst, Jettchen. Aber das braucht doch auch nicht sofort sein. Man stört nämlich damit ja doch nur die Unterhaltung."

„Sagen Sie, lieber Freund, wie sind Sie denn eigentlich zu dem Schuß da gekommen?" fragte Kößling.

„Soll ich Ihnen das mal erzählen? Wissen Sie, ich rede nicht gern drüber. Aber wenn Sie wollen, so erzähle ich es Ihnen. Wir hatten da bei Großziethen biwakiert auf der nassen Erde. Kein Mensch hatte auch nur das Koppelschloß aufgemacht und die Patronengurte abgeschnallt. Die Gewehre in der Hand, schliefen die Leute um die kalten Feuerstellen, denn zwischen uns und der Hauptmacht war ein Regiment französischer Grenadiere eingeschoben. Wissen Sie, so wie 'n Keil in einen Holzblock.

Jede Verbindung war unterbrochen, und unsere Estafetten fingen sie ab wie die Hasen. Acht Stück hatten wir vom Vormittag an abgeschickt. Alle zwei Stunden einen, und die schliefen nun schon wohl alle schön und brav zwischen den Feldrainen oder den niedergerittenen Garben.

Ich hatte mich auch gemeldet. Ich war der neunte der Reihe nach. Verstehen Sie, Kößling, ich bin keine Memme. Und wenn sie vorher rechts und links von mir gefallen sind, dann habe ich mir gesagt, das könnte mir ja auch passieren, ebensogut wie denen da. Aber so ganz allein, ohne eine Seele, auf weitem Feld von irgendeinem Kerl da hinten, den man gar nicht sieht, vom Pferde heruntergeblasen zu werden, vielleicht Tage liegen, halb tot, ohne Wasser — ich kann nicht sagen, daß mich diese Aussichten freudig stimmten.

Ich stand also auf, geschlafen hatte ich nicht, ich bekam eine Tasche mit den Briefen umgehangen, es war noch grau,

es dämmerte gerade und mich fror, mich fror scheußlich.
Erst ritt ich langsam, dann immer schneller, und es kam
mir vor, als ob irgend jemand hinter mir auf dem Pferd
säße und mir immer in den Hals bliese, und mein ganzer
Rücken war kalt und naß. Ganz lautlos trabte mein Gaul
durch die Sandwege. Im Nebel standen die Bäume am
Weg, und ich weiß noch, auf den Feldern roch es wie frisches
Brot vom überreifen Korn. Es hätte ja schon drin sein
können, aber es dachte jetzt niemand dran, es einzubringen.
Im Osten wurde dann der Himmel rot, ein langer roter
Streifen im grauen Himmel, und die Wolken schichteten
sich darüber, alle mit roten Rändchen. Ich sah danach und
hatte wirklich Tränen in den Augen.

Guck du dir nur da die roten Wölkchen an, sagte ich
mir, morgen siehst du sie nicht mehr. Das sprach ich so vor
mich hin, so zehnmal — ganz sinnlos. Ich war damals eben
ein junger Mensch. Aber wissen Sie, es geschah nichts, gar
nichts. Einmal hörte ich drüben so etwas wie Stimmen und
schlug rechts 'rüber einen Weg ein. Dann war ein Bauern=
haus zwischen den Bäumen. Ich kam fast bis heran. Es
schien belegt zu sein, und ich trieb meinen Mullah ganz leise
einen Bach entlang hinter den Weidenhecken, um die noch
der dicke Nebel lag.

Der Kerl saß aber immer noch hinter mir auf dem
Mullah und blies mir ins Genick. Ich war jetzt ein und drei=
viertel Stunden unterwegs. Es war inzwischen völlig hell
geworden, man konnte mich sicherlich auf fünfhundert
Schritt schon sehen; ich hielt mich deshalb möglichst hinter
den Bäumen oder im Korn; eigentlich mußte ich auch bald
an das Dorf herangekommen sein. Ich glaubte auch schon
vor einer ganzen Weile irgendwie drüben Rauch gesehen zu
haben, und mir war mit einem Male ganz leicht und froh

zumute, daß ich so weit war. — — Halt! Drüben liegt ein Pferd im Acker! — Aufgedunsen und die Beine hoch! Und wie ich recht hinsehe, da sehe ich auch unter ihm eine Uniform liegen. Die Uniform kannte ich, ich trug selbst solch ähnlichen Rock auf dem Leibe. Sie können es mir glauben, ich hatte im Augenblick recht wenig Lust, dem Kameraden da Gesellschaft zu leisten.

Das Pferd lag aber mit dem Rücken nach mir zu. Also von meiner Seite aus hat man dich nicht weggeputzt, alter Junge! sagte ich mir. Von wo denn nur?! Ah so — von da drüben vielleicht, von den Sandhügeln her, die so friedlich gelb und rot in dem beginnenden Tageslicht liegen. — Also, Jason Gebert, halte dich lieber vorsichtig etwas links! Ist auch besser, denn weit drüben auf meiner Seite sehe ich nun schon unsere Truppen vor einem Flecken in der hellen Morgensonne in Aufstellung. Da muß ich hin! Weit ist das nicht mehr. Vielleicht noch an die fünfzehn Minuten scharfer Ritt!

Seltsam, was da mit einem Male auf dem Hügel aber für Dinge sind?! Wie solch ein brauner stachliger Kugelkaktus sieht jedes aus. Sechs, acht Pflanzen nebeneinander. Ich sehe sie in regelmäßigen Abständen gegen die flimmernde erste Helligkeit, scharf und deutlich oben auf dem Hügelrand. Hagel und Wetter, wie die Hornissen in der Gegend aber fliegen. Schnurr — da ging mir solch ein Tier eben am Ohr vorbei. Surr — schon wieder eins. Und da rappelt's sich mit einem Male auf dem Hügel — gut, daß ich's weiß, das sind also hohe französische Grenadiermützen gewesen — bonjour messieurs! Wenn ihr klug seid, schießt ihr mir ohne lange Vorrede das Pferd unterm Leib weg und dann komme ich zu Fuß bei Petrus an. Und wenn ich jetzt wende, dann weht mir nachher der Wind in den offenen

Rücken ... und ich habe den Zug im Genick sowieso nie so recht vertragen können. Und wenn ich mich vorn aufs Pferd werfe, dann werdet ihr wohl 'ne hübsche Dublette schießen können.

Ob ich mir all das in dem Augenblick gesagt habe, weiß ich nicht mehr, glaube ich auch nicht. Getan habe ich das Rechte. Ich bin nämlich geritten, was die Eisen hergeben konnten. Wissen Sie, englisch, kerzengerade, stolz wie ein Spanier, als ob die ganze Sache mich überhaupt nichts anginge. Und ich habe nicht auf den Ort gehalten, sondern links darüber hinaus. Nie vorher und nie nachher habe ich so die Hornissen um mich summen und brummen hören, als ob ein ganzer Schwarm hinter mir her wäre. Die vorbei ist, kommt nicht wieder, habe ich mir gesagt, und die treffen soll, hörst du nicht mehr.

Und es war mir ganz lustig dabei zumute, so, wie wenn die ganze Sache nur ein Scherz wäre, ein kleiner amüsanter Schabernack, den man nicht mir spielen wollte, sondern irgendeinem anderen, einem entfernten Bekannten.

Jetzt muß ich auch bald heraus sein aus dem Bereich. Ich blickte mich um, ganz kurz; ich sehe, sie sind hinter mir aufgesprungen und ragen da gerade und groß oben auf dem Hügel, sechs Mann in regelmäßigen Abständen dunkel gegen die Sonne, als hätte man sie aus schwarzem Glanzpapier mit einer Schere ausgeschnitten; drei knien und drei stehen. Und — verflucht!! Da hat mich einer von den Kerlen dahinten mit 'ner Nadel, mit 'ner langen spitzen Nadel ein bißchen ins Bein gestochen — hier oben — und im Pferderücken ist eine handbreite, rote blutige Rille. Der Schmerz macht das Tier scheu, es rast los und geht durch. Ich schlage nach vorn und habe noch so viel Besinnung, den Hals meines Mullahs zu umklammern, und dann höre ich ganz

verworren Stimmen und sehe, wie einer dem Mullah eine Pistole ans Ohr setzt. Und man schneidet mir die rote Kurier=
tasche ab, und zwei lange blonde Menschen nehmen mich auf die Schultern und tragen mich zu einem Bauernhaus. Sie dachten erst, ich hätte eins in die Brust bekommen, denn mein ganzer Rock war steif von Blut. Aber das war nur vom Pferd. Und dann wollten sie mir das Bein abnehmen, denn der Knochen da oben — sehen Sie, Kößling, hier! — war ein wenig aus der Fasson geraten. Aber ich sagte, sie möchten es nicht tun, denn ich hätte keine Lust, mit drei Beinen durch die Welt zu springen. Und das haben sie denn auch ein=
gesehen."

Jason sprach das nicht so, wie das hier niedergeschrieben ist, sondern lebhafter, erregter, er nahm Gebärde und Stimme mit hinzu, und er wurde oft durch Zwischenrufe und Fragen unterbrochen.

Jenny aber war schon bei der ersten Hälfte der Erzählung zu Tante Rikchen hinübergewechselt, wo weniger aufregende und grausige Gesprächsthemen an der Tagesordnung waren. Man wog dort gerade die Vorzüge der Rosinenstraße gegen die der Charlottenburger Chaussee ab, in der doch zuviel Leben sei und wo vor allem zu viel Berliner hin=
kämen.

Jettchen war nachdenklich und ernst geworden, denn sie dachte bei Jasons Erzählung an jemand, der ihr noch näher gestanden, und bei dem die Kugel höher getroffen hatte. Zwei Jahre später bei Ligny, oben zwischen die kurzen Rippen, wie ihr das Jason so oft vorerzählt hatte.

Kößling merkte nicht die Veränderung in Jettchens Ge=
sicht. "Sie haben nichts mehr vom Krieg gesehen?"

"Ich war damals zwei Jahre, ich weiß nichts mehr. Ganz dunkel glaube ich mich aber zu erinnern, daß mich ein Mann in einer roten Uniform auf den Arm genommen hat. Das muß dann mein Vater gewesen sein. Aber Onkel Jason hat mir viel erzählt. Da denke ich manchmal, ich hätte das alles wirklich miterlebt."

"Na, da haben Sie den Krieg wohl nur von der Franzosenseite kennengelernt, denn Blücher ist ja doch für Ihren Herrn Onkel nicht mehr wie ein Flegel und ein Dummkopf."

"Kößling! Kößling!" rief Jason, und eine tiefe Unmutsfalte zog sich ihm von der Nasenwurzel zur Stirn hinauf. "Anders habe ich den Krieg erzählt, wie Sie ihn auf der Schule gelernt haben und wie ihn Ihre Kinder je lernen werden. Wir haben uns nämlich als Franzosen — wenn Sie es durchaus noch einmal hören wollen — hier wohler gefühlt. Für uns Preußen und für uns Juden hat es ja leider bis heute noch kein 1790 gegeben. Aber gottlob, noch ist ja nicht aller Tage Abend."

Kößling erwiderte nichts, und auch Jettchen sah man an, daß sie dieses ganze Gespräch verstimmt hatte. Denn dieser Krieg hatte über ihr Schicksal entschieden, bevor sie nur selbst stimmberechtigt geworden war. Und sie hatte ihm zu schweren Tribut gezahlt, als daß sie ihn nicht hassen sollte und sein Andenken —, ebensosehr, wie es nur Onkel Jason hassen mochte, den auch dieser Krieg aus allem herausgeworfen, was er bis dahin unternommen und begonnen hatte. Sein armes hinkendes Bein zwar hatte ihn nachher vor Spandau, Magdeburg oder Wesel bewahrt, denn er war 1820 als Demagoge denunziert worden und in lange Verhandlungen und Vernehmungen verwickelt worden.

Auf dieses Zusammentreffen mit Vater Dambach kam er nie zu sprechen, und auch Kößling wußte von den Monaten Hausvoigtei nichts. Aber Onkel Jasons Liebe zum

Herrscherhaus und zum System war durch diese Erfahrungen nicht gestärkt worden.

Kößling sagte, daß er auch nicht viel Erinnerungen an den Krieg hätte. Einmal habe ihn in Braunschweig ein Reiter aufs Pferd genommen, und er habe geschrien und geweint, und der bärtige Kerl habe gelacht.

„Onkel, singe was", unterbrach Jettchen ganz leise und fast traurig und ging zum Tafelklavier.

Kößling fiel es erst jetzt ein, daß es eigentlich klüger gewesen wäre, dieses Gespräch nicht heraufzubeschwören. Er sah Jettchen nach, und es war ihm, als müßte er ihr abbitten, daß er so plump gewesen, an diese alten Geschichten zu rühren und dem lieben Mädchen Schmerz zu machen.

Ferdinand, der soeben die Hand mit der Cœur-Sieben hoch in der Luft hielt, um das Pappblättchen mit Gepolter auf den Tisch zu schleudern, ließ, als er die Vorbereitungen am Klavier sah, die Karte ganz gemächlich in einem Bogen über die Tischplatte segeln. Er hatte Lebensart. Er liebte Musik nicht, aber wenn sie ihm auch unangenehm war, er fürchtete sie nicht, sondern er ließ sie über sich ergehen, ohne mit der Wimper zu zucken. Dafür rächte er sich dann mit rückhaltloser Kritik.

Er selbst besaß auf dem Klavier kein umfängliches Repertoire, er spielte nur durch irgendeinen Zufall die ersten fünf Takte der „Iphigenie"-Ouvertüre —, und das war alles. Aber er wußte sein Können so geschickt zu verwerten, daß noch niemand bemerkt hatte, daß er nicht darüber hinauskäme. Jason war musikalisch, aber seine Stimme hatte in den letzten Jahren durch Druckers böse Weine gelitten; die hatten ihm die Kehle rauh wie ein Reibeisen gemacht, und sein Musikkönnen und -verstehen reichte auch gerade nur für den Hausbedarf hin.

Auch Tante Rikchens Cercle dämpfte die Helligkeit seiner Stimmen, als man Jason neben dem Klavier sah und Jettchen die Lichter anzündete.

„Den Jean Grillon!" rief Hannchen.

Und Jason stützte sich auf die Klavierplatte, hatte das lahme Bein etwas in die Hüfte eingeknickt, fuhr mit der Hand übers Haar und sang dann in flottem, frischem Tempo, während Jettchen dazu ein paar Akkorde griff:

> „Ich bin ein Franzose, mes dames,
> Comme ça mit die hölzerne Bein,
> Jean Grillon, das ist mein Name,
> Mein Stolz ist die hölzerne Bein.
> Ich küsse, ich lache, ich kose", — —

Jenny und Wolfgang stießen einander hier bedeutungsvoll in die Seiten — —

> „Comme ça mit die hölzerne Bein.
> Im Herzen — — da bleib' ich Franzose"

Onkel Jason sang „Franzosäh", — —

> „Und wär' ich auch außen von Stein."

Ferdinand war mit seines Bruders gesanglicher Leistung nicht zufrieden. „Jason", sagte er freundlich, „du heulst doch heute wie der Mops in der Laterne."

Aber Kößling meinte, das wäre ganz nett, man entdecke doch immer neue Seiten an Jason Gebert. „Singen Sie Schubert?"

„Hier nicht", sagte Jason, der seine Zuhörerschaft kannte. „Passen Sie auf, das zieht mehr, und es ist dabei wirklich ganz niedlich. Kennen Sie's?

Nante rannte plein carrière
Aufs Regreßamt, versetzte seine Uhr,
Kauft 'nen italien'schen, den er mir verehrte,
In dem er mich mit spazieren fuhr.
Kaum aber sind wir uff die Jungfernbrücke,
Hebt sich ein Wind und, welches Ungelücke,
Mein italien'scher Hut mich in die Spree.
Nante aus 'm Wagen, uff de Appelkähne,
Fischt sich mein Hüteken und dieses janz alleene...
— Und nu frag' ich, ob dat noch ein andrer tut?"

Die Schlußreihe schmetterte Jason mit Aplomb hervor. Sie wurde von den Kindern mitgesungen, und auch Ferdinand konnte nicht umhin, mit dem Kopf zu nicken und mit den Füßen den Takt zu treten.

Aber Kößling hatte nur wenig zugehört und immer und einzig Jettchen angesehen, die gerade und stolz auf ihrem Stuhl saß, den Kopf ganz wenig zur Seite geneigt, halb verträumt, während die weißen Hände leise und unaufdringlich irgendwelche Akkorde griffen, die sich dem Gesang fügten. Spielen konnte sie nicht gut, das fühlte er; aber sie empfand Klang und Rhythmus, weil alles an ihr Musik war.

„Na, Kößling!" rief Jason, der sich noch mit einem getupften Seidentuch die Stirn trocknete, „wie ist es? Oder sollen wir erst die Fenster öffnen, um die letzten Töne meines profanen Gesanges verflattern zu lassen?"

„Lieben Sie Musik, Demoiselle Jettchen? Aber das braucht man ja nach Ihrem Spiel nicht zu fragen. Was wünschen Sie? Beethoven? Kennen Sie diesen Marsch von ihm?" Er schlug mit einem Finger den raschen und scharfen Takt und dann begann er.

Niemand hatte geglaubt, daß in diesem alten, braunen Kasten eine solche Macht und eine solche Flut von Tönen steckte; das hatte dies grüne Zimmer noch nicht vernommen. Kößling spielte, was man von ihm verlangte, den „Barbier" so gut wie Mozart, Haydn oder Gluck. Die Töne rauschten durch den Raum wie Orgelklang bei dem Andante der Fünften, so daß selbst Ferdinand die Karten aus der Hand legte, die Augen schloß, mit dem Fuß taktierte und mit dem Kopf nickte; — und sie zogen wieder fein und silbern wie Rauchringe bei der Ouvertüre zum „Figaro" von den gläsernen Saiten der schmalen Klaviatur in alle Ecken und Winkel hin.

Ferdinand stand auf, stellte sich neben das Instrument und benutzte eine Pause, um seine Kenntnisse anzubringen. „Können Sie das spielen", sagte er und griff ein paar Takte „ich glaube, es ist Gluck."

„Gewiß", erwiderte Kößling, „es ist die ‚Iphigenie'-Ouvertüre, aber es ist nicht ganz richtig; hier steht c, nicht cis."

Ferdinand war es zufrieden und ließ sich gern belehren. Sein guter Ruf war jedenfalls gewahrt.

Salomon kam jetzt zu Kößling. „Wie Sie spielen, Herr Doktor! Es ist wirklich 'ne Freude, Ihnen zuzuhören. Wissen Sie —, damit könnten Sie doch eigentlich viel Geld verdienen."

„Na, wenn es mal nicht anders mehr geht."

„Und, Herr Doktor, spielen Sie mir doch mal den ‚Letzten Walzer eines Wahnsinnigen'. Es ist ein ganz neues Musikstück, ich habe es gestern bei Challier an der Spittelbrücke liegen sehen."

Aber das tat Kößling nun nicht.

„Woher können Sie das, Herr Doktor?" fragte Jettchen, die Kößling, wie er vor dem Instrument saß, vielleicht mit ebenso unverhohlener Freude angesehen hatte wie jener Jettchen vordem; denn Kößlings Gesicht wurde fein und durchgeistigt, wenn er mit den Tönen mitlebte. „Woher können Sie das?"

„Bei uns zu Hause, Fräulein Jettchen", sagte Kößling, ohne sich im Spiel zu unterbrechen, „war ein alter Kantor. Der war mal irgendwie nach Braunschweig verschlagen worden, so ungefähr wie Lessing nach Wolfenbüttel —, und das war ein Musikgenie. Auch wenn er mal nüchtern war, was im Jahr doch vielleicht zehnmal vorkam. Der hat mir umsonst Unterricht gegeben. Er sagte immer, ich müßte etwas Großes werden —, das, was er nicht geworden ist. Nicht 'nen Stüber hat er dafür bekommen, jahraus, jahr= ein... Es war schade, daß wir's nicht konnten. Erstens um uns und zweitens um ihn. Denn der alte Kantor brauchte den Branntwein. Niemals war er so unglücklich wie an den zehn Tagen im Jahr, an denen er nicht betrunken war. Dann aber ließen ihn auch seine Freunde und seine Schüler nicht 'nen Augenblick allein, denn man fürchtete immer, er würde sich was antun."

„Sie sind Braunschweiger?"

„Kennen Sie es, Fräulein?"

„Nein."

Nun stellte sich Kößling zu ihr und begann zu erzählen:

„Es ist eine alte Stadt, Fräulein Jettchen, mit ganz engen Straßen und Höfen. Aber wenn Sie sie des Abends bei Sonnenuntergang vom Windmühlenberg aus sehen, dann ist sie wie ein Mohnblumenfeld so rot. Da habe ich manchen Nachmittag als Junge mit meinen Büchern oben gesessen und immer unten die rote Stadt gehabt, mit den vielen Giebeln und Türmen —, ein Feld, ein einziges rotes Feld von Ziegeldächern! Es ist nicht das Leben da wie in

Berlin. — Es ist so ruhig. Der Hof, das Theater —, nicht wahr? — Das ist alles. Mir ist es zu eng... ich konnte nicht dableiben. Ich hätte es da wohl zu etwas gebracht, ich hatte Protektion; aber ich konnte es nicht... ich bin nicht der Mann dazu. Lieber soll es mir in Berlin schlecht gehen als in Braunschweig gut!"

Da kam das Mädchen und bot Bier an und Brötchen, und das gab eine Pause im Gespräch.

*

Die Herren spielten immer noch, legten einen Rubber nach dem anderen auf, trotzdem die Lichter schon ganz niedergebrannt waren und rot zuckten und knisterten. Aber Ferdinand war im Verlust, und das mißfiel ihm.

Wolfgang war schon so müde geworden, daß er mit dem Kopf auf dem Schoß des alten Fräuleins mit den Pudellöckchen eingeschlafen war, die deshalb ganz stocksteif saß und sich nicht zu rühren wagte. Jenny hatte ganz kleine Augen bekommen, und selbst die Eierbrötchen machten ihr keine Freude mehr. Rikchen und Hannchen zogen über Jettchen her, warum sie sich bei den Herren hielte —, das wäre erzkokett von ihr. Aber Minchen nahm sie in Schutz und sagte, sie fände nichts dabei. Sie hätte es seinerzeit mit ihrem Eli ebenso gemacht. — Eli war jetzt ganz frisch und munter und plauderte mit den Frauen.

„Se spielen mit uns Schindluderchen, de Frauensleute, unser Lebelang. Vorgestern — meine Mine — sagt se, se will zu Goldmanns gehen, se haben sie zu e Tasse Tee eingeladen. — ‚Minchen', sage ich, ‚bleib da — was willste bei dem Wetter? Ich laß dir 'n ganzen Eimer voll Tee kochen, da kannste trinken, soviel du willst.' — Wer geht, is meine Mine. Erst hab' ich mich geärgert, dann hab' ich mich aber doch gefreut, wie se wieder da war, un es ihr nichts geschadet hat. Se spielen eben Schindluderchen mit uns, de Frauensleute. Wenn wer jung ist, tun se's; und wenn wer alt sind, erst recht!"

Hiermit waren Rikchen und Hannchen nicht einverstanden und meinten, es wäre eher umgekehrt. Sie wenigstens hätten gar keinen Einfluß auf ihre Männer. Aber Onkel Eli sagte, man sähe doch, daß das nicht wahr wäre. Sowohl Salomon wie besonders Ferdinand wären vor der Hochzeit die reinen Franzosen gewesen, und jetzt wären se ja noch ganz solide Bürgersleute geworden. Hannchen lächelte mitleidig. Aber da ihr das Gespräch vor ihrem Max peinlich war, ging sie zum Klavier, setzte sich auf den weichen kleinen Stuhl — sie saß darauf breit wie eine Flunder — und sang „Casta diva, keusche Göttin" aus „Norma", während sie mit einem Finger irgendwie auf den Tasten herumstocherte.

Das war böse. Ferdinand fühlte sich dadurch beleidigt und gab seinem Eheweib halblaut zu verstehen, sie möchte doch den Mund halten; sie wären hier nicht unter sich —, was denn Doktor Kößling davon denken sollte! — Ferdinand war eben noch immer im Verlust.

Kößling dachte gar nicht über Hannchens Spiel nach, ja, er hörte vielleicht ihren Gesang nicht einmal. Er fühlte sich wohl in Gegenwart Jettchens, er erzählte ihr von Braunschweig, und sie hörte ihm zu. Er sagte, daß man so etwas wie den Rathausmarkt hier nicht hätte. Man verstände dort den Wackenroder ... es wäre wie verzaubert, wenn man des Abends herüberginge und das feine Maßwerk der Lauben wie ein Brüsseler Spitzentuch aussähe. Hier wäre alles so neu, die Straßen, die Menschen und die Häuser so gerade. Aber ganz Braunschweig sähe aus wie eine unordentliche Kommode und wäre dabei doch schön.

Er sprach und sprach. Jettchen stand vor ihm an dem Spiegel, hatte den einen Potpourritopf geöffnet, dem ein Duft entstieg, süß und scharf zugleich. Und sie wühlte mit der Hand in den Rosenblättern. Ab und zu aber hob sie den Arm und ließ die fein und leise raschelnden Blätter wieder in die Vase zurückrieseln.

Kößling sprach von Jugendfreunden, die er nie wiedergesehen, und dabei hatten sie sich geliebt wie Orest und Pylades, wie Leib und Seele. Und Jettchen sagte, ihr wäre es ebenso gegangen, und sie hätte noch Ergüsse der Liebe und Freundschaft auf dem Papier von eben denen, die sich nie mehr um sie gekümmert hätten und die sie heute kaum ansprächen, wenn sie sie träfen. Ihre beste Freundin hätte einen Hauptmann hier von der Garde geheiratet, und da wäre nun natürlich an ein Zusammenkommen nicht mehr zu denken. Es wäre ihr manchmal ganz eigentümlich zumute, wenn sie in ihrem Stammbuch blättere.

Ob er das einmal sehen könnte? Ob sie vielleicht so gut sein würde, es ihm zu zeigen? Er hätte solche Lust, es zu sehen.

„Gewiß, ich werde es holen", sagte Jettchen und ging.

Kößling stand allein.

Jason, der schon eine Weile um den Whisttisch herumgeschlichen war wie der Marder um den Taubenschlag, hatte sich endlich bequemt, den Strohmann in seiner schwierigen Tätigkeit abzulösen.

Jason ließ sich stets nur ungern bewegen, sich an den Spieltisch zu setzen, denn er kannte sich nur zu gut, und er wußte, daß, wenn er einmal an ihm saß, es noch weit schwerer war, ihn zu bestimmen, von ihm wieder aufzustehen. Sein Temperament ging beim Spielen mit ihm durch, und das Lehrgeld, das er in der Jugend gezahlt hatte, hatte ihn gewitzigt, Orte zu meiden, wo Karten fielen und Geld rollte. Aber hier bei diesem häuslichen Whistspiel, unter Brüdern — was konnte da schon Großes herauskommen?

Kößling stand allein.

Er hatte das Gefühl, als ob plötzlich die Kronleuchter ausgegangen wären. Es war mit einem Male fast dunkel geworden, wie die Tür sich hinter Jettchen schloß. Solange sie noch auf der Schwelle stand und er ihre weißen Schultern mit den goldenen Bändern darüber sah, solange er den Hals sah mit dem schönen Ansatz der schwarzen emporstrebenden Haarsträhnen, war es noch ganz hell und festlich gewesen. Und jetzt war es dunstig und trübe im Raum.

Kößling wollte einen Augenblick zu den Damen gehen oder zum Whisttisch, aber er besann sich und ging zu den Büchern. Und während es schien, als ob er die Titel studierte, schielte er nach der weißen Tür, ob sie sich nicht öffne.

Dann kam Jettchen wieder. Sie trug ganz unauffällig ein rotes, schmales Saffianbändchen in der Hand, und die Lichter auf der Krone zuckten plötzlich wieder auf — und der Raum war hell bis in die letzten Winkel.

Und nun standen sie beide niedergebeugt, die Köpfe ganz eng beieinander, am Klavier, und Jettchen blätterte langsam in dem Buch.

Eine Seite trug stets lange, feine Schriftzüge, und auf der anderen war ein Bildchen, eine Oblate, eine Silhouette, eine kleine Malerei, eine Haarlocke am seidenen Bändchen oder ein aufgeklebtes, gepreßtes Blümchen: „Vivons nous trois: vous, l'amitié et moi" — und drüben ein Vergißmeinnicht. —

„Wer ist das?"

„Ein Freund vom Onkel."

Kößling gab es einen Stich durch und durch. Er hätte weinen mögen.

„Sehen Sie, hier ist sie — die Freundin. Karoline Ceestow. Sehen Sie das nette Tempelchen und die Bäume dahinter? Sie hat auf der Schule hübsch gezeichnet.

,Ich flehte nicht vergebens
Ums höchste Gut des Lebens,
Ums Freundschaftsglück für mich;
Der Himmel gab mir dich!'

Ist das nicht, als ob man sich nie trennen wollte? Man sollte eigentlich so etwas nicht schreiben, denn es wird doch immer zur Unwahrheit . . .

Hier ist Hannchen Simon. Sie war so pathetisch und hat Schillers ,Laura am Klavier' in der ersten Klasse immer durch die Nase aufgesagt . . .

,Spinnet langsam, ihr Parzen, denn sie ist meine Freundin! Zur Erinnerung an deine dir ewig treue Johanna. Meyn Symbol: der fünfzehnte May!' "

„Ach so — also der fünfzehnte Mai? Im schönsten Monat des Jahres und an seinem schönsten Tage! — Aber ich verstehe . . . jeder andere Tag wäre von der Vorsehung für Sie nur eine Beleidigung gewesen."

Sie hatten die Köpfe ganz dicht beieinander, und Jettchen wurde rot wie Klatschmohn. Hinter ihr tuschelten Hannchen und Rikchen, und auch das Fräulein mit den Pudellöckchen war mit diesem Benehmen Jettchens keineswegs einverstanden; ja, sie war so erstaunt und erschrocken darüber, daß sie eine Masche fallen ließ, was ihr seit Monaten nicht passiert war.

„Wer ist das hier?" fragte Kößling. „Wer hat denn diesen kleinen Altar mit dem Amor daneben gezeichnet? Das ist ja so sauber wie ein Stahlstich!"

„Ach, das ist Onkel Jason", sagte Jettchen und schlug schnell um.

„Wie hübsch er zeichnet! Darf ich es nicht noch mal sehen?"

„Onkel Jason wollte ja eigentlich Maler werden, aber sein Vater hat's nicht gelitten. Er hätte eben nachher Großvaters Geschäft weiterführen sollen —, dabei hätte er schon alle seine Fähigkeiten brauchen können. Der war nämlich Hofjuwelier, und all die Silbersachen, die Sie hier sehen — auch die drüben im Schrank —, die stammen noch von ihm. Aber da war Jason doch jahrelang krank mit seinem Bein, und währenddessen ist dann das Geschäft aufgelassen worden. Und Hofjuwelier wäre er ja auch nicht geblieben."

„Darf ich es noch mal sehen?"

Jettchen schlug zurück, hielt aber die Hand auf die Schrift.

„Darf ich nicht auch lesen, was er für einen Vers eingeschrieben hat?"

Jettchen schob die Hand langsam ein wenig höher auf dem Blatt, so daß unter ihrem Daumen und dem langen, schmalen Zeigefinger mit seiner rosigen Nagelkuppe in reichgeschnörkelten, langen Zügen der Name Jason erschien.

„Und mehr darf ich nicht sehen?"

„Warum nicht", sagte darauf Jettchen. „Es ist ja eigentlich auch nichts Böses bei. Es ist ja auch nur ein Scherz von Onkel gewesen." Und sie schob ganz langsam die Hand herunter.

Und beide lasen halblaut, Zeile für Zeile ...
  „Wenn Teufel beten, Engel fluchen,
  Wenn Katz' und Mäuse sich besuchen,
  Wenn alle Mädchen keusch und rein,
  Dann hör' ich auf, dein Freund zu sein."

Jettchen schlug damit das Buch zu. Und beide hoben die Köpfe hoch und lachten einander an.

„Dieses Poem werde ich mir merken", sagte Kößling.

Jettchen schob das Buch vorsichtig auf eine Ecke des Fensterbrettes.

„Wir müssen auch mal zu den anderen gehen; sie reden schon über uns."

Und sie gingen nebeneinander — fast hätten sie einander untergefaßt —, lustig und guter Dinge durch den Saal hin, dort hinüber, wo Tante Rikchen inmitten ihres illustren Hofstaates thronte.

Minchen sah ihnen entgegen.

„Sieh dir an, Hannchen, was für zwei schöne Menschen!" sagte sie halblaut.

Aber Hannchen schüttelte nur unwillig mit dem Kopf.

„Jettchen, de siehst doch aus heute —, zum Verlieben! Wie de Levinia!"

Jettchen und Kößling standen beide vor der kleinen hochschultrigen Tante Minchen, die wie ein veilchenfarbiges Miniaturgebirge auf ihrem Stühlchen hockte, und sahen lachend auf sie hernieder.

„Was lachen Se, Herr Doktor? Es ist durchaus keine Schande, wenn se so aussieht. De Levinia is doch Raffaels schönstes Gemälde!"

„Und du, Tante", sagte Jettchen, „siehst in deinem neuen violetten Kleide aus: — wie das Veilchen, das im Verborgenen blüht."

„Schelmchen, ich bin doch 'ne alte Frau heute", erwiderte die kleine Person und tat verschämt wie ein junges Ding von sechzehn Jahren. „Zu meiner Zeit bin ich auch sehr hübsch gewesen —, aber so hübsch wie du doch nicht. Ich hab' nicht die Figur gehabt... Du bist eben 'ne Gebert!"

„Herr Doktor, wie Sie spielen — göttlich! Sie können nicht glauben, wie ich für Musik schwärme!" sagte Rikchen mit einem seitlichen Blick, wie er ihr vor dreißig Jahren gut gestanden hatte, und lächelte Kößling an.

Jettchen war erstaunt über ihre Musikliebe. Denn in dem nun bald fünfundzwanzigjährigen Zusammenleben mit Tante Rikchen war ihr diese Eigenschaft der Tante völlig entgangen.

„Haben Sie sich gut unterhalten, Herr Doktor?" fragte Hannchen.

„Ausgezeichnet!"

„Schade, daß wir hier gar nichts von Ihnen gehabt haben!" fuhr Hannchen etwas spitz fort.

„Laß nur, der Herr Doktor wird sich mit dem jungen Volk eben besser amüsiert haben", akkompagnierte Rikchen.

Jettchen standen die Tränen in den Augen, trotzdem sie das eigentlich erwartet hatte. Was sie nur immer von ihr wollten! Ihretwegen war er doch sicher nicht gekommen!

„Ich finde es ganz recht von Jettchen, daß sie den Herrn Doktor für sich genommen hat", kam Tante Minchen ungeschickt, aber gutherzig zu Hilfe.

„Weibergeklätsch!" polterte Eli. „Se werden sich hinsetzen und sich von Minnas Bräutigam erzählen lassen! Hab' ich nicht recht, Herr Doktor, se spielen mit uns Schindluderchen, de Frauensleute! Sehn Se 'raus nach'n Galgenberg! Was steht da angeschrieben? — Immer sind de Frauensleut schuld — immer de Frauensleute!"

Kößling verteidigte sich, so gut es ging. Denn er merkte wohl, daß alles auf Jettchen zurückfiel, die hier allein stand, und er beeilte sich deshalb, andere Gesprächsstoffe heranzuziehen. Er fragte, ob und wohin sie den Sommer gingen. Und damit war Tante Rikchen aufgezogen wie eine

Spieluhr und leierte ihre Walze ab. Sie setzte Kößling alle Vorzüge der Rosinenstraße als der feineren vor der Berliner Straße ins beste Licht, nachdem sie vorher zwischen Pankow, Schöneberg und Charlottenburg Parallelen gezogen. Und sie sagte, daß sie in dieser Woche noch mieten wollte — sie schwankte nur noch zwischen drei Wohnungen, und sie hoffe, Herrn Doktor auch einmal bei sich draußen sehen zu können.

Hiermit war Kößling einverstanden.

Und nun erging sich Onkel Eli weitschweifig und mit einer Wichtigkeit, als ob er Reden an die deutsche Nation hielte, über Rührei und Spargel — mit einem Versenken in die Details der Zubereitung, mit der Erinnerung an gute und schlechte Spargeljahre, daß Kößling an Brillat Savarin dachte.

Dieses Manöver des alten Nußknackers brachte das Gespräch auf das Essen überhaupt, und Jettchen wunderte sich des Todes, wie Tante Rikchen ihrer Schwester die geheimen Kniffe und Pfiffe des Einmachens preisgab. Einer anderen hätte sie wohl ihre Erfahrungen nie anvertraut. Aber hier konnte sie sicher sein, sie wurden nicht mißbraucht. Denn Hannchen hatte eingemachte Nüsse, die vorher acht Tage im lauen Zuckerwasser wässern mußten und dann mit einer „sauberen" Nähnadel durchstochen werden mußten, bei ihrer Schwester Rikchen billiger.

Endlich taute auch Max auf und machte sich an Kößling mit einem literarischen Gespräch, in dem er Gutzkow einen Esel nannte und Eichendorff einen Faselhans. Vor Heine zeigte er Achtung, sagte aber, daß er sich jetzt auf Abwegen befände. Jedenfalls wäre Langenschwarz ein größeres Genie. Ob Kößling die „europäischen Lieder" von ihm kenne.

Kößling sperrte Mund und Nase auf. Ihm war bisher in literarischen Kreisen so manches Aburteilen vorgekommen, aber keines von so dummdreister Frechheit. Da Max durchblicken ließ, daß auch er sich schriftstellerisch betätige, so riet ihm Kößling, er möchte einmal etwas aus dem Englischen übersetzen; vielleicht Byron. Er lerne dadurch den Dichter kennen und wäre zu Selbstzucht in Form und Rhythmus gezwungen.

„Das habe ich schon getan", entgegnete Max, zog die Stirn kraus und beschattete mit der Hand die Augen, „und man sagte mir — man sagte mir —, daß meine Übersetzung des ‚Child Harold' sogar besser wäre wie die von Freiligrath." Wer dieses Urteil abgegeben, verschwieg er.

Kößling saß still und sann. Er fragte sich, ob er denn auch mal so gewesen sei, und er dachte an die Nächte voll Entzückungen, da er bei dem von seinem schwer verdienten Stundengeld gekauften Talglicht — er lehrte alles, Musik, Latein, Turnen, Mathematik für anderthalb Silbergroschen die Stunde — da er das erstemal den „Wilhelm Meister" und den „Heinrich von Ofterdingen" gelesen — er dachte an die Tage wie im Traum, als er das „Buch der Lieder" in die Hand bekommen und mit ihm oben auf dem Windmühlenberg gesessen hatte und die ganze bekannte Welt, die Bäume ... die roten Dächer unter ihm ... die blauen Bergzüge in der Ferne, alles ihn mit neuen, verzauberten Augen angeblickt hatte ... War das nun eine andere Rasse oder nur eine andere Generation? —

Aber da geschah etwas Unerwartetes, was alle in Staunen setzte; Hannchen, Minchen, Rikchen und Onkel Eli —, ja, es ließ das Fräulein mit den Pudellöckchen so zusammenfahren, daß Wolfgangs Kopf ihr vom Schoß glitt und der Junge, der glaubte, er müsse zur Schule, greinend erwachte. Nur Jenny schlief dabei, an die rundliche Schulter Tante Hannchens gelehnt, ruhig weiter.

„Höre mal, Max, ich glaube nicht, daß das den Herrn Doktor interessiert", hatte plötzlich Jettchen gesagt — sagte es nicht —, hatte es gesagt, in einem Ton, der nicht mißzuverstehen war und in dem eine lang verhaltene Erregung zitterte. „Du machst dich nämlich damit lächerlich."

Darauf war es still im Kreis wie vor einem Gewitter.

Max erwiderte nichts Vernehmbares und murmelte nur etwas wie „Idioten" und „Familienrücksichten".

Aber Hannchen ergriff für ihren Sohn ausgiebiger das Wort.

„Ich glaube, daß die Unterhaltung von Max den Herrn Doktor wenigstens ebenso interessiert wie die von dir, Jettchen!" „Dumme Person", setzte sie innerlich hinzu.

Und nun geschah das zweite Unerhörte in dieser Nacht.

„Hierin muß ich Ihnen, Madame, als der einzige, der darüber Auskunft zu geben vermag, so leid es mir tut, unrecht geben", sagte Kößling lächelnd, sehr verbindlich, aber sehr bestimmt und suchte Jettchens Blick.

Man war sich darüber einig, daß er ein sehr unerzogener Mensch wäre, der nicht mehr eingeladen werden dürfte, und man beschloß, Jason Vorwürfe zu machen, wie er ihn nur hätte herbringen können.

Es herrschte Frieden vorerst. Aber der Frieden war peinlich, und der Saal war von Aufbruchsstimmung erfüllt.

„Herr Doktor, kann ich Ihnen noch 'ne Zigarro geben?" sagte Eli und zog sein Ledertäschchen.

„Aber Eli, du wirst doch nicht hier in der guten Stube rauchen wollen?"

„Nu, meinste vielleicht, Minchen, ich werd' dazu extra auf 'n Neuen Markt gehen? — Nehmen Se nur, Herr Doktor, hier die kleine is gut —, wissen Se, mit de Zigarros ist das nämlich solche Sache. Entweder haben se zuviel Fett, denn beißen sie — oder de Einlage kommt mit 'm Deckblatt nich mit —, denn kohlen se und strunken se. Ich fer meine Person rauche lieber Pfeife! Früher hab' ich auch viel ge= schnupft. — Nehmen Se ruhig ... hier, ich trag auch immer ein Fixfeuerzeug mit mir in de Tasche. Sie können se ja nachher auf de Straße weiterrauchen. Wenn der Herr Viertelskommissarius kommt, sagen Sie nur, Sie hätten die Zigarre von mir —, er kennt mich."

Drüben am Whisttisch rappelte und rührte es sich jetzt.

"Es ist Zeit", sagte Jason und streckte sich. "Ich kann kaum noch sitzen."

Der Schwede verbeugte sich zu den drei Brüdern und sagte: "Takke!" Er hatte Grund dazu, denn er ging um ein paar Taler reicher fort, als er gekommen. Aber das machte nichts, denn das holte Salomon an seinem Auftrag zehnfach wieder heraus.

"Höre mal, Schwägerin", rief Ferdinand laut herüber, "du mußt doch mal hier den Fußboden aufreißen lassen —, ich bin der festen Überzeugung, hier — siehste hier —, muß ein Schuster begraben liegen. So viel Pech kann sonst gar nich auf einem Fleck beieinander sein!"

"So, so", sagte Rikchen, die diesen Witz heute gerade zum fünfzigsten Male von Ferdinand hörte. "Ich werde morgen den Zimmermann Dörstling kommen lassen."

"Wie wär's, Salomon, kannst du mir vielleicht eine La= terne geben? Es steht heute Mondschein im Kalender", rief Jason lustig, "oder kannst du sie nicht entbehren?"

"Es ist wohl besser, Jason, wenn du dir zu deinen Wegen nicht noch eigens leuchtest", gab Salomon zurück.

"Na, woran liegt's noch?" fragte Eli, der mit einmal ungeduldig war, wegzukommen.

„Darf ich mir noch einen Mürbekuchen mit auf den Weg nehmen?" tuschelte Jenny heimlich, während sie sich schmeichelnd an Jettchen drängte.

Wolfgang war ganz verschlafen und torkelte nur so zur Tür.

Max verließ das Zimmer mit dem Stolz eines entthronten Königs.

„Ich habe mich sogar sehr mit Ihnen gefreut", sagte Onkel Eli leutselig.

Kößling lächelte.

„‚Sogar', Onkel, ist köstlich!"

„Nu, is es vielleicht nich wahr, Jason?"

Auch Minchen sprach auf Kößling ein.

„Vielleicht machen Se uns einmal das Vergnügen. Wir sind zwar einfache alte Leute und so fein, wie's bei meinem Neffen Salomon is, is 's bei uns nich —, aber kommen Sie nur. Sie brauchen nur nach Herrn Gebert zu fragen — das sagt Ihnen auf 'n Hohen Steinweg jedes Kind."

Hannchen ging an Kößling, Minchen und Jason vorüber —, kühl und steif mit dem Kopfe nickend —, ganz Förmlichkeit — ohne eine Miene zu verziehen. Zwar kümmerte sie sich nicht viel um ihre Kinder; aber sie schlechtmachen lassen von anderen Leuten, das duldete sie nicht.

„Was hat denn diese Pute?" fragte Jason erstaunt.

Kößling wollte antworten, aber da trat Salomon auf sie zu und schüttelte Kößling die Hand.

„Lassen Sie sich nur recht bald wieder sehen, Herr Doktor —, und ich muß Ihnen noch vielmals für den musikalischen Genuß danken. Früher ist ja hier bei uns im Haus viel musiziert worden. Bei meinem seligen Vater war im Winter jeden Donnerstag Quartettabend, und da haben sogar die Musiker von der Oper mitgespielt. Aber ich weiß nicht, wie das kommt — bei uns ist jetzt nichts mehr los!"

Er wußte schon, woher das kam, aber er fand keinen Grund, warum er darüber mit Kößling sprechen sollte.

Auf dem Korridor war Gedränge. Jeder suchte nach seinen Sachen. Tante Hannchen konnte ihr Kantentuch nicht finden und behauptete so lange, es müsse ihr gestohlen sein, bis ihr jemand sagte, daß es doch da groß und breit am Riegel hinge. Dann meinte sie, daß es eine Minute vorher dort noch nicht gehangen hätte. Darauf sagte Ferdinand, der ohne Vorkenntnisse den Sinn dieses Manövers nicht verstehen konnte, wenn sie den Sommer nach Schöneberg ginge, möchte sie nicht versäumen, dort die Anstalt mit dem französischen Namen aufzusuchen, die ihrem etwas verwirrten Geisteszustand vielleicht Heilung bringen könnte.

Tante Minchen ließ sich doch noch für alle Fälle auf Betreiben Onkel Elis von Jettchen ein Umschlagetuch. Aber sie band es nicht um.

Das Mädchen kam mit der Laterne, um die Treppe hinabzuleuchten. Es war das hübsche Ding mit den bloßen Armen.

Salomon und Rikchen standen bei der Tür, schüttelten jedem die Hand und sagten, daß nicht er, sondern sie zu danken hätten.

Jettchen war auf den Vorflur herausgetreten.

Kößling ergriff ihre Hand.

„Hoffentlich sehen wir uns nun bald, und es liegt nicht wieder eine Pause von dreißigtausend Jahren zwischen heute und unserem nächsten Zusammensein. Denn irgendwie und irgendwann müssen wir uns schon einmal getroffen haben. Aber die näheren Umstände, glaube ich, haben wir beide vergessen!"

„O nein, ich erinnere mich", sagte Jettchen lachend, „aber ich darf es nicht ausplaudern! Also auf Wiedersehen! — Hoffentlich recht bald!"

„Hoffentlich!"

Die anderen zogen indes im flackernden Licht der Laterne an ihnen vorbei die breite Treppe hinab.

Die Kinder tappelten voran, nahmen immer zwei Stufen auf einmal. Das alte Fräulein tastete mit dem Fuß nach jedem Tritt und Minchen und Eli hatten sich angefaßt, ganz fest, und jeder meinte, daß er auf den anderen achtgeben und seinethalben besonders langsam gehen müsse. Und so rissen sie sich hin und her.

Jason griff nach dem Geländer und ging Stufe vor Stufe. Dazu blies er mit den Lippen das Signal zum Aufbruch.

Kößling verstand es und beugte sich nieder, um Jettchens weiche, warme, fleischige Hand zu küssen, die er immer noch in der seinen hielt. Und es war gut, daß es halbdunkel war und er nicht sehen konnte, wie Jettchen rot — glutrot — wurde.

Dann ging er wortlos, den Kopf halb gewandt, nicht so, daß er Jettchen gerade mehr sah, aber so, daß er noch einen Schimmer von ihrer hellen Gestalt im Auge hatte, langsam die Treppe hinab.

Jettchen stand oben am Geländer und lauschte mehr als sie sah in das nächtliche Treppenhaus mit seinen zuckenden, verdämmernden Lichtern und seinen tappenden, hallenden Schritten — hörte das Knarren des Tors und das helle und dumpfe Durcheinander von Stimmen.

„Jettchen! Jettchen! Komm doch herein! Was machste denn da noch draußen?" rief Tante Rikchen und erschien mit aufgeknöpfter Taille in der Tür.

Jettchen ging langsam und nachdenklich hinein. Sie hatte die Empfindung, als ob die Beine nicht recht mitwollten, und als ob sie jede Minute zusammenknicken müsse. Sie ging noch nach vorn und löschte die Lichter.

Salomon kam indes. Er hatte schon den Rock ausgezogen — war hemdsärmelig — um ihr gute Nacht zu wünschen. Er küßte sie auf die Stirn.

„Ich glaube, Rikchen ist ärgerlich auf dich. Se sagte so etwas. Also sieh mal zu, daß das wieder schnell in Ordnung kommt, mein Töchterchen."

Wenn die Tante dabei war, sprach er nie so weich und freundlich zu ihr, denn er fürchtete falsche Auslegung.

Dann ging er.

Plötzlich mit dem Verlöschen der Lichter geisterte der Mond in das Zimmer, und drüben blitzten die Dächer und Dachfirste auf, über die der Mond hinüberblickte, um seine langen, weißen Flecke auf den Boden zu malen.

Jettchen trat noch einmal an das Fenster, in das helle grünliche Licht, das ihr voll in das Gesicht schien, und blickte auf die Straße. — Da hinten zogen sie noch. Erst Hannchen mit den Kindern, dann Ferdinand und der Schwede — sie konnte sie alle ganz gut an den Gestalten erkennen —, Eli und Minchen — und ganz zuletzt Jason und Kößling ... Sie sah ihnen nach, bis sie an der Ecke stehenblieben, um Abschied voneinander zu nehmen. Dann ging sie in ihr Zimmer.

Die Tür nach der Galerie stand offen, und der ganze Raum war erfüllt von dem herben Hauch des Nußbaums, der in der Frühlingsnacht duftete, als müsse er seine ganze Seele ausgeben ...

Jettchen trat ins Freie. Sie streifte mit dem Gesicht fast die Zweige, griff einen Augenblick an das Geländer und empfand wohltuend die Kühle des Eisens an den heißen Händen.

Der Himmel war ganz dunkel. Und doch schien er heimlich wie Phosphor zu leuchten, und zwei einsame Sterne zitterten in dieser flimmernden schwarzen Decke. Oben die Hauswände, die Fenster, die Dächer des Hinterhauses waren taghell und wie mit Katzengold belegt, aber unten war der Hof in Nacht gehüllt, in der nur ganz allmählich das Auge etwas unterschied.

Eine Weile stand Jettchen, dann hörte sie tuscheln, leise Worte, kichern und flüstern und ganz zage Tritte. Und wie sie sich über das Geländer beugte, unterschied sie unten ein Mädchen mit einer Laterne und einen Mann in weißer Jacke. Und sie ging in ihr Zimmer...

*

An der Ecke der Königstraße gingen die Parteien auseinander, zerstreuten sich wie die Völker nach dem Turmbau.

Tante Minchen und Onkel Eli tapperten gemächlich in der Richtung nach der Königsbrücke zu, und die Karawane Ferdinand Gebert zog schnell an ihnen vorüber in Phalanx oder vielmehr in der Schlachtordnung der alten Germanen. Der Schwede ging rechts hinauf zur Burgstraße, nach dem „König von Portugal", wo sein Logis war, begleitet von dem alten Fräulein mit den Pudellöckchen, das es für nötig erachtete, ihn zu unterhalten, und ihn für stolz hielt, da er nicht antwortete. Sie wohnte selbst in der Poststraße.

Jason und Kößling blieben beide allein an der Straßenecke im Mondschein stehen und sahen nach, wie die anderen sich entfernten.

„Na, lieber Doktor, was fangen wir nun an?" fragte halb ängstlich Jason Gebert.

„Es ist spät, suchen wir nun unsere Lager auf", entgegnete Kößling, der Sehnsucht hatte, allein zu sein.

„Ja, Sie junger Mann, jetzt gehen Sie nun nach Haus, tappen Ihre Treppen 'rauf und legen sich in Ihr Bett und schlafen und lassen sich was Hübsches träumen. Oder Sie zünden sich noch Ihr Licht an, holen sich den Novalis — mir ist er zu deutsch, ich weiß, Sie lieben ihn ja so —, den Novalis holen Sie sich vom Regal, machen vielleicht das Fenster auf, daß über die Bäume weg der kühle Wind zu Ihnen hineinweht, und deklamieren in die Monddämmerung hinaus: ‚Fernab liegt die Welt — mit ihren bunten Genüssen. — In anderen Räumen schlug das Licht auf — die luftigen Gezelte.' — — Ich kenne das von ehedem. So war's bei mir früher auch. Nur, daß ich eben dafür vielleicht die ‚Reisebilder' oder den ‚Titan' gelesen habe ... Aber was mache ich nun? — Meinen Sie, ich kann jetzt schlafen? Meinen Sie, ich kann jetzt lesen? Den ganzen Tag über geht's ja, aber des Nachts, da packt mich mein Dämon. Wenn ich die Kinder von meinem Bruder Ferdinand sehe, dann tue ich des Nachts kein Auge zu. Sagen Sie, wäre ich nicht eher der Mann, Kinder zu haben und Kinder zu erziehen, als mein Bruder, der gar nichts mit ihnen anzufangen weiß? — Nun ja — Max und Wolfgang mögen ja ganz gute Jungen sein, aber um das Mädchen, um die Jenny, da beneide ich den Ferdinand. Haben Sie den Gang von dem Kind gesehen? — Die wird mal genau wie Jettchen."

Gewiß, sie sähe ihr ähnlich, sehr ähnlich — aber sie habe etwas im Gesicht, einen kleinen vulgären, mondänen Zug, so einen Schatten von seelischer Unfeinheit, der doch Jettchen ganz fehlte.

„Ja, das ist nicht von uns —, das ist Jacobysch ... Und dann diese Einsamkeit! — Solange Sie jung sind, Kößling, freuen Sie sich, daß sie allein sein können, und wenn Sie älter werden —, wissen Sie, so um die Jahrhundertsmitte herum —, dann weinen Sie, daß Sie allein sein müssen.

Für mich ist es ja vielleicht ganz gut, daß ich nicht geheiratet habe; denn ich wäre in einer solchen Ehe, wie sie meine Brüder führen, kaputt gegangen, écrasé — cassé! — Und dann, Sie wissen ja nicht, wie wir hier betrachtet werden. Sie sind nur solche Art Wundertier heute abend gewesen, wenn Sie nicht der Feind selbst waren. Wir sind die Außenseiter von Derby —, wir gehören nicht zu denen da. Ein Franzose und ein Engländer, von denen keiner die Sprache des anderen kann, kommen besser und leichter zusammen als wir und die. Für die gibt es nur eins: Habe einen Beruf —, sei etwas — mache Geld! Wenn du zehn Louisdor den Tag verdienst, so bist du mehr für sie als alle Goethes, Schillers und Mozarts. Für andere Dinge, für Halbheiten, für Nicht-mittun-aus-Widerwillen, für all die berechtigten Gebrochenheiten haben sie kein Verständnis. Es gibt nur eins für sie, was beweist: der Erfolg! Wir sind so lange selbst für Onkel Eli der ‚junge Mann', auf den er mitleidig herabsieht, und wenn wir sechzig Jahre alt wären. Meine Brüder waren früher nicht ganz so, aber ihnen haben das die Jacobys beigebracht ... Und Kößling, wenn es auch so aussieht, als ob Sie für das, was Sie erfüllt, da Widerhall finden —, man macht Jhnen etwas vor ... es geht alles hier herein und da heraus. Mit Ausnahme von Jettchen — die gehört zu uns, Kößling!"

Kößling war erstaunt, denn er hatte Jason Gebert noch nicht so sprechen hören. Er war gewohnt, in ihm einen feinen Genießer, einen klugen Lebenskünstler von Geschmack und sicherem seelischem Takt zu finden, dem gar wenig von dem auf die Zunge kam, was ihn innerlich bewegte, und der das alles noch mit leisem Spott verbrämte, so daß man eigentlich nie recht wußte, wo er hielt und stand. So manchen Abend waren sie schon, seitdem sie sich seit einem halben Jahr bei Steheli zufällig kennengelernt hatten, miteinander straßauf, straßab gegangen, plaudernd über die alten Lieblinge, rechtend über die Dichter des Tages. Und selten oder nie hatte Jason Gebert die Maske des Gesellschaftsmenschen abgenommen oder das Gespräch auf persönliche Dinge gelenkt. Und deshalb war Kößling um so verwunderter, plötzlich auf ein solches Eisfeld von Vereinsamung bei Jason Gebert zu stoßen. Er war fast erschrocken darüber, daß auch dieser Mensch nichts vor ihm und anderen voraus hatte und seinen gehäuften Packen von Elend und Trostlosigkeit mit sich trug.

„Herr Gebert, wie ist es mit dem Heimweg?" sagte Kößling und lenkte in die Königstraße ein, so daß die langen, scharfen Schatten im Mondschein vor ihnen herzogen.

Aber Jason Gebert spann an seiner Gedankenkette fort, und durch das Zerwürfnis mit der Umgebung blickte immer deutlicher das Zerwürfnis mit der eigenen Person hindurch. „Warum nicht, Kößling — ich hätte vielleicht auch heiraten können. Dann, Kößling — ich hätte wenigstens jemand, mit dem ich sprechen könnte, und brauchte nicht immer des Abends wie ein alter Hund in seine Hütte zu kriechen. — Aber was war ich denn? Ich war nicht Kaufmann, ich verdiene nicht; ich war nicht Literat, denn ich schreibe nichts; — ich war nicht Gelehrter, trotzdem ich hier jahraus, jahrein höre ... ich hätte mich vielleicht doch ... Ich sehne mich manchmal nach Kindern wie eine alte Jungfer! Ich habe mal ein Mädchen vor zwanzig Jahren gekannt, Susanne Paetow — die war aus ganz gutem Haus und ein nettes, lebenstüchtiges Ding ... aber wie das so ist — nachher ist sie unters

Fußvolk geraten. An Suschen Paetow muß ich immer denken — gerade so komme ich mir vor."

Sie gingen eine Weile nebeneinander her durch die mondhelle Königstraße. Der Gedankenfreund stand gerade hinter ihnen, zog oben um die Dächer seine Silberlinien, zitterte an den Scheiben kaum entlang und umhauchte sie ganz zart mit seinem mattgrünen Licht. Und nur die Spiegelaugen der Spione vor den Fenstern blitzten durch ihn auf, voll und leuchtend wie grüne Raketenkugeln an einem Sommerabend.

Von der Parochialkirche sang die Spieluhr über alle Dächer fort —, hell und fein, und irgendwo oben in irgendeiner Nebenstraße rief der Wächter die Stunden ab.

Kößling war durch die Worte Jasons seltsam verwirrt geworden, denn sie enthielten viel von dem, was er selbst sich nicht einzugestehen wagte. Gewiß, er hatte den Sack voll Hoffnungen, aber er war nun schon in den Dreißigern, und es hätte bald einmal von dem etwas wahr werden können.

„Kommen Sie mit, hier vor der Königsbrücke kriegt man in einer Tabagie ein ganz vorzügliches Stettiner Bier."

Aber Kößling wollte nicht.

„Oder ob Drucker noch auf hat? Ich lade Sie zu einer Flasche Chambertin ein. Kößling, Herzensdoktor, Schleiermachers Chambertin —, vom besten! Einen Taler, acht gute Groschen die Bouteille!"

Aber Kößling war auch hierzu nicht zu bewegen.

„Ja, was denken Sie denn? Soll ich vielleicht meinen Gram allein im Weinglas ersäufen? Einfach wie man solch eine junge Katze in die Spree wirft? — Und wenn ich das wirklich tue —, morgen früh ist er wieder da! Er sitzt wie ein Kobold bei mir auf dem Bettrand und läßt die Beine baumeln und sagt: ‚Jason Gebert', sagt er —, ‚wie ist denn das? Was hast du denn nun eigentlich hier getan? Und was gedenkst du noch zu tun, Jason Gebert? Wenn nun — wie's in dem Lied heißt — der alte Knochenhauer mit unserem Freunde Jason Gebert vielleicht morgen schon Punktum macht, hm?' Und dann, wenn der Kobold das gesagt hat, dann bin ich verwirrt und weiß nicht, was ich antworten soll. Das heißt, ich habe das Gefühl, daß ich etwas antworten könnte, aber ich habe das rechte Wort vergessen. Und der Kobold geniert sich gar nicht. Er kommt auch zu mir, wenn ich nicht allein bin, und ich höre seine Stimme, selbst wenn mir jemand anders mit seinen bloßen Armen die Ohren zuhält. — Denn, Kößling, mein alter Herr —, aber es liegt nun mal so in uns drin —, ich bin nun einmal aus fröhlichem Samen gezeugt und kann nicht dagegen an, und mein letzter Gang wird noch zu Mamsell Meyer..." Jason Gebert brachte den Satz nicht zu Ende. „Nein, Kößling, wir sind eben aus der Bahn gerissen —, wir sind die, die von dem Baum der Erkenntnis gekostet haben, nicht Adam und Eva! Sie glauben nicht, wie bodensicher und abgeklärt gegen uns so ein Onkel Eli oder meine Schwägerin Hannchen sind —, wie es für sie kein Rätsel gibt, wie sie ein Leben in goldener Selbstgenügsamkeit führen — unter Ausschluß der grüblerischen Gehirntätigkeit. Die fühlen sich als nützliche Mitglieder der menschlichen Gesellschaft. Ich habe überall hineingerochen —, es gibt wohl nichts, was ich nicht kenne von den Dingen, die unser Leben erfüllen können, die ihm einen höheren Glanz geben sollen. — Ich bin Soldat gewesen... Sie kennen ja den Schwindel von Begeisterung, Vaterland, Freiheit und welscher Knechtschaft... Ich bin Kaufmann gewesen, habe von Reichtümern und Welthandel geträumt und dabei mein Geld nach Argentinien verloren —, ich habe Philosophie bei

Hegel gehört... Wissen Sie, was Jean Paul über Hegel sagt? Er nennt ihn den dialektischen Vampir des inneren Menschen. — Ich habe bei Gervinus Geschichte gehört, ich habe unter Bopp Sanskrit getrieben und glaubte damit bis zur Wiege der Menschheit vorzudringen; ein Gans — liegt krank, schwerkrank, hörten Sie? — ein Gans hat mich in das stolze Gebäude des Rechts geführt — ich kenne meine Dichter einigermaßen, das müssen Sie mir selbst zugeben... Und, Kößling, es ist Stückwerk! Es ist alles Stückwerk! Es sind Schrauben ohne Ende, Dinge, die uns doch ihren letzten Sinn verbergen. Es sind Scheinwahrheiten, und es ist nur ein kurzes Scheinglück, das sie bieten. Und vielleicht liegt der wahre Sinn des Lebens ganz woanders —, und den haben vielleicht Onkel Eli und meine Schwägerin Hannchen viel, viel besser erkannt! Sind Eli und Minchen nicht wie zwei alte Gäule, die an einer Karre ziehen, die eben so schwer ist, daß sie einer von ihnen allein nicht weiterbringen könnte? Und ist Hannchen nicht wie eine Gluckhenne über ihren Kindern, wenn ihnen jemand zu nahe kommt?"

Über Onkel Eli und Tante Minchen war Kößling nicht so wohlunterrichtet, aber das von Tante Hannchen konnte er aus eigener Erfahrung bestätigen.

Nun standen sie, ohne daß sie eigentlich hätten sagen können, wie sie dahin gekommen, an der Langen Brücke, und der Mond schob, sich nähernd und weichend, sein glitzerndes Abbild über die Wasserfläche, während er selbst oben, ganz oben, rechts von ihnen, klein in der wolkenlosen Himmels-luft stand, gerade über dem phantastisch versilberten Giebel der Schloßapotheke. Der Kurfürst oben zu Pferde ritt, ein schreckhafter Schatten, über die sich windenden Gestalten fort, und drüben auf dem hellen, menschenleeren Schloßplatz brannten ganz unnötig die roten, zuckenden Flammen des

Gaskandelabers. Vom Mühlenwehr herauf kam das Rauschen zu den beiden gurgelnd und brausend durch die stille Nacht. Der Stromlauf lag vor ihnen in einer grünen, hellen Dämmerung, und wie Träume zitternd und fein spannen sich Brücken darüber.

„Das Leben ist ein Strom, Kößling, in dem müssen wir schwimmen. Wir müssen Arme und Beine brauchen, um uns in ihm zu halten, um zu fühlen, wie es uns vorwärts bringt. Aber wir brauchen nur unser Hirn; und mit dem Kopf allein kann man nicht schwimmen. Deshalb sind wir auch ewig am Untergehen, und es ist nur ein Wunder, wie wir uns noch so lange halten. — Und dann der Traum —, der närrische Traum, daß wir etwas werden möchten, etwas, das außerhalb der gewöhnlichen Wege liegt; daß wir die Menschen rühren oder entzücken wollen; daß wir heute Beifall ernten wollen und uns ein Konto auf die Zukunft öffnen; daß wir anderen die Gerechtigkeit über uns selbst geben, statt zu begreifen, daß alles nur in unseren eigenen Händen liegt. Dieser närrische Traum, Kößling, auf den Sie nun schon Jahre darben und entbehren, statt an die Krippe zu gehen, in die man für Sie schon den Hafer von Amt, Sold und Titeln geschüttet hat. Wolfenbüttel wartet. Sie wissen, da ist schon mal einer untergekrochen, der mehr war als Sie und ich als Zugabe. Berlin ist gefährlich! Es ist zu lärmend —, es stößt uns zu viel! — Wenn Sie einen Schmetterling ziehen wollen, dürfen Sie auch nicht jeden Tag die Puppe anfassen, sonst kommt er verkrüppelt aus oder geht ganz ein."

Kößling, der schon die ganze Zeit gefühlt hat, daß diese Rede ihn eigentlich ebenso anging wie Jason Gebert, war über diese Wendung des Gesprächs kaum erstaunt. Und ebensowenig nahm er sie von dem Älteren übel auf. Die späte Stunde, die Ruhe der Nacht ringsum, die weite, mondhelle Einsamkeit der hallenden Straßen, all das schien eine ernste und gewichtige Unterredung zu rechtfertigen, ja schien fast herauszufordern, Dinge zu sagen, die man sonst in sich verwahrt und verschweigt.

Nein, sagte Kößling, das bliebe ihm immer noch —, er wäre zäh und würde sich wohl durchbeißen. Entbehrungen schrecken ihn nicht, er hätte sich draußen immer wohler gefühlt als in Braunschweig.

„Nein, Doktor, Sie haben mich falsch verstanden. Ich meine nicht die äußeren Entbehrungen —, sie sind zu ertragen —, ich meine die seelische Empfindung des Ausgeschlossenseins von der Familie, dem Bürgertum, dem Staat. Haben Sie je den Sinn des Begriffs Staat erfaßt? Und die Abgetrenntheit von ganz einfachen menschlichen Dingen meine ich. Von den Freuden und Schmerzen, von denen jene durchrüttelt werden. Wir üben stets Kritik an uns selbst. Wir setzen all unser Empfinden in Worte um. Wir sind unsere eigenen Zuschauer, deswegen leben wir auch nicht, sondern betäuben uns nur mit Leben; und wir sind nicht ruhevoll, weil wir stets nach dem Neuen ausspähen, dessen wir doch nicht teilhaftig werden; und weil wir zu dem Alten keine Beziehungen mehr haben. Wir sind wie das Korn zwischen den beiden Mühlsteinen Gestern und Morgen, das zerrieben wird.

Aber vielleicht trifft all das für Sie nicht zu, denn ich rede nur von mir selbst. Niemand kann die Erfahrungen eines anderen beurteilen. Sehen Sie, mein Vater, der hat noch beides zu vereinen gewußt. Er hatte die natürliche Lebensstärke und die Sinnenfeinheit. Er stand noch ganz im ancien régime, mitten im Leben seiner Zeit; die Arbeiten aus seiner Werkstatt waren den Parisern gleich. In sein

Haus kam alles, Offiziere, Hofleute — er hatte seinen Quartettabend —, kein neuer Goethe und kein neuer Jean Paul blieb bei ihm ungelesen. Und ich seh' ihn immer noch, wenn er des Abends, nachdem wir Jungen ihm den Gutenachtgruß geboten, stocksteif und stolz in sein Schlafzimmer ging und voran der Diener mit einem dicken Band des Athenäums in der einen und einem silbernen Leuchter mit einer hohen Kerze in der anderen Hand. Einer von uns hat noch etwas von dem alten Herrn. Dieselbe Sinnenfeinheit und dieselbe Lebensstärke. Sie sieht ihm auch am ähnlichsten. Haben Sie nicht heute das Bild hängen sehen? Genau der Mund und die lange, gerade Nase mit dem breiten Rücken. — Aber sie bringen mir das Mädchen herunter. Sie glauben nicht, es ist bei uns ein Kampf, ein stiller, friedfertiger Kampf auf Leben und Tod. Und die anderen werden Sieger. Es ist ein Tauziehen, wie wir's bei Vater Jahn getrieben haben. Zwischen den Geberts und den Jacobys. Und meine Brüder haben sie sich schon gekapert."

Als das Gespräch auf Jettchen kam, hatte Kößling im Augenblick alles vergessen, was ihn vielleicht in dieser Sache selber betraf, und war nur noch begierig, von Jettchen zu hören.

Sie standen jetzt beide an der steinernen Wange der Königsbrücke. Am Eingang des Säulenwegs, der sich mit seinen mondsilbernen Putten scharf gegen einen tiefen Nachthimmel abzeichnete. Durch das Gezaser der kahlen Bäume drüben sahen ganz vereinzelt blinzelnde Sterne, und die Bäume selbst raunten, als ob sie etwas im Halbschlaf vor sich hinsprächen. Jener herbe, würzige Duft, bitterlich, harzig, weinähnlich, der Duft der steigenden Säfte in den Rüstern und Pappeln, kam mit einem leichten Luftzug zu den beiden herüber, die jetzt still geworden waren und gleichsam zu staunen schienen, warum dieser schmale Wasserlauf zwischen dem nächtigen Gewirr der Häuser sich so spurlos verlor.

Drüben an der anderen Seite der Brücke zog ein junges Menschenpaar, ein Handwerker mit seiner Liebsten, entlang durch die milde, halbhelle Nacht, still, taktmäßig weiterschreitend; wie Kinder hatten sie sich bei den Händen gefaßt und gingen, mit den Armen schlenkernd, wortlos und glücklich nebeneinander her. Und die beiden wandten sich und starrten ihnen wie gebannt nach. Jeder ganz verfangen und zappelnd und schlagend — wie ein Fisch — in dem Netz der eigenen Gedanken und Empfindungen.

*

Nun folgte eine ganze Anzahl schöner Tage. Eine Reihe, eine Kette. Sie waren wie Schwestern, die einander an den Händen hielten: schöne, große Mädchen mit Lachen um den Mund und Sonnenschein über dem blonden Scheitel. Man konnte nicht sagen, wer von den Schwestern die anmutigste war, welcher man den Preis geben möchte. Die schien älter, reifer, voller und hingebender als die anderen, und die wieder war so jung und frisch, so neckisch und lustig mit ihrem kecken Lachen, daß man mit ihr um die Wette jagen und tollen mochte. Die lächelte nur vor sich hin, und alle ihre Bewegungen waren mild und gedämpft wie die silberne, sehnsüchtige Frühlingsluft; und die dann wieder schmückte sich zum Abend mit einem Zweig von Heckenrosen, den sie sich ums Haupt legte — —. Man wußte wirklich nicht, welcher von den Schwestern man den Vorzug geben sollte.

Und es kam, wie es kommen mußte: und die gleichen Wunder, wie all die Jahre vorher, ereigneten sich in gleicher Folge. Die Fliederknospen öffneten sich und entfalteten

grüne Blätter, die noch ganz hell waren und schlaff wie
Kinder, die vom Wachstum müde sind; und unten am Ufer
des Königsgrabens, in einer verborgenen Ecke unter ein paar
Büschen stand ein Rasen Veilchen, dessen grünes geducktes
Blattwerk ganz mit Blüten durchzogen war. Und wer über
die Brücke ging, der schnupperte und sagte sehr nachdenklich:
da drüben im Garten müssen wohl Veilchen stehen. Die
Pappeln warfen ihre pendelnden braunen Kätzchen ab, und
sie klemmten sich überall ins Gebüsch, plumpsten ins Wasser
und ließen sich forttragen, oder sie schlängelten sich wie
braune, zottige Raupen an den Wegrändern und vor den
Füßen. Aus den braunen Ulmenblüten wurden kleine
Ballen grüner Früchte, die die Zweige mit ihren Polstern
überzogen, so daß sie aussahen wie mattgrüne Korallenäste;
und irgendwo an einem Spalier flatterten rosa Pfirsich=
blüten auf, und über eine hohe, gelbe Mauer streckte ein
einsamer weißer Blütenzweig seinen schimmernden Arm.
Die Dämmerung wurde so kühn, daß sie noch Stunden mit
der Nacht um die Herrschaft über die träumende Welt stritt.
Und die Leute saßen auf den Steinbänken vor den Türen
und sahen dem Kampfspiel zu. An den rosa Wölkchen aber,
die vom Himmel leuchteten und alles in ihren farbigen
Schimmer tauchten, hatte die Dämmerung gute Bundes=
genossen, die standhielten allabendlich, bis der allerletzte Rest
von Licht verglommen war.

Eines schönen Tages jedoch hatten auch die Linden ihre
braunen Knospenhüllen abgestreift, und Blätter gelbgrün
und licht, wie aus grüner Seide geschnitten, dehnten sich in
ihrer Jugendmunterkeit in der Morgensonne. Aber nicht
alle waren sie zugleich gekommen, sondern in den langen
Baumreihen, die schon Frühling gemacht hatten, standen
andere noch starr und unbewegt, als ob an sie noch gar nicht

die Mahnung ergangen wäre, und sie warteten drei Aufforderungen und einen warmen Regen zur Nacht ab, ehe sie sich endlich bequemten, sich wachzurütteln. Dann aber war es auch eine einzige Kette grüner Glieder, die „Linden" herab, fürder jenseits des Tores, die Charlottenburger Chaussee hinunter, am Steuerhäuschen vorüber und bis tief, weit hinein nach Lietzow, bis an den Schloßpark, fast bis unter die goldene Puppe auf dem Dache des Schlosses — nur eine Kette lichtgrüner Wipfel. Und es gab viel, viel früher, als man erwartete, ein paar recht warme Tage, die alles schnell zur Entfaltung und zur Blüte trieben, den Rotdorn, den Flieder und den Goldregen —, Tage, die es machten, daß die Rasen, die weiten, silbernen Tücher von Anemonen im Schloßpark und im Tiergarten rechts und links von der Chaussee weithin unter den durchlässigen Büschen unscheinbar wurden, daß die weißen Blütenblättchen schnell und vorzeitig abstoben und verwehten, und daß ihr zierlich gefiedertes Kraut unter dem wuchernden Hederich und dem Storchschnabel vergraben wurde.

Und es kam, wie es kommen mußte.

Ferdinand hatte am nächsten Tage eine kleine Gallensteinkolik. Sie fing eigentlich schon in der gleichen Nacht an. Der Ärger über den Spielverlust mochte auch dazu beigetragen haben, und er lag achtundvierzig Stunden wieder da, nach Aussage Jasons wie die Plötze auf der Aufschwemme. Aber das hinderte ihn nicht, nach einigen Tagen in jeder Beziehung wieder der alte zu sein.

Salomon fuhr dann nach Karlsbad mit dem Landauer, der noch erst dazu schnell einmal überlackiert werden mußte, und er fand noch einen Reisegefährten, einen zuckerkranken Rechnungsrat, so daß er im eigenen Wagen billiger fuhr als mit einer Beichaise von Naglers Post; und Ferdinand ging selbst mit bis nach dem Neuen Markt und sagte zu Johann, daß Johann auf die Fuhre besonders achtgeben müßte.

Tante Rikchen mietete richtig in Charlottenburg bei Frau Könnecke, Rosinenstraße und Berliner Straßen-Ecke, drei Zimmer und Küche nebst Benutzung eines Teiles des Blumengartens vor dem Hause und einer Laube in dem weiten, parkähnlichen Gartenland hinter dem Hause.

Jason ging später täglich mehrere Stunden ins Geschäft von Salomon und hielt Buchhalter, Korrespondenten und Lagerverwalter bis herab zum Hausdiener von der Arbeit ab. Sie betrachteten ihn als eine Art schadlosen Geistes= gestörten, dessen Minderwertigkeit einzig durch seine Frei= gebigkeit in jeder Art von Getränken quitt und wettgemacht werden konnte. Er und der eine Korrespondent, der erst fünf= zehn Jahre bei Salomon Gebert & Co. konditionierte, waren ihrer Meinung nach die Kücken, die nichts vom Betrieb wußten und verstanden.

Onkel Eli war sehr beschäftigt, denn er ging täglich auf die Post zwischen zwölf und eins und sah, was hinausging und hereinkam an Pferden und Postwagen. Und die Lebens= tage Tante Minchens waren gleichfalls genugsam erfüllt, denn sie hatte die Sache mit Minna wieder einzurenken. Trotzdem, wie ihr jeder beistimmte, es von Minna sehr unrecht gewesen sei, halbnackt in der Küche zu stehen und sich zu waschen, so wußte doch Tante Minchen keineswegs, welche Untugenden vielleicht Minnas Nachfolgerin auf= weisen möchte, und jedenfalls war Minna treu, ehrlich und fleißig, was heutzutage, wie es bei den Dienstmädchen stand, schon hieß, eine Auserwählte unter Tausenden sein: Zu ihrer Zeit natürlich hätte man auf jedes Dienstmädchen Häuser bauen können.

Der Schwede kehrte mit guter Gelegenheit nach Göteborg zurück; und fünf große beschlagene Überseekisten, signiert S.G.C. 13—17, wußten ihn dort zu finden.

Das Fräulein mit den Pudellöckchen teilte ihr Dasein weiter in Kinderliebe und Strümpfestricken; und die Fama von der Erkrankung des Königs blieb unbestätigt. Des Königs Gesundheit hielt sich auf gleicher Höhe, so daß man farbige Seidenwesten und Binder nach wie vor trug.

Tante Hannchen entschied sich für Schöneberg, weil dort die Luft besser wäre wie in Charlottenburg, und weil die Kinder nach Wilmersdorf gehen könnten, Schafmilch trinken; — es gäbe ja nichts Gesunderes als Schafmilch. Daß diese Vorzüge ihr durch die Billigkeit von Schöneberg aufgezwungen wurden, davon schwieg Hannchen. Wenn sie, wie ihre reiche Schwester Rikchen, Charlottenburg hätte bezahlen können, so hätte sie aller Welt erzählt, daß sie es nicht begriffe, wie es Leute gäbe, die nach Schöneberg auf Sommerwohnung ziehen könnten. So aber war in Schöneberg die Luft besser und nicht so stickig und muffig wie in Charlottenburg.

Wolfgang lebte fürder mit der Umwelt und allem Fremdsprachlichen in steter Spannung. Max las allabendlich mit dem gleichen Genuß seine Übersetzung des „Child Harold", die besser war als die von Freiligrath. Jenny ließ den lieben Gott einen guten Mann sein —, und so war eigentlich alles in bester Ordnung und entfernte sich nicht einen Schritt von dem ruhigen, sicheren und ausgetretenen Gleise.

Oder beinahe alles —, wenn eben nicht der Zufall sein merkwürdiges Spiel getrieben hätte.

Man sagt, daß der Zufall blind ist, und die Alten schon gaben der Göttin des Zufalls eine Binde vor die Augen. Nun —, dieser Zufall schielte ein wenig unter der Binde hervor, schielte wie ein Liebhaber beim Blindekuhspielen, der sich und anderen versichert, daß er auch nicht einen Deut sehen könne, und der doch gar heimlich darauf bedacht ist, daß er auch ja die Rechte erwische, um nachher den Leuten etwas von der geheimen Sympathie der Seelen vorzufabeln, die ihn selbst mit verbundenen Augen vor die rechte Schmiede gebracht hätte.

Dieser schielende Zufall wollte es nun, daß sich am nächsten Donnerstag um ein Viertel nach fünf Uhr des Nachmittags bei schönstem Wetter unter dem Lichte eines mattblauen Frühlingshimmels Jettchen und Kößling in der Königstraße trafen. Es ist merkwürdig, wie oft Kößling in der Zeit vordem die Königstraße passiert hatte. Er wohnte fast auf der Königstraße und betrachtete die Spandauer Straße als sein Nebengelaß. Immerfort mußte er gerade durch die Königstraße gehen, unter allen möglichen Vorwänden vor sich selbst. Jeden Tag brachte er einmal Bücher nach der Bibliothek und holte einmal Bücher ab — eine Sache, die sich sehr gut in einem Aufwaschen hätte besorgen lassen. Er ging keineswegs langsam die Königstraße entlang, daß es aussehen konnte, als erwarte er irgend etwas, sondern er ging eilig, höchst beschäftigt und in Gedanken ... auch, wie er glaubte, ohne nach rechts und links zu sehen.

Den alten Onkel Eli hatte Kößling öfter bei seinen Wegen bemerkt, und er hatte ihn auch wohl gegrüßt. Aber das Unglück wollte, daß jedesmal eine Post oder sonst irgendeine stolze Chaise vorbeikutschiert wurde, und dann war für den alten Onkel Eli alles andere versunken und erstorben. Und wenn ihn Abd el Kader selbst in höchsteigener Person gegrüßt hätte, so hätte Onkel Eli auch nur durch stummes Nicken zu erkennen gegeben, daß er nicht gestört sein wollte, wenn er sich überhaupt so weit herabgelassen hätte. — So also war für Kößling keine Möglichkeit, ihn über Jettchen irgendwie auszuholen.

Auch Jason Gebert war ihm in diesen Tagen nicht in den Weg gelaufen, und bei Steheli war er nicht zu finden. Der Kellner sagte, er wäre seit Tagen nicht dagewesen. Es war nämlich so eine Eigenheit Jason Geberts, daß er plötzlich einmal für alle Welt Tage, ja selbst eine Woche verschollen blieb. Auch für seine Nächsten. Ja, daß man ihn dann nicht einmal in seiner Wohnung auftreiben konnte. Wie und was er da begann, welche Wege des Glücks er da wandelte, darüber ließ sich Jason Gebert nie mit einer Silbe aus. Er erschien eben wieder im Bund seiner Freunde und Angehörigen, als ob er nie von ihnen sich ferngehalten, und die hüteten sich, ihn zu fragen, wo er denn eigentlich so lange gesteckt hätte.

Also anstatt der anderen, die er ihretwegen hätte aushorchen können, kam Jettchen selbst, und zwar Kößling entgegen, auf derselben Seite wie er. Er brauchte nicht einmal über den Fahrdamm zu gehen, und das wäre ihm auch nicht lieb gewesen. Kößling sah sie über zwei Querstraßen fort ganz von weitem ihm entgegenkommen. Er erkannte sie an Gang und Haltung, noch lange bevor er ihre Züge deutlich sehen konnte. So trug sich keine sonst. Sie hatte ein Körbchen am Arm, also wollte sie Einkäufe machen. Kößling eilte, um über die Klosterstraße zu kommen, damit Jettchen ihm nicht doch noch durch diese Querstraße entwische und er ihr nachgehen müsse, was der Begegnung den Zauber der Zufälligkeit genommen hätte.

Und schon stand Jettchen vor Kößling, sonnig und lächelnd, und streckte ihm die Hand entgegen; die weißen Finger guckten aus dem langen, durchbrochenen, seidenen Halbhandschuh. Ihre Augen, ihr Mund, alles an ihr lächelte unter dem Rund der spitzenbesetzten Schute; und Kößling war verwirrt und froh. Wie eine Fürstin, wie eine Fürstin! sagte er sich. Denn Jettchen sah in dem schlichten weißen Kleid mit der goldenen à la grecque-Borde, mit den weißen, runden Schultern, die sich aus ihm hoben, von goldenen Bändern überbrückt, noch größer und stolzer aus als sonst. Man verstand, daß Kößling vor ihr seinen Mantel ausbreiten mochte, damit ihr Fuß nicht den Staub der Straße trete.

„Es freut mich, Sie zu treffen, Herr Doktor. So sehe ich Sie doch noch einmal."

„Warum noch einmal, Fräulein Jettchen?"

„Weil wir morgen oder übermorgen nach Charlottenburg ziehen. Ich freue mich schon darauf; es ist jetzt so herrlich draußen; wir haben einen so schönen Garten. Mein Onkel ist schon heute früh nach Karlsbad gefahren, und ich wenigstens werde also lange nicht nach Berlin hereinkommen. Tante kann ja ohne Berlin nicht acht Tage bestehen; aber wenn man — wie ich — hier geboren ist, dann freut man sich, sobald man es eine Weile nicht sieht. Aber man freut sich dann auch, sobald man es wieder hat. Leben möcht' ich nirgends anders als in Berlin —, nur nicht in einer kleinen Stadt."

Sie würde weggehen, und er würde sie vielleicht lange nicht sehen —, das war seine erste und einzige Empfindung. Er vergaß darüber fast zu fragen, wie ihr letzthin der Abend bekommen, was sie inzwischen getrieben, ob sie etwas von ihrem Onkel Jason gehört hatte, den, wie weiland Mademoiselle Proserpine, die Erde verschlungen zu haben schien, während er, Kößling, eine neue Madame Demeter, unter Absingung von Klageliedern selbst bei Lunas Silberscheine die Königstraße hinuntereile.

Jettchen zuckte die Achseln.

„Nein, ich weiß nichts von ihm. Er ist vollkommen unsichtbar geworden! ich hoffe aber, daß er nicht sechs Monate sein unterirdisches Leben fortführen wird. Morgen oder übermorgen wird er schon wieder aus seiner Reserve heraustreten und in der alten Welt der alte sein. Ich will auch noch Bücher von ihm. Er gibt mir im Sommer immer solche, zu denen man Muße braucht, und im Winter solche, die man schnell lesen muß."

„Und wie ist es Ihnen denn ergangen?" fragte Kößling ganz schüchtern, und seine Stimme bebte vor Zärtlichkeit. Er streichelte Jettchen beinahe mit Worten.

Jettchen sah ihn halb erstaunt von der Seite an. „O danke, gut, bei mir hat sich nichts ereignet."

Jettchen verschwieg, daß sie böse Stunden hinter sich hatte, und daß die Tante es an Spitzen nicht hatte fehlen lassen. Zwei Tage war sie mit Königsräucherpulver herumgelaufen, hatte das qualmende Blättchen geschwenkt wie ein Weihrauchbecken und auf die Männer geschimpft, die so wenig Erziehung hätten, daß sie in einem guten Zimmer anständiger Leute zu rauchen wagten.

„Gar nichts, Fräulein Jettchen?"

„Was soll sich wohl bei mir ereignen? Was ereignet sich denn in meinem Leben überhaupt? — Jeden Tag — nicht wahr — tritt das Ungeheuer Haushaltung wieder mit gähnendem Rachen an mich heran. Da muß Rücksicht genommen werden auf die Jahreszeit, und daß der Onkel doch nicht alles essen darf, und da muß hin und her überlegt werden, was in der Wirtschaft fehlt. Dann kommt mal die Schneiderin, die Lewin, und der Onkel bringt dazu ein paar Stoffproben aus dem Geschäft herauf, und wir suchen uns etwas aus. Dann habe ich ein paar Handarbeiten jetzt vor, denn es gibt bald Geburtstage. Für Tante Minchen sticke ich einen Klingelzug in Perlen, ihr alter ist so schlecht, daß sie immer sagt, sie müsse sich schämen —, und für Tante Hannchen einen Pompadour in Soutache. Und dann kommt Onkel 'ran. Ich habe ihm doch schon alles gemacht, was es nur irgend gibt. Und jetzt muß ich noch alles von mir zusammenpacken für Charlottenburg. Wirklich, man kommt sein ganzes Leben lang nicht zu sich selbst. Ich habe seit Tagen kaum ein Buch in die Hand genommen. — Aber richtig: Sonntag war ich in der Singakademie im ‚Judas Makkabäus'. Grell hat wundervoll dirigiert. Wie der seine Stimmen zusammenhat!"

„Ja, gewiß, Grell, das ist eine Freude! Das ist ein ernster Musiker. Ein Genie ist er ja nicht, aber er bietet doch der Geniewirtschaft, dem Virtuosentum hier, Paroli, und so einen brauchten wir in Berlin."

Sie standen an der Ecke Kloster- und Königstraße. Jettchen schien unschlüssig, wohin sich wenden.

„Wo geht weiter die Reise hin?" fragte Kößling.

„Hier hinunter. Ich will nach dem Neuen Markt hinüber zu den Schlächterscharren und noch etwas zum Abend mitnehmen."

„Darf ich Ihre Einkäufe überwachen?"

Jettchen zögerte.

„Ach ja, kommen Sie nur. — Oder wollen wir nicht lieber — ach nein, kommen Sie nur hier mit entlang, Herr Doktor!"

„Wenn es Ihnen hier hinunter nicht recht ist, Fräulein Jettchen —, viele Wege führen nach dem Neuen Markt, genau ebenso viele wie nach Rom; und mir sind die, die über Potsdam gehen, wenn ich aufrichtig sein will, solange ich mit Ihnen zusammengehen darf, die liebsten."

Jettchen lachte. „Ich habe heute gerade nicht so viel Zeit, den Potsdamer Umweg zu wählen; also kommen Sie!"

„Darf ich den Korb nehmen?"

„Jetzt nicht —, nachher."

Jettchen wußte schon, weswegen sie „nachher" sagte, und weswegen sie, trotzdem Kößling auf die nahe Vetternschaft eines Korbes mit einem Fischnetz aufmerksam machte, auf diesem „Nachher" bestand.

Jettchen hatte ganz recht vermutet. Denn da drüben saß schon — wie sie es nannte, um Luft zu schöpfen —, saß schon die Tante Hannchen auf der Steinbank neben der Haustür. Tante Hannchen hockte auf dem niederen Bänkchen wie die Bulldogge vor dem Schlächterladen. Sie hatte die Beine auf ein gesticktes Fußkissen gestellt, musterte wortlos und aufmerksam die Passanten und glubschte giftig in den schönen Frühlingsnachmittag hinein. Irgend etwas in dieser besten der Welten hatte sie nämlich schon wieder verärgert. Ihr Mann oder Wolfgang oder daß ihre Schwester mehr Geld, aber dafür keine Kinder hatte —, irgend etwas hatte sie verärgert. Da kam Jettchen, und zwar mit einem Herrn; und die schwarzen Jettknöpfe, die Tante Hannchen als Augen im Kopf trug, wurden doppelt so groß, wie sie es noch eben waren.

Was sollte das heißen?! — Ihre Nichte Jettchen zieht am hellen Tage mit einer Mannsperson daher wie ein ganz gewöhnliches Dienstmädchen! Natürlich —, kaum, daß Salomon den Rücken kehrt. Aber sie hätte ihr das immer zugetraut.

Jettchen grüßte herüber, und Kößling zog verwirrt den Hut. Der Weg über Potsdam wäre ihm also noch aus einem anderen Grunde lieber gewesen.

„Jettchen! Na —, Salomon ist heute früh gefahren!" rief Tante Hannchen über die Straße fort, süß wie Honig.

Und da Jettchen keine Lust hatte, die Unterhaltung durch das Schallrohr zu führen, ging sie über den Damm, vorsichtig von Stein zu Stein tastend. Und Kößling folgte ihr in gemessener Entfernung, Tante Hannchen nebst ihrer ganzen Sippe dorthin wünschend, wo der Pfeffer wächst. Auch murmelte er etwas von der „schönsten aller Stunden" und „dem" trockenen Schleicher, was hier bei Tante Hannchen doch nicht so ganz passen wollte. Er begrüßte die Tante und sagte, daß er eben hier Fräulein Jettchen getroffen hätte.

Aber er hätte sagen können, was er wollte. Kein Demosthenes und kein Cicero hätte die verfahrene Karre aus dem Schmutz gebracht. Darüber belehrte ihn ein Blick der Tante, die dabei von Liebenswürdigkeit überlief wie eine Wassertiene unter dem Stadtbrunnen und ihm gar nicht genug über sein göttliches Spiel sagen konnte; den Zusammenstoß von neulich abend schien sie ganz und gar vergessen zu haben.

Jettchen sagte, daß sie sich freue, die Tante zu sehen. So brauche sie sich nicht noch einmal von ihr zu verabschieden. Sie hätte Glück. Herrn Doktor hätte sie auch eben getroffen.

Hannchen konnte sich nicht enthalten, hier über das Glück Jettchens eine spitzige Bemerkung zu machen, die Jettchen bewog, dieses Zwiegespräch nicht weiter auszudehnen und sich zu verabschieden, da sie noch viel zu besorgen hätte und wirklich, wirklich — so leid es ihr täte! — keine Minute Zeit mehr hätte.

Und Jettchen und Kößling gingen. Hannchen aber sah ihnen nach — starr - sprachlos. So etwas war ihr noch nicht vorgekommen! Und sowie die beiden verschwunden waren, hinten um eine Straßenbiegung, da erhob sich Tante Hannchen, nahm das Fußkissen unter den Arm und suchte ihren Mann in der Lackiererei und in den Remisen, um ihm das Erlebte brühwarm in reicher Verschnörkelung zu berichten. Und sie war tief verstimmt, als sie hören mußte, Herr Gebert hätte gesagt, er würde auf einem wichtigen Geschäftsgang bis zum Abend abwesend sein. Welcher Art aber dieser Geschäftsgang war, darüber konnte niemand Auskunft geben.

Daß Ferdinand Gebert leider gerade an diesem Nachmittag wieder einmal geschäftlich verhindert war, und daß so Tante Hannchen mit ihrem Geheimnis sich einige Zeit selbst überlassen blieb, war für Kößling und Jettchen nicht von Vorteil. Denn man mochte alles Schlechte Tante Hannchen nachsagen —, aber eine klassische Zeugin konnte sie niemand schimpfen. Nein, jede Begebenheit veränderte sich in ihrer Phantasie durchaus proportional zu dem Quadrat der zeitlichen Entfernung. Und während sie sogleich diesen Vorgang ungefähr der Wahrheit gemäß berichtet hätte, war anzunehmen, daß sie nach fünf Minuten erzählen würde, daß beide Arm in Arm auf sie zugekommen wären, und daß sich hieraus innerhalb der doppelten Zeit Küsse und Liebesbeteuerungen zwischen den beiden Parteien auswachsen würden. Nach weiteren fünf Minuten glaubte Tante Hannchen es sogar selbst und beschwor es mit allen heiligen Eiden. —

Und so war sie, als sie zu ihrer Schwester Rikchen kam, gerade dabei, das, was sie ihr erzählen wollte, zur Hälfte selbst für wahr zu halten. Denn zwischen dem Entschluß und der letzten Ausführung lag ungefähr, aber noch nicht ganz, eine Viertelstunde Zeit.

„Nun, Doktor", sagte Jettchen und nahm das alte Gespräch wieder auf, „nun wissen Sie, wie ich meine Tage hingebracht habe. — Darf man hören, was Sie getan haben und wie Sie Ihren Wünschen und Hoffnungen eine gute Handbreit näher gekommen sind? Denn Sie haben doch Wünsche und Hoffnungen? Bei Ihnen fließt nicht so ein Tag in den anderen, wie das bei uns Frauen der Fall ist. Erzählen Sie was! Was arbeiten Sie? Was tun Sie? Was treiben Sie? Machen Sie auch Soutacheaufnähungen für Ihre werten Tanten? Sind Sie neulich abend gleich nach Hause gegangen?"

„Nein, gleich nicht; wir sind noch lange Zeit durch die Straßen gegangen, Ihr Onkel und ich. Es war schön, milde und ganz heller Mondschein dabei. Ich weiß gar nicht, wann wir auseinandergekommen sind, und wir haben noch viel gesprochen, allerhand wichtige und ernste Dinge, Fräulein Jettchen, über die man nicht so alle Tage in der Woche redet."

„Ist das auch etwas für meine Ohren?"

„Ja und nein, Fräulein. Aber eigentlich glaube und hoffe ich, daß Ihnen das Begreifen dafür fehlt. Hören Sie, wir haben von unserer seltsamen Stellung zur Gesellschaft gesprochen, zum Staat, zur Familie, von unserem Unbeteiligtsein an alledem, was die anderen bewegt. Daß wir nicht mit dem Strom schwimmen, davon haben wir gesprochen, und wir haben einander zugestimmt, daß — wie die Dinge liegen — es hienieden besser, reinlicher und einfacher ist, Eckensteher zu sein, als selbst Souverän auf dem Parnaß oder erbberechtigter Thronfolger; — ganz zu schweigen von all den Prinzen aus den Nebenlinien, die nie zur Herrschaft kommen werden, wie wir es sind.

Vielleicht hätte ich von ganz anderen Dingen gesprochen, von denen mir gerade das Herz voll war, von ganz anderen, schöneren und besseren. Von solchen, Fräulein Jettchen, die auch angenehmer zu hören sind; denn an diesem Abend war ich gar nicht in der Laune, mir ernste Gedanken zu machen. Das wäre auch eine schlechte Quittung gewesen über all die Liebenswürdigkeiten, die Sie mir erwiesen haben. Aber Ihr Onkel hatte einmal seinen ernsten Tag; und zum ersten Male sah ich, daß er eigentlich im letzten Grunde nicht mehr ist als andere auch, nämlich ein zerrissener Mensch. Und merkwürdig, ich hatte ihn bisher immer beneidet, weil er keine Geldsorgen hat, weil er älter, reifer ist als ich, weil er ein gutes Wissen sein eigen nennt und ein feines Verständnis; und vor allem, weil ihm das Leben leicht wird, weil ich dachte, daß er es sich am gedeckten Tisch des Lebens wirklich schmecken läßt. Er hätte eigentlich all das nicht sagen sollen, er hat dadurch bei mir verloren —, nicht an Zuneigung, denn solche Gespräche spinnen ein geheimes Band, aber der Nimbus ist dahin. Doch vielleicht ist es unrecht, daß ich überhaupt davon zu Ihnen spreche, aber ich glaube auch nicht, daß ich zu irgend jemand sonst über unsere nächtigen Plaudergänge etwas verlauten ließe; aber jetzt liefern Sie mir das Körbchen aus, denn wem sollten wir wohl noch in die Arme laufen?"

Jettchen reichte ihm das durchbrochene Körbchen nach langem Hin und Her, und Kößling hätte fast die Hand geküßt, die es ihm gab.

„Aber Sie wollten mir doch noch sagen, was Sie sonst getrieben haben? Ja, was Sie jetzt arbeiten, was Sie für Aussichten und Hoffnungen haben, oder darf man davon nichts hören?"

„Warum fragen Sie danach, Fräulein Jettchen? Ich freue mich, weil ich Sie getroffen habe; ich danke dem Zufall, der es mal gut mit mir meint, und Sie machen aus meinem Sonntag einen Wochentag."

„Nun, gar so schlimm —" warf Jettchen ein.

„Ach, wozu denn von solchen Dingen reden! Sprechen wir von etwas Nettem — von Ihnen — von Ihrem hübschen, neuen Kleid —, von Frau Könnecke —, vom Charlottenburger Schloß —, von kleinen Kindern —, von Wolfgang und Jenny —, der Junge gefällt mir — aber warum von mir, Fräulein Jettchen? Was ist wohl von mir zu sagen. Ich tue das, was wir Schriftsteller eben tun, um zu leben. Ich habe doppelte Buchführung; ich schreibe meine Rezensionen, Musikkritiken und auch meine Erzählungen. Ich arbeite an der ‚Biographie‘ mit. Ich habe so meine paar literarischen Steckenpferde, die ich ausreite. — Man findet genug zu tun; und daneben — aber selten — schreibe ich das, was mir Freude macht, was ich will, was ich in mir habe. Es liegt mir nicht mal daran, diese Sachen fertig zu machen, ich mache das ganz für mich. Aber es kommt nicht oft vor, denn unsere Arbeit wird schlecht bezahlt, und wir können nicht wie der Kaufmann durch einen Federstrich, durch eine Transaktion hundert Taler verdienen. Bei mir geht's um Groschen für Groschen, und ein Friedrichsdor ist ein gelbes, rundes Ding, das soundso lange herhalten muß. Aber gerade die verbotene Freude der eigenen Arbeit macht das, was ich mir abtrotze, geheimnisreicher, stärker, inniger, vielleicht auch verträumter, Fräulein. Ja, eigentlich wünsche ich mir auch nichts anderes, ich bin ganz zufrieden so, denn gerade dadurch, daß mir wenig Zeit für mich selbst bleibt, kenne ich nicht die Mutlosigkeit und die Leere und bin davor behütet, ewig auf der Jagd nach meinen Empfindungen zu sein. Ich will nichts anderes. Meinen Sie nicht, daß ich irgendeine Redaktion hier bekommen könnte? Dann habe ich eine Stellung, ein Auskommen und bin brachgelegt. — Oder ich könnte vielleicht als Bibliothekar nach Braunschweig kommen oder als Lehrer. Sehen Sie, wenn das mein

Endziel wäre, wenn ich diese Dinge wirklich ernst nähme, ich würde schon meinen Weg machen, ich würde schon offene Türen finden. Aber mir liegt nichts daran. Ich halte es für übrig. Ich finde, die Verpflichtungen gegen uns selbst sind bindender. Was habe ich davon, wenn ich wirklich im Monat dreißig Taler mehr verdiene und mich als nützliches Mitglied des Staates in Würde wiege? Es geht auch so. Bisher habe ich mein Zimmer stets bezahlt, mein Essen auch und meinen Schneider beinahe."

All das brachte Kößling langsam und nur stoßweise hervor und mit verlegenen Pausen zwischen den einzelnen Sätzen.

„Sie sind ein merkwürdiger Mensch. Ich glaube, es gehört Mut dazu, so leben zu wollen."

„Vielleicht, Fräulein —, ja — sicherlich! — denn es ist alles so aussichtslos heute. Dafür können wir nichts. Wir sind nichts schlechter wie die vor uns; aber sehen Sie auf unsere Schriftsteller, da wird keiner etwas erreichen; vielleicht einer ist heute da, der in die Zukunft weist, und er muß in Paris leben, weil Deutschland kein Boden für ihn ist.

Aber wer wird in fünfzig Jahren noch etwas von Gutzkow wissen und lesen oder von Laube oder von Mundt oder von Halm oder vom Grafen Pückler? Kein Mensch —, höchstens ein paar kritische Maulwürfe. Eigentlich sollte heute nichts geschrieben werden. — Wir sollten vorerst leben, nur leben. Ein Goethe kommt nicht aus unseren Reihen, auch kein graziöser Wieland, auch kein naiver, jungfräulicher Novalis. Wir sind zu zerrissen, zu unruhig. Wir stehen zwischen Tür und Angel; das Alte gehört uns nicht mehr und das Neue noch nicht. Für uns gibt es nur die Zukunft —, und die wird es uns nicht danken."

„Arbeiten Sie denn auch für politische Zeitungen, Herr Doktor?" fragte Jettchen, denn sie fühlte so etwas, als müsse sie Kößling in das rechte Fahrwasser lenken.

„Politische Zeitungen? — Haben wir doch gar nicht, Fräulein Jettchen. — Das müßten Sie, als Nichte des Herrn Jason Gebert, doch wissen. Gibt es bei uns denn überhaupt Politik? Ich glaube, dieses alberne Hin und Her, diese Geheimnistuerei, dieses ewige Herumgehen wie die Katze um den heißen Brei nennen Sie so. Lassen Sie irgendeinen Mann heute das aussprechen, was er denkt, und er wird morgen auf der Hausvogtei zu Mittag essen. Nächstens wird noch jeder Druck verboten werden außer dem „Staatsanzeiger". Sehen Sie doch unsere Besten, die uns nützen könnten, sie sind alle draußen im Exil. Börne, der Feuerkopf, mußte in der Fremde und in den Sielen sterben. Hier in Berlin politischer Schriftsteller sein, heißt — wie die Dinge heute liegen — Seiltänzer und Feuerfresser oder Selbstmörder sein. Und wozu für eine Sache verbluten, an die man nicht glaubt? Denn mag es ja brutal klingen: mein Wohl, mein seelisches Wohl ist mir mehr wert als das der Menge. Ich glaube, ich würde mich in einem konstitutionellen Staat wie England genau ebenso glücklich und ebenso unglücklich fühlen wie hier.

'Und doch liegt vielleicht etwas darin. Vielleicht wirkt die Freiheit der Bewegung auf uns, und wir werden anders. Sehen Sie, der Deutsche ist ja nie er selbst. Erst ist er Schüler, dann Student, dann Soldat, dann Beamter, Kalkulator, Auskultator, Professor, Lakai oder Kommis —, alles ist er, nur nicht er selbst. Keiner kommt bei uns über die Grenzen seiner Stellung fort. Und darum ist es besser, man hat gar keine. Sie meinen, daß das freventlich wäre. Man müßte an später denken. Weiß Gott, wo wir dann sind, Fräulein Jettchen. Ich habe mir abgewöhnt, auf weiter hinaus als auf acht Tage zu denken. Ich will nur vom Tag leben, und der schenkt mir auch genug. Heute, zum Beispiel, hat er Sie mir entgegengeführt."

Jettchen sah ihn fast dankbar an, denn es war ihr angenehm zu wissen, daß sie ihm eine Freude gemacht hatte, eine unschuldige Freude mit ihrer einfachen Gegenwart.

"Ich verstehe das wohl, lieber Herr Doktor, aber es ist doch wieder so fremd für mich und so seltsam. Sehen Sie —, bei uns ist das anders. Bei uns kommt keiner los von der Familie, bei uns nicht."

Sie wurde rot vor Erregung.

"Keiner kann, wie er will. Jeder wird von allen geschoben und gestoßen im Guten wie im Bösen. Denken Sie an Onkel Jason. Wenn Onkel Jason nichts im Leben erreicht hat bei seinen Gaben, so sind sein Vater, seine Brüder, sein Onkel Eli, die Frauen, alle, alle sind dran schuld. Aber daß Onkel Jason trotzdem immer oben geblieben ist, daß er sich trotzdem nie verloren hat, das ist ebenso ihr Werk. Ich weiß nicht, wie ich Ihnen das erklären soll. Die Familie hätte heute gewiß fünfzigtausend Taler für Onkel Jason, um Spielschulden zu bezahlen, und dabei hätte sie wieder nicht zweiundeinen halben Silbergroschen, wenn er sich ein Buch kaufen möchte. Und bei mir ist es ähnlich."

Jettchen biß sich auf die Lippen, als ob sie zu viel gesagt hätte, und schwieg.

"Na, jetzt wollen wir aber wirklich von anderen Dingen reden, erzählen Sie mir von Charlottenburg. Ich möchte mal wieder nach dem Schloßpark fahren. Was muß der jetzt schön sein mit den alten Bäumen und dem Karpfenteich, die so gerade ahnen, daß es Frühling wird. Sind Sie im Schloß gewesen? Nicht — es ist hübsch — die ganze

Anlage, die stolze Kuppel mit dem goldenen Gitterchen und der goldenen Puppe oben?"

"Ja, wenn sie zwölf schlagen hört, dreht sie sich um — —, aber nur, wenn sie's hört, Herr Doktor."

"Haben Sie die vielen chinesischen Porzellanvasen gesehen und die Teller und die Tassen und die Türkennäpfchen und die Figürchen und die fletschenden Ungeheuer aus Porzellan? Aber eine Frau sieht ja so etwas eher als wir. Sind Ihnen auch die Säle in der Erinnerung mit der hohen, eichenen Täfelung, den tiefen Fenstern und den weißen, gewölbten Decken wie ein Winterhimmel? Ich habe immer, wenn ich dort hinauskam, davon geträumt, einmal dort zu leben, aber der Kastellan sagte mir, daß diese Sommerwohnung nicht zu vermieten wäre. Auch hinten in dem Freundschaftstempel= chen, in dem Kavalierhaus zwischen den Eiben möchte ich ebenso gern wohnen. Da am Wasser in dem runden, gelben Bau, in dem kleinen Lustschloß, wissen Sie?

Aber während mich in dem Schloß selbst jeder sonst stören würde, während ich da allein sein müßte, hier möchte ich um alles in der Welt nicht allein sein; hier müßte jemand bei mir sein und mir die Einsamkeit ertragen helfen. Irgend etwas Liebes, mit dem ich Tag und Nacht sprechen kann, singen und musizieren und spazierengehen, und wenn es mir dabei noch gar gut wäre, ich würde nach der ganzen Welt nichts mehr fragen, und ich würde auch den Winter über dort wohnen. Ich möchte es mir nie anders wünschen. — Aber auch da ist nichts zu vermieten — sagte mir der Kastellan —, und dann habe ich immer noch nicht jemand gefunden, die mit mir das Haus teilen würde."

Jettchen lachte verlegen. "Nun, das Wichtigste ist ja zuerst, daß man Ihnen das Tempelchen vermietet, und daß es Ihnen dann auch nicht zu teuer sein wird —, denn sie wissen ja in Charlottenburg gar nicht mehr, was sie für die paar Monate nehmen sollen. — Das andere wäre später zu erwägen, und ich bin sicher, daß Sie es finden werden."

„Nein, ich glaube, das andere muß das erste sein, denn ich würde nach einer Stunde Alleinsein in dieser lieblichen Einsamkeit vergehen. Aber wir wollen uns lieber nicht um des Kaisers Bart streiten."

Indes waren sie auf den Marienplatz getreten. Drüben um die Schlächterscharren, um dieses Geschachtel kleiner Holzbauten, das an der Kirchenmauer klebte, drängten sich Frauen und Dienstmädchen. Der lärmende Strom trieb unten im Schatten von Fleischbank zu Fleischbank, während über ihm, über diesem kleinen Hin und Her, unbewegt und ewig schweigsam, der grüne Turm der Kirche gegen den mattblauen Frühlingshimmel wies und seinen von der Sonne vergoldeten Helm auf eine einsame weiße Wolke lehnte.

„Da drüben kaufe ich. — Aber jetzt geben Sie mir den Korb wieder. Ich könnte Bekannte treffen, und die würden sich wundern, warum mein Diener keine Livree trägt."

Kößling reichte das Körbchen; sie gingen hinüber, mischten sich in das Gewühl und ließen sich von Stand zu Stand schieben. Weiße, dicke Gestalten mit fleischigen, bloßen Armen nahmen fast den ganzen freien Raum in den beengten Buden ein. Es blieb ihnen nur gerade so viel Platz, um mit den Armen zu hantieren, ein halbes Kalb vom Riegel zu nehmen, über den Kopf zu heben und es dann schwer und klatschend auf die Fleischbank fallen zu lassen. Mehr Raum blieb ihnen nicht — denn an den Budenwänden, an den Haken hingen die Reihen; von blutigen Vierteln der Rinder und von ganzen Kälbern mit abgeschlagenen Köpfen; Schafe und Hammel hingen da mit durchschnittenen Kehlen, aus

denen langsam Blut sickerte. Und ganze Berge von Tier=
köpfen waren aufgeschichtet und reichten fast bis zu den
braunen und roten Würsten, die von der niederen Decke
pendelten.

Es war eine wilde Orgie in Rot, die sich in das dunkle
Innere der lichtlosen Buden verlor. Ewig klirrten und
knirschten dazu die Beile über den Hauklötzen, von muskel=
kräftigen Armen geführt, daß man meinte, die Schneide
würde tief im Holz steckenbleiben, oder die Messingringe, die
den Klotz umspannten, würden zerspringen. Mit roten
Fleischstücken schwebten die Messingwaagen blitzend auf und
nieder; hier wog jemand eine Kalbskeule an einem Bessemer,
sie weit von sich streckend, und hier suchte jemand das Kalbs=
geschlinge unter einem Berg von anderen heraus; — und
dazu der Lärm — der Lärm, das Durcheinander von Frauen=
stimmen — und der Staub von den vielen Schuhen und
Röcken.

Jettchen wußte schon, wo sie kaufen wollte. Der hatte
keine gute Ware, der war zu teuer, der zu unfreundlich,
der wog zu knapp, und endlich fand sie ihren Mann, bekam
für ein paar Groschen ihre Ware und dazu noch einen
schönen Markknochen von dem galanten Schlächter als Zu=
gabe in den Korb geschoben.

„So, damit wären meine Einkäufe erledigt. Wenn der
Onkel fort ist, wird bei uns gespart."

Und sie ließen das Gewühl, schwammen noch ein Stück
gegen den Menschenstrom an, zur Unlust derer, die sich ihnen
entgegendrängten, und sie stolperten fast über die Straßen=
jungen, die, nach Abfällen haschend, sich überall zwischen
den Füßen der Käufer hindurchwanden. Endlich waren sie
froh, wie sie diesem Geruch von Blut, diesem Klappern der
Waagen und Gewichte, dem Klirren der Geldstücke, dem

Hin und Her von Angebot und Nachfrage, all den Witzen und Redensarten, die aus den Ständen flogen, entronnen waren und auf dem freien Platz standen, wo all das Getön nur noch wie ein Summen zu ihnen drang.

Kößling wandte sich noch einmal um. „Und auch das ist schön, weil es wahr ist. Sehen Sie, Fräulein Jettchen, sehen Sie die Scharren, die sich an der Kirchenwand quetschen wie Pilze, die im Herbst um einen alten Baumstrunk emporgeschossen sind. Lachen Sie, Fräulein, auch das ist schön. Es ist nicht nur lustig — wie Glaßbrenner meint —, es ist geradezu schön, weil es Leben ist, heiß und zuckend."

„Möglich —, aber darüber habe ich noch nie nachgedacht. Ich habe nur immer gedacht, wo ich das beste Fleisch herbekomme."

Kößing war mißmutig, daß etwas, was ihn beschäftigte — und schon lange und innig beschäftigte —, das ihm eine Lebensfrage schien, so mit einem Wort von jener abgetan wurde; denn er wußte eben nicht, daß dieses eine kühle „Möglich" bei Jettchen eine ganze Kette von Gedanken und Erwägungen nachschleifen würde.

Das enge Netz kleiner Straßen des alten Stadtteils nahm sie wieder auf. Die schmalen, holprigen Steige an den Häusern gestatteten kaum den beiden, nebeneinander zu gehen. Und nun erst die Holzhauer, die auf dem Damm mit ihren Sägeböcken standen und auf ihren Klötzen die zersägten Kloben zerspalteten, sie zwangen Kößling oft genug, als ferner Trabant hinter Jettchen herzuziehen.

Neben den Türen saßen die Bürger mit Frauen und Kindern und sahen aus dem Dunkel der schmalen Gassen über die Dächer von drüben zu dem weißen, lichtstrahlenden Frühlingshimmel. Aus jedem Hausflur kamen andere Gerüche. Hier von frisch gegerbtem Leder und hier von

Kattunballen, hier roch es nach Kaffee und Muskat und hier nach Pferdeställen oder Kühen. Und viele der Leute, die da ihre Feierstunde hielten, grüßten Jettchen und sahen ihr und ihrem Begleiter erstaunt nach wie einer Vision.

Der Milchmann stand sogar von seinem Bänkchen auf, zog seine Kappe tief und ehrerbietig und wünschte mit sonorer Stimme Mademoiselle Jettchen — als einer guten Kundin — einen guten Abend. Daß er damit Jettchen zwang, den schmalen Streifen Bürgerweg zu verlassen und sich auf ihren feinen Lackschuhen mitten hinein in die Grundlosigkeit des Dammes zu flüchten, lag nicht in seiner Absicht.

Kößling wollte das Gespräch von vorhin wieder aufnehmen, denn bei diesem Hinterherspazieren, Nebeneinanderstolpern, bei dem Ausweichen und Ausbiegen war nicht viel an ein zusammenhängendes Geplauder zu denken gewesen, und er wollte eben wieder beginnen, als Jettchen angerufen wurde und vor einem Parterrefenster, in das sie gerade gut hineinsah, stehenblieb. Es war Tante Minchen. Sie saß in einem silbergrauen Schlafrock auf einem hohen Stuhl, der auf dem Fenstertritt stand, und blickte freundlich und gutmütig aus ihrem runzeligen Gesicht in die Welt hinaus. Sie hatte neben sich einen hohen Korb mit weißer Wäsche und besserte gerade ein großes Stück aus, das auf ihrem Schoß lag. Die Nadel ruhte nicht, ob sie nun sprach oder die Nachbarschaft beobachtete.

Am anderen Fenster, gleichfalls auf dem Fenstertritt und auf einem hohen Stuhl, saß, ganz wie er auf die Straße ging, in seinem blauen Frack der alte Onkel Eli. Er saß stocksteif, hatte eine Hornbrille auf und las seinen „Beobachter an der Spree", den er mit beiden Armen weit von sich hielt —, und wenn er las, war alles andere für ihn versunken. Er hörte und sah nichts. Ob Jettchen und Kößling kamen und sonst irgendwer, davon nahm er keine Spur von Notiz.

„Tag, Tante!" rief Jettchen und stellte sich zwischen die geöffneten Fensterflügel, während Kößling etwas zur Seite blieb.

„Ach, Jettchen, was machst du? Komm ein bißchen 'rein! Weißt du was Neues? Wann zieht ihr nach Charlottenburg?"

Etwas Neues wußte Jettchen nicht. Nur, daß sie schon morgen nach Charlottenburg übersiedeln wollten.

„Na, komm 'rein, Jettchen. Herr Doktor kommt mit. Er hat uns sowieso versprochen, uns die Ehre zu schenken."

Kößling weigerte sich, aber Jettchen sagte, er könne unbesorgt mitkommen.

Es war ein altes Haus, das Onkel Eli und Tante Minchen bewohnten. Es hatte keinen breiten Torweg wie das von Onkel Salomon oder Onkel Ferdinand, sondern als Zugang nur ein kleines, hübsches, eichengeschnitztes Türchen mit lustig geschweiften Füllungen und einem blanken, geschnittenen Schlüsselschild und einem blanken Messinggriff. Das Oberlicht über der Tür war in ein Muster von vielen kleinen Scheibchen geteilt, und rechts und links neben der Tür fielen von oben aus der Urne, die sie bekrönte, zwei graue Tücher herab, Tücher aus Stuck gebildet, mit flatternden Enden und vielen tiefen Falten. Jettchen öffnete, ging voran, und Kößling folgte zaghaft und beklommen.

Es war ein schmaler, halbdunkler Gang, in den sie traten, und hinten stieg eine Treppe mit steilen Stufen fast gerade zu dem oberen Stockwerk hoch.

Wie kommen die alten Leute da nur herauf und herunter? fragte sich Kößling. Aber da stieß schon Jettchen eine Tür auf, und sie traten ein.

Das Zimmer war hell; es war weiß getüncht, und in der Mitte stand ein Tisch auf krummen Füßen, mit bronzenen Beschlägen — und der war über und über mit eingelegten Blumen verziert. Zwei geschweifte Kommoden, aus denen große Schlüssel ragten, hatten gleichfalls auf jedem Schub ganze Sträuße von Blumen in farbigen Hölzern. Und auf anderen Kommoden an der Wand standen Porzellanfigürchen, kleine und große —, Jagdszenen, Schäferinnen, eine Reifrockdame mit einem Mops auf dem Schoß, eine stürmische Liebesszene und Calas Abschied von seiner Familie, bunte Vögel und kleine Vasen mit rotbrauner Bemalung in ganz willkürlichem und blitzendem Durcheinander. Und dann eine Porzellankuh, eine große, gescheckte Porzellankuh mit einer Fliege auf der Nase, daß es aussah, als ob sie niesen wollte. An der Wand langweilten sich Reihen hochlehniger goldener Stühle, an denen alles vergoldet war, auch das Rohrgeflecht des Sitzes und der Lehne. Eine alte Kristallkrone aber mit breitem, gelbem Bronzereifen, von dem die schlanken Glasperlen herabtropften, schwebte breit und selbstgefällig über dem Ganzen und fing all das Licht, das von den weißen Wänden kam. An den beiden Fenstern saßen die beiden alten Leute auf erhöhten Tritten auf ihren goldenen Stühlen mit den hohen, breiten Lehnen —, und Kößling kam der Gedanke an Thronsessel.

Jettchen warf Kößling einen Blick zu, der zu sagen schien: Nun, tut es Ihnen leid?

Onkel Eli merkte immer noch nichts, oder er wollte nichts merken. Plötzlich sah er auf.

„Tag, Jettchen! Nu, was is? — Ach, Herr Doktor, es freut mich, daß Sie den Weg hierher gefunden haben... Sage mal, Minchen, hast du Rosalie Zimmermann gekannt?"

„Woher soll ich Rosalie Zimmermann gekannt haben?" gab Tante Minchen ziemlich indigniert zurück, so, als ob sie eben irgendeine Reiberei mit ihrem alten Freund und Ehegatten gehabt hätte.

„Nun, Minchen, wenn de se nicht gekannt hast", sagte der Onkel — und man merkte, daß ihm der Schalk im Nacken saß, „so wirst du den Schmerz der trauernden Hinterbliebenen wohl nicht ermessen können. Se is nämlich gestern abend um einhalb sechs gestorben —, hier steht's."

Jettchen lachte. Aber Tante Minchen hatte heute keinen Sinn für Scherze.

„Na, Herr Doktor", fuhr Onkel Eli fort, „nehmen Se doch Platz. Hören Se mir zu. Se müssen mer da Bescheid sagen. Hier les' ich eben 'n ,Beobachter', ä Sache, daß in Mexiko die Jungens, was nämlich die Jungens sind, de Klapperschlange auf 'n Brett binden und se so lange mit 'ner Peitsche hauen, bis sie sich selbst in 'n Schwanz beißt und daran stirbt. Glauben Sie's? — Jedenfalls is es doch ä gefährliches Spielchen. Und wozu gibt man denn überhaupt ä halbwüchs'gen Kind 'ne Klapperschlange in de Hand? Wozu, Herr Doktor?"

Das wußte Kößling auch nicht.

„Tante, was machst du denn da?" fragte Jettchen, der es peinlich war, daß Tante Minchen die Arbeit nicht beiseite legte.

„De Hemden von deinem Onkel flick ich — de siehst doch, Schäfchen", sagte Tante Minchen giftig. „Unglaublich, sage ich dir, was der Mann für Hemden zerreißt; alle Tage eins."

„Nu, liebe Mine", entgegnete Onkel Eli, ohne sich aus seiner Ruhe bringen zu lassen, „ich will der was sagen: da is 's Fenster, wenn's der nich gefällt, schmeiß de Hemden 'raus!"

„Na, hörste, Jettchen? 'rausschmeißen soll ich se, de guten Leinenhemden. Wirklich, dein Onkel — er wird alle Tage komischer! Ich sage der, Jettchen, es is schon gar nicht mehr mit'm auszuhalten, und manche Tage is er so taub, daß man sich rein de Galle mit ihm ausschreien kann!"

Jettchen beschwichtigte, und auch der Onkel ging nicht auf den Disput ein, sondern wandte sich an Kößling.

„Herr Doktor, haben Se schon das Neueste gehört? Es wird wohl Krieg geben!"

Jettchen fuhr zusammen. Das Wort Krieg hatte für sie einen messerscharfen Klang.

„Nu, Jettchen", sagte der Onkel, der heute seinen lustigen Tag hatte, „genau weiß man es ja noch nich —, aber man fürchtet doch, daß sich Rußland und Frankreich wegen de Taglioni 'n Krieg erklären werden. Denn de Taglioni soll doch in Paris und Petersburg zugleich auftreten — und se weiß noch nich, wie se's meglich machen wird!"

Kößling und Jettchen lachten, und auch Tante Minchen nickte gnädig, denn sie war immerhin stolz darauf, einen Mann zu haben, dessen Worte Beifall fanden.

„Na, Onkel", sagte Jettchen, „du bist doch heute so vergnügt?"

„Warum soll ich's nicht sein, Jettchen? Man kann nie wissen, wie lang ich's noch sein kann. Denn ich muß der das eine leider doch mal sagen: mit 's Ballettanzen will's bei mir nich mehr recht gehen un mit 's Turnen schon gar nich!"

Kößling blickte indes interessiert zu den Möbeln hinüber.

„Gefallen se Ihnen, Herr Doktor, de Möbeln? Ich weiß nich, es ist doch was anders als de steifen Stühlchen von heute! Sehn Se, wie die gearbeitet sind. Die sind alle über fünfzig Jahr alt, und dabei is noch nich ein Tippchen von de Vergoldung abgesprungen. Hier im Schloß haben se

dieselben Stühle. Die haben damals viel Geld gekostet —
ich glaube, der Stuhl fünfzehn Taler, oder vielleicht sogar
noch mehr. Ich muß mal nachsehn. Ich hab's noch aufgeschrieben. Heute könnt ich se mer nich mehr kaufen. Was
meinen Se, Herr Dokter, habe ich besessen? — Dreimalhunderttausend Taler reichen nich! Ich hab' viel in de Kriege
verloren — sehr viel, und de Franzosen haben mir's genommen! Nu, davon krieg ich nicht ein Achtgroschenstück
wieder. Und ich sage mir, wenn ich wirklich all das Geld noch
hätte — was dann? Und für wen vielleicht? Mehr wie sattessen kann ich mich doch auch nich, und heut zu Mittag hat's
bei uns sogar sehr gut gegeben. — Da müssen Se meine
Frau kennen ... Natürlich so 'n Glück wie mein Neffe
Salomon hab' ich nich gehabt: der braucht bloß 'n Achtgroschenstück in de Hand zu nehmen, da is es schon ä Taler!
Ich bin eigentlich immer, wenn ich mer de Sach jetzt überlege, immer bin ich ä Posttag zu spät gekommen."

Minchen schüttelte unwillig ihren alten Kopf, daß die
puffige Tüllhaube hin und her flog.

„Was schüttelste mit 'n Kopp, Minchen? Es is doch
keine Schande, mal Geld gehabt zu haben! —"

„Sage mal, Jettchen", fiel Minchen ein, die fürchtete,
daß der Onkel noch mehr ausplaudern würde. — „Sagen
Sie, Herr Dokter, was kann ich Ihnen geben? — Ich habe
da noch sehr gute Mürbekuchen" — bei dem Wort Mürbekuchen horchte Onkel Eli auf. „Nu gib schon!" sagte er —
„und vorzügliche Hagebutten und einen ‚grünen Jäger' —
wie Rosenwasser! Er ist nich die Spur scharf!"

Aber Jettchen sagte, daß sie jetzt vor Abend nicht essen
und am wenigsten einen „grünen Jäger" trinken wolle, und
Kößling schloß sich dem an.

Onkel Eli war ungehalten.

„Man fragt nich —, man gibt!"

Aber Tante Minchen achtete nicht auf seine Einwendung. Ihr genügte die Ablehnung.

„Sage mal, Jettchen, wenn de schon nichts nimmst, geh doch mal 'rein hinten ins Zimmer; dein Onkel hat mir nämlich 'n neuen Lehnstuhl geschenkt — versuch 'n mal —, ich glaube, da schläft sich's göttlich drin."

Jettchen fürchtete die Zeit zu verschlafen und schob das Ausprobieren des neuen Lehnstuhls für später einmal auf. Wenn sie wieder in Berlin wäre. Oder sie käme ja wohl auch einmal von Charlottenburg herein, und dann würde sie gern ein Stündchen auf dem neuen Lehnstuhl in dämmernder Selbstbeschaulichkeit verbringen.

Die Unterhaltung schien stocken zu wollen, und Kößling war ungeduldig, ob nicht Jettchen aufbrechen würde. Da begann Onkel Eli mit sehr gewichtiger Miene, als ob von dieser Frage Wohl und Wehe abhinge:

„Nu sagen Se, Herr Dokter — was für ä Dokter sind Se eigentlich? Bei Gericht sind Se doch nicht? Und de Menschen verkurieren tun Se doch auch nich? — Also: — was fer ä Dokter sind Sie eigentlich?"

Kößling lachte.

„Wie soll ich das erklären? Ich habe als Abschluß meiner Studien hier in Berlin ein Examen gemacht und kann nun den Doktortitel führen — Doctor phil. — Doctor philosophiae."

„Schön", sagte Onkel Eli. „Nu sagen Se, entschuldigen Se, daß ich danach frage: aber bringt Jhnen das eigentlich was ein? Ich frag' ja nur so, ich verstehe doch von gelehrten Dingen nichts", setzte er mit Unschuldsmiene hinzu.

„Ja und nein. Es ist in meinem Berufe eine gute Empfehlung, und mir steht dadurch immer noch ein Rückzug offen. Es ist solche Hintertür für mich. Wenn ich vielleicht bei mir zu Haus eine Anstellung haben wollte, als Lehrer am Gymnasium oder als Bibliothekar, oder wenn ich ein Journal einmal übernehmen will — dazu muß man schon Doktor sein."

Jetzt saß Jettchen auf Kohlen. Aber Onkel Eli merkte nichts oder wollte nichts merken.

„Nu, entschuldigen Se, Herr Doktor — ich versteh' ja nichts von gelehrten Dingen — aber soweit ich die Sache übersehe, scheint's mir doch eher ä Vordertür für Sie zu sein wie ä Hintertür!"

„Wie man es nehmen will, Herr Gebert."

Jettchen war aufgestanden. „Lieber Onkel Eli", sagte sie etwas förmlich, „ich muß jetzt nach Hause. Ich muß noch alles zurechtlegen zu morgen, und Tante läßt sich auch vielmals empfehlen. Sie kommt ja bald mal herein zu euch, oder ihr kommt doch mal heraus? Ecke Berliner und Rosinenstraße bei Frau Könnecke wohnen wir — Könnecke — vergeßt nicht."

Auch Kößling verabschiedete sich und schüttelte den beiden Alten die Hand. Eli ließ es sich nicht nehmen, sie bis an die Tür zu bringen. Minchen winkte ihnen aus dem Fenster nach und rief noch hinter Jettchen zehnerlei Aufträge her, bis sie sich überzeugt hatte, daß sie aus Hörweite waren. Dann fiel sie über Onkel Eli her, der ruhig seine Zeitung wieder aufgenommen hatte, und zwar genau an derselben Stelle, wo er vorher aufgehört.

„Ich begreife dich nicht, Eli", sagte sie so laut wie möglich, damit er sich nicht hinter seine Schwerhörigkeit verschanzen könnte, „wie du den Mann so in Verlegenheit bringen kannst!"

Aber Eli ließ das und alles ruhig über sich ergehen.

„Ich weiß schon, warum ich es getan hab", sagte er dann mit der Miene eines Pfiffikus, der etwas ganz besonders Feines im Schilde führte.

„Ich wüßte nicht", entgegnete Minchen, die ihn sofort verstanden hatte.

„Nu, ich denke mer nur so: es is doch ä hübscher Mensch. Ich wollte mal wissen: was is er denn eigentlich?"

„Gewiß, ein hübscher Mensch, das is er", bestätigte Minchen.

„Was geht es dich an!" fuhr Onkel Eli sie an. Denn er war mit seinen neunundsiebzig und einem halben Jahr noch eifersüchtig wie ein Türke, und Tante Minchen vergalt Gleiches mit Gleichem.

„Na, das wird man doch wohl noch sagen dürfen", verteidigte sich Tante Minchen.

„Nu, weißte, und deswegen wollte ich mal so zusehen. Man kann nich wissen, vielleicht is es was für Jettchen! — Was schüttelste mit 'm Kopp, Minchen — immer schüttelste mit 'm Kopp! Warum soll es nichts für Jettchen sein?"

„Ich begreife dich nich, Eli", sagte nun Minchen mit der Langsamkeit eines Orakels, „wie du nur daran denken kannst. Da muß für Jettchen doch ein andrer kommen. Und was is er denn? — Er schreibt! — Meinst du vielleicht, daß Salomon Jettchen gerade dem geben wird? — Da sind doch schon ganz andere da gewesen, die se gewollt haben. Und denkste, Salomon wird vielleicht Jettchen an 'nen Christen geben? Meinst du, daß der das tun wird?"

„Nu, ich fänd nichts dabei, meinetwegen könnt er's", sagte Onkel Eli und nahm seine Zeitung wieder auf. Ein Zeichen, daß er von jetzt an nicht mehr zu sprechen sei.

Jettchen und Kößling gingen eine Weile nebeneinander her wie zwei Freunde, die über eine Sache nachdenken.

Es begann dunkel zu werden, und die Wände der Häuser hinten über dem Alexanderplatz brannten plötzlich von einem hellen, silberfarbigen Leuchten.

Jettchen waren die Fragen des alten Onkel Eli nicht genehm gewesen; sie empfand sie als eine taktlose Einmischung, und doch war sie wieder Weib genug, um herauszufühlen, in welcher Absicht der Alte diese Fallen gestellt hatte.

Und auch Kößling, der kein Falsch und Hehl kannte und allen Winkelzügen fremd war, hatte empfunden, daß hier irgend etwas vorgegangen war und hatte trotz aller Freundlichkeit, mit der man ihm entgegengekommen, doch ein leichtes Mißbehagen mit fortgenommen. Aber er wollte nicht mehr daran denken. Er wollte jetzt an ganz etwas anderes denken. Er sah, während er gleichgültige Dinge sprach, Jettchen immer von der Seite an. Er sah auf die Stirn wie Opal, auf den Nasenansatz mit den schweren Brauen, über denen Schatten spielten, von dem herabhängenden Spitzenbesatz der Schute hinübergeweht. Er sah heimlich zu ihren Füßen hinab, die sie mit den grauen, hochhackigen Stiefeletten so leicht und fest zu setzen wußte. Er fühlte den Rhythmus ihrer Bewegungen, während sie neben ihm herschritt. All das, all diese lebendige, augenerfreuende Schönheit wollte er eintrinken in durstigen, langen Zügen; denn wer konnte wissen, wann er sich wieder aus diesem Schönheitsquell erletzen durfte. Wer konnte wissen, wie lange er wieder durch die Wüste seines grauen Alltags wandern mußte, bis er von neuem auf diese lebendige Schönheit träfe! Nein, er wollte von ihr mitnehmen, was das Auge, was der Sinn fassen könnte. Nachher, wenn er allein wäre, oben in seinem Zimmer, wenn er über sein Buch wegsähe nach jener Ecke, wo er sie zu erblicken pflegte, da würde es ja immer noch viel zu gering sein, was er mitgenommen. Und das Bild würde doch mit jenem Hauche von Leben zeigen, der jetzt fast schwer und greifbar zu ihm herüberschlug und ihm den Atem benahm.

Morgen würde sie Berlin verlassen, auf Monate still da draußen wohnen, und er würde nicht einmal mehr die Möglichkeit haben, sie hier zu treffen. Das sagte er sich plötzlich, und es packte ihn und drückte ihn nieder, und es machte ihn müde und seltsam traurig —, müde und seltsam traurig, wie es der mattrosa Abendhimmel da oben war mit seinen ganz kleinen grauen Wölkchen, die sich nun langsam in Reihen und Linien weithin über den Himmel aufstellten ... müde und seltsam traurig, wie sich jetzt da hinten am Platz jene Häusergruppe ausnahm, die, von unheimlich rotem Licht überstrahlt, eine magische Felswand, den Blick abschloß. Müde und seltsam traurig ... warum nur?

Kößling war sich ja gar nicht klar darüber, ob er Jettchen zugetan, ernstlich zugetan wäre. Er hatte sich das hundertmal zu widerlegen gesucht, in den letzten Nächten, wenn er nicht schlafen konnte; er wußte auch nicht, ob sie klug und angenehm oder liebenswürdig wäre —, er hatte noch gar keine Gedanken daran verschwendet —, es war ihm nur Bedürfnis, Jettchen zu sehen, all ihre Schönheiten in seiner Nähe zu fühlen. Er konnte nicht atmen ohne sie und begriff nicht, wie das Leben ohne sie je möglich gewesen. — Aber er liebte sie nicht. Das hatte er sich gesagt. Er haschte nicht nach Gunstbeweisen, Aussichten und Hoffnungen, er stand als ein Bettler vor ihr, der von ihrer Schönheit ein Almosen erbat, das ihn unendlich reich und sie nicht ärmer machte. Er hatte die ganzen Tage nie darüber nachgedacht, wie und was nun werden sollte. Es sollte auch gar nichts werden —, er wollte Jettchen nur sehen. Und wenn ihm der liebe Gott oben in seinem Himmel eine Luke eingeräumt hätte, von der aus er auf sie und nur auf sie herabsehen könnte, er wäre mäuschenstill Tag und Nacht nicht von der Stelle gewichen und hätte darüber Essen, Trinken und Schlafen vergessen — und morgen würde sie Berlin verlassen auf Monate ...

Aber plötzlich begann Jettchen, die eine Weile ernst neben Kößling hergegangen war, und Kößling erschrak. War das nicht gerade, als ob sie Zuhörerin seines lautlosen Gesprächs gewesen wäre?

"Nun, Herr Doktor", sagte sie und beugte ihren Kopf so tief hinunter, daß Kößling gar nicht ihr Gesicht sehen konnte, "morgen muß ich fort von hier und muß Abschied nehmen. Dann werden wir nicht mehr unsere Einkäufe zusammen machen. — Haben Sie schon für den Sommer an irgend etwas gedacht?"

Nein, an was sollte er denn denken? — Er hatte die Tage an gar nichts gedacht, was ihn betraf.

"Nun, ich meinte, ob Sie wohl auch fortgehen."

In dem Augenblick hämmerte und arbeitete es in Kößling wie in einer Schmiede. Er zog hundert Bilanzen, warf jeden guten Groschen hin und her, den er hatte, hätte und vielleicht bekommen könnte, um sich das zu bestätigen, was er wußte: es ging nicht, er konnte nicht nach Charlottenburg, er war auf Berlin angewiesen. Hier waren seine Quellen. Und wenn er selbst Latein lehren und Musikstunden geben sollte —, aber hier mußte er bleiben. Und er konnte auch nicht zwei Zimmer bezahlen. Herrgott, Herrgott, die lumpigen paar Friedrichsdor!

"Nein, ich habe noch gar nicht über meinen Sommer bestimmt; er wird über mich bestimmen. Aber da Charlottenburg so nahe bei Berlin liegt, daß man in ein und einer halben Stunde hingehen kann, so werde ich mich hüten, Berlin zu verlassen."

„Nun, dann werde ich Sie ja bald sehen."

„Und wenn Sie nun nicht da sind, wenn ich Sie nicht treffe?" warf Kößling ein, und man merkte seiner Stimme die Angst an ob des Gedankens, daß eine solche Möglichkeit vielleicht bestehen könnte.

„Warum sollen Sie mich nicht treffen", sagte Jettchen und lachte, „ich werde nicht viel nach Berlin hineinkommen; aber meine Tante, die wird es nicht drei Tage draußen aushalten. Es ist ihr zu einsam —, sie liebt das nicht. Wenn nicht drüben vor ihrem Fenster die Rollwagen halten und sie die Signaturen auf den Kisten lesen kann, wenn sie nicht sehen kann, ob Jonas Stern mehr oder weniger wegschickt als Salomon Gebert & Co., dann hat das Leben für sie keinen Reiz und keine Triumphe."

„Dann, wenn Sie gestatten, komme ich hinaus. Und vielleicht sehen wir uns öfter. Denn es ist doch hübsch, wenn man so an einem schönen Frühlingsnachmittag vors Tor geht und hat Zweck und Ziel und weiß, dort, wo man hinkommt, da findet man etwas, das einem Freude macht" — fast hätte er gesagt, „das man lieb hat", und er war sehr froh, daß er es verschluckt hatte.

Da standen sie wieder an der Ecke Spandauer und Königstraße. Es war schon ziemlich spät geworden, wenig Fußgänger kamen vorbei, und nur vom Alexanderplatz rasselten drei, vier Wagen in voller Fahrt heran, die reichlich Staub machten.

„Nun muß ich heim. Ich glaube, Onkel Jason wird dasein. Ich habe ihn vorhin schon zweimal verkannt, und dann ist er sicher da. Das trügt nie."

„O doch — ich habe in letzter Zeit einen Menschen wohl zwanzigmal verkannt und habe ihn doch nicht getroffen."

„Gar nicht?"

„Ja, endlich doch", gab Kößling zögernd zu.

„So?" sagte Jettchen etwas schnippisch und sah ihn an, daß Kößling brühsiedeheiß dabei wurde und ihm oben an der Stirn Hunderte von Nadelspitzen aus der Haut fuhren.

Und da waren sie wieder vor Jettchens Haus. Der breite Torweg stand offen wie ein schwarzer Rachen, denn man hatte noch kein Licht auf dem Flur angezündet. Und oben geisterte über den verschwommenen Medaillen mit den Kränzchen die ganze Reihe der breiten und hohen weißen Fensterrahmen, die die dumpfglühenden Augen der gewölbten Scheiben umschlossen.

Aus dem Kontor kamen die Leute, denn bei Salomon Gebert & Co. war Geschäftsschluß. Einer nach dem anderen. Und Jettchen grüßte jeden gleich freundlich. Endlich kam auch der alte Buchhalter, der seit zwei Dezennien in jedem Jahresabschluß schon unter dem Inventar mit aufgeführt wurde —, kam dieser alte, schäbige, verzogene Knaster, brummig und wie ein Biber aus seinem Bau getrottet, machte sich mit großen Schlüsseln an der Tür, die nach dem Geschäft führte, zu schaffen, ehe er herausging, seine Nase hob, nach rechts und links schnoberte und von dannen wackelte, nach der Schönhauser Vorstadt, allwo er ein nettes Häuschen mit einem Garten besaß. Er ging, ohne Jettchen auch nur zu beachten.

„Was hat denn nur dieser Demcke wieder? Was hat er denn? — Da hat es gewiß wieder irgend etwas mit ihm und Onkel Jason gegeben —, so ist es nun gottlob jedes Jahr."

Jettchen trat ein wenig in den Torweg, und Kößling sah ihre helle Gestalt gegen den purpurnen, dunklen Grund, der sich hinter ihr auftat.

„Nun muß ich hinauf", sagte sie. „Ende nächster Woche, denke ich, werden wir so ungefähr draußen in Ordnung sein."

Und sie hielt Kößling die Hand hin, weich und lässig, die schöne, schlanke und doch fleischige Hand mit den runden, wie gedrechselten Fingern, die aus den durchbrochenen Halbhandschuhen kamen. Und Kößling griff danach, ganz vorsichtig, als ob er fürchte, ihr wehzutun, hob sie ganz langsam — und Jettchens Arm folgte willenlos. Und er strich nur leise mit den Lippen über die Fingerspitzen hin ... er hatte die Empfindung, als ob er ein Blumenblatt streife — so weich schien ihm ihre Hand. Er freute sich nur, daß er mit dem Gesicht nach dem Dunkeln zu stand, denn es brannte und prickelte ihm seltsam in den Augen, und die Winkel waren feucht.

„Adieu, ma belle", sagte er ganz langsam und tonlos, „adieu, ma chère ... oder lassen Sie — darf ich ma belle chérie sagen?"

Jettchen antwortete: „Auf Wiedersehen!"

„Also Sonnabend."

„Vielleicht."

„Vielleicht."

Als Jettchen eine halbe Treppe hoch war, hörte sie noch einmal ganz leise: „Adieu, ma belle chérie!" Aber sie war sich nicht klar darüber, ob ihr das nur noch in den Ohren klang und Kößling schon fortgegangen war, oder ob er immer noch unten am Torweg stand und das Wort vor sich hinsprach. — Und sie lief eilig hinauf.

Oben auf dem Treppenabsatz fiel ihr ein, daß gewiß Tante Hannchen in der Zwischenzeit dagewesen sei und Bericht über sie und ihren Begleiter erstattet hätte. Und sie nahm sich sogleich vor, allem die Spitze abzubrechen, indem sie als erstes ganz ruhig sagen würde, daß sie Doktor Kößling zufällig getroffen und mit ihm eine Nachmittagsstunde verplaudert hätte. Wenn sie hätte denken können, daß dabei irgend etwas Unpassendes sei, so hätte sie Kößling ja nicht zu Onkel Eli mitgenommen. Außerdem würde sie dann der Tante sagen, daß sie nun alt genug wäre, um zu tun und zu lassen, was sie wollte, und sie wisse schon, was sich schickte.

Als Jettchen oben schellte und die Glocke laut und hell anschlug und sich gar nicht beruhigen wollte, immer noch gluckte und trillerte, hörte sie, während sie heiß und erregt da in der warmen Dunkelheit stand, drinnen sprechen. Richtig — Onkel Jason war das, und dann Tante Rikchens hoher, langsamer Tonfall. Und dazwischen eine Stimme, die sie nicht kannte: klein, fett, guttural —, eine Stimme, die in Jettchen die unangenehme Vorstellung einer alten, dunklen, rotbraunen Wolldecke hervorrief. Sie wußte selbst nicht, woher. Und sie hörte ihren Namen und dann den Kößlings nennen, konnte aber keinen Zusammenhang verstehen.

Nach einer Weile kam die Tante und öffnete. Jettchen wunderte sich, daß jene ihr neues, halsfreies Kleid trug aus grauem, leichtem Foulard mit schwarzen Punkten, und sie sagte sich, daß es ganz etwas Besonderes geben müsse, was die Tante zu dieser nachmittäglichen Maskerade veranlaßt hätte.

Sie wollte schon sofort nach der ersten Begrüßung beginnen, von Kößling zu erzählen, als die Tante ihr ins Wort fiel.

„Nu rate mal, Jettchen, wer da ist?"

Jettchen riet es nicht. Denn daß Onkel Jason da war, wurde hier nicht für voll genommen.

„Julius! Denke dir, Julius!" haspelte endlich die Tante hervor, in einem Tempo, das Jettchen an ihr nicht gewohnt war.

Wenn Tante Rikchen gesagt hätte, daß Vitzliputzli soeben zu den Irdischen herabgestiegen sei und sie in der Spandauer Straße in höchsteigener Person aufgesucht hätte, so hätte das für Jettchen die gleiche Bedeutung gehabt. Oder mehr. Denn von Vitzliputzli wußte Jettchen wenigstens, daß er eine Gottheit war, die die alten Mexikaner mit blutigen Opfern verehrten; — aber wer Julius war, davon hatte sie keine Ahnung. Und soweit sie auch im Buche ihrer Erinnerungen zurückblätterte, sie fand im Augenblick keinen Julius, dessen Anwesenheit Tante Rikchen so in Entzücken und Erregung versetzen konnte, daß sie darüber die Spitzen in Anbetracht Doktor Kößlings ganz vergessen mochte.

Tante Rikchen merkte wohl, daß für Jettchen dieser Julius eine ziemlich imaginäre Größe war, und sagte wieder in ihrer alten langsamen Weise:

„Nu, Jettchen, du weißt doch —, Julius, der zweite Sohn von meine Schwägerin Täubchen aus Bentschen, du weißt doch, ein Sohn von meinem verstorbenen Bruder Nero! Er war doch mal hier. Du wirst dich schon wundern, wie er sich verändert hat. Du wirst ihn überhaupt gar nicht mehr wiedererkennen!"

Das glaubte Jettchen selbst. Denn es war an die achtzehn bis zwanzig Jahre her, daß Julius nicht in Berlin gewesen, und Jettchen erinnerte sich nicht im geringsten mehr, wie Julius aussah. Sie wußte nicht einmal, ob er die Nase gerade oder quer im Gesicht hatte —, sie wußte nur noch, daß er damals — es war auch in Charlottenburg — sich irgendwie recht unliebsam aufgeführt hatte und deswegen schneller nach Hause gekommen als hergelangt war. Denn der Onkel hatte ihn eines schönen Morgens bei der Hand genommen und das Köfferchen in die andere. Und als man des Mittags nach Julius fragte, sagte der Onkel, daß er schon seit halb elf in der Eilpost säße, die sich in der Richtung nach Posen bewegte, und jetzt also mit Gottes Hilfe wenigstens schon bei Strausberg wäre.

Damals war dieser Julius zwölf Jahre gewesen, und auf Jettchen hatte sein geheimnisreiches Verschwinden mehr als seine Person selbst Eindruck gemacht.

„Jettchen", begann die Tante, während die in ihr Zimmer ging, um abzulegen, „ich denke, er wird dir gefallen. Ein Gentleman von Kopf bis Fuß. Na, du kommst denn."

Jettchen hing ihr Spitzentuch seufzend fort und sah sich dabei sehnsüchtig in ihrem Zimmer um. Die Fenster waren offen, die weißen Mullgardinen flatterten hinein, und alles war so still und feierlich. Draußen der Nußbaum vor der Galerie hatte nun schon seine jungen schwärzlichen Blätter entfaltet, und hinter seiner durchlässigen Krone brannte auf dem schrägen, braunen Ziegeldach des Hinterhauses so ein letztes, verirrtes und verspätetes Leuchten von der Sonne, die schon vor einer halben Stunde der Erde Valet gesagt hatte, aber wie ein verliebter Liebhaber in dieser Frühlingszeit sich immer noch nicht von ihr trennen konnte, immer wieder sich im Fortschreiten umdrehte und ihr Kußfinger zuwarf. Und der Widerschein von diesem Leuchten auf dem Ziegeldach erfüllte das ganze Zimmer mit einem geheimnisvollen rötlichen Licht.

Jettchen wäre jetzt so gern eine Weile mit sich allein geblieben; aber da war gerade dieser Julius von Tante Täubchen aus Bentschen gekommen — weiß Gott weshalb —, und sie raffte sich auf und ging hinüber ins Eßzimmer. Denn in der guten Stube war es still geworden.

Tante Rikchen hatte eben die Lampe angezündet. Sonst, wenn sie allein waren, brannte sie nur Lichte.

Jason saß im Lehnstuhl, und der neue Vetter erhob sich vom Sofa und ging auf Jettchen zu, geleitet und behütet von den zärtlichen Blicken Tante Rikchens.

Von dem Gentleman konnte Jettchen an ihm wenig bemerken. Der Vetter — oder es war ja gar nicht ihr Vetter — war klein und fett, wie zusammengehämmert, sah sehr wohl und rot aus und hatte starres, dickes Haar, das sich durchaus nicht an die Schläfen und um den Kopf legen wollte, sondern nach allen Seiten stand wie die Borsten eines wehrhaften Igels. Dabei war er ganz hübsch von Gesicht und hatte kleine lustige Augen, in denen Verschlagenheit lauerte. Seine Hand war klein und breit, und als er sie Jettchen reichte und sie für einen Augenblick in der ihren war, hatte Jettchen die Empfindung, als ob die vordersten Glieder der Finger abgehackt waren, so kurz waren diese. Von einem Gentleman konnte Jettchen wirklich nicht viel an ihm merken. Sein Anzug, die flaschengrüne Farbe, der Schnitt, alles schien ihr altmodisch und bäuerisch. Dieser Westenstoff war unten im Lager längst ausrangiert, und diese Art von Uhrketten mit den Talern und den breiten Silbergliedern trugen immer die Bauern, wenn sie herein zum Markt kamen. Gegenüber Onkel Jason, der fast immer wie ein Stutzer ging, machte er doch eine recht klägliche und kleinstädtische Figur. — Aber endlich, was ging Jettchen überhaupt dieser Vetter Julius Jacoby aus Bentschen an, der nicht einmal ihr richtiger Vetter war?

"Nu, Mademoiselle Jettchen, Sie kennen mich wohl nicht mehr?" sagte Julius Jacoby mit der kleinen, fetten Stimme, die ganz zu seiner Erscheinung paßte.

"O doch, gewiß —, Sie haben sich ja nur wenig verändert", log Jettchen, trotzdem in ihr auch kein Rest irgendwelcher Erinnerung aufdämmerte.

„Und Sie auch nicht, liebe Kusine, Sie sind noch gerade so hübsch, wie Sie damals waren."

Ich bin doch gar nicht seine Kusine, was redet er denn da! dachte Jettchen und hatte plötzlich das unangenehme Gefühl, als ob sie unvermutet an irgendein lebendes, naßkaltes Wesen gestoßen hätte, einen Frosch oder eine Raupe.

„Schade, wirklich schade, daß Ihr Onkel nicht da ist", sagte der neue Vetter, und man merkte ihm an, daß er das sagte, nur um irgend etwas zu reden.

„Ja, er fehlt uns hier", meinte Jettchen und rückte sich einen Stuhl zum Tisch, wobei der neue Vetter, der gar kein Vetter war, ihr vergeblich zu helfen versuchte. Und im Augenblick erschien es Jettchen, als ob zwischen der Abwesenheit des Onkels und dem Eintreffen des neuen Vetters, der gar kein Vetter war, irgendein geheimnisvoller Zusammenhang bestände —, irgendeine Intrige, etwas, das sie nicht ahnte und nicht wußte, und das doch drauf und dran war, ihr unangenehm, ihr gefährlich zu werden. Und jenes rätselhafte Gefühl von einer naßkalten Berührung kam wieder über sie und machte sie ordentlich schaudern.

„Nun, Onkel Jason, dich habe ich doch so lange nicht gesehen; — du siehst doch so böse aus! Ist dir was?"

„Ach", sagte Jason und schlug mit der flachen Hand auf die Tischplatte, „ich halte das wirklich nicht aus, dieser ewige Ärger im Geschäft!"

Jettchen wunderte sich einigermaßen, denn von so langer Dauer konnte doch sein Ärger nicht sein, da Jason erst heute nachmittag zum ersten Male seit einem Jahr unten im Geschäft wieder aufgetaucht war. Aber Jettchen war klug und sagte nichts, trotzdem vielleicht Jason am ehesten für diese Einwendung zugänglich gewesen wäre.

„Aber ich werde es Salomon schreiben —, er muß Demcke kündigen. — Er oder ich! Wir beide können unmöglich auf die Dauer zusammenarbeiten. Ich lasse mir die Bevormundung von diesem Esel nicht gefallen!" Er wandte sich an Julius Jacoby. „Es ist nämlich wirklich ein alter Esel —, so ein Kaufmann alter Schule —, ein Kleinigkeitskrämer und Umstandskommissarius. Jedes Jahr nun gerate ich mit ihm zusammen!"

„Ja", sagte Julius Jacoby, lehnte sich weit über den Tisch und sprach mit den Händen auf Jason ein. „Sehen Sie, genauso ist es mir mit meinem Prinzipal in Posen auch gegangen —, ganz wie Sie sagen, Herr Gebert, ein Kleinigkeitskrämer und ein Umstandsmensch. Das paßt heute nicht mehr. Und wenn's sein Vater und sein Großvater zehnmal so gemacht haben ... Für heute paßt das nicht mehr! — Das hab ich ihm auch gesagt. Heute muß der Kaufmann ein Weltmann sein; er muß de Politik verfolgen; er muß de Augen aufhaben, und er darf sich nicht um 'ne viertel Elle Gingang zuviel oder zuwenig aufhängen. Wir modernen Kaufleute können das nicht mehr tun; hab' ich da nicht recht, Herr Gebert?"

Jason sah ihn ganz ruhig und erstaunt mit seinen großen grauen Augen an, und nur Jettchen merkte den Nebenklang von Spott und Bitterkeit, wie er ganz langsam antwortete, als ob er jedes Wort noch einmal umdrehen müßte, ehe er es weggab: „Gewiß, wir modernen Kaufleute können uns nicht mehr um eine viertel Elle Gingang aufhängen —, da haben Sie ganz recht, Herr Jacoby."

„Höre mal, Jason, du wirst doch nicht etwa doch an Salomon schreiben wegen Demcke?" unterbrach Tante Rikchen ängstlich —, „du weißt doch, er soll sich nicht aufregen, hat der Geheimrat gesagt. Und Demcke ist doch auch schon so lange im Geschäft. Laß ihn doch, er wird dich auch lassen."

"Gerade das ist es eben, liebe Tante Rikchen", fiel Julius Jacoby in belehrendem Ton ein, "dann nehmen sie sich so viel heraus. Bei uns in Posen war auch ein Buchhalter, der war erst bei dem alten Rosenstein eingetreten und ist dann bei Rosenstein Söhne gewesen. Meinst du, er hat sich vom Prinzipal nachher was sagen lassen?"

Jason sah Jettchen an. Und Jettchen las in dem Blick ganz deutlich: Siehst du, jetzt will er mich fangen, der junge Herr Vetter aus Bentschen, aber ich will ihm schon die Zähne zeigen!

"Nun", sagte er, "und was werden Sie hier beginnen, Herr Jacoby? Wollen Sie sich hier nur zu Ihrem Vergnügen aufhalten?"

Der neue Vetter wurde etwas verlegen, aber er fand schnell heraus, daß es nichts schade, hier die Karten aufzudecken.

"Nein, durchaus nicht, Herr Gebert. Aber wissen Sie, ein Mensch wie ich kann eben nur in der Großstadt leben und weiterkommen. Ich muß Bewegung haben. Selbst in Posen war mir noch alles zu klein. Ich werde mich voraussichtlich hier selbständig machen. Ich habe auch schon einen Kompagnon in Aussicht —, wir haben seinerzeit in Posen zusammen gelernt: Leder en gros. Ich habe da sehr gute Beziehungen zu Rußland. Ich sage Ihnen, es ist heute viel Geld zu machen mit Leder. Leder ist noch 'ne gute Branche, — nicht so 'runter wie Manufakturwaren und Seidenstoffe!"

"So", sagte Onkel Jason und schüttelte den Kopf, als bedaure er den unabwendbaren Niedergang der Manufakturwarenbranche auf das tiefste —, "Sie in Posen sind da gewiß

besser unterrichtet, als wir es hier sind. Hier meint man
nämlich, daß durch den Rückgang des englischen Imports
gerade alle Manufakturwaren sich in den letzten Jahren
ganz besonders gehoben hätten."

„Die großen Geschäfte, die großen Geschäfte, gewiß —,
das will ich nicht gesagt haben —, die verdienen immer, ganz
gleich wie sie liegen. Aber Sie müßten mal draußen so die
kleinen Macher hören, wie die heute klagen. Und is nicht
Selke & Seligmann — und Selke & Seligmann waren
fein, waren sogar pikfein — im vorigen Jahr mit Schuh
und Strümpfen pleite gegangen?"

Jettchen war mit ihren Gedanken ganz woanders, war
noch bei dem Zusammenräumen ihrer Siebensachen, war
schon draußen in Charlottenburg und sah nur alles wie durch
Schleier und in weiter Ferne. Sie langweilte dieser Vetter
Julius, der eigentlich gar kein Vetter war, dieser kleine,
lustige Borstenigel mit seiner schwadronierenden Anpreisung
der Lederbranche und seiner Vorzüge. Sie gähnte verstohlen,
indem sie sich zum Fenster wandte und nach der blauen Däm=
merung draußen blickte. Und sie war froh, als sie hinaus=
gehen konnte, um das Abendbrot vorzubereiten.

Julius sprach indessen weiter. Er blieb in einem Spre=
chen. Sein Mund mit den festen roten Lippen stand nicht
einen Augenblick still. Er sprach von seiner Postfahrt, seiner
Reisegesellschaft, wie er mit einem Offizier beinahe zusam=
mengeraten —, er hätte es ihm aber schön gegeben —, von
seinem ersten Prinzipal in Bentschen und seinem letzten Prin=
zipal in Posen, die beide heute reiche Leute wären, wenn sie
nur seinen Rat befolgt hätten —, er sprach von seiner
Schwester Rosalie und seiner Schwester Blümchen, die doch
leider etwas schief war —, er sprach von seinem verstorbenen
Vater Nero, der eine blättrige Rose gehabt habe, in die die

Betthitze hereingeschlagen wäre; — überhaupt hätte er auch an schlechten Säften gelitten. Und er sprach von seiner Tante Goldine, die unberufen noch ohne Brille die feinsten Kreuzstichmuster sticke. Er sprach vom Theater in Posen, in dem er im verflossenen Winter die „Italienerin in Algier" gehört hätte; und dann wäre er einmal beim Improvisator Langenschwarz gewesen. Man solle nur nicht denken, daß vielleicht Posen gegen Berlin zurück sei.

Jason saß ihm gegenüber, nickte ab und zu bedächtig und beistimmend mit dem Kopf und sah ihm scheinbar interessiert mit seinen grauen Augen nach dem Mund.

Ihn belustigte der neue Vetter Julius mit seiner schnalzenden, kleinstädtischen Selbstgefälligkeit, mit diesem Gemisch von Frechheit, Verschlagenheit und Gutmütigkeit. Er tauchte in diese Flut von Geschwätz hinab wie in ein laues Bad; — angenehm, lässig, ohne zu denken. Er hörte eigentlich kaum, was der andere sprach. Ihn ging das alles nichts an. Er kannte die Menschen nicht, die Zustände nicht, und seine Welt hatte gar nichts mit der jenes da zu tun.

Tante Rikchen lauschte ebenso ziemlich wortlos und bekundete nur hin und wieder durch eine Frage ihren Anteil. Sie fühlte sich endlich — endlich wieder in ihrem Element. Das war doch was anderes wie diese ewigen Geberts, von denen man nie wußte, wie sie es meinten, und ob sie sich nicht eigentlich über einen lustig machten, und die sich über hundert Dinge aufregen konnten, die keinen Menschen etwas angingen: über Politik und Bücher und Theater und Zeitungen —, Sachen, die wirklich keinen Menschen was scherten. Tante Rikchen wurde ganz rot, und ihre kleinen schwarzen Jettknöpfe von Augen begannen ordentlich vor Freude zu leuchten. Auf ihr Fleisch und Blut hielt sie etwas. Und das war doch endlich mal wieder einer von den Ihren.

Ganz wie ihr verstorbener Bruder Nero. Sie freute sich wirklich, wie ihr Neffe Julius sich herausgemacht hatte —, weit mehr, als sie es erwartet hatte. Und wie er sich zu benehmen wußte —, der reine Gentleman!

Als Jettchen wiederkam, führte Vetter Julius, der eigentlich gar kein Vetter war, das Wort —, und er behielt es auch. Jason aber war sehr kleinlaut geworden und schüttelte nur hin und wieder den Kopf.

„Weißt du, wenn ich einen beneide, so beneide ich diesen Industrieritter", tuschelte er Jettchen zu. „Ein lustiger Junge! Ihn plagen weder Skrupel noch Zweifel."

Jettchen nickte. Sie verglich diese aufdringliche Selbstverherrlichung — denn auf was lief es sonst heraus — mit der Bescheidenheit eines anderen, der in einem Satz mehr sagte, wie dieser kleine Borstenigel da den ganzen Abend über vorbrachte.

„Aber eigentlich müßte man so etwas doch totschlagen", meinte Jason nach einer Weile ganz leise. „Wirklich, man müßte es tun!" setzte er plötzlich heftig und sehr laut hinzu.

„Was müßte man tun, Jason?" fragte Rikchen erstaunt und ängstlich.

„Salomon wegen Demcke schreiben", knurrte Jason.

„Ich bitte dich, Jason, fang nichts an —, laß sein! Salomon ärgert sich nur d'rüber und kann dann die Kur noch mal von vorn beginnen."

Der neue Vetter Julius merkte gar nichts davon, daß er vielleicht ein wenig zu viel spräche. Er war ganz beseligt, sich reden zu hören, und ihm kam kein Gedanke, daß die anderen für die Intimitäten des Geschäfts, in dem er zuletzt in Posen war, nichts übrighaben könnten. Jedesmal, wenn irgendeiner ganz bescheiden versuchte, das Gespräch auf ein neutrales Gebiet zu spielen, dann saß der neue Vetter Julius doch sofort wieder an seinem Prinzipal in Posen fest wie der Gründling an der Angel. Für irgend etwas, was um ihn vorging, hatte er keinen Sinn. Er wunderte sich nicht über das hübsche Porzellan und das alte Silberzeug, das auf den Tisch kam, nicht über die neuen Stahlstiche von Mandel, die Onkel gekauft hatte, und die ihm Tante zeigte —, er sagte auch nicht, ob Berlin irgendwelchen Eindruck auf ihn gemacht hätte, wie er es fände —, alles, was er hier bisher gesehen und gehört, versank spurlos. Er sprach nur von seinem Prinzipal in Posen, der, wenn er seinen Rat befolgt hätte, heute wirklich und wahrhaftig ein steinreicher Mann wäre.

Jettchen aber konnte nicht begreifen, warum der neue Vetter denn nicht selbst diesen Rat befolgt hätte und ihn aus eitel Gutmütigkeit durchaus anderen überlassen müsse.

Jason saß jetzt wie auf Kohlen, das sah man ihm an. Und wer weiß, was es gegeben hätte — denn er ließ nicht mit sich spaßen —, wenn ihn nicht Tante Rikchens gute Küche milde und versöhnlich gegen alle Unzulänglichkeiten und Fehler seiner Mitmenschen gestimmt hätte.

Tante Rikchen hatte aufgefahren aus den geheimen Gründen ihrer Vorratskammer, was sich nur finden ließ. Und es war geradezu ein Naturwunder zu nennen, daß sie jetzt — Ende April — noch Gänsebrust auf die Tafel brachte, so jung und delikat, als ob man eben den ersten November schriebe. Und ebenso war der Räucherlachs frisch wie eine Nuß und hatte nicht den geringsten Stich.

Jason beschäftigte sich eingehend mit der Erschließung dieser seltsamen Phänomene. Und er vergaß darüber ganz seinen Zorn gegen den neuen Vetter Julius, der doch eigentlich gar kein Vetter war.

"Höre mal, Jettchen, was bekomme ich von dir, wenn ich dir eine Freude mache?"

"Was du bekommst, Onkel? — Na, was willst du haben? — Meine Liebe aufs neue? Ist dir das genug?"

"Schön, Jettchen, damit bin ich einverstanden. — Sieh mal drüben auf dem Fensterstock in der Ecke, in dem Papier sind ein paar Bücher für dich. Für stille Vormittage draußen in der Laube in Charlottenburg. Ich habe sie mit derselben Vorsicht zusammengestellt wie deine Tante Rikchen für den neuen Herrn Vetter Julius heute das Abendessen."

Tante Rikchen wurde rot und zupfte an ihrem Kleid. Das war wieder so eine echt Gebertsche Spitze. Als ob es bei ihr nicht alle Tage so wäre! — Aber sie faßte sich schnell und ließ sich den Ärger nicht merken.

"Nun, Jason, schmeckt es dir nicht auch?" sagte sie mit ausgesuchter Freundlichkeit. Denn Tante Rikchen pflegte desto liebenswürdiger zu werden, je mehr sie etwas wurmte und giftete.

Daß es ihm schmeckte, mußte Jason lachend eingestehen, und somit war er geschlagen.

"Was ist es denn, Onkel?" fragte Jettchen. Denn sie wagte nicht, die Bücher an den Abendbrottisch zu holen, weil Onkel Jason wie mit seiner Kleidung auch mit seinen Büchern peinlich eigen war, und wenn er in irgendeinem ein Fleckchen fand oder der Umschlag ein wenig abgestoßen war, so mochte er es nicht eine Stunde mehr vor Augen sehen und gab es fort, an den ersten besten, ganz gleich, wer es sein mochte. Mit der Zeit war er auch dahin gekommen, so gut wie gar keine Bücher mehr zu verleihen, und nur bei Jettchen machte er eine Ausnahme, die jene wohl zu schätzen wußte, und deren würdig sich zu zeigen sie bemüht war.

"Eigentlich sollte ich dich damit überraschen, mein Kind; aber da du es bist, so will ich meine Reserve verlassen. Höre:

> Laß, o Welt, o laß mich sein,
> Lockest nicht mit Liebesgaben,
> Laß dies Herz alleine haben
> Seine Wonne, seine Pein.

Weißt du, wer das ist? Ich glaube, du hast den Namen noch nicht einmal vernommen, trotzdem das Buch nun schon zwei Jahre alt ist. Die Gedichte sind gerade für deine Laube geschrieben. Im Zimmer darf man sie wohl kaum lesen. — Und dann ist weiter ein kleines Bändchen dabei; das ist auch schon über zwei Jahre alt. Der Inhalt wird dich vielleicht gar nicht interessieren, aber es ist gut, daß du es einmal liest —, es stärkt das Rückgrat; und es ist, denke ich, das schönste Stück Deutsch, das in letzter Zeit geschrieben worden ist. ,Meine Freunde beklagen sich', hebt es an, ,daß ich so selten das Wort ergreife für das taubstumme Vaterland. Ach, sie denken, ich schriebe wie sie mit Tinte und Feder. Aber ich schreibe mit meinem Blut und dem Saft meiner Nerven. Und ich habe nicht immer den Mut, mir diese Qual aufzuerlegen, nicht immer die Kraft, sie zu ertragen.' "

Jettchen sah einen Augenblick vor sich hin. „Börne? Nicht wahr — Börne?!"

„Gewiß, Jettchen —, wer soll's denn sonst sein? Das hörst du doch gleich. — Und dann habe ich noch die letzten beiden Jahrgänge vom ,Rheinischen Musenalmanach' eingepackt mit ein paar Gedichten von Eichendorff, Prutz und Freiligrath darin. Doch das sind nur die leichten, feinen Vorspeisen. Neben ihnen findest du kompaktere Nahrung: die breiten Gänsebrüste" — er wies auf den Tisch — „die großen, fetten

Bratenscheiben" — er zeigte auf eine andere Schüssel — „Thackerays ‚Vanity fair' und Balzacs ‚Ballspielende Katze'. Und als Gegengewicht, als leichtere feinere Nachspeise, wie man sagt, als Magenschluß empfehle ich dir Gaudys ‚Venezianische Novellen' und Eichendorffs ‚Schloß Durande'." — Das war die längste Rede, die Onkel Jason an diesem Abend hielt.

„Ich begreife dich nicht", begann nach einer kleinen Pause Tante Rikchen — sie leitete jede ihrer Reden an Jason so ein, denn eigentlich begriff sie nie, was Jason sagte oder tat —, „nu, meinste denn wirklich, daß Jettchen all das lesen wird? Se wird doch draußen in Charlottenburg was anderes zu tun haben. Und du machst wirklich Jettchen noch ganz dumm mit deinen vielen Büchern!"

„O nein, liebe Tante", fiel der neue Vetter Julius ein, „das soll man nicht sagen. Warum nicht? Ich lese auch gern, sogar sehr gern. Ich habe früher sehr viel gelesen. Jetzt hab' ich ja nicht so die Zeit; aber ich hab' mir sogar Bücher mitgenommen aus der großen Leihbibliothek bei uns, auf 'm Neuen Markt. Ich kenne den Mann, ich habe sie da billig gekauft. Wissen Sie, Mademoiselle Jettchen, solche, die nicht mehr gelesen werden. Einen halben Koffer habe ich voll davon im Gasthof stehen. Ich bin nämlich hier im ‚Goldenen Damhirsch' abgestiegen. Ganz gute Bücher von Leibrock und Ritter und Lafontaine noch — alles gute Bücher. Und eine ganze Reihe von den kleinen Vergißmeinnichttaschenbüchern."

„Ach, die von Clauren?"

„Ich weiß nicht, Herr Gebert, aber der Mann hat sie mir sehr warm empfohlen. Er sagt, sie würden gewiß recht lehrreich und anregend für mich zu lesen sein. Und der muß sie doch kennen. Es ist doch nu mal seine Ware."

"Gewiß, da hat der Mann Ihnen ganz richtig Bescheid gesagt."

"Vielleicht, Fräulein, darf ich Ihnen auch mal welche davon nach Charlottenburg hinausbringen. Ich werde die besten aussuchen. — Und was kriege ich denn dafür, Fräulein?"

"Bemühen Sie sich nicht", sagte Jettchen, und sie war bestrebt, ihren Unmut sich nicht anmerken zu lassen, "aber Sie sehen ja, ich habe fürs erste genug und übergenug zu lesen. Wenn ich an Büchern Mangel habe, werde ich mich an Sie wenden —, und ich will Sie jetzt auch nicht berauben."

"Aber, Fräulein Jettchen, mir macht's doch nichts aus?! Sie berauben mich gar nicht?! Und ich weiß auch nicht, ob ich jetzt zum Lesen kommen werde?! Ich werde viel zu tun haben, und ein Geschäftsmann kann eben, wenn er selbst wollte, keine Bücher lesen, so gern er mag."

Onkel Jason begann von neuem, sich mit dem Abendbrot zu beschäftigen, denn das schien ihm die einzige Art zu sein, um seine Tatkraft auf ein anderes Gebiet zu lenken.

"Verzeihe, liebe Tante", sagte nach einer Weile der neue Vetter Julius, "verzeihe, wenn ich bald weggehe. Aber ich möchte noch 'n bißchen was sehen. Man hat mir in Posen so viel vom Berliner Nachtleben erzählt. Das soll man ja nicht versäumen, hat man mir gesagt. Ich bin ja sonst nich für so was, aber als Fremder möchte ich's mir doch gern mal ansehen. Wo kann man da am besten hingehen, Herr Gebert? Ins Orpheum? Meinen Sie nicht auch, ins Orpheum? — Ich frage nur der Wissenschaft wegen."

Die Tante sah auf ihren Teller, aber Jettchen lachte ganz unbefangen: "Nun, Onkel Jason?"

"Leider, Herr Jacoby", und Jason unterbrach mit nachdenklichem Gesicht seine Beschäftigung, "kann ich Ihnen das wirklich nicht sagen, denn das Berliner Nachtleben ist nur für die Fremden da, die aus Posen kommen. Aber – Verzeihung, meine verehrten Damen – der Hausdiener Karl im ‚Goldenen Damhirsch', der hat, soviel ich weiß, eine gedruckte Liste all der Orte, die man hier besuchen muß, um in Posen davon erzählen zu können. Hat er sie Ihnen noch nicht aufs Zimmer gebracht? – Nein? – Passen Sie auf, Herr Jacoby, Sie werden sie nachher neben Ihrer Unschlittkerze finden. Wenn nicht, dann erinnern Sie ihn nur daran; – er gibt sie Ihnen sicher."

„Wirklich?" fragte Tante Rikchen ungläubig.

„Ja, weißt du denn das nicht, Rikchen? Und du bist nun schon fast dreißig Jahre in Berlin?!"

„Aber Jason, woher soll ich denn so etwas wissen?!"

„Ja, ich habe aber auch schon davon gehört", akkompagnierte ein wenig schnippisch Jettchen, die nun mal eine echte Gebert war.

„Ich begreife nicht, wo du so etwas hören kannst, Jettchen. Hier im Hause hörst du doch so etwas gewiß nicht."

Damit erhob sich der neue Vetter Julius, der ja eigentlich gar kein Vetter war, um sich die Liste vom Hausdiener Karl aus dem „Goldenen Damhirsch" geben zu lassen. Und Jason sprach ihm sein Bedauern aus, daß er schon gehen wollte. Aber Tante Rikchen sagte, daß sie ihn nicht halten möchte, denn ein junger Mann könnte wohl in Berlin – jetzt fühlte sie sich als Großstädterin – amüsantere und anregendere Gesellschaft finden wie die ihre.

Die Tante forderte ihn noch auf, daß er recht bald und recht oft nach Charlottenburg kommen sollte, und nachdem man sich allerseits versichert hatte, daß man von der neuen Bekanntschaft sehr erfreut und befriedigt sei, ging der neue Vetter, und Tante Rikchen gab ihm das Geleit.

„Höre mal, Rikchen, wenn du nicht bald wiederkommst, dann werde ich mich doch genötigt sehen, von dieser Sache Salomon in Kenntnis zu setzen!" rief ihr Jason bedeutungsvoll nach.

Aber Rikchen, die immer noch bei Demcke war, entgegnete: „Ach, laß doch, Jason, du weißt, Salomon ärgert sich, und dann kann er mit de Kur noch mal von vorn anfangen."

„Nun, Onkel", begann Jettchen nach einer Weile, legte die Wange des gesenkten Kopfes gegen die bloßen, aufgestützten Arme und sah Onkel Jason, dem sie gegenüber saß, forschend in die Augen. „Man hat dich sehr vermißt."

„Du?" meinte Jason. Und innerlich fragte er sich: Woher ist nur das Mädchen heute so schön? Wirklich so seltsam schön heute?

„Ja, Onkel — ich."

„Nur du? Nur du allein?"

„Nein, noch jemand sonst, Onkel."

„Ich kann's mir denken. — Tante Hannchen war schon hier, Jettchen."

„Aber wir haben uns zufällig getroffen. Ganz zufällig — wirklich, Onkel! — Und ich habe mich auch gefreut, mich von Doktor Kößling verabschieden zu können. Denn er hätte uns doch sicher in den nächsten Tagen besucht und dann keinen mehr gefunden. Wir sind sogar nachher einen Augenblick bei Onkel Eli gewesen. Er hat uns hereingerufen, wie wir vorbeikamen."

Zusammen bei Onkel Eli gewesen? — Der Onkel wußte nicht recht, wie er sich dazu verhalten sollte! Er wollte nicht gern die Angelegenheit aufbauschen und ihr vielleicht dadurch erst in Jettchens Augen eine Bedeutung verleihen, die sie vordem bei ihr nicht hatte — er sah ein, daß das gefährlich sein könnte; aber sie wollte sie ebensowenig als ordnungsmäßig anerkennen. Auch durfte er es nicht mit seinem Gewissen vereinen, eine Sache zu unterstützen, von den er meinte, daß sie zu keinem guten Ende führen möchte. Und endlich schätzte er auch Kößling viel zu sehr, um irgend etwas gegen ihn sagen zu können. All das drängte auf ihn ein, und Jason wurde ganz heiß vor all diesen Bedenken, und er wußte wirklich nicht recht, was er erwidern sollte.

"Ja", meinte er endlich, "richtig, ich habe Kößling wirklich einige Zeit nicht gesehen."

"Er ist doch wohl viel jünger als du?"

"Wenigstens fünfzehn Jahr, Jettchen, wenn nicht mehr."

"Siehst du, das freut mich, daß ihr euch trotzdem so gut versteht; ich finde, das wirft ein gutes Licht auf euch beide."

"O ja, Jettchen, ich kann dir das nicht so erklären. Ich glaube aber, er wird einmal etwas, etwas ganz Besonderes. Er hat das Zeug dazu. Und selbst wenn er nichts wird — und ist es denn unsere Pflicht, etwas zu werden? —, ich habe ihn gern, weil ich so viel an ihm sehe und wiederfinde, was mal in mir war, ja, weil eigentlich mehr in ihm ist, als je in mir war. Und weil er eine seelische Keuschheit allen Eindrücken gegenüber hat, verstehst du? Weil er eigentlich das reine Kind geblieben ist. Weil alles an ihm vorübergegangen ist und nur seine Haut genetzt hat —, nicht tiefer gedrungen ist. Sieh mal, es ist ein ganz armer Junge gewesen, von irgendeinem Gelbgießer in Braunschweig —, ganz arm, und er hat sich immer in Kreisen bewegt, die über ihm waren. Er hat immer an vollen Schüsseln gesessen und selbst nichts zu essen bekommen —, und auch das hat ihm nichts angehabt. Ich glaube, es geht ihm jetzt gut gegen früher. Und doch weiß ich, daß er manchmal wochenlang schlechter lebt als ein

Eckensteher —, vielleicht nur, um sich ein Buch zu kaufen, von dem er glaubt, daß er es haben müßte."

Jettchen hatte sich bei diesen Worten Jasons weit über den Tisch gelehnt und hörte gespannt zu, als ob sie jeden Satz wiederholen müsse und Strafe bekäme, wenn ihr auch nur ein Prädikat oder Bindewort entfiele.

Da Jason an Jettchens Gesicht erkannte, daß es wohl nicht gerade klug von ihm gewesen, die Ruhmestrompete für Kößling zu blasen, so ging er — wenigstens schon in Gedanken — auf das zweite Thema des Abends über und fragte:

„Nun, Jettchen, wie gefällt er dir? — Nun?"

Jettchen wurde ganz verwirrt, sah auf den Tisch und gab sich alle Mühe, ihr Urteil einfach und unauffällig abzufassen.

„Ich finde ihn sehr bescheiden und liebenswürdig", brachte sie nach einer Weile hervor.

„Bescheiden und liebenswürdig? — Ein ganz arroganter Esel ist er!"

„Aber Onkel, eben redest du noch so, und jetzt sagst du das von ihm?" Jettchen war aufgebracht, wirklich aufgebracht und sah schön in ihrem Zorn aus.

Charlotte Corday, sagte sich Jason.

„Herrgott, Mädel, wen meinst du denn? — Natürlich Kößling? Kößling — immer Kößling! — Von deinem neuen Vetter rede ich. Wie findest du ihn denn?"

„Ganz gute Mittelware, Onkel. Ich glaube, er wird hier schon als Kaufmann seinen Weg machen."

„Natürlich wird dieser Junge seinen Weg machen. Das ist es ja eben, was einen so ärgern kann, daß es solch Kerl zu was bringt und nachher wunder glaubt, was er ist! So etwas pflegt mit acht Groschen hierherzukommen und mit vierzig Jahren in der Kutsche zu fahren —, so etwas pflegt sich zu etablieren, reich zu heiraten, und das Geld jungt bei ihm wie die Katzen im Mai. Paß auf, wenn jemand deinen neuen Vetter —"

„Warum denn mein Vetter?"

„Bedaure, es ist dein Vetter! Ich habe gar nichts mit ihm zu tun. Also, wenn heute jemand deinen neuen Vetter fragt, wo er her ist, so sagt er: aus Posen. Nicht wahr? Das sagt er. Ich kenne das. — Und wenn ihn in fünf Jahren jemand fragt, so sagt er zwar, er wäre aus Posen, wäre aber als ganz kleines Kerlchen schon nach Berlin gekommen und erinnere sich nur noch ganz dunkel an seine Vaterstadt. Und wenn man ihn in zehn Jahren fragen wird, so wird er zur Antwort geben, ob man es ihm denn nicht ansieht, daß er Berliner ist. Er kann dann gar nicht mehr begreifen, daß man irgendwo anders geboren sein kann wie in Berlin."

Jettchen lachte. „Da magst du recht haben, Onkel."

„Und weißt du, wo er eigentlich her ist? Aus Bentschen! Kennst du Bentschen? Na, ich kenn' es. Du mußt es dir ungefähr so vorstellen: der ganze Ort ist eine Straße, und wenn du hier 'rein kommst, bist du schon wieder beim anderen Ende draußen. Nur eine Gefahr hat's damit: du mußt nämlich in Bentschen de Augen zumachen, wenn du durch de Hauptstraße gehst, ganz feste zu —, sonst stehlen sie dir sicher das Weiße aus den Augen. Die Löwenberger sind Charlatans gegen die Bentschener. Natürlich, dieser kleine Junge aus Bentschen wird hier seinen Weg machen. So etwas kommt nach Berlin wie die Fliege nach dem Siruptopf."

Jettchen war nicht ganz der Meinung oder wollte es sich wenigstens nicht eingestehen. Sie nahm den neuen Vetter in Schutz, er könne doch noch werden. Aber da fuhr ihr Jason gehörig über den Mund —, er könne ihr das nicht alles so auseinandersetzen, und er wolle das auch nicht tun, aber er sehe die Sache mit anderen Augen an.

Mitten in diesem erregten Disput kam Tante Rikchen. „Ganz recht, Jason", sagte sie, wie sie in die Tür trat und dort breit, mit eingestemmten Armen, stehenblieb —, „ganz recht, Jason, daß du es Jettchen gegeben hast; so was darf sie nicht tun! Das schickt sich nicht für ein anständiges Mädchen, Jettchen."

Damit trat die Tante Rikchen in das Zimmer, aber sie war noch nicht am Tisch, da stand Jettchen auf, ging —, was keiner erwartet hatte, wortlos an ihr vorüber, hinaus, ohne auch nur auf Jasons Einwände und der Tante Beschwichtigungen zu achten. Und sie schloß ihre Stube hinter sich, zog den Schlüssel ab und setzte sich im Dunkeln auf den Bettrand. Sie wollte gar nicht weinen, aber die Tränen, große, einzelne Tränen, fielen ihr nur so aus den Augen und schlugen ihr wie warme, schwere Regentropfen auf die Hände. Die Fenster waren offen geblieben, und sie war eingehüllt in die brodelnde, dunkle Nachtluft und in den schweren Duft, der von dem Nußbaum hereinfloß. Das alles, diese Nacht, das Gespräch von vorhin, der Nachmittag mit Kößling machte sie plötzlich so seltsam matt und unglücklich. Und es war ihr, als ob ihre Glieder nicht mehr zusammenhalten wollten, als ob sie nur eine willenlose Masse wäre, und sie weinte und weinte und bemitleidete sich und wußte selbst nicht, weshalb. Endlich stand sie auf und ging ans Fenster. Draußen war eine tiefe, blaue Dunkelheit nun herabgefallen, und nur langsam unterschied das Auge drüben die Dächer und die Krone des Baumes auf dem blauen Grund. Und langsam tauchten noch aus dem schweren Brodem einzelne Sterne auf, die ganz fein wie Nadelstiche da oben flimmerten und zitterten, einmal hier, einmal da. —

Von drinnen war noch keiner gekommen, um Jettchen zurückzuholen. Sie hörte nur immer, daß der Onkel und die Tante miteinander laut und erregt sprachen, ohne daß sie selbst Worte verstehen konnte. Und sie drückte die Stirn gegen die Scheiben und träumte sich alles zusammen, so wie sie es gern mochte und wünschte. Darin war sie von je Meisterin gewesen. Und wenn ihr irgend etwas verquer ging, so entschädigte sie eine Welt des Erträumten und Er= sehnten, in der alles so geschah — und noch viel schöner geschah —, als es ihr lieb und genehm war.

Endlich kam der Onkel und pochte an die Tür. Warum sie denn drin im Dunkeln wäre. Er wolle gute Nacht sagen. Und auch die Tante kam mit ihm und entschuldigte sich, sie habe ihr doch gar nichts sagen wollen.

Aber Jettchen wollte sich nicht so verweint zeigen und schloß nicht auf. Sie müsse noch packen, sagte sie und gab sich alle Mühe, daß ihre Stimme heiter und unbefangen klang. Sie hätte es sich dazu schon etwas leicht gemacht, so daß sie sich nicht mehr sehen lassen könnte.

Und dann hörte sie, wie Onkel Jason die Treppe hin= untertappte und die Tante die Sicherung vor die Tür legte.

"Jettchen", bat wieder die Tante, "mach doch auf."

Jettchen schlug schnell Feuer, steckte eine Kerze an und öffnete.

Die Tante kam langsam herein, setzte sich auf einen Stuhl und sah unschlüssig zu Jettchen hinüber, die wieder auf dem Bettrand Platz genommen hatte. Daß Jettchen es sich noch keineswegs leicht gemacht hatte, schien sie nicht bemerken zu wollen.

"Nu laß mich 'n bißchen setzen, Jettchen", begann sie. "Sieh mal, du bist immer gleich so. Ich habe das gar nicht so gemeint. Ich weiß ja, du denkst dir nichts dabei, aber man tut's nicht. Nicht wahr, die Leute sehen dich, und es schad't dir. Du meinst, es schad't dir nicht? Hör' auf mich, es schad't dir doch. Was kommt 'raus? Klatscherei kommt 'raus! Und nu sag' mir das eine: Was hat es für 'n Zweck? Wozu ist's gut? Und zu welchem Ende soll es führen?"

Tante Rikchen sprach noch langsamer als sonst, und die trostlose Melodik ihrer Worte lullte Jettchen ein, die wie gebannt, wortlos in die flackernde Kerze starrte.

„Ich weiß ja, du hast dir nichts bei gedacht, und du denkst dir jetzt noch nichts bei. Aber wozu? Du hast hier deine Freude an dem Menschen gehabt — gut. Es war nu mal —, nu aber sei auch vernünftig."

Da Jettchen nichts antwortete — denn sie war eigentlich mit ihren Gedanken ganz woanders —, so nahm Tante Rikchen das als eine Zustimmung, und sie stand auf und ging zu Jettchen und streichelte ihr über die Backen.

„Siehst du, ich weiß doch, du bist vernünftig!"

Jettchen war über die Liebkosung so erstaunt und erfreut, denn sie war solche Gunst von der Tante nicht gewöhnt, daß sie selbst der Tante Hand in die ihre nahm und leise strich und tätschelte. Das tat ihr wohl. Ach Gott, sie fühlte sich plötzlich so klein und kindlich-hilflos.

„Nu, Jettchen, nu packste noch deine Sachen —, willste denn wirklich all die Bücher von Jason mitnehmen? Ich werde auch noch 'n bißchen nach meinem Zeug sehen. Gute Nacht." Sie drehte sich nochmals um. „Und sieh mal, wir haben doch so lange, wie du hier im Hause bist, Freude an dir gehabt, und wir wollen se doch unberufen haben, so lange bis de mit Gottes Hilfe als Braut von uns weggehst."

Jettchen blieb allein. Die letzten Worte hatten sie be- lehrt, daß die Zärtlichkeit der Tante doch nicht so ganz ohne

Grund und ohne Überlegung als Herzensbedürfnis sich ergeben hatten, sondern in kluger Berechnung an die rechte Stelle gesetzt waren.

Jetzt war alle Bedrücktheit und Bekümmernis von Jettchen gewichen, war ganz wie weggeblasen. Und Jettchen wurde mit einem Male lustig und trällerte wie ein Vogel auf dem Zweig, während sie die Schübe auf- und zumachte, Filetnetze, Kämme, Nadeln, Haarbänder, Kantentücher, die perlgestickten Ridiküle, die Knicker und die langen Handschuhe, die hochhackigen, grauen Stiefeletten, das Schächtelchen mit Briefbogen, das versilberte Reiseschreibzeug von Onkel Jason, den Achatschmuck — und wer weiß, was noch alles sonst — alles ganz fein säuberlich auf den Tisch ausbreitete. Und sie sang dabei so laut Lieder, die sich eigentlich gar nicht für sie ziemten, wie das von Nante, der seine Uhr aufs Regreßamt trägt, und „Combien je regrette", das sie von Jason gehört hatte — so laut, daß die Tante endlich anklopfte, der Nachtwächter würde heraufkommen, wenn sie nicht bald aufhöre.

Und lange, lange konnte Jettchen nicht einschlafen, und sie war so froh, als ob sich wunder, wunder was ereignet hätte, und immer wieder schickte sie ihre Gedanken fort, und sie ließ sie reich beladen wieder heimkommen.

*

Draußen war eine schwüle, warme Nacht, die alles keimen und treiben ließ und die letzten noch verschlossenen Knospen an den Bäumen öffnete, die die Männer unruhig machte und hin und her jagte hinter wehenden Röcken, die irgendwo in der fernen Dunkelheit flatterten. Eine Nacht, die voll Geflüster und voller Abenteuer zu stecken schien, und in die die Gasflammen in der Königstraße nur zaghaft ihr

Licht schickten, als geständen sie ihr das Recht zu, heute, nur heute einmal unumschränkte Herrscherin zu sein.

Jason mochte noch nicht nach Hause gehen. Er wohnte oben in der Klosterstraße, hatte da schöne, helle Räume, die ihm eine alte, kleine Haushälterin betreute. Dahin wollte er noch nicht. Aber ebensowenig wollte er die nächsten Stunden innerhalb der vier Wände irgendeiner Kneipe oder Konditorei zubringen, und deshalb lief er ein paarmal die Königstraße auf und nieder, schlenderte, flanierte langsam und ziellos, ging jetzt gemächlich allein und für sich und zog dann wieder eine Weile hinter irgendeinem Liebespaar her und lauschte ihrem Geplauder, soviel er gerade davon erfassen konnte. Oder er steuerte selbst einem rauschenden Kleid nach, keineswegs in der Absicht, eine neue Bekanntschaft zu machen, sondern einzig gelockt von dem Duft der Frau und von jenem Zauber, der in dem stummen Hin und Her liegt, und der eben feiner und zarter ist, als ihn die plumpen Worte einer offenen Begegnung zu bieten vermögen. Und dazu klapperte die Mühle seiner Gedanken ohne Aufhören. Bald war er zu Hause, bald mit Julius im Orpheum, bald sprach er mit Jettchen oder Kößling oder erlebte noch einmal Bruchteile seiner letzten Episode —, aber am meisten war er doch mit Kößling in einem stummen Gespräch.

Und als er weit drüben unter einer Laterne einen Mann auftauchen sah, der in wilden, wütenden Lufthieben einen kleinen, ganz dünnen Spazierstock zwischen den Fingern herumwirbelte, als wolle er aller Welt damit ins Gesicht trommeln, da wußte er, daß es nur Kößling sein konnte.

Kößling aber war geradeswegs nach Hause gegangen, das heißt, er hätte nicht sagen können, ob gegangen, gefahren oder geflogen. Zu Hause hatte er sich zuerst dann einmal eine halbe Stunde vor den weißen, gedeckten Abendbrottisch gesetzt und den Schinken, die Wurst, das Brot und die Butter in dem Döschen mit einer aufmerksamen Neugier angestaunt, als ob er so etwas heute zum ersten Male sähe.

Als dann die Wirtin hereinkam, um abzudecken, und meinte, ob es denn vielleicht schlecht gewesen wäre, hatte er ihr freundlich lächelnd versichert, daß er das Wetter auf Taille göttlich fände und sich baß verwundert, warum die gewichtige alte Dame darauf so lärmend das Zimmer verließ. Nun hatte er vom Bücherbord Goethes Gedichte genommen und sich gefragt, in welcher Absicht denn eigentlich der alte Herr durchaus unzusammenhängendes und unsinniges Zeug geschrieben hätte, er hätte doch wirklich seine lange Lebensdauer mit einer zweckdienlicheren Beschäftigung ausfüllen können. Und bei der Schachpartie mit sich allein — ein Mittel, den Kopf auszukehren, das ihm sonst nie versagt hatte —, hatte er gleich nach e^2-e^4, e^7-e^5 die Steine zusammengeworfen, daß sie klappernd in alle Winkel rollten —, um sich endlich an das Fenster zu stellen, das dämmrige Zimmer im Rücken zu lassen und in den Himmel zu sehen, der hinten zwischen den Pappeln immer noch leuchtete, weiß und mattgrün, während langsam vom Zenit eine schwere, warme, blaue Nacht herabsank, die alles Bedrängte und Bedrückte, alle geheimen Wünsche frei und fessellos machen sollte. Und jetzt rannte Kößling nun seit ein und einer halben Stunde wie blind und toll durch die Straßen —, jetzt, da er, sein Stöckchen schwingend, Jason Gebert in die Arme lief.

„He, holla", rief der ihm lustig entgegen, „was ist denn mit Ihnen, Doktor — Sie wollen wohl noch heute Universitätsfechtlehrer werden? Hemmen Sie doch mal ein wenig Ihren göttergleichen Lauf."

„Herr Jason Gebert, sieh an. Treff ich den Meister hie? Zu Hause weilt er selten —, Stehely sieht ihn nie."

Jason Gebert lachte. „Nu sagen Sie, Doktor, was ist Ihnen denn widerfahren? Ihnen scheinen heute auch nicht gerade die Fliegen die Wichse von den Stiefeln gefressen zu haben. Also, was gibt es? Ist Ihr epochales Jambendrama ‚Clotilde von Helfenstein‘ angenommen worden? Oder hat man Ihnen von Hause Ihren Wechsel um das Doppelte erhöht? Oder — was gibt es sonst?"

„O nein, Herr Gebert", sagte Kößling und stellte sich breitspurig vor Onkel Jason hin, „die brave ‚Clotilde von Helfenstein‘ schlummert noch tief im Jenseits aller Dinge; aber mit der Erhöhung des Wechsels, da hat das schon seine Richtigkeit. Nur besteht er in jener vorzüglichen Summe, die, ob in Dreiern, Groschen, Talern oder Friedrichsdors, ob verdoppelt, verdreifacht oder vervielfacht, sich stets gleich bleibt. Nein, ich freue mich, weil ich Sie treffe, denn ich wollte schon Asche auf mein Haupt streuen und mir an die Brust schlagen, weil ich dachte, Sie wären sans adieux nach der Insel Cythera abgesegelt."

„Ja", sagte Jason und lachte still vor sich hin, „aber das ist eben das Böse, daß wir uns immer wieder in diese Welt zurückfinden. Doch, Kößling, sollte ich wirklich die einzige Ursache Ihrer Quarten und Terzen, Ihrer Finten und Haken gewesen sein?"

Kößling wurde etwas verwirrt. „Beinahe", sagte er und dann, als ob er sich besänne auf irgendeine Sache, die weitab läge, „richtig, ich soll Sie auch grüßen von jemand."

„Ich würde so kommune Worte nicht brauchen, also sagen wir ruhig von einer Jemandin."

„Woher Sie das nur haben?"

„Nun, woher wohl, Kößling?"

„Von Ihrem Onkel Eli."

„Nein."

„Dann gewiß von Ihrer Schwägerin?"

„Auch nicht."

„Dann vielleicht von ihr selbst?"

„Sieh, sieh, wie Sie raten können; Sie haben heute meine Nichte Jettchen getroffen, Kößling, zufällig, ganz zufällig; sie hat es mir erzählt."

„Ja, denken Sie, was für ein Glück ich da hatte!" rief Kößling laut, so laut, daß man es sicher auf der anderen Straßenseite hätte hören können, und Jason sah trotz der Dunkelheit, wie jenem die helle Freude aus den Augen sprang.

Nein, die hatten sich wirklich zufällig, ganz zufällig getroffen —, das wollte er nur wissen, und damit war er zufrieden. Was konnte er wohl dagegen sagen. Er war auch froh, zu erfahren, daß es sich so verhielt, denn die andere Rolle wäre ihm schwer gefallen.

„Nun, Kößling, was werden Sie heute noch tun? Werden Sie nach Hause gehen und Ihr Poem Cölestine beenden:

Mein Mädchen Cölestine,
Mit schalkesfroher Miene,
Horch, wie dein Edgar ruft?"

„Seh ich so aus?"

„Also Drucker, Louis Drucker, Doktor."

„Mir heute zu lärmend, lieber Herr Gebert. Ich möchte Ruhe. Kann man nicht irgendwo draußen im Freien den lieben Gott und die deutsche Literatur totschlagen?"

„Lassen Sie! — Ich weiß, ich weiß." Und Jason Gebert nahm Kößling unter den Arm und zog ihn mit in die warme, dunkle Frühlingsnacht; dazu sang er einen von ihm umgedichteten Text der Arie des Don Juan, während Kößling still-heiter vor sich hintrabte.

Und als die beiden an der Ecke Klosterstraße waren, rasselte eine große Rosenbergsche Droschke, hochbepackt von einem lustigen Volk Männlein und Fräulein, an ihnen vorüber.

Man wußte gar nicht, wieviel da eigentlich in und auf dem Wagen steckten, so gackerte, quiekte und grunzte das alles durcheinander. Jason erwiderte die Spottreden, die ihm zugerufen wurden, ebenso derb —, denn er tat sich darauf etwas zugute, daß er mit Hexen umzugehen verstehe, und er war in seinem Element, wo man ausgelassen war. Wie er aber aufsah, erblickte er oben auf dem Bock, eingekeilt zwischen dem Kutscher und einer hohen, rothaarigen Person in mattblauem Linonkleid —, erblickte er erstaunt und erfreut — den neuen Vetter Julius, der eigentlich gar kein Vetter war. Der hatte auf seinen Spazierstock eine Weinflasche gesteckt und schwang sie grölend hin und her.

"Kößling, Kößling! Jettchen hat ganz recht! Ganz recht hat sie, der wird sich schon machen, und die Liste hat er sich auch vom Hausdiener geben lassen."

"Was ist los, was ist los mit Jettchen?" fuhr Kößling auf, der schon wieder ganz woanders war.

"Ach, kommen Sie — das sind Familienangelegenheiten!" Und damit zog ihn Jason Gebert weiter.

Jetzt war er in seinem Repertoire schon bei Armida.

*

Das Haus von Frau Könnecke war nur sechs Fenster breit und einstöckig. Es hatte ein schräges, braunes Dach mit breiten Schweifungen, in denen schwarz die runden Augen der Mansardenfenster saßen. Das Haus steckte ganz unter Bäumen. Erst kamen die vier Reihen alter Linden, die jetzt mit ihren breiten Fächern von Blättern aus

schlaffem, grünem Seidenpapier noch die Sonne durch=
ließen und ihr gestatteten, ihre goldenen Gewebe über den
Sandweg zu breiten. Erst kamen diese gelbgrün gekleideten,
schwarzstämmigen Kolosse, die ganz mitleidig auf das kleine
Haus heruntersahen, und dann hinter dem vergrünten Holz=
zaun mit der knarrenden Tür der kleine Vorgarten, ver=
wildert, beengt und überfüllt.

Büsche von Flieder und Goldregen lehnten sich gegen die
Hauswand, gleichsam, als wollten sie sie mit den Schultern
wegschieben, und die Rotdornhecken streckten sich, als müßten
sie in die Fenster hineinschauen, und es dürfe ihnen ja nichts
von dem entgehen, was da drinnen vorging. Und selbst, wenn
man die paar Stufen hinaufging zu dem kleinen Holzbau
der kleinen Plattform, die vor der Haustür ein Warte= und
Ruheplätzchen bot, schlugen einem Ligusterbüsche um die
Füße. Die kleinen Rasenfleckchen, das kleine schwarze Beet
mit den Hyazinthen und der dickbauchigen Kugel aus
Spiegelglas, die, wo man auch stand, eine Miniaturwild=
nis, von einem blauen Himmel überspannt, zurückwarf, sie
waren alle ganz eingeengt von den Büschen und schienen von
ihnen nur bis auf Widerruf geduldet zu sein.

Links wohnte Frau Könnecke mit der Schar ihrer Kinder.
Der Mann war bei ihr längst Sage geworden. War er
gestern oder vor zehn Jahren gestorben? Kam er heute abend
wieder? Man hörte nichts von ihm.

Rechts vom Hausflur, die beiden Zimmer nach vorn
und das eine nach dem Hof, hatten Geberts gemietet, und
die Küche gehörte dazu und die Mansarde für das Mädchen
auch.

Jettchens Fenster sah gerade auf das Hyazinthenbeet und
die Kugel aus Spiegelglas. Ihr Zimmer war mattblau
getüncht und hatte oben einen kleinen silbernen Streifen.

Die Fenster waren weiß und mit zierlich gerafften Mullgardinen bespannt. Und in der Ecke stand ein weißer, runder Gipsofen. Aber trotzdem mochte man nicht glauben, daß je im Winter hier jemand wohnen könnte. Es war so recht für den Frühling geschaffen, das Zimmerchen mit seinen paar hellpolierten Birkenmöbeln. Im Frühling drang das Trällern und Zwitschern von draußen herein bis in den Ofenwinkel, und vom mattblauen Frühlingshimmel schien ein Stück Licht sich an den Wänden gefangen zu haben.

Im Sommer, wenn das Laub dunkler war, dichter und üppiger, dann war das Zimmer ein Fleckchen für angenehme, nachdenkliche Zurückgezogenheit, und kühle Stille mochte von den blauen Wänden strahlen. Im Herbst, wenn das Laub wieder dünn und spärlich wurde, wenn es goldgelb, braun und purpurn in der mattblauen Luft hing, dann schienen sich hier noch ein paar vergessene Träume von Vogelgezwitscher gefangen zu haben, aber im Winter, wenn die Schneehauben auf den Zaunpfählen lagen, wenn das Buschwerk mit tausend feinen Krallen die Wattetupfen hielt, die sich in Ästen und Gabelungen verfangen hatten, und wenn die weiße Decke und der weiße Himmel in ewiger Umarmung ineinander sanken —, dann mochte man auch nur im Gedanken an dieses hellblaue Zimmer mit dem Silberstreifen und den gelblichen Birkenmöbeln — auch nur im Gedanken daran — frösteln und traurig werden.

Nicht so das zweifenstrige Zimmer für die Tante, das daneben lag. Das war ein rechter Winterwinkel, mit seinen tiefen Mahagonimöbeln und seinem schweren Anstrich von pompejanischem Rot an den Wänden, mit seinen farbig gemalten Kartuschen über den beiden Betten — Bacchantinnen, die mit Panthern spielten — eine Symbolik, die hier immerhin schon etwas platzwidrig erschien.

Und dann war noch über dem Flur das Zimmer nach hinten heraus, ganz schlicht weiß, mit ein paar hochlehnigen Stühlen, einem Tisch, einem Anrichter und etwas Porzellan im Eckschrank. In ihm aßen Jettchen und die Tante. Rechtes Licht bekam es nie; es war den ganzen Frühling, den ganzen Sommer in eine lichte, grüne Dämmerung getaucht von den breitblättrigen Kastanien auf dem Hof, die ihre Zweige vor dem Fenster verschränkten. Erst im Herbst, wenn die Sommergäste fort waren, dann mochte dieser dichte, grüne Schleier von Boden, Decke und Wänden weichen und das weiße Licht durch das schwarze Gezweig frösteln. Und des Abends sah dann der rote Himmel durch das scharf gezeichnete Netz der Äste in das stille Zimmer.

*

Aber man zog ja auch nicht dieser paar Zimmer wegen nach Charlottenburg zu Frau Könnecke —, ausgerechnet zu Frau Könnecke — das war Zugabe, war nur ein menschenwürdiger Unterschlupf für die Nacht und für Regentage. Das Haus stellte auch gar nicht so die Ansprüche, wie sie ein Berliner Haus stellt, das, es mochte noch so klein sein, immer sagte: hier bin ich. Nein, es stand so ganz verloren und verträumt und schweigsam mit seinen zurückgeschlagenen, weißen Jalousien in all dem Grün, das es in einem Ring umschloß. Die Zweige der Linden vor der Tür und die der Kastanien auf dem Hof streckten sich über das Dach fort die Hände entgegen und renkten die grünen Arme nacheinander aus.

Der Hof, der Garten, der liefe, schmale Hintergarten, das war es, weswegen man hierher kam. Wenn man die paar Holzstufen hinten herunterging, dann war man eigentlich gleich im Garten, denn selbst der Hof mit seinem höckrigen Pflaster war ganz mit Kastanien bestanden, dicken, schwarzen, glatten Stämmen, die schon in geringer Höhe ihre ausladenden Kronen breiteten. Jetzt, als Jettchen herauskam, hatten sie gerade vor wenigen Tagen die braunen, klebrigen Hüllen abgeworfen, aber schon hoben sich die breiten, grünen Finger zur Sonne, und die braunen, steilen Knospenschäfte waren schon besetzt mit weißen Kügelchen, die sich morgen vielleicht zu den weißen Kerzen erschließen konnten, um dann an den langen Frühlingsabenden, bis noch weit in die Dunkelheit hinein, seltsam und träumerisch im Grün zu brennen.

Ganz unmerklich ging dieser Hof in den Garten über. Eine niedere Hecke, und man stand mitten im Grün. Da war sogar ein kleiner Hügel, und die Wege kreuzten sich, bildeten Schleifen und Winkel. Drei, vier Lauben gab's im Garten, ganz ummauert von Rotdorn und Faulbaum; Akazien und Ulmen, Eschen und Ahorn schlangen in der Höhe darüber ihre Zweige ineinander. Und sogar Nachtigallen übten ihre Kehlen in dem dicht verwachsenen Buschwerk nach dem Nachbargrundstück zu.

Wenn Jettchen in der Laube saß, kamen die Finken bis auf den Holzboden und pickten in die Fugen; und sowie sie aufsah, stand sicher irgendeine schwarze Drossel auf dem Weg mit einem langen Regenwurm im Schnabel, der sich wand und drehte. Aber die Drossel kümmerte sich nicht darum, stand nur nachdenklich da und machte ein philosophisches Gesicht. Solch ein Garten war das!

Aber nicht genug damit, hinter den hohen Wipfeln, hinter der schattigen Kühle, die nur von einzelnen hellen Flecken durchwirkt war, tat sich der Obstgarten auf mit seinen ganz schmalen Wegen, auf denen Jettchen die Himbeerruten ins Gesicht sahen und die Stachelbeerbüsche nach

dem Rock griffen, wo auf den Beeten die Erdbeeren mit
saftigen Blättern den Boden überkrochen und zwischen ihnen
die alten, knorrigen Stämme der Obstbäume standen, mit
rissiger Rinde und quellenden Harztropfen, klein, nieder,
gebückt und breit mit zackigen Zweigen, immer von der
Sonne übergossen.

Jetzt blühten sie, der Pfirsich war schon fast zu Ende, und
seine rosigen Wolken stäubten ab. In den Wegrändern
lagen die zarten, rosigen Blütenblättchen in Streifen. Die
Kirsche streckte ihre weißen, mannesstarken Arme empor
und langte mit ihnen weit und segnend aus; blendend weiß,
silbern und rein, rundumsponnen von Blüten die Zweige.
Und Pflaume, Apfel und Birne, die begannen erst; weiß
und bläulich und mattrosa, zaghaft in zierlichen Pünktchen
und Knospen wagten sie sich aus schwarzen Ästen und aus
dem spärlichen Grün.

Man konnte in dem Obstgarten Plätzchen finden, wo alles
andere draußen versunken war, und wo man nicht mehr
ahnte, daß es Häuser gab oder andere grüne Bäume oder
Straßen; wo man nur blauen Himmel sah, in den Blüten=
zweige schnitten und griffen; und wo von allen Lauten dieser
Erde nur das Summen der Bienen, der Flügelschlag eines
Falters und das Zwitschern eines Meisenpaares im alten
Birnbaum übriggeblieben war.

Solch ein Obstgarten war das!

Wenn aber Jettchen bis an sein Ende schritt, dann kam
sie an Hecke und Holzzaun, vor denen sich ein Sandweg zog,
mit tiefen, ausgefahrenen Gleisen, und drüben lag dann eine
andere Welt: die gelben, feuchten Wiesen und die schwarzen,
schwergrundigen Felder. Sie zogen sich hin bis zur Spree,
die träge in weiten Windungen zwischen Pappelzügen und
kleinen Weidenketten, zwischen sumpfigen Niederungen und

kleinen Wäldchen dahinglitt, bis sie hinten das Laubmeer des Schloßparkes und die breiten, alten Pappeln des anderen Ufers aufnahmen und den Blicken entrückte.

Da, in diesem Garten, war Jettchen Alleinherrscherin. Dort konnte sie stundenlang auf den Wegen gehen oder in der Holzlaube sitzen, lesen, sticken, nichts tun und Lieder summen; — und nur, wenn ihr die Sonne aufs Buch schien, rückte sie etwas zur Seite. Jettchen wich den Menschen nicht aus, aber sie brauchte sie nicht und befand sich ganz gut ohne sie. Hier war sie völlig ungestört von ihnen, ja selbst vor ihren Lauten sicher. Die Kinder spielten auf dem Hof, und das Buschwerk dämpfte und verschlang ihre Rufe. Frau Könnecke selbst aber betrat den Garten nur ganz früh am Morgen und am Spätnachmittag, um drin zu harken, zu jäten und zu gießen; ja, sie haßte den Garten, weil er ihr Arbeit machte, und für sie war ein blühender Kirschzweig durchaus keine Offenbarung der allgegenwärtigen Schönheit, sondern einzig eine Ernteaussicht und die Anwartschaft auf einen Silbergroschen.

Denn die gute, dicke Frau Könnecke war zwar, wenn man sie hörte, eine Seele von einem Menschenkind, aber in Wahrheit gieprig auf den Pfennig, und sie kratzte und scharrte wie nur eine Henne.

Auch die Tante störte Jettchen nicht in ihrer selbstgewählten Einzelhaft. Sie kam vorerst noch gar nicht in den Garten, trotzdem sie aller Welt von seinen Wunderherrlichkeiten erzählte — sie fuhr an den Vormittagen mit dem Torwagen nach Berlin, so oft es nur ging, denn sie wollte sich schon lange eine neue Enveloppe kaufen und war schon seit Wochen auf der Suche nach diesem Kalb mit fünf Beinen. Da aber der Kreis der Geschäfte Berlins, die sie hierbei noch betreten durfte, ohne sich Unannehmlichkeiten

auszusetzen, täglich ein engerer wurde, so war doch immerhin ein Ende ihrer vormittäglichen Stadtreisen abzusehen. Wann aber ihre nachmittäglichen Ausflüge aufhören könnten, darüber gab es nicht einmal Mutmaßungen. Sie pendelte zwischen Muskows Kaffeegarten, dem Türkischen Zelt, der Madame Pauli, ja selbst den Zelten und dem Hof=
jäger, einzig, um bei einem Strickstrumpf und einer Tasse Kaffee Musik zu hören und Menschen zu sehen. Sie mußte Menschen sehen, recht viele Menschen, Bekannte und Fremde. Sie hielt es keinen Tag aus, ohne nicht wenigstens einmal das Rauschen des Menschenstromes an ihrem Ohr vernommen zu haben —, sie brauchte das. — Und es war ihr Bedürfnis, wenn Jettchen sie begleitete, hinter jedem, der vorüberging, herzureden, seinen Gang, seine Kleidung, sein Vorleben, seine Finanzen einer Kritik zu unterziehen. Sie tat das mit einem redseligen Scharfsinn, der das erstemal belustigte, aber ins Endlose gedehnt zum Sterben lang=
weilte. Aber sobald Jettchen daheim blieb und Tante Rik=
chen sonst auch niemand hatte, bei dem sie ihre Urteile an=
bringen konnte, dann behielt sie sie wohl und getreu für sich, und wenn sie dann nach Hause kam, gefüllt bis zum Rand mit Neuigkeiten und kleinen Erlebnissen, dann ruhte sie auch nicht eher, ging nicht eher zu Bett, als bis sie bei Jettchen sich des letzten erdbeerfarbenen Lüsterrocks mit drei breiten, russisch=grünen Volants von Hannchen Simon (die auch etwas Besseres tun könnte) entledigt hatte.

Von Bekannten wurde sie draußen zuerst wenig gestört, denn aus Berlin kann man noch kaum herüber, und für die Sommerwohnungen war es ebenso noch zu früh im Jahr.

Jason ließ sich nicht sehen und schrieb nur manchmal an Jettchen ein paar Zeilen, in denen er seinen unmäßigen Fleiß im Geschäft beteuerte und zugleich andeutete, daß er ja wohl einmal kommen möchte, wenn nicht auch seine freie Zeit so außerordentlich von neuen Studien in Beschlag genommen würde. Welcher Art aber diese seine neuen Studien waren, darin weihte er seine Nichte Jettchen nicht ein.

Der Onkel schrieb aus Karlsbad ganz lustige, lange Briefe in seiner ausgeschriebenen Kaufmannshand mit den schönen s=Zügen, auf die er so stolz war. Er war einer von denen, die sich ganz gaben, sowie sie Briefe schrieben. Hier brach seine alte Natur durch, er war voller Witz, ja fast geistreich, Eigenschaften, die sich im Laufe seiner langen Ehe verflüch= tigt hatten oder sich doch nie hervorwagten, wenn seine Frau auch nur dreißig Schritte zu riechen war.

Der Posttag war für die beiden in Charlottenburg ein Freudentag, und Tante Rikchen versäumte nie, am Nach= mittag den Brief mitzunehmen, um ihn vielleicht irgend= welchen Bekannten, die ihr in den Wurf liefen, vorzulesen. Denn sie war so, daß sie eben das, was sie im Hause bekrittelte und vernörgelte, draußen über den grünen Klee lobte; — und vielleicht war sie auch in Wahrheit stolz darauf.

Von Tante Minchen und Onkel Eli hörte man nur, daß Minchen sich schon wieder hatte Blutegel setzen lassen, und daß Onkel Eli immer schwerhöriger würde, aber dabei still und freudig seinem schweren Geschäft nachginge.

Bei Hannchen wäre alles ruhig; nur daß Wolfgang sehr blaß aussähe und hustete und infolgedessen vielleicht schon jetzt die Sonnabende und Sonntage nach Charlottenburg zu ihnen kommen sollte. Man wollte noch eine Woche abwarten. Für Ferdinand war jetzt Saison, und sie ließ sich gut an.

Der neue Vetter Julius war vom „Damhirsch" bald in die Klosterstraße zu anständigen Leuten gezogen und sah sich von da nach einem geeigneten Lokal für sein zukünftiges Geschäft um —, konnte aber in dem armseligen Berlin keins finden. So lange machte er sich noch ein wenig in der Firma Salomon Gebert & Co. nützlich, und Jason stellte ihm brieflich das Zeugnis eines flinken und umsichtigen Menschen aus, was ja für den neuen Vetter ganz schmeichelhaft war, aber für seine kaufmännische Tüchtigkeit eigentlich gar nichts bewies.

Von Kößling aber hörte Jettchen nichts.

Und draußen kam der Frühling. Die in Berlin sahen ja nur seine Vorposten, seine verirrten Boten, aber die beiden in Charlottenburg hatten ihn ganz, mit jedem Blütenblatt und jedem Lächeln. Und immer, wenn Jettchen meinte, es könnte gar nicht mehr reicher werden, nun wäre es genug der Blüten —, dann hatte er für den nächsten Morgen eine ganze Schürze voll neuer Überraschungen vorbereitet, wie ein aufmerksamer, nimmermüder Liebhaber. Erst hatte es noch kleine blaue Blumen in dem welken Laub im Schatten des Buschwerks gegeben, doch plötzlich waren sie wie weggewischt, und hellgrünes Kraut überwucherte ihre Stätten. Und die paar Flecken weißer Anemonen, die schon rosig erglühten, gleichsam als wäre ihnen die Sonne zu warm, verstoben —, aber dafür rückten die blanken Blättertüten der Maiblumen jeden Tag ein Stückchen höher.

Und kaum, daß die Stachelbeeren ihre kleinen Blütentrauben verloren, da pendelten andere an den Johannisbeeren. Und dann kamen die kleinen roten Geißblattbüsche, und der Flieder, der sich an die Hauswand lehnte, in seinem violetten Rock. Und zwischen ihm — ein paar Tage danach —, gelockt von einer warmen, abendlichen Feuchtigkeit, brachen an den steilen Stämmen des Goldregens die schwankenden, flatternden gelben Fähnchen auf, mit ihren goldigen, hängenden

Strahlenbündeln. Und — als ob das noch nicht genug der Farbe, da zündeten die Kastanien auf dem Hof und drüben über dem Haus, über dem schrägen, braunen Ziegeldach, ihre Kerzen an, die bis tief in die Nacht hinein weiß leuchteten, und der Rotdorn im Garten, die alten, gewundenen Stämme dort hinten, wo das Obstland anstieß —, zogen die feurigste Abendwolke vom Himmel, um sich darein zu hüllen.

Jeden Tag kam Neues und jeden Tag schwand Altes. Es ging ganz unvermerkt, so wie sich ein Gast aus einer reichen Gesellschaft stiehlt und man erst nach Stunden empfindet: Herrgott, er ist schon fortgegangen. Heute dachte man, daß die Fliederbüsche, die ihre Duftwolken in Jettchens Zimmer trieben, ihre letzten Dolden geöffnet hätten —, aber morgen erkannte man, daß sie erst jetzt ganz mit Blüten überpudert waren und gestern nur ein leichtes, blaudurchwirktes Kleid getragen hatten. Und wenn dann fürder die Fliederbüsche auch Hände voll ihrer kleinen, blauen Sterne auf den Weg, den Beischlag, die hölzernen Treppenstufen warfen, sie zeigten keine Verminderung in der Fülle ihrer Blüten; nur daß die Farbe der Büsche langsam von dem tiefen Blau der Veilchen zu dem matten Blaurosa halbverblichener Vergißmeinnicht überging.

Und nach blauen, stillen Tagen zogen Abende herauf — lang und sehnlich. Und die Sonne ging widerwillig nieder, und noch Stunden um Stunden war der Himmel hell und von seltsamen Farbenspielen gemustert. Manchmal war er von langen rosa Wolkenballen überbrückt oder wieder von ganz schmalen Streifen durchquert, die starr und reglos auf der meergrünen Himmelsluft standen, um endlich zu schwinden, sich in Nichts zu lösen — rätselhaft, wie sie gekommen waren. Und in keiner Stunde der Nacht verloren sich — wie nach den schwülen Sommertagen — die Wipfel der Bäume oben in die Finsternis und gingen scheidungslos in das dichte Dunkel über. Nein —, immer wenn Jettchen noch an das Fenster trat, so lag oben über den Kronen wie eine Lichtkante ein seltsames, unbestimmtes Leuchten. Und erst über dem tat sich dann die nächtige Himmelswölbung mit ihren müden, verglühenden Sternen auf.

Und ganz früh, mit der ersten, weißen Helligkeit, lange noch bevor die Sonne selbst kam, wurden in den Bäumen und Hecken die Vögel munter und weckten Jettchen mit dem bunten Getriller ihrer Stimmen. Die Finken von der Linde und die Drossel, die drüben im Nebengarten auf der Spitze eines schwarzen Lebensbaumes ihren Platz hatte, und der Pirol, der hinten durch die Gärten strich, der Kirschvogel und die Spatzen auf dem Dach und die Stare auf dem Rasen — sie alle scheuchten in den ersten Wochen mit ihrer ungewohnten Musik vor Tau und Tag, in aller Herrgotts= frühe den Schlummer von Jettchens Augen. Ja, sie machten sogar in den ersten Tagen, daß Jettchen aufstand und sich in ihrer weißen Haube und ihrer weißen Jacke ans Fenster stellte, erfrischt und doch leicht fröstelnd in der feuchtkühlen Morgenluft, die ihr an den bettwarmen Körper schlug; und daß sie lange zuhörte, wie sie alle von hie und da, von hüben und drüben, von den Linden herab, hinten vom Hof aus den Kastanien, aus den Gärten und Büschen her, in all ihren Sprachen und Tonarten sich zuriefen und einander Antwort gaben. Aber später hörte sie dann nur noch ihre Strophen wie halb im Traum, in einem weißen, leichten Schlaf unter dünner Decke. Und dann wunderte sie sich endlich, warum denn die Vögel des Morgens gar nicht mehr singen wollten, so laut wie einst, daß ihr Herz davon erwachte. — Aber da waren schon andere Zeiten ...

Zwei, drei Sonntage kamen und gingen. Sie kamen mit einer friedvollen Morgenstille, die etwas vor den anderen voraus hatte —, man wußte nicht, was. Aber selbst die Tauben, die, auf dem Dach sitzend, ihre Federn glätteten, schienen zu ahnen, daß dieser Tag ein anderer werden sollte wie das Gestern und Vorgestern. Und sie gingen mit einer lärmvollen, staubigen Fülle von Sonntagswanderern und Ausflüglern, die in schier unversiegbarem Strom zurückfluteten nach dem Brandenburger Tor, aus den Gärten und Kaffeelokalen, dem Schloßpark und der Heide. Gigs und Landaulettes, breite Viktorias, Tillburys, Torwagen und Kremser schoben sich langsam in breiter Kette auf der Chaussee vorwärts, in einer stauberfüllten Luft. Und neben ihnen, fast in gleichem Schritt, wogten die bunten Scharen der Fußgänger. Das gab ein Gerufe und ein Gelächter, ein Hinüber und Herüber, und mancher Reiche, der im Wagen fuhr, mußte ein dreistes oder bissiges Wort von den Fußgängern einstecken und dazu noch gute Miene machen. Ganze Gesellschaften sangen neue Gassenhauer, wie das Lied von dem Topf mit Bohnen und dem mit der Brühe.—, Männer rauchten lange Virginias, Soldaten zogen in Trupps mit ihren Köchinnen, die in ihren Umschlagtüchern und Schuten es den Damen gleichtaten; Familienmütter schoben Kinderwagen, und der Vater gab sich Mühe, die Mädchen in den faltigen, weitabstehenden Kantenkleidchen mit den Stocklaternen in den vorsichtigen Händen und die Jungen mit den Papierfähnchen in Zug und Ordnung zu halten.

Und das wollte und wollte gar kein Ende nehmen. Bis endlich in den späten Abendstunden der Strom doch schwächer und schwächer wurde und mählich versickerte —, bis endlich die ganze Welt zum paradiesischen Urzustand zurückgekehrt war und einig zu zweit die Menschheit angetroffen wurde in Hunderten von Liebespaaren, die unter dem Schutz der Linden entlangzogen.

Jettchen sah ihnen dann vom Fenster aus zu, wie sie das spärliche Licht der Lampen nach Möglichkeit mieden und sich beeilten, schnell wieder in die purpurne Dunkelheit unterzutauchen, in der sie sich in ihrer zärtlichen Anschmiegung unbehelligt von neugierigen Blicken wähnten.

Und wenn dann endlich, nachdem wieder Ruhe eingezogen, an diesen Sonntagen Jettchen sich ins Bett legte, dann war sie wie zerschlagen und zum Weinen traurig, ohne daß sie sagen konnte, weswegen das wäre.

Sie wollte schon einmal in die Stadt hineingehen, ins Geschäft, um Jason aufzusuchen, und von ihm hoffte sie etwas über Doktor Kößling zu hören. Aber sie fürchtete sich, Jason zu fragen, und sie wußte nicht, ob er ungefragt zuerst von ihm sprechen würde. Und dann hatte Jettchen hier draußen in diesen blühenden Tagen eine so seltsame Schwere umfangen, daß jeder Entschluß gehemmt war. Sie hatte auch keine Sehnsucht nach Berlin; höchstens daß sie mal bis zu den Zelten kam und das Brandenburger Tor fern zwischen den Bäumen erblickte. Sonst ging sie nur zum Schloßpark mit einem Buch und suchte hinten in seltsamen Gedanken das kleine Kavalierhaus, das goldig und verschwiegen zwischen den dunklen Eiben stand. Oder sie wanderte langsam um den Teich herum, rechts und links im Schatten auf den schmalen Wegen, zwischen den Büschen am Ufer entlang. Und sie setzte sich endlich dort, wo die kleine Glocke für die Fische am Gitter hing, auf die Bank, deren Lehne ganz überdeckt war mit Herzen, Buchstaben und Namenszügen. Und Jettchen mochte lesen, was sie wollte —, ihre Gedanken blieben nicht lange dabei, und sie wanderten bald in die Ferne, schweiften hierhin und dorthin, taumelten und flatterten wie die verirrten weißen Falter, die vor ihr in der Sonne über den dunklen Wasserspiegel hinzogen und nur, bevor sie es weitertrieb, irgendeine weiße Hahnenfußblüte umgaukelten, die da mitten in der schwarzen, besonnten Fläche aufblinkte.

Waren das sonnig=schöne, ruhige Tage! Und doch waren sie wieder ganz erfüllt von einer zitternden inneren Erregung.

Jettchen erinnerte sich nicht, je solche erlebt zu haben. Alles war anders als sonst. Sie wollte sie oft mit früheren vergleichen, die sie hier verbracht hatte — denn sie war nicht das erstemal hier draußen —, aber sie wußte nichts von ihnen. Es fiel ihr nichts ein. Sie waren in ihrem Gedächtnis wie weggewischt. Und es blieb immer nur der Tag und die gegenwärtige Stunde in ihrem stillen Werden und ihrer verhaltenen, zitternden Erregung ...

An einem Vormittag hatte es ein wenig geregnet, in schweren, spärlichen Tropfen aus einer warm=feuchten Luft heraus. Und alles im Garten und auf den Wegen stand und reckte sich in dieser erquicklichen Feuchtigkeit.

Die Tante, die es bei dem Regen nicht in Charlottenburg aushielt, war zu ihrer Schwester Hannchen in die Stadt gefahren. Der eine Kutscher beförderte sie schon billiger, weil sie so oft fuhr, und weil er ihr versicherte, daß er sie sich als Kundin erhalten wolle. Und Jettchen gehörte nun für heute Wohnung und Garten ganz allein.

Sie saß an ihrem Fenster, über den Fliederbüschen, die sie umdufteten, und blickte manchmal auf die tropfenden Linden, von denen noch langsam, nur durch ihre eigene Schwere getrieben, Wasserkügelchen herabrollten und von Ast zu Ast, von Blatt zu Blatt sprangen, um dann klatschend und spritzend in den Sand zu schlagen.

Jettchen arbeitete an einer Perlstickerei für die Vorderwand eines Handtäschchens. Sie war fast damit fertig. In einem Rahmen saß da auf einer Bank eine Schäferin in einem gelben Kleid. Und neben ihr stand ein blauer Schäfer, und hinter ihr war ein runder, grüner Baumkegel. Das war fast alles schon fertig — bis auf den grauen Himmelsgrund. Und nur die rosa Perle für den Mund und die schwarzen für die Augen konnte Jettchen nicht in rechter Größe finden. Und sie stocherte schon seit einer halben Stunde mit einem spitzen Nädelchen in der Pappschachtel herum, die vor ihr auf dem Fensterbrett stand, hob solch ein rosiges oder schwarzes Kügelchen ins Licht und ließ es dann wieder als unwürdig zu seinen Brüdern zurück in die Schachtel gleiten. Und als sie das zehnte Perlchen prüfte und auch das zu groß fand — denn eine Schäferin darf keinen Mund haben wie ein Anreißer oder Marktschreier —, da sah sie zufällig an dem rosigen Glasstückchen vorüber und sah jemand ganz hinten den Weg heraufkommen. Er war noch ganz hinten unter den Bäumen.

Und da fiel Jettchen durch eine unvorsichtige Handbewegung der Deckel mit den Perlen herunter, daß sie den Fußboden aussternten und in alle Winkel hüpften. Manche konnten sich gar nicht beruhigen und liefen wie närrisch auf den Dielenfugen hin und her. Und als Jettchen sich danach bückte, wurde ihr noch heißer, und sie merkte, wie ihr das Blut in die Backen schoß, und da sie nicht rot aussehen mochte, ließ sie die Perlen Perlen sein und stellte sich an das offene Fenster. Und da war Kößling an der Gartentür, schaute mit sehr unsicheren Blicken das Häuschen an und wußte nicht, ob er aufklinken sollte. Er war ganz versonnen, sah rot aus vom Gehen, und Jettchen mußte ihn erst anrufen.

„Ja, Herr Doktor!" rief sie, und sie hatte all ihre Lustigkeit und Festigkeit wieder, „hier ist es wirklich, wo Sie hinwollen, wenn ich nicht irre."

Herrgott, fuhr Kößling zusammen.

„Ach, da sind Sie ja, Fräulein, ich fürchtete schon immer den ganzen Weg, Sie würden nicht zu Hause sein, Sie würden vielleicht gerade nach Berlin gefahren sein; und ich bin doch sonst wirklich kein Glückspilz."

„Wollen Sie immer da draußen bleiben, Herr Doktor?"

„Ein bißchen noch; Sie stehen da in einem so hübschen Rahmen von Flieder und Goldregen, Fräulein Jettchen; wir haben zu Hause ein Bild von einem Mädchen, das am Fenster steht und einen Vogel füttert, gerade so sehen Sie da aus; — ich hab's jetzt wieder gesehen!"

„Wann waren Sie denn zu Hause, Herr Doktor?"

„Vor kurzem — erst ein paar Wochen —, ich wollte — na, das sage ich Ihnen nachher. Ist denn Ihre Frau Tante auch da?"

„Die ist in Berlin."

„Ach, schade!" Das kam ihm von Herzen. „Und wollen Sie dann nicht ein wenig herauskommen? Wir gehen in den Schloßpark zusammen."

„Warum wollen Sie denn nicht hereinkommen?"

„Ja, meinen Sie, ob ich das darf?"

„Ich werde mit mir zu Rate gehen und diese Frage in Erwägung ziehen. Dieses Zimmer ist mein erlauchtes Reich und wird von Ihnen nicht betreten werden; der Eßsaal gilt als neutraler Boden für kürzeren Aufenthalt; — und der Garten ist dem Schloßpark gleichzustellen. Wenn Sie ihn trotzdem aufsuchen wollen, so werde ich als Führerin dienen, denn ich kenne ihn jetzt in- und auswendig."

Während sie das sprach, war Kößling in den Garten getreten und stand immer noch schüchtern und schwankend auf den kleinen Holzstufen, die zur Türe führten. Drüben war Frau Könneckes Körperfülle in Fensternähe erschienen, und die Dame drückte neugierig die Nase gegen die Scheiben.

Mit doppeltem Schellengeläut — denn unter der Bohle vor der Tür war eine heimtückische Klingel, und beim Türöffnen gab es gleichfalls ein scharfes Ping, Ping — traten sich innen im Flur, im Halbdunkel, das nur bunte Lichter hinten von den Scheiben her durchkreuzten, Jettchen und Kößling entgegen. Und die ganze gärende Schwüle des regenfeuchten Frühlingsnachmittags war in dem Augenblick durch die geöffnete Tür mit in das stille, kühle Haus gedrungen.

Jettchen reichte Kößling die Hand hin, und keiner wußte recht, womit er beginnen sollte. Und erst das Rascheln am Guckloch der weißen Tür, die zum Reich der Frau Könnecke führte, schreckte beide auf.

„Ich dachte, Sie würden eher kommen."

„Ach, dachten Sie das? — Ja, ja, ich wollte es ja eigentlich auch —, nicht wahr? Aber wenn ich sogleich kam, dann meinte ich, ich würde stören. Und dann bin ich nach Hause gereist, Hals über Kopf, ganz plötzlich. Ich wollte ja schreiben; — ich habe auch öfter geschrieben —, aber dann habe ich es doch nicht abgeschickt, da ich nicht wußte, ob es Ihnen recht wäre."

„Warum sollte mir das nicht recht sein?" meinte Jettchen, leicht sich färbend, und sie lächelte dazu ganz leise, so daß Kößling wie gefangen sie anstarrte.

Herrgott, war das Mädchen schön, wie ein Sommertag so anmutig. Das starke Haar trug sie in drei breiten

Coiffüren, die Schultern waren frei unter einem durchbrochenen Schaltuch, das mit einem leichten Streifen von Schwan besetzt war, und das Kleid war ganz einfach, eng das Mieder und weit der bauschige Rock, hell Linon mit violetten, schmalen Streifen, die zitternd bei jeder Bewegung Jettchens zu Boden liefen.

„Wohin?" fragte Jettchen. „Wollen Sie eintreten, Herr Doktor, in unsere Sommerresidenz —, oder gehen wir gleich in den Garten?"

„Was ist Ihnen denn lieber, Fräulein Jettchen, ich möchte ja gleich in den Garten."

„Schön, ich hole mir meine Schute", sagte Jettchen und ging. Und dann kam sie zurück mit einem Täschchen in der Hand, und den Strohhut hatte sie an den breiten violetten Bindebändern über den Arm gehängt.

„Haben Sie gesehen, wie vorn noch mein Flieder blüht? In der ganzen Straße blüht er nicht mehr so. Des Nachts bei geschlossenen Fenstern macht er noch ordentlich Kopfschmerzen."

Als sie auf den Hof hinaustraten, klatschte und trommelte es noch von den breiten Kastanienblättern, ganz vereinzelt und still für sich hin, und die Sonne, die eben durchkam, trocknete lachend die Feuchtigkeit auf den blanken Blatträndern.

„Sehen Sie, hier fängt der Garten an, und er geht ganz weit hinter. Hier ist meine Laube. — Wollen wir uns einen Augenblick hinsetzen? Oder nachher? Sie müssen aber erzählen, Herr Doktor!"

Was sollte er denn erzählen, er hatte unterwegs alles gewußt, was er sagen wollte, er hatte den ganzen Weg mit Jettchen gesprochen, im Tiergarten hatte er beinahe einen alten Herrn dabei umgelaufen. Seit Wochen war sie die einzige, mit der er sprach, und jetzt bekam er nicht die Zähne auseinander.

Er hatte gar nicht hierhergehen wollen. Er wollte sie überhaupt nicht mehr sehen; er war nur spazierengegangen, und jetzt war er hier neben ihr im Garten, ganz allein, und nur die Vögel sprachen um sie in den feuchten, glitzernden Büschen.

Er hatte sie nicht mehr sehen wollen; er war schon nach Hause gereist, um dort einmal zu sondieren, ob für ihn Boden wäre, und dann wollte er wiederkommen als ein anderer. Aber es hatte sich nicht so gemacht; er hatte alles vermieden, was an sie erinnerte, er war nicht einmal mit Jason zusammen gewesen, der ihm sogar zweimal Eckensteher mit launig sentimentalen Briefchen gesandt hatte, und doch war sie in jeder Tagesstunde seine einzige Begleiterin gewesen — und nun ging er wirklich wieder neben ihr.

„Nein, erzählen Sie —, dann ich. Was macht Ihr Onkel?"

„Er war in Karlsbad, und es geht ihm wieder recht gut. Heute ist er schon in Leipzig, da hat er noch zu tun. Nächste Woche kommt er wieder. Ich freue mich darauf. Ich kann ja nicht sagen, daß ich mit der Tante schlecht stehe, aber ich fühle mich zum Onkel mehr hingezogen. Frauen haben eigentlich immer zu viel schlechte Eigenschaften."

„Das kann ich nicht finden!"

„Doch, doch, sie haben sie. Im Grunde, glaube ich, sind sie schlechter von Gemüt als die Männer."

„Aber Sie nicht!" sagte Kößling mit einem Ton, als ob er auf das Testament schwören müsse.

„Warum soll ich denn gerade anders sein wie die anderen, Herr Doktor?"

„Das weiß ich nicht, Fräulein Jettchen. Ich denke auch gar nicht darüber nach; ich weiß nur, daß Sie es sind. Jedes

Wunder verliert, wenn man darüber nachdenkt; man muß es eben hinnehmen."

Der Ernst, mit dem Kößling das vorbrachte, wirkte auf Jettchen erheiternd.

"Nein, Sie lachen nun; aber sehen Sie, wenn ich nicht der festen Meinung wäre, daß Sie — —" hier stockte er.

"Was dann?"

Aber Kößling war nicht zu bewegen, seine Gedanken weiter verlautbaren zu lassen, und so gingen sie beide eine kleine Weile schweigend im Rund der Wege unter den tropfenden Bäumen hin, die in breiten Flecken die grelle, leckende Sonne fingen. Es ging auf Nachmittag, und die Vögel wurden wieder laut. Auf kleinen Rasenflecken und im feuchten, welken Laub unter Büschen scharrten die Drosseln nach Würmern, die sich reichlich aus dem nassen Boden hervorwagten, und die schwarzen, großen Vögel unterbrachen nur ihre Tätigkeit, um den beiden halb mißtrauisch, halb ärgerlich nachzublicken, warum sie kämen, sie zu stören. Der Regen hatte ein ganzes Gestöber von weißen Akazienblüten abgeschlagen und sie in den Wegrändern zu breiten Schaumkanten zusammengetrieben, und nun, wo das Wasser von dem durstigen Erdreich aufgetrunken war, lagen sie da und hielten noch Tropfen in ihren Kelchen. Und immer wieder stäubten neue hinzu, in die Büsche, auf den Rasen, über den Weg hin wie Silberfunken, die von einem fernen Feuerwerk herübergeweht wurden.

Wenn man hochblickte, so schwammen — wie weiße Wolken zwischen dem Grün der Linden und Ulmen — die blütenschweren, weißen Gipfel der Akazienbäume in einem Himmel von unerhört klarem und lichtem Blau; eben jenem reinen Lichtblau, das nur so ein später Frühlingsnachmittag haben kann, nachdem der Regen Himmel und Erde gewaschen hat.

Jettchen und Kößling traten nebeneinander unter den hohen Bäumen hervor, in das Obstland hinaus, dessen weiße und rosige Lasten schon längst übergrünt waren vom blanken Laub, und einzig ein alter Birnbaum hatte noch im Blattwerk einige späte silberne Kugeln. Dafür aber war der ganze Boden jetzt weiß besternt von Erdbeerblüten, die mit blanken Augen ins Blaue sahen; — und sie waren ebenso weiß wie die paar seltsam geballten Wattewolken da oben, die ganz durchleuchtet in schöner Unbekümmertheit dahintrieben.

Die Wege waren schmal zwischen den Beeten, und Jettchen und Kößling mußten hintereinander hergehen. Die Stachelbeerbüsche und die schwanken, wippenden Himbeerstauden griffen nach Jettchens Röcken, und sie nahm sie eng um die Knöchel zusammen. Kößling ging hinter ihr, dicht hinter ihr, und durch die durchbrochenen Kanten des Schals sah er —, in feine, rosige Felderchen geteilt, die breiten, königlichen Schultern und den Halsansatz von Jettchen, und er konnte die Augen von diesen hellen Mustern nicht abwenden, und das atmende, perlmutterkühle Fleisch schien ihm verwandt mit den stolzen Blütenblättern an den geschwungenen Zweigen des Birnbaums.

Diese schlanke, frische Schönheit war ihm hier in dem Garten und dem Frühlingstag erst ganz sie selbst. Jeder Baum, jeder Busch, das Gitter, die efeugepolsterte Mauer nach dem Nebengarten, die Tiefen des Laubdunkels und die Fernen mit den Baumketten hinter gelben Wiesen, alles war nur geschaffen, um Jettchen Folie zu geben, die so stolz, so leichtfüßig und so voraussetzungslos in ihrem hellen Kleid einherschritt —, den Kopf ein wenig ins Genick gelegt, wie das alle Geberts taten. Kößling hatte schon einmal im Gehen nach ihrer Hand gehascht — er wußte selbst nicht, wie er dazu kam —, aber sie hatte sie ihm wieder entzogen.

Wovon sprachen sie denn? Von gar nichts. Von den Erd=
beeren und Stachelbeeren, und ob sie bald reif würden. Sie
waren glücklich, einander die gelben und schwarzen Fliegen
zu zeigen, die still und schwirrend in der Luft über den Him=
beerbüschen standen. Jettchen sagte, daß hier hinten im
Sommer Stockrosen blühen würden, Amarant, Georginen,
Jalappen und Lobelien —, sie hätte sich danach erkundigt;
und daß diese feine weiße Wolle, die so still und selig jetzt
durch die Luft zog, von der großen Pappel mit dem blitztoten
Zweig wäre, die da hinten stände; und daß des Abends hier
alles mögliche dufte und leuchte, ganz unheimlich — sie wisse
gar nicht, was das alles wäre.

Und Kößling fing an zu sprechen. Lang und heiß. Und
mit der Zeit wurde Jettchen immer stiller.

Er sprach zuerst von seiner Reise, und wie er zu Hause
alles so verändert gefunden. Die Schwestern sind groß ge=
worden, dienen oder sind verheiratet. Die Brüder sind Hand=
werker, und sie hätten ihn über die Achsel angesehen, weil er
nicht so viel verdiene wie sie. Besonders dem einen ginge es
sehr gut. Die Stadt wäre schön und alt und träumerisch am
hellen Tag, das habe er jetzt empfunden; ein rechter Poeten=
winkel. Alles wäre so still und zehre nur von dem Einst. Aber
er könne dort noch nicht leben, er möchte jetzt nach Paris, er
brauche das Rollen, er brauche viele Menschen, Meinungen,
Werden und Zusammenstöße.

Später einmal wolle er dorthin gehen. Wenn er nur von
seinen Zinsen zu leben brauche. Heute müsse er ans Kapital
greifen. Er würde zu Hause verarmen. Er rede natürlich
nicht von Geld, aber er müsse erst einmal draußen im Leben
recht kochen. Er möchte erst einmal wissen, was er eigentlich
hier soll — denn offen gestanden, er könne sich nicht zurecht=
finden.

Vielleicht sei es immer so hier, und vielleicht hätte es noch kein Mensch gewußt, wozu er eigentlich in diesem Karneval mitspiele.

Manchmal glaube er, daß er dazu auf der Welt sei, um sich ein wenig umzusehen, ein paar Verse zu schreiben und ein paar Geschichten zu plaudern. Aber dann komme ihm wieder all das so nichtig vor, und es schiene ihm, als ob sein Leben der Allgemeinheit gehören müsse. Und dann denke er wieder, daß das alles nur ein Reiten gegen Windmühlen sei, und daß er dazu ausersehen sei, der Schönheit zu dienen und zu sehen, wo er sie träfe.

Er wäre jetzt so einsam — so furchtbar einsam — tagaus, tagein —, nur mit sich selbst. Er glaube, er spräche immer mit sich ganz laut. Und er fühle sich nicht schlecht dabei. Er träume den ganzen Tag alle möglichen Geschichten, und vielleicht würde er auch bald solche schreiben. Welche wären sehr schön und welche sehr grausig. So, wie sie im stillen Zimmer in der Einsamkeit entstehen. Man könnte fast an Hoffmann denken. Da wäre eine Geschichte von einem Mann, der nach Hause kommt und Licht anmacht, weil es ihm unheimlich ist, und wie er an sein Bett geht, da scheint es ihm, als ob er da schon drin liegt. Und wie er hineinleuchtet, da liegt auf dem Bettkissen sein Kopf. Aber ganz allein, ohne den Körper. Nur sein Kopf. Und seine eigenen Augen sehen ihn an und blinzeln so seltsam in die grelle Kerze hinein. Und er bekomut eine furchtbare Angst, daß es aufkommen könnte, daß er sich den Kopf abgeschnitten habe, und er nimmt seinen eigenen Kopf bei den Haaren und trägt ihn in einen Winkel seines Schrankes. Und am nächsten Morgen — aber ich will Ihnen eine andere Geschichte erzählen, die ich schreiben will —, etwas unerhört Schönes. Eine Liebesgeschichte, die in einem großen Garten spielen soll —, von zwei Menschen, die einen ganzen Sommer verträumen und gar nicht merken, daß sie alt werden, daß dieser Sommer ihr ganzes Leben gewesen ist. Die ganze Geschichte soll süß sein und nach Lindenblüten duften. Und Verse sollen darin singen, wie die Bäume hier rauschen. Ein alter Garten soll das sein, mit Steinfiguren in Buchsbaumnischen und einem kleinen Häuschen mit einer goldenen Kuppel, die man kaum sehen kann vor Grün der Bäume, die um sie her die Wache halten. Und die Tulpen sollen da das ganze Jahr über blühen.

„Und dann will ich einen Roman schreiben —, einen großen Roman. Der soll bei Borsig spielen. Unter den Arbeitern der Eisengießerei. Und durch das ganze Buch soll immer das dröhnende Hämmern erklingen auf den riesigen, gewalzten Platten.

Das sind so Pläne, Fräulein Jettchen. Was liegt an ihnen! Vielleicht ist das eine Narrheit, und man sollte das Leben anders anpacken. Aber ich weiß nicht, wie ich's soll. Ich bin doch Lehrer gewesen, ich habe sogar junge Herren zum Doktorexamen gedrillt —, und es macht mir keine Freude mehr. Ich tue es mit Widerwillen. Ich könnte ja auch zu Hause unterrichten, sie haben mich schon zweimal aufgefordert. Jetzt wieder. Sie wollen sich meine Kraft nicht entgehen lassen, schreiben sie —, sie stellen mir eine Karriere in Aussicht, wollen mich einspannen. Aber ich wüßte nicht, was ich den Jungen sagen sollte. Ich halte das alles für so selbstverständlich und eigentlich für so wenig wissenswert. Sie mögen recht haben zu Hause, daß ich entwurzelt bin; denn sie messen nur nach dem Erfolg. Und die Menschen sind so, daß sie sich beleidigt fühlen, wenn man nicht das erfüllt, was sie erwarten. Ebenso wie sie meinen, daß alles, was wir machen, nur ihr Werk ist. Ich hätte längst klein beigegeben und wäre untergekrochen, wenn ich nicht eigentlich wenig forderte und das Wenige schon immer so oder so zusammenbrächte. Aber ein Mensch, der seine Jugend, seine ganze Jugend hier und da — und da — an knappen Freitischen gesessen hat — drei-, viermal die Woche — und sonst gar nichts zu Mittag bekommen hat, der hat es sich abgewöhnt, sich durch die Aussicht auf den täglichen Rinderbraten locken zu lassen.

Natürlich, wenn ich aus reichem Hause wäre, könnte ich solch Leben, wie ich es geführt habe, auf die Dauer nicht ertragen. Und doch muß ich manchmal mit Angst denken, daß man nicht immer jung bleibt und daß man im Alter eine warme Stube haben will.

Noch ist ja die ganze Welt voll von Schönheiten, und kein Morgen kommt, der mir nicht neue bringt, sie mir kostenlos zuträgt. Aber wenn man erst einmal wie Lessing wünscht, daß die Bäume im Frühjahr rot würden, statt grün, weil das langweilig ist, weil man das schon kennt aus Dutzenden von Jahren her ... und dann wie ein herrenloser Hund vor den Türen herumläuft und nicht weiß, wohin und zu wem man gehört — —"

Das alles sagte Kößling. Er war dabei rot, sprach weitschweifig, umständlich und hastig.

Irgendwo hinten am Gartenzaun waren sie stehengeblieben, einander gegenüber. Jettchen trug immer noch die Schule an den Bindebändern über dem Arm wie ein Körbchen, und beide sahen sie nun ziemlich ratlos über die weiten Wiesen hin, die jetzt gelb von Hahnenfuß und rot von Ampfer waren. Der Weidenweg vorn mit seinen geköpften, ausgebrannten Stämmen hatte etwas Geducktes, Verbrauchtes und Bettelhaftes. Aber weiter drüben spannte ein hoher, schattiger Laubgang seine stolzen Zelte. Kein Mensch war zu sehen ringsum unter dem blauen Himmel mit seinen weißen, abgeplatteten Wolken, eine über der anderen; nur ganz hinten auf einem Feldweg ratterte ein Wagen in einem Wirbel rötlichen Staubes, und hinten, dort, wo die Spree sein konnte, ragten ein paar Mastspitzen, fein und gerade. Sonst war es ganz still und kein Mensch ...

Da lehnten sie so eine ganze Weile an dem Zaun nebeneinander und schwiegen — jeder in seinen Gedanken.

"Ich weiß nicht, wie ich dazu komme, Ihnen all das zu sagen — ich fürchte fast, Ihnen damit lästig zu fallen, Jettchen."

"Nein, Herr Doktor, das nicht! Aber —" Jettchens Lippen zuckten. "Sie machen mich damit traurig, denn ich möchte gern, daß Sie glücklich würden —, wirklich, das wünsche ich Ihnen!"

"Warum? — Ich bin nicht unglücklich, solange es so viel Schönheit und eine solche Anmut vereint in der Welt gibt. Ich glaube aber, daß man dumm sein muß —, wissen Sie, gedankenlos, um wirklich glücklich sein zu können. Wir müssen uns einmal damit aussöhnen, daß das Leben eines jeden Menschen, der nicht mit den anderen mitlaufen will, eine Tragödie ist. Ich glaube Künstlertum ist eine Dornenkrone, die mit Blüten umwunden ist; und während uns der Wind den Duft zutreibt, rinnen uns die Blutstropfen in die Augen ... Aber reden wir von etwas anderem —, es ist so albern, so selbstquälerisch ... ich tue mir und Ihnen weh damit. — Fräulein Jettchen, Sie müssen mir jetzt von sich etwas sagen!" Er ergriff ihre Hand. "Entschuldigen Sie all das. Ich komme mir vor wie der Kuckuck da, der nur seinen Namen ruft. Hören Sie, da drüben ruft er ... Reden Sie von sich! Irgend was! Was lesen Sie? — Machen Sie Handarbeiten? Erzählen Sie vom Onkel. Wann gehen

Sie hier schlafen? Gehen Sie mit der Tante weg? Gehen Sie noch des Abends in den Garten? Ich stelle Sie mir vor, wie Sie aus einem dunklen Weg kommen und langsam Ihre hohe, helle Gestalt auftaucht, deutlicher und deutlicher wird."

Jettchen sah ihn groß an und lächelte fast dankbar; aber sie spann an den alten Gedanken.

„Nein, ich glaube, daß man glücklich sein kann, sowie man aufhört, sich zu quälen. Ich glaube, daß das Glück ein kleines, übersehenes Unkraut ist wie die Vogelmiere, die überall am Wege wächst, und die sich jeder pflücken kann, er muß sich nur bücken. Ich glaube, Herr Doktor, daß Glück und Unglück keine Schicksale, sondern Gemütsarten sind."

Kößling war das Weinen näher als das Lachen ... er wußte selbst nicht warum.

„Ich spreche da nur von mir. Gewiß, es gibt auch Tage, wo ich traurig bin und abends sitze und weine. Ich fürchte manchmal zu ersticken, und ich bin eigentlich schon ebenso alt wie Onkel und Tante. Und dann habe ich wieder Tage und Wochen, wo ich so ruhig bin und so freudig, so wunschlos. Was habe ich jetzt hier in diesem Garten für ein paar schöne Wochen verbracht —, ganz einsam, ganz klein und eng. Ich erinnere mich gar nicht, je Ähnliches erlebt zu haben. Ich habe manchmal an den stillen Vormittagen geglaubt, draußen die ganze Welt wäre längst verstorben, und nur dieses Haus, der Garten, die Felder hinten und der Lindenweg vorn wären übriggeblieben. Das habe ich mir steif und fest eingeredet. — Wenn Sie einige Zeit hier draußen lebten, würden Sie auch anders werden, und all das, was Ihnen erst so wichtig schien, würde in nichts einschrumpfen und von Ihnen abfallen. Eigentlich hat mir eins noch gefehlt —, es ist schlecht, so alle Gedanken für sich allein denken zu müssen ... ich hätte manchmal irgend jemand haben mögen — — Sie lachen? Gewiß, was kann ich Ihnen denn sagen! Was weiß ich denn vom Leben! Gott ja, ich bin früher ernster gewesen als andere —, aber ich verstehe Sie schon, eigentlich nur zu gut, denn was Sorge heißt, was es heißt, morgen nicht wissen, ob man noch etwas zu essen haben wird, und wenn man einen Taler hat, sich fragen: wie lange wird er reichen —, das habe ich nie kennengelernt. Dafür bin ich eigentlich hier oft undankbar, denn ich habe es nie zu vermissen brauchen, daß ich selbst nichts besitze. Und doch wieder, ich habe solch inneres Gefühl, daß ich nicht hierher gehöre —, und manchmal möchte ich dem Bettler die Hand geben und mit ihm weggehen."

All das sagte Jettchen ganz schmucklos und leise; mehr für sich als für Kößling.

Kößling hatte von einem Ligusterbusch ein paar Blättchen abgezupft und zerzauste sie.

„Warum sagen Sie das zu mir?" bat er. Und Jettchen empfand, daß ihm das Schmerzen bereitete.

„Sehen Sie, Fräulein, Sorgen und Unglück und Leidenschaften —, was hat das mit Ihnen zu schaffen? Es darf nicht zu Ihnen — verstehen Sie, es darf nicht! Wo Sie gehen, müssen Blumen sein, wie hier zu Ihren Füßen. Und das Gras muß sich wieder aufrichten, kaum daß Sie darüber gegangen sind. So muß Ihr Leben sein! Wie dürfen Sie es mit dem meinen vergleichen? — Sehen Sie, ich habe die ganze Zeit an Sie gedacht, nur an Sie gedacht!"

Jettchen wurde glühend rot und verlegen.

„Ja, das habe ich! Nicht eine Stunde, Tag oder Nacht, habe ich an etwas anderes gedacht —, so wie man im Winter an den Sommer denkt. Dann ist es nur ein einziger langer, blauer Tag, und keine Nacht, kein Regen und kein Wind. Und so will ich weiter an Sie denken als an ein Etwas, das

so schön ist und so freudenvoll und so wunschweit —, und es
darf einfach nicht sein, daß dieser eine Lichtpunkt mir von
Wolken verhangen wird! Ein einziges Mal meinethalben
und hundertmal Jhretwegen nicht!"

Kößling sprach das noch halb lächelnd, aber aus seiner
Stimme klang eine verhaltene Verzweiflung, die Jettchen
fast zu Tränen rührte. Und doch mußte sie lachen —, nicht
spöttisch, nur freudig — und mit diesem Lachen fand sie ihre
ganze Überlegenheit wieder.

"Es liegt wohl nicht ganz in unserer Macht, Herr Doktor" —, und sie hörte selbst auf ihre Stimme — "uns unser
Leben zu formen. Aber ich will Jhnen versprechen, was an
mir ist, Jhnen keinen Grund zur Beängstigung zu geben,
trotzdem unser Leben nicht ganz wäre, wenn es einzig über
Blumen ginge. Mögen Sie das Salz in Jhren Speisen
missen? Es soll heute abend keine Prise Salz auf unseren
Tisch kommen, und ich werde sehen, ob Sie es nicht fordern!"

Kößling nickte sehr nachdenklich mit dem Kopfe und sah
starr vor sich hin. Und dann lächelte er, denn dieser Vergleich
hatte den Schriftsteller in ihm gerührt. Er schämte sich jetzt
seiner letzten Worte und der dumpfen Stimmung, die aus
ihnen emporschlug; und war es nun die frische Stille der
grünen Umgebung, war es die Anwesenheit seiner schönen
Partnerin —, im Augenblick waren an seinem verhangenen
Himmel alle Wolken von einem frischen Winde auseinandergeblasen, und das hoffnungsfreudige Blau von Jugend
und Gesundheit — denn er war aus Stahl und Sehnen —
lachte ihm aus allen Winkeln zwischen dem abziehenden
Gewölk.

Er griff Jettchens Hand. "Sie müssen mir verzeihen",
sagte er lustig und unbefangen, "aber am Brunnen läuft
der Eimer leicht über."

"Oh", sagte Jettchen und lachte hell wie eine Glocke, "was hätte ich Ihnen wohl zu verzeihen? Sie haben mir nichts gesagt, was für mich kränkend wäre."

Kößling empfand plötzlich, daß der Zaun, an den er sich lehnte, sich nach vorn neigte —, ganz langsam —, und daß ebenso der Weg drüben schräg abfiel, ganz schräg, wie ein Abhang. Aber das war nur ein Augenblick. Dann war ihm wieder hell und frei. So frei, wie ihm, soweit er zurückdenken konnte, noch nie gewesen. Denn auch er hatte sein ganzes Leben bisher unter einem nie endenden Druck verbracht, der sich wohl manchmal etwas von den Schultern hob, ganz wenig —, aber nur, um im Augenblick darauf wieder desto schwerer herniederzupressen.

"Wollen wir gehen und sehen, ob wir unser Häuschen bekommen? Vielleicht wird es dieses Jahr vermietet", lachte Kößling. Er sprach jetzt überhaupt nichts mehr, er lachte nur —, lachte das Beste von seiner Rede fort. Denn er hatte eigentlich trotz seiner Dreißig in seiner Schlankheit mit seinem roten, freudigen Gesicht etwas prächtig Jungenhaftes.

Jettchen sagte nicht nein. Sie meinte, ihre Pflicht wäre ja erfüllt, sie hätte ihm den Garten gezeigt; er hätte sich von den guten Aussichten der Erdbeerernte überzeugt, und damit stände weiteren Exkursionen nichts im Wege. Gestiefelt und gespornt wäre sie auch, so daß sie nicht noch einmal herauf brauche —, oder nur einen Augenblick, um mit dem Mädchen zu sprechen. Denn sie müsse noch etwas für den Abend bestimmen. Es wäre zwar möglich, daß die Tante nicht zurückkäme, aber auf jeden Fall müsse eine Schüssel mit Essen für sie bereit stehen.

Und sie kehrten dem weiten Himmel und seiner Helligkeit den Rücken, gingen die paar Schritte auf schmalen Wegen durch das Obstland hintereinander her und liefen dann beide zusammen schnell durch die Laubdämmerung unter den Rüstern und Eschen, an den Lauben vorbei, und sie sprachen gar nichts, und wenn ihre Hände sich versehentlich — der Zufall hat ja die Binde vor den Augen, aber er schielt ein wenig — sich versehentlich trafen, dann lachten sie und fanden es beide sehr albern, daß sie lachten —, aber sie mußten doch lachen.

Auf dem Hofe unter den Kastanien trafen sie die brave Frau Könnecke, die mit energischen Handbewegungen irgend= einem ihrer Kinder, einem elfjährigen Burschen mit einem Kopf wie ein Apfel und einem Gesicht wie eine aufgeplatzte Pellkartoffel, Verhaltungsmaßregeln für seine Zukunft gab in den leicht lesbaren Lettern der Keilschrift.

Und Frau Könnecke unterbrach ihre turnerischen Übungen, um die beiden mit erlesener Freundlichkeit zu be= grüßen und zu fragen, ob das vielleicht der Bräutigam von Fräulein Jettchen wäre. Denn sie setzte dessen Existenz schon lange im stillen voraus, da ihr ein Mädchen in diesem Alter ohne jeden Bräutigam in ihren Kreisen bisher noch nicht vorgekommen war.

Kößling nahm die Antwort auf sich und sagte, daß bis zur gegenwärtigen Stunde beiden davon noch nichts bekannt wäre, doch fühle er sich sehr geschmeichelt und wäre sehr erfreut über die Rolle, die ihm Frau Könnecke zugedacht hätte. Er hoffe aber dagegen, daß Frau Könnecke dieses Jahr recht viel von ihren Johannisbeeren haben würde, die hätten ja sehr gut angesetzt.

Doch damit war Frau Könnecke nicht einverstanden und gab einen kleinen Überblick über die Geschäftslage und Konjunktur in Beerenfrüchten.

„Ja, ja", meinte sie, „das ist so mit die Aser: wenn man ihnen brauchen könnte, dann hat man se nich; un wenn man se wieder hat, denn sind so ville da, daß se einem orntlich metzenweise nachjeschmissen wern. Das is nu mal mit die Aser nich anders!" Das sagte Frau Könnecke sehr langsam, sehr würdig und nach ihrer Meinung in einer sehr schönen, gebildeten und gewählten Sprechweise —, weil doch das Fräulein dabei war.

Als die aber heraufging, um noch etwas zu holen und anzuordnen, ließ sie sich schon etwas mehr gehen, so daß Kößling, als Jettchen wiederkam, wohlunterrichtet war, daß Frau Könnecke bei Karl sogar einen Arzt hätte haben müssen, während sie sonst überhaupt nie — nicht mal 'ne Hebamme gehabt hätten, und daß sie zu ihrer Tochter Emilie, die jetzt siebzehn Jahre würde, täglich sagte: "Emilie, det eene rat ick dir nur, lasse dir nicht mit de Männer in. Kaum daß de se ankiekst, haste schon 'n Kind!" — Und ob sie da nicht recht hätte? Man könnte gar nicht genug auf die Mädchens aufpassen.

Kößling hatte aber keine Zeit mehr, Frau Könnecke beizupflichten und ihr seine Ansichten über die strittige Frage zu entwickeln, weil eben Jettchen zurückkam. Und da sie noch nach dem Schloßpark gehen wollten, so nahmen sie von Frau Könnecke schweren Herzens Abschied, die über dieses Gespräch ihre Mission nicht vergessen hatte. Denn die beiden waren noch nicht im Flur, als Frau Könnecke sich schon wieder mit wuchtigen Handbewegungen an den kleinen Dickkopf heranmachte, der die Zeit nicht einmal benutzt hatte, um zwischen sich und seine freundliche Erzeugerin etwas mehr Zwischenraum zu bringen —, eine Tatsache, die immerhin auf eine sehr gering entwickelte Verstandestätigkeit bei Könnecke junior schließen ließ.

Und noch im Vorgarten hörten sie die schallenden Äußerungen des Mißfallens der braven Frau Könnecke.

Als das kleine Holzgatter zufiel, standen beide ziemlich ratlos da. Kößling wußte nicht, ob er jetzt Jettchen den Arm anbieten dürfte. Er zögerte, denn sie hätten doch jemand treffen können. Aber er nahm es sich für nachher vor.

Er war immer noch wie verzaubert und wiederholte sich im Gehen den langen, geraden Weg hinunter irgend etwas, von dem er annahm, daß es Jettchen ihm vorhin geantwortet hätte.

Sie gingen selbst im Schatten, aber links über ihnen in den grünen Lindenwipfeln hing der Sonnenschein; und den weiten Weg hinunter, der wie ein grüner Goldstreifen vor ihnen lag und sich mählich verengerte, war in der Stille des Frühlingsnachmittags kein Mensch zu sehen.

Und plötzlich fing Jettchen irgend etwas an zu singen oder eher zu zwitschern —, mehr für sich —, ganz einfache Liedchen, die jedes Kind kennt. Und Kößling fiel ein mit der zweiten Stimme, und ehe sie sich versahen, hatten sie sich beide an den Händen gefaßt wie Kinder und gingen im Rhythmus ihres Liedchens frei und offen, hoch und gerade, mit den Händen taktierend nebeneinander her.

Es war gar nicht zu sagen, wer damit angefangen hatte. Jeder meinte, es wäre der andere gewesen; aber er meinte auch, daß er sich hiermit irren könnte.

Und als Jettchen aufhörte, ließen sie doch die Hände nicht los, sondern gingen immer noch im Takt weiter. Es war ihnen, als ob die Hände zusammengewachsen wären, und als ob es ihnen Schmerz bereiten müsse, sie voneinander zu trennen. Dabei hatte Kößling die ganze Zeit Jettchen nicht angesehen. Und Jettchen ihn auch nicht. Sie sahen beide vor sich hin starr den geraden, langen Weg hinunter, als ob von dort das Glück auf sie zukommen müßte.

Hin und wieder sprach Kößling etwas von Dingen, die er gesehen, und die sich ereignet hatten. Denn Jettchen hatte gemeint, sie wisse überhaupt nicht mehr, was in der Welt vorginge. Er sprach vom Tonmodell der Amazone, das er bei Kiß im Lagerhaus gesehen hätte, und er wäre ganz überwältigt von dieser Lebendigkeit des Aufbaues gewesen. Aber der König hätte gesagt, er möchte den Narren kennenlernen, der das Geld zum Guß gäbe. — Und bei all dem, was Kößling sagte, hatte er nur das Gefühl einer unerhörten Zärtlichkeit für Jettchen, das ihm in seiner Süße fast Tränen entlockte. Er hatte die Empfindung, als ob er alles an ihr streichle mit unmerklich tastenden Fingern; die Empfindung hatte er einer so grenzenlosen Verehrung, daß sein Ich sich ganz darin auflöste wie Nebel in der Sonne. Er fühlte sich einzig als Bewunderer dieses schönen, an Leib und Seele geraden Menschenkindes, und in ihm war nicht ein Gedanke, daß er vielleicht an dieser Schönheit irgendwelchen lebendigen Anteil haben könnte.

Und der lange Weg vor ihnen nahm mählich ab, und schon wurde es hinten hell zwischen dem letzten Baumpaar. Die beiden gingen so hübsch im Takt, daß ordentlich der Boden unter ihren Schritten klang. Und sie gingen immer schneller und lustiger; dabei sprachen sie —, aber die Hände ließen sie nicht los.

Jettchen begann von Jason, den sie lange nicht gesehen hatte, und Kößling sagte, daß auch er sich ihm fast entfremdet hätte. Nicht daß sich sein Urteil über ihn geändert hätte, aber er hätte ihn in der letzten Zeit kaum gesehen.

Welches Urteil er denn über ihn habe? Ganz offen und ehrlich, er solle mal nicht daran denken, daß sie seine Nichte wäre.

„Nun gut, ich meine, Jason Gebert gehört zu jener großen Gruppe von Menschen, die immer enttäuschen. Bei denen man wartet, wartet, sein Lebtag wartet — und mit einem Male ist die Zeit dahin, und es ist nichts geschehen. Aber ich schätze seine Freundschaft, denn er ist ein Feinschmecker in allem; in der Lektüre und in jedem sonst, was seinen Schönheitssinn zu reizen weiß. Es ist sicher auch hierin ein Stück Künstlertum."

Jettchen nickte.

„Aber was tut das, Fräulein Jettchen? Was tut das? Wer enttäuscht nicht? Habe ich nicht bisher auch alle enttäuscht, die auf meine Karte etwas gesetzt haben? Mit je mehr Menschen uns das Leben zusammenführt, desto häufiger wird uns die Enttäuschung. Ich habe junge Studenten kennengelernt, von denen ich fest überzeugt war, daß ihre Namen den eines Hegel und Fichte verdunkeln werden, junge Dichter, von denen ich glaubte, man wird sie einmal neben die größten stellen, und sie sind verschollen, fortgeweht vom Leben, irgendwohin in einen stillen Winkel getrieben. Und gerade die, von denen man es nicht erwartet hat, die einem nie sonderlich aufgefallen sind, von denen liest man, hört man und horcht auf — aha, da ist auch einer! Das hätte ich dem nie zugetraut.

Aber zum Tischgenossen werde ich Ihren Onkel ernennen, wenn ich hier meine Tafelrunde zusammenrufe."

Jettchen sah ihn ungläubig an.

„Habe ich Ihnen nicht schon davon erzählt", lachte Kößling, „ich werde mir doch hier das Schloß mieten, und dann werde ich mit einer Zahl junger Leute darin leben, ein wenig anders als meine Herren Vorgänger hier: Gymnasium, zugleich Ringhalle und Rednerschule; wie Byron werden wir alle Romane der Welt lesen, uns einen zahmen Bären halten und bogenschießen; — und da steht als erster auf meiner Liste: Jason Gebert."

„Und ich?" schmollte Jettchen.

„Ja, ich glaube nicht, daß das für Sie etwas sein wird", sagte Kößling ernst. „Es sollten eigentlich da nur Männer unter sich sein, die Geister aufeinanderprallen, daß es Funken gibt wie bei Stahl und Stein. Sind Sie mir böse? Gut, seien Sie meine Wirtin. Sitzen Sie obenan bei der Tafel, und haben Sie die Fäden der Gespräche in der Hand. Und wenn die Mahlzeit zu Ende, dann biete ich Ihnen den Arm, führe Sie zur Tür; Sie reichen mir stolz und ruhig die Hand zum Kusse, gehen in Ihre Gemächer, ich wende mich zu meinen Freunden, die Diener geben die langen Pfeifen herum, der Wein wird noch einmal aufgetragen, und es blitzen die Raketen von Tiefsinn und Laune, von Sentimentalität und Zynismus. Und zum Marschall der Tafelrunde will ich da Jason Gebert ernennen. Das habe ich mir vorgenommen."

„Sie Närrchen! Aber ich verstehe. Ich glaube, es ist etwas sehr Hübsches um Männerfreundschaft, weil sie nicht kleinlich ist, und weil sie neidlos ist."

Und dann öffnete sich der Weg, und sie zogen wieder beide schweigend ein kurzes Stück unter silbrigen Platanen dahin, an den glatten, fleckigen Stämmen vorbei. Und bald tauchte links über den Wipfeln das Wahrzeichen, die flatternde goldene Puppe auf, die da oben auf ihrer durchbrochenen Kuppelspitze lustig tänzelte, tauchte auf plötzlich wie eine Vision und ganz seltsam durch die späte Nachmittagssonne von einer sprühenden Gloriole umzogen. Und dann wieder, kaum ein paar Schritte weiter, da lag schon der Bau in seiner vollen Ausdehnung vor ihnen mit seinen langgestreckten niederen Flügeln und mit seiner hohen Kuppel. Unten blickte er zwischen schwarzen Stämmen mit hohen weißen Fensterrahmen aus dem goldigen Gelb der Mauer, und oben hüllte er seine schweren Hauben der Dächer in die noch hellgrünen Laubmassen, deren höchste Wipfel jetzt tief und rot bestrahlt waren.

Soldaten übten drüben, daß der Staub um sie aufflog und sich lange, groteske Schatten auf dem Sand zeichneten. Und über den leeren Schloßhof schritt gelangweilt ein weiß= haariger Schloßdiener. Sonst lag alles ruhig und friedsam unter den schrägen Strahlen der späten Sonne.

Die beiden blieben einen Augenblick aufatmend und un= schlüssig vor dem Tor stehen, und über ihren Häuptern zückte das steinerne Fechterpaar seine Schwerter in erstarrter Pose gegeneinander.

„Seltsam", sagte Kößling, „ich denke bei diesen alten Lustschlössern niemals an Herrscher und Staaten oder an Kriege und Feldherren, sondern ich denke einzig in diesen langen Gängen und Zimmerfluchten, daß es dort heimliche Stelldicheins mit Hofdamen und verliebten Pagen gegeben hat und Briefchen, die in Kaminecken geschoben wurden, und Amoretten, die auf den Konsolen über den Fenstern lauerten. Es ist überall so etwas hängengeblieben wie der Duft ver= flossener Liebesgeschichten. Vielleicht liegt das in der Ein= samkeit, in der Verlassenheit, in der Schönheit der Räume; man meint immer, die Liebe muß solche Winkel suchen, wo sie ganz sich selbst überlassen sein kann, wo alles nur für sie Spiegel und Echo ist, wo jeder Blick und der Schatten jedes Baumes vor dem Fenster, der breite Gang zwischen den Linden und die verschwiegenen Wege durch die Büsche für sie geschaffen sind."

Jettchen sah ihn an, und so etwas wie Lachen, ein schalk= haftes Lachen war dabei tief auf dem Grunde ihrer Augen, die samtig glänzten wie die Blüten schwarzer Stief= mütterchen.

„Wir wollen doch lieber in den Park gehen, Herr Doktor", sagte sie mit einer verhaltenen Lustigkeit und hing sich plötzlich an Kößlings Arm, „und dann haben Sie ja gesagt, daß Sie mich im Schloß nicht haben wollen, daß Sie mich in meine Gemächer führen werden und mit Ihren Freunden zechen — also, gehen wir darum in den Park!"

„Nein", sagte Kößling, „so habe ich das nicht gemeint. Wollen Sie denn das Schloß allein mit mir teilen? Was würden wir beide wohl mit einem Schloß anfangen —, mit einem ganzen Schloß für uns allein? Wo uns alles gehört? Ich glaube, wir würden uns darin verflattern wie ein paar verirrte Vögel."

Hierbei zog Kößling Jettchens Arm, dessen volle Kühle er durch den Stoff seines Rockes spürte, recht nahe an sich heran, und das erstemal tauchten hierbei die beiden Augenpaare ineinander. Und das Spiel gefiel ihnen so, daß sie es nun oft wiederholten, in immer kürzeren Pausen und zu immer längerer Dauer, zu geeigneten Momenten und zu ungeeigneten, bei gleichgültigen und bei bedeutsamen Worten.

„Gehen wir also in den Schloßpark", sagte Jettchen und hing sich so recht schwer — gleich einem ungezogenen Kind — an Kößlings Arm, als sie durch das schwarze Gittertor mit den goldenen Ordenssternen traten.

„Hier herunter?" sagte Kößling und zeigte den langen Lindenweg hinab, hinter dem die Sonne stand und die Luft mit roten Strahlen durchwebte, daß jede Mücke und jedes schnurrende Käferlein wie ein Goldfunken blitzte — „hier herunter?" — und zeigte den Lindenweg hinab, der hier und da von schrill aufzwitschernden Drosseln überflogen wurde.

„Nein", sagte Jettchen, „ich mag diesen Weg nicht. Kommen Sie, ich führe Sie hier durch" —, und sie hielten sich am Schloß, schritten an Stiefmütterchenbeeten vorbei,

die in bunten Mustern zwischen großen, grünen Buchsbaum=
kugeln wie zwischen großen, grünen Steinen lagen und die
von den kleinen Linien gradgeschnittener Büsche fein wie mit
Zirkel und Linial umfangen waren. Und dann traten sie
durch die Orangerie ins Freie, und der ganze Park mit seinen
langen, geraden Lindenwegen, seinen Wiesenflächen und den
Fliederbosketten, mit seinen hohen, runden Baumgruppen,
die die Wiesen säumten, lag vor ihnen wie ein aufgeschlagenes
Buch, in dem sie nach Lust und Laune blättern durften.
Hier standen in den Kübeln die kurzen, schwerstämmigen
Orangenbäume neben den niederen Steinbänken und
neben den Büsten der römischen Cäsaren mit ihren dicken,
selbstsüchtigen Köpfen. Und vor dem Schlosse selbst war ein
großes Adlerbeet nur mit bunten, schweren Tulpen in
mancherlei Färbungen besetzt.

„Kennen Sie das?" sagte Jettchen:

„Es glänzt der Tulpenflor ...
Durchschnitten von Alleen,
Wo zwischen Taxus still ...
Die weißen Statuen stehen."

„Nein", sagte Költzling lächelnd, „das kenne ich nicht."
„Ich habe es in einem von den Almanachen gefunden,
die mir Onkel Jason geliehen hat."
„Wissen Sie nicht, wie es weitergeht, Jettchen?"
„Nein, eigentlich nicht", meinte Jettchen und wurde sehr
verlegen.
„Ach, bitte, bitte, warum sagen Sie es nicht?"
Jettchen konnte dieser Bitte nicht widerstehen und bekla=
mierte mit schnurriger Lustigkeit und so laut, daß ein paar
alte Herren, die in eifriger Diskussion einherwandelten,
erstaunt stehenblieben:

„Die schöne Chloe heut' spazieret in dem Garten,
Zur Seit' ein Kavalier, ihr höflich aufzuwarten,
Und hinter ihnen leis' Cupido kommt gezogen,
Bald duckend sich im Grün, bald zielend mit dem Bogen."

Diese Gelegenheit hielten die beiden für geeignet, sich durch einen langen und fröhlichen Blick von ihrem gegenseitigen Vorhandensein in dieser schönen Frühlingswelt genau und gewissenhaft zu überzeugen.

„Da schießt Cupido los, und er hat gut getroffen", meinte Kößling nach einer ganzen Weile so recht behaglich.

Und richtig, schon hatte er wie von der Chloe in dem Gedicht Eichendorffs wegen seines heuchlerischen und lügenhaften Wesens von Jettchen, die ihn schon wieder losgelassen hatte, einen ganz kräftigen Schlag auf die Hand bekommen.

Und dann setzte sich Jettchen in Bewegung und lief in ihrem hellen Kleid sehr schnell und trippelnd auf ihren kleinen Schuhen ein Stückchen vor ihm her, den dichten, laubgrünen Weg hinunter, in dem Glauben, Kößling würde das nicht auf sich sitzen lassen.

Aber der blieb ganz still und versonnen stehen und sah ihr nach. Der Gedanke, daß er jetzt irgendwelchen lebendigen Anteil an all dieser lebensprühenden Schönheit hatte, machte ihn plötzlich ganz verwirrt vor Glück. Und im Augenblick stand doch dabei sein ganzes Schicksal vor ihm, und die Tränen schossen ihm in die Augen.

Aber das war nur ein Augenblick, und er wischte sie fort mit einer Handbewegung. Dann lief er, Jettchen, die nun schon ein ganzes Stück voraus war, zu fangen. Und er blieb hoch aufatmend neben ihr stehen; denn sie hatte schon einen ordentlichen Vorsprung gehabt.

Und da Jettchen sah, daß Kößling weiter keine bösen Absichten hatte und den Schlag ganz ruhig als verdient hingenommen hatte und sich nur freute, daß er wieder bei ihr sein konnte, hing sie sich gelassen wieder ein. Und sie gingen zusammen am Teich entlang, auf schmalen, laubüberdachten Wegen, deren grüne Bogen sich hier ganz niedersenkten und das Wasser den Blicken entzogen, daß es nur mit Silberaugen durch die Maschen und Luken des Grüns emporblickte, während sie dort auf kurze Schritte den Blick offen ließen auf hohe Baumgruppen hinaus, drüben, jenseits der Wasserfläche.

Immer wieder sah das Schloß goldig und rot in der Abendsonne zu ihnen her, mit seiner tanzenden, goldglühenden Puppe. Sowie sie sich umsahen, stand es da; — hinten, jenseits des Wassers, am Ende der geraden Wege und zwischen den schönen Baumgruppen und hinter den kleinen, schmalen Teichläufen mit ihren linden Buchtungen und sanften Rasenwangen, die ganz weiß waren vom Schaumkraut und rot dazwischen vom Bachnelkenwurz. Und wieder und wieder tauchte es empor ... hinter weiten Durchblicken, die von Wiesen, Wasserläufen und Wegen durchschnitten und durchkreuzt waren; unter der Brücke, die ihren Bogen spannte; und hinter dem geröteten Spiegel des Teiches. Es war gleichsam vervielfältigt, bot sich überall dem Blick.

Jettchen und Kößling gingen hin und her, untergefaßt auf schmalen Wegen und, getrennt und jeder für sich, auf breiten Lindenalleen. Sie saßen eine kurze Weile auf der Bank am Teiche und sahen, wie die Schwalben, sich jagend, dicht über dem Wasserspiegel hinschossen und weiß und silbern aufblitzten, wenn sie im Fluge umwandten. Sie waren sehr still beide, sprachen nur ganz wenig und fühlten sich sehr glücklich. Aber Kößling war eine Traumstimmung gekommen, die alles versinken machte, was je in seinem Leben gewesen war und sich begeben hatte. Und Jettchen fühlte nur das eine, daß sie geliebt wurde, verehrt mit einer keuschen Anhänglichkeit, und das tat ihr wohl, und daß sie Kößling gern hatte und mehr als eigentlich nur gern hatte. Und sie dachte auch nicht im geringsten daran, daß dieses Gernhaben nun irgend etwas nach sich ziehen könnte oder für jenen bindend sei. Sie war nur frei und froh darüber, daß es zwischen ihnen so zu einer stummen Aussprache gekommen war.

Sie redeten von diesem und jenem. Kößling sprach wieder von Braunschweig, wo die Straßen so merkwürdige Namen hätten, und wo es eine Bolkerstraße gäbe wie in Düsseldorf. Er sprach von seiner harten und stolzen Jugend, denn er war arm gewesen, der Allerärmste. Und er war stolz gewesen, weil er immer über all den Söhnen reicher Leute gesessen hatte mit seinem zerrissenen Rock, und weil er sie an die Tafel hätte schreiben können, wenn sie gelärmt. Aber das war nur in den ersten Jahren seiner Schulzeit gewesen. Später hatte er den Schulzwang sehr hart empfunden, denn ihm hatte die Schule nicht genügt; und wer weiß, wie es gekommen wäre, wenn er nicht eben das Pensum so leicht und mühelos bewältigt hätte. Wenn er erst die auf den letzten Bänken verachtet hätte, so hätte er später nur mit ihnen verkehrt. Und seine besten Erinnerungen hätte er an seine Jugendfreunde aus der letzten Zeit, von denen manche, die von den Lehrern verkannt und gequält und von den Mit=schülern gehänselt wurden, ein reiches und schönes Innen=leben geführt hätten. Und von da an wäre es immer so mit ihm gewesen, daß er sich nie wo hätte einfügen können, und daß er immer die Ausnahme zur Regel gemacht hätte.

Damit hatten sie sich langsam in Gegenden verloren, wo der Park in sumpfige Wiesen und in Bruchland ausging, und wo sich in weiten Windungen hinten träge der Fluß hinschleppte und fern, ihn begleitend, ein feines, dunstiges Band — denn die Sonne stand schon niedrig darüber — sich der Wald zog. Und sie kehrten um, gingen neben einem schmalen fließenden Wasser einen hohen Steg entlang, der ganz von Weiden überhangen war, gingen ein Stückchen heimlichen Saumpfades, so daß einer hinter dem anderen schreiten mußte und jeder fast noch mehr als vordem, da sie Arm in Arm waren, den anderen fühlte. Und dann standen sie an dem kleinen, runden Bau, um den unter dem Dach riesiger Pappeln dunkle, alte Eiben Wache hielten. Oben, an ewig verschlossenen Jalousien, blinzelten Karyatiden schläfrig in die tiefe rote Sonne, die durch das Laub sah, und die steinernen Putten mit dem Fruchtkorb schwangen ihren Reigen auf dem gelben Häuschen.

„Nun wollen wir sehen, ob man es uns vermieten wird", sagte Kößling. „Für den Sommer oder für das ganze Jahr?"

„Für das ganze Jahr", meinte Jettchen.

Aber es war niemand zu sehen, niemand zu finden, keine Seele; trotzdem irgendwo hinten in einem Winkel bei einem Schuppen Wäsche hing. Nur die Blumen standen in kleinen Reihen dicht und schweigsam um das Häuschen, Narzissen und Stiefmütterchen, Maiglöckchen und bunte Zerealien. Und sie leuchteten schon grell und unirdisch in der beginnenden Dämmerung, die hier unter den Bäumen eben ihre ersten Schatten breitete.

„Wir haben kein Glück", sagte Kößling ernst.

Und jetzt beschlich auch Jettchen so etwas wie Traurigkeit. Ein Ton klang von unten aus den dumpfen Saiten. Und er schwang weiter, als sie heraus an das Wasser traten, das so träge und breit dahinfloß, nur hier und da ganz leicht gerauht von einem abendlichen Wind, ... der wie mit weicher Hand auch drüben über die Wipfel der hohen Bäume strich, daß alle Blätter ihre silbernen Unterseiten zum Licht kehrten. Selbst dieser leichte Wind machte Jettchen frösteln.

Kößling fühlte das.

"Ich habe auch neulich ein Gedicht in einem Almanach gefunden, du Süße", sagte er und legte seine Hand wärmend auf Jettchens Schulter:

"Heut stehe ich, ein Bettler noch,
Am Wege deines Lebens
Und halte meine Mütze doch
Vergebens, nur vergebens.

Doch, kehre ich zu dir zurück,
Heb ich dich auf mein weißes Roß
Und führe dich, mein Weib, mein Glück
In mein verschwiegnes, weißes Schloß."

Jettchen stand ganz still an ihn gelehnt, zitternd und glutübergossen. Und dann umschlangen sie sich plötzlich; es war, als ob sie zueinander gezogen wurden, als ob eines zum andern hin müsse, ganz nah und ganz eng. Und ihre Lippen trafen zusammen und lösten sich wieder und trafen wieder aufeinander und ruhten aufeinander, als ob sie diesen Platz nie mehr verlassen wollten. Und Kößling sah, wie aus Jettchens samtig schwarzen Augen ein paar Tränen kamen, ganz langsam sich sammelnd und lösend, sah, wie sie ganz langsam über die Wangen liefen; — und er suchte mit den Lippen ihr Gesicht, die Wangen, die Augen, die Stirn, das Haar an den Schläfen; nichts ließ er unbenetzt von seinen Küssen, die ein Echo hatten, ein nahes, rotes Echo.

Plötzlich riß sich Jettchen zusammen und sagte:

„Komm, mein lieber, guter Junge, wir wollen vernünftig sein, ich muß gehen." Und dann neigte sie sich wieder vor und küßte ihn so lange, so lange, daß Kößling fast die Sinne schwanden.

„Das ist der letzte", sagte sie und wandte sich.

Und jetzt jagten sie sich nicht, jetzt gingen sie ganz still und zögernd nebeneinander auf den dämmrigen Wegen, an den kleinen Teichläufen, an der blanken Wasserfläche, in deren Tiefe sich der helle und rosige Abendhimmel spiegelte.

Sie sprachen von dritten Dingen, aber sie vermieden es geradezu, einander anzureden, denn im „Sie" stockten sie, und das „Du" wollte ihnen nicht von den Lippen.

In den Baumgruppen häuften sich die Schatten, und der Himmel stand flammend darüber. Die Drosseln hatten hohe Plätze gesucht und sangen wild in den Abend hinaus, während sonst schon alles stumm war und nur ganz fern irgendwo unten am Wasser — — eine Nachtigall ein paar erste schwermütige Gluckser und Triller wagte.

In Kößling wechselten die Stimmungen wie Sonnenschein, Regen, Hagel und Schnee an einem Apriltag. Eben noch triefend und weiß überschüttet, blitzte im nächsten Augenblick alles an tausend Ecken und Enden auf.

Er hatte das Gefühl, als ob er jetzt etwas errungen hätte, das ihn vor allem feite; und daß er, möge kommen, was da wolle, nie mehr in das alte Elend zurücksinken könnte. Alles, was ihn bisher beschäftigt und erfüllt, kam ihm so klein, nichtig und gleichgültig vor gegenüber dem, was ihm jetzt als ein unverdientes Glück zugefallen war.

Da ist Politik und Gesamtheit und Dichtung und Lebensaufgabe und Lebensbedeutung und Nahrung und Sorgen und Ringen und einsame Qualen, und plötzlich kommt ein

Wirbelwind über uns, und all das ist auseinandergeblasen, als ob es nie dagewesen wäre, uns nie gedrückt und uns nie erfüllt hätte.

Jettchen ging fest und aufrecht neben Kößling und gab sich Mühe, alles in sich niederzuringen, was ihr an Angst und Bedenken um ihre Zukunft aufstieg —, denn sie fühlte jetzt, daß ihrer beider Zukunft zusammengehörte. Nein, sie wollte sich durch all das auch nicht eine Sekunde dieser schönen und seltenen Gegenwart verkümmern lassen, wo alles zu ihr sprach und der Duft von dem immer noch ein wenig regenfeuchten Laub und die Nähe des Geliebten, die lichte Glut des Abends, alles ringsum bis auf die verschwiegenen Steinfiguren im Dickicht sie schmeichlerisch einwiegte.

Als sie wieder vor dem Tor mit den goldenen Spitzen und den goldenen Sternen waren, blieben sie stehen, um noch einen Blick zurückzuwerfen auf den dämmrigen Lindenweg und die breiten Laubmassen des Parks, die hinter der niederen Orangerie wie eine dunkle Wand standen. Aber der Wachposten, der, mit dem Gewehr im Arm, in schweren, klappenden Schritten auf und nieder pendelte, ... ein grobschlächtiger, vierschrötiger Bursche, ... sagte, daß sie jetzt den Park verlassen müßten, sie wären schon die letzten, und das Tor müsse geschlossen werden.

Und Kößling wurde aufgebracht und wollte grob antworten. Aber Jettchen zog ihn angstvoll am Arm, sich ganz an ihn flüchtend, und tuschelte ihm zu, daß er um Himmels willen still sein möchte.

Und dann war sie wieder da — die goldene Puppe, die jetzt oben auf der Kuppel dunkel wie ein Schattenbild in den tiefen, lichten Abendhimmel mit seiner sengenden Glut schnitt. Und sie zog an ihren Blicken vorbei, und das

Halbdunkel des langen Weges umfing die beiden dicht und traulich, wie nach einem schönen Tag mit wechselnden, farbigen Bildern uns die stille Kammer mit ihren Heimlichkeiten wieder umschließt.

Und je näher sie zum Haus der Frau Könnecke kamen, desto langsamer gingen sie, zögernd und schrittweise, sie blieben minutenlang stehen in Worten und schönem Schweigen, dicht an den Bäumen, fern den kleinen gelben Lichtkreisen, genauso, wie es Jettchen an den Sonntagabenden immer von den andern gesehen hatte.

Sie sprachen beide nicht davon, wie es werden sollte zwischen ihnen, von Plänen, Hoffnungen und Aussichten, von Hindernissen und Schwierigkeiten; grad, als ob sie übereingekommen waren, nicht darüber zu reden und nichts zwischen sich aufkommen zu lassen, was das Glück und die stille Freudigkeit der Gegenwart vergällen könnte. Denn Jettchen, der wunderschönen, stolzen Jettchen Gebert war ihr Entschluß von vorhin, daß das der letzte sein sollte, längst leid geworden, und es wurde den Lippen immer leichter, sich zu finden, und immer schwerer, sich zu trennen. Es war gerade, als ob die Wellen eines Flusses, der ins Meer strömt, und die Wogen des Meeres, die zum Land ziehen, gegeneinander prallen und aneinander empordrängen.

Und sie gingen langsam — langsam —, schwenkten noch ein paar kurze Schritte in eine kaum erleuchtete Seitenstraße mit niederen Häuschen ein, um dann wieder zum Hauptweg zurückzukehren. Und die Dämmerung wandelte sich mählich in zage Dunkelheit, und die Dunkelheit mählich in warme Nacht, in die die nasse Erde noch ihre Nebel und Dämpfe emporschickte, so daß der Himmel ganz tief hing und oben die paar einsamen Sterne wie mit rotgeweinten Augen blinzelten.

Und zehnmal nahmen sie sich es vor und versprachen sich mit heiligen Eiden, daß sie nun vernünftig sein wollten und ihrer Würde eingedenk —, und zehnmal brachen sie lachend ihre Versprechungen wieder. Und auf kurze Weilen der Lustigkeit und des kindlichen Lachens folgten Zeiten der versonnenen Nachdenklichkeit, und auf Scherzworte und nichtiges Geplauder — sie hatten sich mit einmal beide so furchtbar viel zu erzählen von Dingen, die weit zurücklagen, kleinen Eigenheiten, Jugend- und Schulerlebnissen —, auf Nichtigkeiten, die nur für die beiden irgendwelchen Sinn hatten, folgten ernste und nachdenkliche Worte.

„Weißt du, mein Liebling", sagte Kößling, „daß ich mich in den Wochen jetzt — denn du mußt nicht glauben, daß du erst seit heute bei mir bist, du bist gar nicht von meiner Seite gewichen —, daß ich mich über nichts so gewundert habe, wie, daß ich dich doch getroffen habe. Denn mein Glaube ist: es gibt in der ganzen Welt immer nur zwei Menschen, die füreinander bestimmt sind, und sie werden so lange über die Erde gesandt und wandern ruhelos, bis sie einander getroffen haben. Schon zehn-, schon dreißigmal bin ich gewiß hier geboren worden und wieder zurückgekehrt, um immer wiederzukommen und nach dir zu suchen. Erinnerst du dich noch damals, wie ich dir sagte, daß es hoffentlich nicht wieder dreißigtausend Jahre dauern wird, bis ich dich wiedertreffe?"

Und Jettchen erinnerte sich.

Und dann sagte Kößling, wie seltsam das wäre, und er sähe seit Tagen und Wochen alles in einem anderen Licht. Und er wolle sich zwar immer noch einreden, daß er hinaus in das Leben gehöre, auf die Vorposten, zu den anderen, dort, wo es am heißesten kocht, wo es wird und sich weiterbildet —, aber immer wieder frage er sich erstaunt, was ihn denn all

das anginge, und was er denn damit zu tun habe, und ob das
vielleicht seine Reichen und seine Armen und seine Könige
und seine Konstitutionen wären und seine Mucker und seine
Bücher. Und er hätte jetzt das Gefühl, als ob ihn all das
nicht mehr beträfe, und er wisse gar nicht, was er damit
beginnen solle, es wäre ihm, als ob er nur Ruhe brauche,
um er selbst zu werden, und als ob ihm nur ein kleiner
Winkel selbst gehören müsse, auf dem er glücklicher sein
könnte als in dem weiten Palast; er wollte ja nichts, er wolle
ja gar nichts vom Leben wie nur das Almosen von Glück,
das ihm jetzt in den Schoß gefallen. Und wenn er sein Lebtag
deswegen mit allen anderen im Zug Steine karren müsse, er
würde es sich keinen Augenblick bedenken, und es würde ihn
keinen Augenblick je reuen.

Aber Jettchen meinte, daß er das jetzt wohl nur so hin=
spräche.

Und dann waren sie nun doch fast an das Haus der Frau
Könnecke gelangt, und der Duft von den Flieder= und Gold=
regenbüschen, die als trübe, verschwommene Massen am
Zaun lehnten, kam schon her zu ihnen, überschrien und über=
täubt von dem Orangenhauch der weißen Akazien, die hinten
vom Garten her ihre Atemzüge in die dunstige Nacht
sandten. Und ihrer beider Herzen schlugen schwer und
drängend, daß sie sich nun trennen mußten. Und wie sie noch
so still im Schatten der Linde standen, da wurde es hell im
Zimmer der Tante, und ein breiter Lichtkegel goß sich hinaus
auf die Büsche und die Blüten, so daß man jedes einzelne
Blatt des Flieders ganz deutlich sah —, goß sich hinaus und
ertrank mählich im Dunkel der tiefen Frühlingsnacht, ja, er
kam nicht einmal bis zu der Linde, die die beiden schützte.

Und dann trat die Tante an das Fenster und sah hinaus.
Aber da sie im Hellen stand, so war ihr draußen alles in

doppelte Finsternis gehüllt, und sie ahnte nicht, daß wenige Schritte von ihr Kößling und ihre Nichte Jettchen mit angehaltenem Atem unter dem Baum standen. Und nachdem die Tante die Jalousien hineingezogen, warfen sich Jettchen und Kößling ein letztes Mal einander in die Arme, und Jettchen, die stolze Jettchen Gebert schüttelte ein Schluchzen, und Kößling streichelte ihr Haar und Schläfen und Wangen und sprach auf sie ein und tätschelte und herzte sie und küßte sie unter leisen Schmeichelworten, so wie man ein müdes, unglückliches Kind beruhigt.

Und dann nahmen sie Abschied voneinander und reichten sich stumm die Hände, preßten sie und küßten sich und gaben sich wieder die Hände und küßten sich wieder und rissen sich endlich voneinander, schmerzhaft und gewaltsam. Und als Jettchen Kößling schon lange nicht mehr sehen konnte, glaubte sie immer noch, ihn im Dunkel zu gewahren und seine Schritte zu hören. Und endlich schlich sie ganz leise, daß nur die Gartentür nicht knarrte, hinein, das Treppchen hinauf, so daß sie die kühlen Blätter der Ligusterbüsche raschelnd streifte. Sie fürchtete schon, daß die Tür geschlossen wäre, aber die hatte Frau Könnecke offen gelassen und den Schlüssel hineingesteckt, damit Jettchen von innen abschließen könnte.

Frau Könnecke selbst brannte den ganzen Sommer über kein Licht und ging mit den Hühnern zu Bett oder doch kaum ein, zwei Stunden später.

Auf Jettchens leises Klopfen rappelte es sich im Zimmer der Tante —, aber die Tante kam nicht. Und dann, nach einer ganzen Weile, klatschte das Dienstmädchen mit bloßen Füßen über den Korridor, denn sie war auch schon bettreif. Sie sagte, daß sie für das Fräulein noch Abendbrot gemacht hätte, und ob es Fräulein Jettchen vielleicht in ihr Zimmer

haben wollte; aber Jettchen wollte nicht. Sie ging sofort in
ihr Stübchen, stieß die Fenster, die nur angelehnt waren,
weit auf und sah in die feuchte Nacht und in den Himmel,
der da oben mit einer leichten Lichtkante über den Bäumen
hing, und dann dachte sie, wo Kößling wohl jetzt schon wäre,
und ob er schon am Steuerhäuschen wäre, und ob es nicht
sicherer sei, wenn er fahren würde, und ob er nicht doch viel=
leicht selbst so klug sein würde und einen Torwagen benutzen.

Und dann begann Jettchen sich leise, ganz leise im
Dunkeln auszuziehen, denn es konnte sie ja niemand sehen
da drinnen in ihrem finstern Zimmer. Und sie nahm sich vor,
zu schlafen, fest und süß. Aber ihr Blut kochte, und wenn
sie die Decke über den Kopf zog und die Augen schloß, dann
war es ganz dunkelrot um sie. Und wenn sie versuchte, an
irgend etwas zu denken, was sie beide betraf, so floh das und
glitt davon wie Laub und Blumen, die ein Windstoß in den
Bach getrieben — da ziehen sie noch, und wo sind sie nun?

Und plötzlich schien es Jettchen, als ob es um sie lebendig
wurde —, oder war es nur der Nachthauch, der von den
Bäumen her hereinzog? Und als ob all das Geflüster, das
einmal in diesen Räumen gelebt, die Liebe, die einmal in
diesen Kissen geruht, wieder zum Dasein erwachte und mit
ihren unerhörten Zärtlichkeiten sie betörte.

Und Jettchen lag eine ganze Weile da, heiß, zitternd,
verängstigt; auch nicht ein Glied wagte sie zu rühren, und
eine Sehnsucht kam über sie, daß sie schreien mochte, und
sie fühlte wieder diesen ganzen Sprühregen von Küssen um
Haar und Mund und Wangen, der sie überstäubt hatte.

Diese wehrlose Schwäche ertrug Jettchen nicht länger.
Und leise, wie sie sich gelegt, erhob sie sich wieder, zog ein paar
von ihren Sachen über, die weiß und deutlich in der Dunkel=
heit vom Stuhl leuchteten, fand einen Schal in der Ecke,

den sie um die Schultern nahm, steckte die bloßen Füße in die leichten Pantoffel; und dann schlich sie mit verhaltenem Atem und angstvoll wie eine Diebin, nach jedem Schritt lauschend, ob sich auch nichts regte, bei jedem Schritt zusammenschreckend, weil vielleicht die Diele knarrte und es irgendwo knisterte, angstvoll aus ihrem Zimmer über den Korridor und das Treppchen hinab.

Und sie atmete erst auf und blieb einen Augenblick stehen, als sie unter dem dichten Laubdach der Kastanien war, das eine warmfeuchte Treibhausluft daniederhielt. Aber als drüben im Nachbarhof ein Hund anschlug und mit seinem dicken Kopf heulend gegen den Zaun stieß, ging Jettchen doch schnell weiter und auf vertrauten Wegen in das Dunkel des Gartens hinein.

Dort war es kühler als unter den Kastanien, und sie mußte das Tuch fest um die Schultern ziehen, weil ihr die Frische der Frühlingsnacht überall durch die leichte Bekleidung bis auf die Haut schlug und sie schaudern machte. Und Jettchen ging rastlos durch den Baumgarten, der ganz nach Akazien duftete, und wo hin und wieder oben Sterne zwischen dem Laub blitzten, und rastlos hinten im Obstland auf den kleinen Wegen zwischen den betauten Himbeerbüschen, wo sie den ganzen Himmel wie eine dunkle, funkelnde Glocke über sich hatte. Und sie dachte an die Worte Kößlings, der sie sich vorstellte, wie sie hell aus dem Dunkel eines Weges heraustrat, und sie dachte an Kößling und an ihr Glück und an ihre Hoffnungslosigkeit — immer wieder. Und sie lebte jedes Wort des Nachmittags und jeden Kuß des Abends noch einmal durch ... Es war so still im Garten, daß sie von weitem die Turmuhren schlagen hörte. Sie wußte nicht, woher das kam, aber ganz deutlich, alle Viertelstunden, alle halbe Stunden und in langen Zwischenräumen die Stunden. Und sie wußte gar nicht, wie spät es war, weil sie die Glockenschläge wohl hörte, aber nicht zählte. Und es wurde beinahe schon licht oder ihr schien das doch so, als sie endlich hinaufging, müde, ach so müde...

Und als Jettchen wieder in ihrem Zimmer war, konnte sie kaum noch die Fenster schließen, da fiel sie auch schon auf ihr Bett, willenlos und schwer wie ein Stein, und schlief dumpf und traumlos bis weit in den hellen Vormittag...

*

Erst ganz spät am Vormittag wachte Jettchen auf. Sie wußte gar nicht recht, wo sie war, und dann kam es langsam über sie, all das vom gestrigen Abend und von der Nacht.

Aber kaum, daß sie sich ganz den Schlaf aus den Augen gerieben, und kaum, daß sie sich alles wieder genau ins Gedächtnis gerufen, da war auch eigentlich schon alles zunichte, vorbei und verflossen. Und der eigenwillige Strom war von neuem in das alte Bett geleitet worden.

In triefendem Regen kam die Tante schon wieder aus Berlin zurück; denn gegen Morgen hatte es sich bezogen von Spandau her, und bald hatte ein leiser Schauer eingesetzt, und jetzt sah es gerade aus, als ob das Wasser, das in breiten, klatschenden Güssen vom schrägen Dach schüttete, niemals mehr versiegen wollte und so bis zum Jüngsten Tage fortwirtschaften wollte. Und die Tante war naß geworden, trotzdem im Torwagen die Leder herabgelassen waren, und sie war, ganz gegen ihre Art, recht bedrückt und schweigsam. Sonst schnurrte sie ab wie eine Repetieruhr, aber heute bekam sie nicht die Zähne auseinander. Nun ja, ganz still war sie ja nicht; denn, wenn die Tante wenig sprach, nahm sie es immer noch mit jedem Mennonitenprediger auf; aber man fühlte, sie sprach nicht wie sonst aus Redebedürfnis, sondern eher, um ihr Schweigen weniger empfindlich zu machen. Von gestern abend jedoch erwähnte sie kein Wort.

Und Jettchen saß ihr gegenüber, hinten in dem kahlen Eßzimmer, dessen grüne Dunkelheit ihr noch nie so beängstigend erschienen war, und während sie fragte und antwortete, so unbefangen sie es vermochte, fühlte sie, daß in der Zwischenzeit sich irgend etwas Schlimmes für sie ereignet hatte, etwas Unabwendbares, etwas, das sie ganz und für immer aus ihrer Bahn stoßen würde. Und den ganzen Nachmittag schrieb Tante Rikchen an Salomon nach Leipzig einen langen Brief, während Jettchen mit einer Handarbeit still dabei saß. Und nachher, als Jettchen mit anschreiben wollte, sagte die Tante, daß leider gar kein Platz mehr wäre, und daß der Brief sehr schnell fort müsse. Und sie ging selbst — trotz des Regens — und brachte ihn zur nächsten Poststelle.

Jettchen hätte zu gern der Tante von dem Ihrigen gesprochen. Sie sehnte sich danach, jemand zu haben, dem sie ihr Herz ausschütten könnte — aber wie sie sich so gegenübersaßen, fand sie nicht den Mut und nicht den Anfang. Mehr als einmal war ihr das Wort schon auf den Lippen, aber es blieb immer erstarrt und gefroren, und wenn sie der Tante ins Gesicht sah, das in seinem besorgten Ernst mit den kleinen schwarzen Rosinenaugen gar zu komisch sich ausnahm, dann dachte sie wieder traurigen Sinnes daran, daß sie doch jetzt schweigen müßte, und daß es besser wäre, zu warten, bis der Onkel käme, und dem alles zu gestehen. — Der würde schon für sie beide eintreten, das wußte Jettchen ...

Die gute Frau Könnecke hatte nämlich gestern — wie zu erwarten — die Tante sofort empfangen und gesagt, Fräulein Jettchen wäre mit einem Herrn weggegangen und würde wohl nicht so bald wiederkommen. Wenn sie auch gemeint hätte, daß sie zum Abend da wäre, das hätte jar nicht so ausjesehen. Aber Frau Könnecke hatte auch hinzugefügt, daß sie ja fast immer zu Hause wäre, und daß sie den Herrn, der ein freundlicher blonder Mann wäre — denn sie hätte mit ihm gesprochen —, noch nie hier draußen gesehen hätte. Ob aber Fräulein Jettchen vormittags — wenn sie immer nach dem Park ginge — mit ihm nich da Treffpunkt hätte, das wüßte sie natürlich nich.

Und die Tante hatte darauf fast geweint, daß sie sich über Jettchen von fremden Leuten so etwas sagen lassen mußte — und die halbe Nacht hatte sie nicht geschlafen vor Sorge, und hundertmal hatte sie gewünscht, daß ihr Salomon doch da sein möchte, um Jettchen einmal ordentlich den Kopf zurechtzusetzen. Denn das ginge doch nicht, daß sie sich mit fremden Männern umhertriebe... was sich Jettchen denn dächte, daraus könnte doch nie etwas werden... davon könne doch wirklich gar keine Rede sein. Und in aller Herrgottsfrühe war die Tante dann wieder aufgestanden und war gleich — ohne etwas zu nehmen, denn sie konnte ja bei Bolzani ebensogut Kaffee trinken — zu Jason ins Geschäft gefahren. Hatte der den Menschen zu ihnen gebracht, so konnte er auch sorgen, wie sie ihn wieder los wurden.

Aber Tante Rikchens Geduld wurde da auf eine harte Probe gestellt, denn Herr Jason pflegte, wie der Hausdiener Gustav sagte, vor halb elf überhaupt nie ins Geschäft zu kommen, und in der Stunde bis dahin verbrodelte so manches von dem, was die Tante gegen Jason und über Jettchen und Kößling auf dem Herzen hatte, und die Unterhaltung zwischen Jason und Rikchen fiel bei weitem ruhiger im äußeren Kleid und bei weitem leiser im Ton aus, als man es zuerst erwarten mochte.

Denn als Jason endlich kam — noch eine Viertelstunde später als sonst, geschniegelt und gebügelt, lustig und pfeifend —, war die Tante, die schon vor Ungeduld nicht mehr sitzen konnte und quecksilbrig im Privatkontor ihres Mannes hin und her trendelte, am äußersten Rand ihrer Kräfte und von einer schon mehr gottseligen Weichmütigkeit.

„Tag, Rikchen, was führt dich denn her?" fragte Jason halb ängstlich, halb verwundert.

Aber Tante Rikchen ließ Jason gar nicht Zeit, sich von seinem Staunen zu erholen. „Jason", begann sie, nach Luft schnappend, „Jason — denk' dir, der Mensch, den du uns da mitgebracht hast, der ist doch gestern draußen in Charlottenburg gewesen."

„Nun", sagte Jason —, und jetzt ging er auf und ab. „Nun", sagte er zwischen zwei Trillern aus der Ouvertüre zu „Zampa". „Ich wüßte doch nicht, daß Geberts Charlottenburg gepachtet haben. Nach dem Preußischen Landrecht kann man es keinem Menschen verbieten, daß er nach Charlottenburg geht; selbst dann nicht einmal, wenn ich den Menschen zu dir mitgebracht habe."

„Ja", sagte Tante Rikchen traurig und langsam, „meinetwegen kann er ja nach Charlottenburg kommen, soviel er will; aber der Mensch ist den ganzen Nachmittag mit Jettchen spazierengegangen bis spät in die Nacht hinein. — Ich hab' Jettchen gar nicht mehr kommen hören."

Diese kleine Unwahrheit glaubte sich Tante Rikchen doch schuldig zu sein, um ihren Worten mehr Gewicht zu geben.

Jason blieb stehen und machte ein sehr nachdenkliches Gesicht und pfiff die Melodie, die er erst mit gespitzten Lippen getrillert, nun ganz leise und scharf durch die Zähne.

„Soo", sagte er, „so! Ist das denn das erstemal, daß Doktor Kößling draußen bei euch war?"

"Das weiß ich doch nicht."

"Ja, was hat dir denn Jettchen davon gesagt?"

"Aber Jason, ich werde doch nicht mit Jettchen darüber sprechen! Und meinst du denn, sie wird mir was sagen? Da wäre sie ja schön dumm."

"Ja", meinte Jason und knabberte an seiner dünnen Oberlippe. "Liebe Schwägerin, da rede doch zuerst einmal mit Jettchen darüber — was soll ich denn eigentlich dabei tun?"

"Nun denke dir, wenn Salomon jetzt kommt — du weißt doch selbst, wie er an Jettchen hängt —, was soll ich da sagen?" meinte Rikchen ganz verstört und mit einer Miene, als ob sie schon morgen von Jettchen aus Großtante werden sollte. — — — Das brachte Jason außer Fassung.

"Glaubst du denn wirklich, daß da — ich meine —, daß da — verstehst du — irgendwie Grund zur Besorgnis ist? Sieh mal, ich kenne Jettchen, und ich kenne den Doktor Kößling, und da will mir das doch sehr fraglich erscheinen. Es ist ja möglich, Rikchen, daß sie aneinander Gefallen finden — aber mehr glaube ich..."

"Möglich!! — Er sagt möglich", versetzte Tante Rikchen in einem Tone, als habe sie einen Geistesgestörten vor sich — "meinste vielleicht, Jason, ich habe keine Augen im Kopf? Meinste vielleicht, ich habe das nicht schon lange kommen sehen?"

"Aber du kannst dich auch mal täuschen, liebe Schwägerin!"

Jetzt war es an Tante Rikchen, aufzuspringen.

"Ich mich täuschen? Habe ich mich in solchen Sachen je getäuscht? Ich weiß gar nicht, wie du dazu kommst, Jason, so was von mir zu sagen."

Damit hatte sie Jason Gebert, dem die Lage anfing, peinlich zu werden — denn er sagte sich, daß er sich hier eine böse

Suppe eingebrockt hätte —, den Humor wiedergegeben, und mit ihm hatte er auch sogleich seine alte Art wiedergewonnen, die Dinge nicht an sich herankommen zu lassen, sondern sie von oben herab zu behandeln.

„Du weißt, Gemahlin meines Bruders Salomon Gebert", sagte er und stellte sich lustig und breitbeinig, beide Hände in die Taschen geschoben, vor die kleine, schnaufende Tante Rikchen, „du weißt, von je verehre ich deinen weiblichen Scharfsinn, der gerade in solchen delikaten Dingen, wie diese es sind, derenthalben du dich hierher bemüht hast, sogar schon oft eine wunderbare divinatorische Gabe gezeigt hat, indem er das sah, was noch nicht vorhanden war, aber immerhin werden konnte. Und was meinst du nun, liebe Freundin, soll dagegen getan werden, daß dieses Mal deine Prophezeiungen sich nicht erfüllen?"

„Er redet immer von Prophezeiungen! Mir ist die Sache leider, leider blutig ernst, und Er tut, als ob es gar nichts auf sich hätte. Erst bringt Er mir den Menschen ins Haus, und nachher, wie's Unglück geschehen ist, steht Er einfach da mit de Hände in de Hosentaschen."

Wenn Tante Rikchen erregt war, brachen bei ihr die Klänge ihrer Heimat durch, die sie sonst so gut zu verleugnen wußte.

Jason lachte, denn die kleine, dicke Tante Rikchen da unten sah in ihrer Verzweiflung, die ihr so gar nicht zu dem runden Eierkuchengesicht stehen wollte, wirklich sehr lustig aus.

„Nun, und, was soll ich denn eigentlich dabei tun, schöne Frau?"

„Er fragt?! Du mußt zu dem Menschen gehen und sagen, er soll nicht mehr kommen. Das ist jetzt deine heilige Pflicht, Jason —, das bist du uns schuldig."

„So, und wenn du dich nun doch — ?"

„Schön, lieber Jason, wenn du nicht willst, dann werde ich gehen", sagte Tante Rikchen mit einer Bestimmtheit, als ob sie solche Wege alle Tage unternähme und längst wüßte, wo denn der Delinquent im Straßennetz Berlins aufzufinden sei.

„Höre mal, Rikchen, Doktor Kößling, glaube ich, empfängt — soweit ich ihn kenne, keine ihn kompromittierenden Damenbesuche... aber lasse mich mal reden ———"

„Nein, bitte, laß mir mal reden."

„Höre mal, liebes Rikchen, wenn du dich der Rednerliste nicht fügen willst, so werde ich Schluß der Debatte beantragen und zur Tagesordnung übergehen."

Aber Tante Rikchen war zu aufgebracht, um sich an parlamentarische Formen, Grammatik, Hochdeutsch oder sonst etwas von der Welt zu halten, und sie hatte sich auch jetzt schon viel zu gut von ihrer Wartezeit erholt, um zu allem zu schweigen. — Und was also auch Jason ihr entgegenhalten mochte, sie kodderte unbekümmert dazwischen.

„Schön", meinte Jason endlich, „ich bin zwar der Ansicht, es ist übrig. Aber wenn du es durchaus willst, werde ich — schon, um dich zu beruhigen — einmal zu Kößling gehen und ihm ganz leise auf den Zahn fühlen — den Gefallen will ich dir tun —. Aber entschuldige mich jetzt, ich muß wirklich die Post durchsehen."

Und damit geleitete er — ohne sich auf weitere Unterhandlungen einzulassen — Tante Rikchen zur Tür, und Tante Rikchens Redestrom floß noch immer weiter, als sie schon halb auf der Straße war und Jason schon längst bei der Korrespondenz über die Remisse von Bauke & Tulpenthal aus Frankfurt saß, die behaupteten, ein gelbes Sergedessin mit roten Tupfen und keinen moosgrünen Atlas mit gelben Kreuzchen bestellt zu haben.

Und während die Tante noch bei Bolzani war, um — jetzt schon wieder recht guter Dinge (denn sie war entlastet) — ihren vollverdienten Morgenimbiß nachzuholen, machte sich Jason auf den Weg zu Doktor Kößling, beklommen und unerfreut. Er glaubte ja nicht, daß sich zwischen Jettchen und Kößling irgend etwas angesponnen hätte, aber er gab es sich doch zu, daß das immerhin im Bereich der Möglichkeiten läge —, da diese beiden Menschen in ihrer ganzen Art eigentlich nicht übel zueinander paßten. Denn das etwas stille und verträumte, leicht passive Wesen, das Jettchen von den anderen Geberts mit ihren ständigen Temperamentsäußerungen trennte und das einen Einschlag mütterlichen Blutes darstellte, mußte sie eigentlich Kößling innerlich näherbringen, als er glaubte, ihm je gekommen zu sein.

Das sagte sich Jason, und er überlegte im Gehen hin und her, wie er jedes weitere Zusammentreffen der beiden hintertreiben könne, ohne gerade unhöflich oder ungeschickt zu sein. Denn, wenn sie es wirklich miteinander hätten — um Himmels willen, was sollte daraus werden! Jason wurde ganz heiß bei dem Gedanken; und mit seinen funkelnagelneuen Gamaschen, und trotz des Regens, und trotz der Pfützen überall zwischen den Steinen, und trotz des Wassers, das in den Rinnen schoß wie ein kleiner Wildbach, daß man kaum noch mit einem Schritt herüber konnte, humpelte Jason drei-, viermal vor Kößlings Haus auf und nieder und traute sich nicht nach oben — wie ein Kind, das Schelte bekommen soll. Und er hätte etwas darum gegeben, Kößling nicht zu treffen. — Aber endlich mußte er doch hinaufgehen. — —

Kößling wohnte in der Neuen Friedrichstraße, in einem kleinen Häuschen, irgendwo nach hinten heraus, nach dem Königsgraben zu. Unweit von seinem Fenster standen Rüstern und Pappeln, unter denen das schmale, schwarze Wasser träge vorbeizog und über die hinfort die grauen Steinpüppchen von den Kolonnaden sahen. Aber erst war da noch so ein kleines seltsames Gärtchen unten zwischen den Häusern und Höfen eingeklemmt, mit ein paar verwachsenen Wegen und ein paar spätgrünenden Büschen, die sich frühzeitiger als sonst irgendwelche im ganzen Land wieder entlaubten, und mit breiten Blättern von Kletten und Huflattich, statt des Rasens von ehedem. Das rostige Gitter war immer verschlossen, und nie kam da ein Mensch hinein. Nur einmal hatte Kößling eine alte Frau unten auf einem Lehnstuhl sitzen sehen, die so krank war, daß sie nicht mehr gehen konnte — aber das war schon einige Zeit her; und da sie Kößling nicht wieder sah, und da das wirre Gärtchen immer gleich still und gleich verwüstet lag, so nahm er an, daß die alte Frau schon einen besseren Platz gefunden hatte.

Das Beste an Kößlings Zimmer war nun eigentlich die Aussicht ins Grüne oder im Winter in das Maschennetz der Zweige hinein. Deswegen hatte er es auch gemietet. Innere Vorzüge besaß es nicht. Es war ein längliches Viereck mit hellgetünchten Wänden und mit Dielen so alt und morsch, daß sie weit klafften. Es hatte nur ganz wenige Möbel von altfränkischer Schwere. Ein Bett in der Ecke — mit einem Überbau und dichten Vorhängen —, in dem man einen Zug Grenadiere hätte verstecken können; einen Lehnstuhl in der Mitte, unverrückbar wie ein Felsblock, mit schwarzem Leder und weißen Knopfreihen — Thron und nachmittägliche Schlafgelegenheit in eins —, und eine

Festung von Tisch am Fenster, auf dem Bücherstöße Wälle mit Schießscharten nach Vaubanschem System bauten, und der so gestellt war, daß die Schreibhand keinen störenden Schatten auf das Papier warf.

An dem Tisch arbeitete Kößling mit dem Blick ins Grüne, und an ihm schlang er seine stillen und freudlosen Mahlzeiten hinein, bei denen er das Buch weit ab in der Mitte der Tischplatte gegen ein Tintenfaß lehnte und mit gierigen Blicken die Zeilen überflog.

Die paar Holzstühle mit dünnen hohen Ziegenbeinen und zierlichem Stabwerk der Lehnen kamen gegen die Vorsint=flutler nicht an. Wie Kinder, die man in die Schmollwinkel verbannt, standen sie in den Ecken; und sogar die Lithographien an der Wand in gemaserten Birkenrähmchen — Blume als Don Juan und die Sonntag von Dondorf als Selika im „Oberon" — sie wagten ebensowenig zu mucksen wie die vier kleinen Schattenbilder von Studienfreunden in den schmalen Goldrändchen, die ihnen gegenüber hingen.

Bett, Lehnstuhl und Tisch teilten sich allein und unum=schränkt in die Herrschaft in dem weißen Zimmer mit den morschen Dielen und den dünnen, flatternden Mullvor=hängen.

Kößling liebte diese paar Stücke nicht, denn sie hatten unangenehme Umgangsformen. Sie taten, als bemerkten sie ihn gar nicht, oder behandelten ihn nur so ganz von oben herab. Und —, wenn nicht draußen die grünen Bäume ge=wesen wären und unten das verwilderte Gärtchen, Kößling wäre schon längst hier fortgezogen, aber die versöhnten ihn immer wieder, wenn es einmal mit Tisch, Bett und Lehnstuhl eine Meinungsverschiedenheit gegeben hatte.

Jason Gebert traf Kößling zu Hause . . . Denn als es zu regnen begonnen hatte, hatte sich Kößling wohl oder übel bequemen müssen, endlich seine Wohnung aufzusuchen. Bis dahin, die ganze Nacht hindurch, war er umhergeirrt —, weiß Gott wo, nicht Herr seiner Sinne. Er war im Tiergarten gegen die Bäume gelaufen, hatte sie umklammert und zu ihnen gesprochen; und dann war er wohl eine halbe Stunde irgendeinem Mann gefolgt, bis der endlich Furcht bekam; er hatte lange, lange nachher Unter den Linden vor Jagor gestanden und verächtlich über das Pack gelacht, das noch hineinging und herauskam — stolz, weil niemand von all denen, die singend an ihm vorüberschwankten, wußte, daß er gegen sie alle, die hier in einer Nacht mehr Friedrichsdors fortwarfen, als er in einem Monat verausgabte, ein König sei. Und alle die Zärtlichkeit, deren seine Seele fähig war, hatte sich in Worte gelöst, und er hatte sie alle um den Namen Jettchen gegossen. Er hatte immer wieder versucht, Jettchen sich vorzustellen; — wie sie im Obstgarten an der Hecke lehnte, wie sie vor ihm über den Hof schritt, wie sie im Park ihm entlief, wie sie im Weidenweg hintereinander gingen, ganz dicht hintereinander; wie Jettchen am Wasser den Kopf neigte —, und wie sie dann endlich das Treppchen hinaufhuschte — während er draußen in der Dunkelheit den Kopf gegen einen Baum preßte.

Manchmal war es ihm, als spüre er noch deutlich die Wärme ihres Atems an seiner Wange, und er sah zur Seite, ob sie nicht neben ihm ginge.

Und dann wieder träumte er lange von der Zukunft, und er malte sich ein gemeinsames Leben aus mit allen Traulichkeiten und mit einem weißen gedeckten Kaffeetisch in der Frühe und mit Jettchen ihm gegenüber im hellen Morgenkleid. Und er sah dabei ganz deutlich eine geschliffene Kristallschale mit goldgelbem Honig vor sich stehen. Honig zum Kaffee war von je der höchste und letzte seiner noch unerreichten

Wünsche gewesen. Und er lachte nun selbst darüber, als er sich jetzt dabei ertappte.

Dann wiederum ergriff ihn doch Zagnis und Bedrängtheit; und er zergrübelte sich, was er alles tun könne, um Jettchen zu erringen: Er würde sie mit sich nehmen, nach Haus, wie sie ging und stand; er würde als reicher Mann kommen mit einem berühmten Namen und allen Widerstand brechen; er würde Lustspiele schreiben, kleine Sachen, die man überall geben müsse, — das brächte Geld. Und er baute in Gedanken schon kleine Nichtigkeiten auf. Dann war er einmal der Meinung, daß Jettchen ihn nie wiedersehen wolle, weil er doch für sie zu gering wäre — und er mußte dieser Meinung recht geben. — Und es war kein Gedanke des Unwillens in ihm, und einzig Dankbarkeit für das kurze Geschenk ihrer Schönheit.

Endlich kam er — wie er in immer entlegenere und fremdere Straßen hinausirrte — auch in ganz krause und entlegene Gänge seines Geistes, und er wußte zum Schluß, hier wie dort, in der äußeren wie in der inneren Welt, nicht mehr, wo er sich überhaupt befand.

Als es aber zu regnen begann, suchte er sich heim. Aber wie sich Kößling nun endlich nach oben getappt hatte, da war in seinem Zimmer schon grauer Tag, und Kößling mochte jetzt nicht mehr in das Bett gehen. Er machte es sich nur etwas leicht, setzte sich auf den Lehnstuhl, drückte die Backe gegen das schwarze, kalte Leder und schlief ein — ein paar kurze Stunden, hell und fast traumlos. Und als er sich dann den Schlummer wieder aus den Augen gerieben, da war er gleich munter, und die durchwachte und durchgrübelte Nacht lag weit hinter ihm.

Denn Kößling gehörte zu den Menschen, die nie müde werden. Alles Körperliche kam bei ihm zu zweit. Ob er satt zu essen hatte oder hungern mußte, ob er Gold in der Tasche hatte oder kaum Kupfermünzen —, das traf ihn nicht im Kern, und es tat ihm nichts an.

Irgendeinen schweren Beruf hätte er haben müssen, von morgens bis abends hinter dem Pflug, am Amboß oder auf dem Pferderücken —, das hätte ihm zugesagt, dazu war er geschaffen. Aber so war er stets nur einem Dolch in der Scheide vergleichbar. All sein Wollen und Tun, es waren Entladungen ungenützter Kraft. Und das machte ihn oft mürrisch und verdrossen, ratlos und vergrübelt.

Jetzt an diesem Morgen lastete es doppelt schwer auf ihm. Denn solange es nur um ihn allein ging, war er ja niemandem Rechenschaft schuldig gewesen — was war auch an ihm gelegen! — Aber plötzlich hatte sich all das gedreht, und nun spürte er das erstemal die schwere Verantwortung verlorener Jahre wie einen bösen, harten Schlagschatten, den sein junges Glück in der frühen Sonne warf.

So traf ihn Jason Gebert.

Sie waren beide gleich verlegen, als sie sich gegenübertraten. Denn Kößling und Jason hatten sich bisher nur am dritten Ort getroffen, und Kößling ahnte, um was es sich bei diesem Besuch drehte.

Kößling erhob sich langsam vom Tisch, auf dem noch kaum berührt sein Morgenimbiß stand, schob ihn und die Bücher und das Papier ein wenig zur Seite, als müßte er für den Gast Ordnung machen, und ging Jason Gebert entgegen.

„Es ist nett von Ihnen, Herr Gebert, daß Sie es einmal wahr machen und mich aufsuchen; wollen Sie sich in den Lehnstuhl setzen? — Ja . . . es freut mich wirklich —"

„Nein, ich setze mich hier ein bißchen zu Ihnen, mein Freund. Arbeiten Sie ruhig weiter, ich wollte nur mal sehen, was Sie eigentlich treiben. Sie sind doch jetzt ganz verschollen... Aber Sie wohnen wirklich hübsch hier. Mit dem Blick ins Grüne kann man gut arbeiten. Das ist einem, als ob die Gedanken aus den Bäumen kommen oder vom Himmel herunter, ich weiß das."

Und damit hatte Jason, ohne daß es Kößling hindern konnte, sich eines von den ziegenbeinigen Stühlchen aus dem Winkel geholt, ihn mit einer Hand gehoben und an den Tisch gebracht, vor die Bücher, das Papier und den Morgenimbiß.

„So", sagte er, während er sich hinsetzte mit jenem kleinen Ruck im Kreuz wie alle Lahmen. „So — das ist für mich und das", er schob das Tablett wieder Kößling zu, „jetzt für Sie. Und nun lassen Sie einmal ein bißchen von sich hören. Warum sind Sie mir eigentlich untreu geworden?"

„Ich war zu Hause die Zeit über", sagte Kößling und sah dabei nachdenklich in den Regen, beobachtete ganz genau drüben einen alten ruppigen Spatzen, der verklatscht mit triefendem Gefieder auf einem Mauervorsprung saß —, „ein paar Wochen war ich zu Hause."

„Nun — und —?" sagte Jason und zog seine Frage lang, wie der Zuckerbäcker eine Malzstange.

„Nein", sagte Kößling, „ich denke nicht. Was soll es auch. Ich werde auch mit jedem Mal fremder da — ich kann nicht mehr zurück. Ich glaube nicht, daß es etwas wird — und ich bin nun zu alt nächstens."

Jason sah ernst vor sich hin.

„Vielleicht tun Sie recht daran, was sollte es auch für Sie."

Und damit nahm er eines der Bücher und blätterte darin. „Nun, und was treiben Sie sonst?... Aber ich will Sie nicht fragen. Wir segeln ja immer unter ungünstigem Wind. Und wir können immer nur kreuzen und die kleinen Segel aufspannen an unserm Fünfmaster, während für unser großes und schönes Hauptsegel, das nur wir allein kennen, der Wind nie stark genug ist."

„Nein", sagte Kößling, „der Wind ist jetzt schon stark genug", und brach dann ab und wurde rot.

Jason verstand es, aber ging noch nicht auf sein Ziel zu, denn ihm war seine Mission schwer und drückend, und er fand nicht den Mut und schob absichtlich den Augenblick, von Jettchen zu beginnen, immer weiter hinaus. Er nahm die Bücher vom Tisch, eines nach dem andern, sprach von Zeitungen und Ministern, vom König, von den Bildern in der Akademie, von Hengstenberg und Eichhorn.

Aber Kößling blieb wortkarg und bedrängt. Er wußte genau, daß jener Jettchens wegen kam, und es zwang ihn, von ihr zu sprechen. Ihr Name schwebte ihm immer wieder bei allen möglichen Dingen, in die ihn Jason verwickelte, auf den Lippen —, aber er blieb immer wieder ungenannt.

Und als endlich das Gespräch nur noch tropfte — ebenso wie draußen der Regen, der gerade nachgelassen hatte und dessen feine und ganz zarte Mückenmusik jetzt nur ab und zu von roheren, gluckernden Tönen aus der Regenröhre unterbrochen wurde —, und als sie sich beide plötzlich in Fremdheit gegenübersaßen, da konnte Kößling nicht anders, und er mußte von Jettchen beginnen.

Erst ganz zaghaft und verschämt und stockend, aber dann immer beredter und siegreicher. Und alles, was er an Freudigkeit in sich hatte, brach hervor und leuchtete aus seinen Worten. Und, was die nicht sagten, verriet seine Erregung und der Klang seiner Stimme. Und als Kößling dann schwieg, da war es für Jason nicht mehr nötig, ihn um etwas zu fragen.

Jason hatte ihn nicht unterbrochen. Er hatte stumm und steif im Stuhl gesessen und nur ein merkwürdiges Zucken um den Mund gehabt, von dem Kößling nicht wußte, wie er es deuten sollte, ob Spott oder Unmut, Mitleid oder Freude.

Und wenn man Jason Gebert gefragt hätte, er hätte es selbst nicht beantworten können. Es war wohl von allem etwas darin. Mitleid mit der Aussichtslosigkeit, Unmut darüber, daß Kößling die Kluft nicht bemerkte, die sie trennte, Spott, ein Anflug von Spott, — den der Ruhige und Nüchterne stets dem Träumer gegenüber empfindet, und doch auch Rührung und Freude über das Schauspiel einer jungen Leidenschaft, dem Jason beigewohnt hatte, — denn es war Jason gewesen, als stiege Jettchen leibhaftig aus Kößlings Worten auf.

Kößling sah Jason Gebert angstvoll nach dem Mund, als erwarte er von ihm einen Urteilsspruch. Aber Jason Gebert kniff die Lippen fest ein, als sollte niemals ein Wort darüber kommen. Dann stand er auf und hinkte hin und her, hin und her, hin und her — immer auf einer klaffenden Dielenfuge entlang —, von Tür zu Fenster, von Fenster zur Tür. Kößling lehnte sich an den Tisch und sah in den grauen Regenhimmel. Und er klammerte sich ganz fest an die Tischkante, um nicht zu schwanken, denn er war mit einem Male sehr mutlos.

Hätte der andere nur gesprochen! Ja oder nein —, er hätte ihm innerlich geantwortet oder zugestimmt. Aber dieses Schweigen, dieses Schweigen und dieses klapp klapp auf der Diele immer hin und her, zermürbte ihn, brach seinen Widerspruch — und immer hinkte noch Jason Gebert auf der Dielenfuge von Tür zu Fenster, von Fenster zu Tür.

Kößling stand ihm mit dem Rücken zugekehrt und sah in den grauen Regenhimmel über die Baumkronen, über die Steinfigürchen fort unverwandt in die graue Wolkenwand hinein, und er fühlte, wie ihm langsam zwei dicke, heiße Tränen die Backen heruntergezogen.

Aber da blieb Jason Gebert endlich bei ihm stehen. — Doch Kößling sah immer noch vor sich hin, sah vor sich hin, bis Jason Gebert geendet — und der sprach lange.

Er sprach davon, daß er ihm nicht so einfach die Hand schütteln könnte und Glück wünschen, daß er doch immerhin schon älter wäre und die Dinge anders sähe. Er freue sich mit Kößling; gewiß, das täte er — ganz und aufrichtig; und er könne verstehen, daß ihn das voll erfülle, daß es ein Leitstern für sein Leben geworden sei, etwas, dessen Glanz sich nie wieder verlieren könne. Ja, er fände hierin schon ein solches Übermaß von Glück, daß es nichts gäbe, das es erschüttern könne; und daß alles andere, was noch hinzukäme, doch nur darin versänke, als ob ein Stein ins Meer fiele. Er wäre nicht roh genug, das nicht zu begreifen und zu achten und um nicht davon gerührt zu werden.

Aber er müsse einmal anders mit ihm sprechen. Kößling würde das hart und nüchtern vorkommen, und doch müsse es gesagt werden. Er nähme an, daß Kößling seiner Nichte wirklich und aufrichtig zugetan wäre und sie ebenso verehre wie achte, darüber wäre ja kein Wort zu verlieren. Und gerade deshalb hoffe er, daß er ihm recht geben würde...

„Jettchen Gebert ist kein Mädchen, mit dem man herumliebelt. Nicht wahr? Das müssen Sie mir aufs Wort zugeben! Und bei uns, lieber Doktor, kennt man das auch nicht. Wirklich, Sie würden mir und meinem Bruder recht schlecht damit lohnen. Das kann also wohl nie in Ihrer Absicht gelegen haben!

"Mir persönlich sind Sie ja von heut an nicht weniger lieb, und offen gestanden, ich würde Sie ganz gern als Mann von Jettchen sehen; und das will etwas heißen, denn ich wüßte keinen sonst, dem ich sie gönnen sollte. Aber ich habe ja hier nicht zu entscheiden.

Doch nehmen wir einmal, lieber Doktor, die Dinge ganz trivial, wie sie sind. Nennen wir das Kind ruhig beim Namen. Sie sind ein vielversprechender junger Literat — nicht wahr? — der einfach und bedürfnislos dahinlebt. Eigentlich sehr fern und sehr fremd der Welt, die Sie schildern und beurteilen. Sie sind in das Haus meines Bruders gekommen; Sie haben meine Nichte kennengelernt; und Sie haben beide aneinander Gefallen gefunden. — Das sind die schlichten Tatsachen. Und doch gehören Sie im letzten Grunde nicht zusammen. Sie gehören nicht ins Bürgertum hinein, und Jettchen kann man nicht daraus herausreißen, sie hat alle ihre Wurzeln da.

Sie waren doch erst gestern im Schloßpark! Haben Sie da vielleicht die schöne alte Hortensie am Schloß gesehen mit der großen violetten Blütenkugel —, ja?"

Kößling blickte immer noch starr hinaus, und nur eine ganz leichte Senkung des Kopfes zeigte, daß er die Frage beantwortete.

Kößling war es jetzt, als müsse er sich schämen; er kam sich Jason Gebert gegenüber vor wie ein Verbrecher oder wie der Mann, von dem er kürzlich gelesen, der einen anderen um ein Nachtlager angesprochen und dann am nächsten Morgen ihm Uhr und Geldbeutel gestohlen hatte; — so verächtlich kam sich Kößling vor.

"Nicht wahr", fuhr Jason Gebert fort, "sie ist Ihnen auch durch ihre ganz ungewöhnliche Schönheit aufgefallen! Würden Sie die — die bei jedem Luftzug wieder ins

Treibhaus kommt — in den Wald verpflanzen? Und glauben Sie, daß sie da weiterkäme?"

Kößling schüttelte.

„Sehen Sie, so ungefähr ist das auch mit Jettchen, und was Sie ihr geben können, ist doch nur Waldboden, hart und steinig. Sie haben da in das Haus meines Bruders hineingeblickt —, genug vielleicht, um eine Novelle darüber zu schreiben —, aber Sie haben doch nichts gesehen. Glauben Sie mir nur, Jettchen verbraucht mehr für Kleider und Handschuhe im Jahr — ohne daß ein Wort darüber fällt, als ganz selbstverständlich — mehr, als Sie mit vieler Mühe für sich zusammenkriegen. Es gehört einfach zu ihr, und all das, was Sie jetzt an ihr bezaubert, würde verblassen, wenn sie in Ärmlichkeit und Sorgen untertauchen müßte. Ich glaube, das haben Sie sich nicht gesagt — wenn Sie sich überhaupt etwas gesagt haben.

Wenn Sie — wie ich Ihnen aufs Wort glaube — meine Nichte Jettchen wirklich lieben, dann, gerade dann können Sie diese Verantwortung nicht übernehmen."

Hier schwieg Jason, als erwarte er eine Gegenrede, und es schien auch, als ob Kößling zu sprechen beginnen wollte, als ob er ansetzte, aber er brachte keinen Laut hervor.

„Ja, und wenn Sie nun, sobald mein Bruder zurückkommt, zu ihm gehen und mit ihm sprechen werden, so kann ich Ihnen leider schon jetzt einen Bescheid geben; denn zu allen Gründen sonst wird noch der kommen, daß Sie Christ sind."

Kößling zuckte zusammen.

„Sie meinen, daß wir doch tolerant genug wären, um diese äußerliche Zufälligkeit zu übersehen. — Vielleicht! Aber Sie vergessen dabei einen gewissen Stolz, den unsere Familie hat, daß wir eben als Juden hier angesehen und geachtet sind. Wenn mein Vater sich und uns hätte taufen lassen wollen, wie ihm öfter als einmal nahegelegt worden ist, wir hießen vielleicht heute von Gebert und wären Offiziere und Räte bei der Regierung. Und daß wir das nicht getan haben und nicht zu Kreuze gekrochen sind und in keiner Weise unsere Gesinnung verkauft haben — nicht so und nicht so —, das ist unser Stolz, und wir wollen auch für die Zukunft nicht gern, daß es in unserer Familie aufgegeben wird. Nicht? Das begreifen Sie?"

Kößling nickte sehr ernst und sehr langsam.

„Und, Kößling, trotzdem ich Ihnen so wenig Mut machen kann, seien Sie versichert, daß ich Ihnen wohlwill, und daß ich das Meine tun werde, um Ihnen und Jettchen zu helfen. Denn es dreht sich ja nicht mehr um Sie allein. Sie können mir glauben: Ich kenne meine Leute besser wie Sie, und wenn überhaupt einer Ihnen nützen kann, dann bin ich es.

Aber eines müssen Sie mir erst versprechen, hier in die Hand hinein versprechen, Kößling, auf Manneswort. So lange, bis die Entscheidung für Sie gefallen ist, dürfen Sie keine weitere Annäherung an Jettchen wagen, weder mündlich noch schriftlich. Versprechen Sie mir das, dann verspreche ich Ihnen dagegen, daß ich für Sie reden will und alles tun, was in meinen Kräften steht.

Gelingt es uns — so wird ja die kurze Trennung schon verschmerzt werden, gelingt es uns nicht, so wird es für Sie und Jettchen leichter sein; denn jedes Wort und jede Stunde weiter wären dann eine Sünde an Jettchen.

Sie sehen mich so an, Kößling! — Aber wenn Sie ruhig darüber nachdenken werden, so müssen Sie mir recht geben.

In ein paar Tagen —, spätestens in einer Woche — ist mein Bruder wieder da. Und bei der ersten Gelegenheit, wo wir ruhig miteinander reden können, spreche ich für Sie und Jettchen."

Jason hatte das alles gesagt, sehr ruhig, sehr langsam, sehr bedächtig und väterlich — er hatte acht darauf gegeben, die Worte recht zu setzen und sie so zu wählen, daß sie den anderen ja nicht verletzen könnten.

Eigentlich hatte Jason ja das nicht erwartet; zum mindesten hatte er nicht geglaubt, daß es zwischen Kößling und Jettchen schon zur Aussprache gekommen war; und nun stand er dem innerlich doch recht rat- und hilflos gegenüber — so ruhig und überlegen er sich auch geben mochte. Und er war auch keineswegs so hoffnungsreich, wie er sich jetzt vor Kößling zeigte, ja, er wollte es sich nur nicht gestehen, daß ihn diese Liebessache zwischen Jettchen und Kößling, denen er beiden das Beste auf dieser Welt gönnte, recht traurig stimmte.

Er wunderte sich selbst, wie onkelhaft im Familiensinne und würdig er gesprochen hatte —, denn ganz tief da unten in ihm redete eine Stimme recht andere Worte, die weit weniger verklausuliert und weit weniger vernunftmäßig klangen, und die immer sagten: Wenn ihr euch nur liebhabt — wenn ihr euch nur liebhabt — — —.

„Ich nehme Ihr Versprechen mit fort, Herr Doktor", meinte Jason, als Kößling immer noch nicht antwortete.

„Wollen Sie das tun, Herr Gebert, wirklich —, wirklich — und meinen Sie — meinen Sie, daß es — —" brachte Kößling hervor.

Jason zuckte die Achseln. „Sie haben doch mein Wort, Kößling; was an mir liegt, geschieht. Aber wer kann das vorher wissen, lieber Freund! Und nun denken Sie auch daran, was Sie mir versprochen haben."

Kößling sah ihn bittend an: „Lieber Herr Gebert, muß denn das wirklich sein?"

„Ich denke wohl, wenn Sie nicht alle Aussichten, die Sie vielleicht haben, sich verderben wollen. Es wäre schon einfach eine Sache der Klugheit; wenn es nicht eine Notwendigkeit der Taktik wäre."

Und er hielt Kößling die Hand hin, der zaghaft einschlug.

Ach Gott, er wäre am liebsten Jason um den Hals gefallen und hätte geweint, so war ihm zumute. Trotzdem er nun Wochen und Monate nur darüber nachgegrübelt hatte, spürte er mit einem Male, daß er doch eigentlich hierbei an gar nichts gedacht hatte, daß ihm all das, was ihm Jason gesagt hatte, neu und fremd war. Kößling hatte das nie in dem Lichte gesehen.

Und Jason sprach noch eine Weile in ihn hinein, ja er wurde ganz wider seine Art fast vertraulich zu Kößling, wenn er daran dachte, daß vielleicht doch alles ein gutes Ende nehmen könnte. Und er wurde im Augenblick kühl und förmlich, wenn wieder die andere Meinung in ihm die Oberhand gewann.

Er sagte Kößling, daß er sich nicht mehr vor ihm verkriechen dürfte, daß sie sich öfter wieder sehen müßten, und er schlug ihm eine bestimmte Zeit vor, wann sie sich stets treffen könnten: Bei Kranzler, bei Steheli, bei Bolzani, bei Drucker — wo Kößling nur wolle. Jetzt würde er wieder mehr Muße haben —, und es sei doch unrecht, daß zwei Menschen, die so zusammenstimmten, sich so selten fänden.

Man merkte der Hast und der Lustigkeit seiner Rede an, daß Jason Kößling auf andere Gedanken bringen wollte; aber der schnurrte nur immer wieder zurück auf das eine: Jettchen. Hundert Dinge wollte er von Jason über sie hören — doch Jason wich der Antwort stets aus, denn er sagte sich, daß er es nicht mit seiner Stellung als Onkel

vereinbaren könnte, einer vorerst noch nicht familienmäßig
sanktionierten Leidenschaft neue Nahrung zuzuführen.

Und endlich verabschiedete er sich, indem er zu verstehen
gab, daß in seiner Abwesenheit bei Salomon Gebert & Co.
alles drunter und drüber ginge, und daß es die höchste Zeit
für ihn sein würde, daß er, wie weiland Odysseus unter die
Freier, mit klirrendem Bogen unter die Übermütigen trete.

Und während Jason die dunkle schmale Treppe herunter=
tappte, schossen ihm plötzlich die Worte des Hohenpriesters
Aron durch den Kopf: Li onauchi ki adabair: Wer bin ich,
daß ich reden soll! — Und recht schweren Herzens —, denn
das Gespräch hatte ihn arg mitgenommen —, (keineswegs
pfeifend und trillernd wie am Morgen, sondern tief nach=
denklich, die Blicke auf dem Pflaster) hinkte er an den
Häusern entlang zu Louis Drucker.

Und hier mitten im Lärm der lachenden Gäste — denn
Drucker hatte seinen guten Tag und hielt eine lange Rede
über sein letztes Hunderennen in seinem Garten auf dem
Tornow bei Potsdam, bei dem er Joel Jakobis gesammelte
Werke, in Schweinsleder gebunden, dem Oberhund um den
Hals gehangen hatte — mitten im Lärm kritzelte Jason bei
einer Flasche Chambertin mit seinem silbernen Crayon ein
Billett an Rikchen und teilte seiner Schwägerin mit, daß sie
dieses Mal ihr Prophetinnengeist auf den falschen Weg
geführt hätte, und daß er sich infolgedessen von nun an nicht
mehr von ihr die Karten legen lassen werde. Denn Jason
sagte sich, daß jedenfalls Rikchen ihren Gatten eher zu einem
längeren Gespräch unter vier Augen haben würde als er
selbst —, und es lag ihm daran, daß Salomon von vornherein
nicht dagegen eingenommen würde.

Oben aber saß Kößling, hatte die Ellenbogen auf die
Tischplatte gestützt und die Fäuste an die Schläfen gepreßt

und sah starr auf die paar Blätter des Briefes, den er nun nicht an Jettchen absenden würde. Und er sollte ihr doch so viel sagen, was er vergessen hatte, und wozu er meinte, gestern keine Zeit gefunden zu haben.

Hoffnung und Hoffnungslosigkeit schwankten in ihm wie Hitze und Kälte bei einem Fiebrigen. Es schien Kößling, als ob mit einem Male alles anders geworden; das, was sein ureigenstes Eigentum gewesen, war plötzlich ein Fangball in aller Hänben und entweiht und beschmutzt von Leuten, die es doch eigentlich gar nichts anging und die ihm gleichgültig, wenn nicht unangenehm waren. Und das schlimmste, er fühlte, wie unter dieser Einmischung das Bild Jettchens selbst verlor, wie sie ihm langsam entglitt und zu jenen zurückkehrte. Aber das war nur auf Minuten, dann war es ihm, als müsse er diese Gotteslästerung auf Knien abbitten, und er trieb wieder seinen Kult mit dem Wort: Jettchen.

Gegen Abend machte er sich auf und ging nach der Spandauer Straße und wartete dort vor Gebert & Co. auf Jason, um ihn zu fragen, ob denn sein Bruder nun noch nicht mit ihm gesprochen hätte. Zugleich, ob er noch nicht von der Reise zurückgekommen wäre; und wollte er Jason bitten, ihn seines Versprechens zu entbinden. Doch er wartete und wartete: Buchhalter, Lehrjungen, Kommis und Hausdiener kamen —, aber nicht Jason Gebert; und einer, den Kößling fragte, sagte, daß Herr Jason am Nachmittag nie ins Geschäft käme: „Na, das würde wohl alles wieder anders werden, wenn Ende nächster Woche der Alte da sei."

*

Aber Salomon Gebert kam — kein Mensch wußte weshalb — eher, als man dachte; schon am Sonnabendvormittag kam er, trotzdem es vordem hieß, er wolle erst Mitte nächster

Woche zurückkehren. Er fuhr gleich beim Geschäft vor, überreichte Jason eine Busennadel mit einem Mosaik brauner, grauer und weißer Steinchen, aus denen man einen Hundekopf, eine Landschaft oder einen Blumenkorb erraten konnte, je nachdem man bei Stimmung war. Und ferner schenkte er ihm einen schönen Trinkbecher aus rotem böhmischem Glas mit eingeschliffenen Bildern darauf. In runden Feldern waren die Luisenquelle, die Franzensquelle, die Salz- und Wiesenquelle und das Badehaus zu bewundern — alle durchweg kleine Tempelchen mit Kuppeln, vielen zahnstocherdünnen Säulen und vielen Fensterchen. Und auf der Rückseite stand sogar in tiefeingeschnittenen Schreibbuchstaben richtig: Jason Gebert, und darunter: Auch in Karlsbad dacht' ich dein! Es war ein Prachtstück von einem Brunnenbecher; — gut zwei Pfund schwer und unter Brüdern mindestens drei Taler und acht gute Groschen wert!

Jeden Karlsbad-Gänger hätte das Geschenk entzücken müssen. — Aber bei Jason, der weder zu Karlsbad noch zu Marienbad, noch zu Franzensbad, Schlangenbad oder Elster Anlage und Neigung zeigte, war es etwas unangebracht. Immerhin sagte Jason, er fände den Becher wundervoll — — er liebe rotes Glas — er hätte sich so etwas schon lange gewünscht, und er würde den Becher für die Fidibusse auf den Schreibtisch stellen, da würde er ihn ja immer vor Augen haben.

Salomon sprang gleich mit beiden Füßen in das geschäftliche Gespräch hinein, wollte hundert Dinge wissen, von denen Jason keine Ahnung hatte, hatte eine Reihe von Ausstellungen und Beschwerden über Lieferungen nach Leipzig — und in dieser Stimmung wollte ihm Jason nicht mit Kößling kommen, da er sich sagte, es wäre besser und aussichtsvoller, er wähle eine ruhigere Stunde dazu. Ob Salomon schon davon wüßte, konnte Jason nicht ergründen, aber es schien ihm eher ja, denn nein. Salomon sagte zwar kein Wort, aber Jason hatte die sichere Empfindung, als wisse jener darum.

Und hier, wie Jason Salomon gegenübersaß, da kam es ihm erst zum Bewußtsein, welche schwere Mission er übernommen hatte; — denn wenn die beiden Brüder auch keine Zwistigkeiten kannten, so waren der Altersunterschied zwischen ihnen und die Jahrzehnte von Salomons ehelichem Doppelgespann doch zu mächtig, als daß sie sich nicht fremd geworden wären. — Und hier konnte Jason nur auf Entgegenkommen rechnen, wenn er ganz verstanden würde. Wie er aber den Ernst in Salomons Zügen wiedersah, mit dem er die Orderbücher und Expeditionskladden blätterte, als ob Gott zuerst die Firma Salomon Gebert & Co. und dann alles andere auf dieser Welt geschaffen hätte — wie er das sah, da schien es Jason doch recht zweifelhaft, ob er für Jettchen und Kößling Glück haben würde.

Jedenfalls wollte er auf eine günstigere Stunde warten.

*

Gegen Mittag saß Jettchen am Fenster, und vor ihr unten im Vorgarten um den blauen Eisenhut, dessen Büsche ganz steif und starr ihre steilen, blauen, blütenbesetzten Stiele in die Sonne reckten, trieben zwei weiße Falter ihr Spiel. Aber plötzlich flog der eine ab, taumelte zu der gelbgrünen Linde hinüber, stieg an ihr empor von Zweig zu Zweig, langsam und unbestimmt, gelockt durch den süßen Duft, und wirbelte endlich oben in den Himmel hinein, der blank und blendend wie ein Metallschild über den Baumkronen hing. Der andere unten aber flatterte noch ein paarmal suchend über den blauen Busch, um sich endlich in irgendeiner Blüte einzuhängen und sich festzusaugen.

Jettchen betrachtete das mit einer seltsamen Empfindung, über die sie sich selbst nicht klarwurde, und als sie dann ganz zufällig aufblickte, klinkte gerade Onkel Salomon das Holztürchen hinter sich zu, und der Wagen, der ihn gebracht hatte, kehrte schon wieder um.

Onkel Salomon trug einen dünnen, englischen Reisemantel, eine graue Schirmmütze, war sehr eingebrannt, sah sehr frisch und jugendlich aus und lachte Jettchen mit dem ganzen Gesicht entgegen. Und Jettchen rief vor Freude so laut seinen Namen, daß Tante Rikchen, die im roten Zimmer ihr Mittagsschläfchen abschnarchte, ganz erschrocken emporflog und ein verquollenes und unklares Gesicht, eine weiße Schlafhaube und eine kantenbesetzte Nachtjacke zum Fenster hinaus in die helle Sonne steckte. Und wie sie Salomon da dicht neben sich draußen auf dem hölzernen Vorbau stehen sah, wußte sie im Augenblick gar nicht, ob sie wache oder immer noch träume.

Und dann gab es ein Durcheinander, und ein Geküsse und Gefrage drinnen im Flur zwischen der hellen und leichtgekleideten Tante Rikchen, Jettchen und dem Herrn, der wie ein englischer Lord aussah, unter dem Auge der Frau Könnecke, die durch das Guckloch ihrer Tür diese Szene observierte. Und Salomon mußte sich beinahe den Eintritt in die Tür erzwingen, so trendelte Tante Rikchens schwabbelnde und ungebändigte Fülle um ihn herum.

Jettchen alarmierte das Mädchen und ging auch selbst in die Küche, um Kaffee aufzubrühen und ihm einen kleinen Schuß Hirschhornsalz beizusetzen. Denn, da der Onkel aus Karlsbad kam, war er naturgemäß, was den Kaffee anbelangte, etwas verwöhnt, und wenn er nicht vorher in Leipzig gewesen wäre, wäre es überhaupt unmöglich gewesen, ihn zufriedenzustellen. So war es also Überlieferung, daß

Jettchen jedes Jahr einsprang, um den Onkel langsam und stufenweise zum heimischen Gebräu zurückzuleiten.

Und wie jetzt Jettchen, dessen eingedenk, sofort in die Küche verschwinden wollte, rief ihr der Onkel noch nach, sie möchte nicht zu lange auf den Kaffee warten lassen, denn er müsse „aber gleich" wieder ins Geschäft zurück.

Tante Rikchen erhob dagegen wortreichen Einspruch, doch Salomon meinte, es wäre so viel liegengeblieben, daß er fürchte, seine besten Kunden zu verlieren, wenn das nicht noch heute oder Montag herausginge. Und dem fügte sich Tante Rikchen.

Als Jettchen wieder hereinkam, hatte die Tante ein neues Kantentuch um die Schultern. Auf ihrem Platz aber lag eine Papeterie aus rosa Glanzpapier mit zierlich gepreßten Schmetterlingen, Ranken, Amoretten und Vögeln verziert; und wie Jettchen sie öffnete, fand sie darin ein paar Dutzend Briefbogen, von denen jeder in einem runden Blumenrähmchen einen feinen und kleinen Stahlstich trug: einen Korb mit Früchten; einen Bräutigam, welcher mit einem Kniefall seiner Schönen einen Strauß überreicht; ein Mädchen, das mit süßer Miene vor dem Brief ihres Liebsten träumt oder ebenso zuckersüß mit der Feder an ihn denkt; zwei Kinder mit Blumen in den Händen und ein Hund mit einem Körbchen in der Schnauze, so vor ihnen herläuft — — alles gar saubere und zierliche Stahlstiche in den weißen gepreßten Blumenkränzen.

Jettchen bedankte sich und meinte, sie würde sich das aufheben —, es wäre ja viel zu schade, um es so zu verschreiben. Aber Salomon sagte, sie sollte es nicht verschwören; vielleicht könne sie es brauchen; er würde sich freuen, wenn sich für sie die Gelegenheit, solche feinen und zärtlichen Bogen zu versenden, recht bald böte.

Und Tante Rikchen saß stumm dabei —, aber mit ein paar Augen, die sagten: das gebe Gott!

Jettchen verwirrte das, und sie schöpfte Hoffnung. Ja, wenn nicht der Onkel so viel zu erzählen gehabt hätte von neuen und alten Bekanntschaften, von Reunions und vom Sommertheater — das beinahe ebenso gut wäre wie das Königstädter —, sie hätte alles gesagt, was sie auf dem Herzen hatte, ganz gleich, ob die Tante dabei war oder nicht. Aber die Gelegenheit anzuknüpfen, die sich hier einmal geboten hatte, fand sie nicht wieder. Und ehe man noch recht warm geworden und ehe noch die große Meißener Kanne ihren letzten Tropfen hergegeben hatte, zog Onkel Salomon die Uhr und meinte, Jettchen möchte doch mal zusehen, ob sein Wagen nicht schon draußen hielte.

Und als Jettchen zurückkam und sagte, daß der Wagen schon da wäre, stand Onkel Salomon sofort auf — trotz Tante Rikchen, die das höchst ungemütlich fand. Und Jettchen brachte den Onkel noch bis an den Kutschenschlag, denn Tante Rikchen, die in allen Toilettendingen etwas langsam war, hatte noch keine Zeit gefunden, sich inzwischen straßenfähig zu machen. Sie überwachte deshalb nur von ihrem Fenster aus Salomons Abfahrt.

Und wie der Onkel in den Wagen stieg, klopfte er noch einmal Jettchen väterlich auf die Backen und sagte, er würde versuchen, nicht so spät wiederzukommen, sie solle nur inzwischen ordentlich spazierengehen; denn sie sähe gar nicht aus, als ob sie in Charlottenburg seit gut sieben Wochen auf Sommerwohnung sei, sondern eher, als ob sie überhaupt nicht aus ihrem Keller in der Münzstraße herauskäme.

Jettchen lachte und sagte, daß es wohl nicht so schlimm sein würde —, aber sie schliefe jetzt so wenig, vielleicht weil die Nächte so heiß wären.

Den ganzen Spätnachmittag bis in den Abend hinein saß Jettchen am Fenster und sah wie ein Hündchen — das seinen Herrn erwartet — aufmerksam nach der Berliner Richtung. Von jedem Wagen, der zwischen den Bäumen auf der Chaussee auftauchte, meinte Jettchen, daß es dieses Mal bestimmt derselbe wäre wie der von heute mittag. Aber immer wieder fuhr er vorüber. Bis endlich Onkel Salomon, der einen Torwagen benutzt hatte, wieder in dem Garten stand und sie ihn also doch nicht hatte kommen sehen.

Beim Abendessen war der Onkel am Erzählen von Karlsbad; und in die kargen Pausen sprang Tante Rikchen mit Berliner Neuigkeiten ein. Jettchen hätte nie geglaubt, was für eine Menge gleichgültiger Leute innerhalb sieben Wochen sich verloben, verheiraten, erben und sterben können und dazu noch die Zeit finden, Schandtaten auf jedem Feld zu begehen —, von der Wechselfälschung der Eltern, dem Ehebruch und dem fraglichen Landaufenthalt der Töchter bis hinab zu den ganz einfachen und alltäglichen Todsünden.

In diesem Gespräch war also für Jettchen auch nicht der kleinste Griff oder Tritt, wo sie sich anhalten oder anklammern konnte, kein Stellchen, wo sie nur einen Fußbreit Boden gewinnen konnte, um von ihm aus weiterzukommen. Und ehe sie sich recht versah, standen Onkel und Tante auf und wünschten gute Nacht; denn der Onkel sagte, er hätte einen schlimmen Tag hinter sich, und er merke so etwas doch schon mehr wie früher.

Aber so weit mußte das doch mit der Müdigkeit von Onkel Salomon nicht her sein —, denn als Jettchen in ihrem Zimmer, in dem noch ein letzter Lichtschein des Tages hing, am Fenster saß und in das silbrige Gesträuch sah, als sie in die dunklen Laubkronen und in den lichtgrünen Himmel dieses mondhellen Sommerabends hineinblickte, ganz verträumt und sorgenvoll, da hörte sie die beiden nebenan noch stundenlang reden. Und es schienen ihr das keine einfachen Gespräche zu sein, keine bloßen Mitteilungen, sondern Beratungen und ein erregtes Hin und Her. Denn keiner sprach lange, und immer unterbrach einer den anderen. Jettchen hätte vielleicht hören können, um was es sich drehte, wenn sie hätte horchen wollen; aber das widerstrebte ihr. Und so griff sie nur manchmal ein Wort auf oder einen Brocken; sie hörte Jason nennen und Julius und sich selbst und Kößling — sie hatte sich nicht getäuscht: Kößling; — dann aber wurde drinnen leise und flüsternd gesprochen; der Onkel gähnte langgezogen und hoch; die Pausen in dem Gespräch wuchsen, und endlich schmolz es zu einzelnen müden Worten zusammen —, bis nur noch die Stille um Jettchen war und die mondhelle Sommernacht. —

Da stand Jettchen auf von ihrem Fensterplatz und, während sie sich auskleidete, war ihr Entschluß fest, morgen mit dem Onkel zu reden, und sie war ganz erfreut über die Kriegslist, die sie ersonnen. Sie würde mit ihm früh in den Park oder nur in den Garten gehen und dann, wenn sie neben ihm herschritte, sie brauchte ihn dabei doch gar nicht ansehen, würde sie ihm alles sagen, ganz ruhig — und der Onkel müsse ja für sie sein. Morgen am Sonntag aber würde er sicher früh mit ihr spazierengehen —, das hätte er sonst immer getan! —

Und das erstemal seit langen Tagen schlief Jettchen ganz ruhig und fest.

Zum Frühstückstisch kamen Onkel Salomon und Tante Rikchen später als sonst, und Jettchen saß schon wie auf Kohlen, um den Onkel zum Spaziergang aufzufordern. Da begann Tante Rikchen, Jettchen müsse ja alles gut richten, denn sie würden Mittag Gäste haben und Nachmittag und

Abend vielleicht auch. Ferdinand würde kommen —, sicher —, und vielleicht auch Jason und Onkel Eli, und es wäre immerhin nicht unmöglich, daß Julius auch käme. Was sie geben solle? Tauben? — da würde keiner satt von, und mit Gänsen wäre es noch nichts Besonderes —, sie wäre für Hammelrücken und Enten, das äße man nicht alle Tage. Vielleicht würde Frau Könnecke ihren Herd mit zur Verfügung stellen, und Jettchen solle noch sehen, ob sie recht gutes Obst bekäme, und dann sollte sie einen Kirschkuchen und geschlagene Sahne bei Weise bestellen und außerdem noch Tortelettes für die eingemachten Früchte; — Weißbier wäre auch nicht genug im Haus.

Jettchen meinte, daß sie das alles tun wollte, aber sie möchte erst gern ein bißchen in den Park gehen, und sie würde sich freuen, wenn Onkel mitkäme, er hätte das früher immer getan, sie hätte gar nichts mehr von ihm.

Aber Tante Rikchen fragte ganz spitz, ob sie oder Jettchen mit ihrem Mann verheiratet sei.

"Nein, Tante", sagte Jettchen, "ich will dir Onkel keineswegs streitig machen ... aber ich habe mir das so nett gedacht."

"Ein andermal, Jettchen", mischte sich der Onkel ein, "sieh mal, ich bin ja noch länger hier."

"Ach, Onkel!" bat Jettchen.

"Aber Jettchen!" rief die Tante in ihrer höchsten Tonlage, "wie denkst du dir denn das? Wann meinst du, daß sie kommen? Um zwölf ist Ferdinand spätestens hier. Und du weißt ja selbst, Jettchen, daß er den ganzen Tag nicht zu brauchen ist, wenn er nicht um halb eins sein Essen hat."

"Ich wäre aber so gern — —" wagte Jettchen schüchtern noch einmal.

„Ist dir so etwas vorgekommen?" fragte Rikchen mehr rhetorisch, denn daß sie eine Antwort erwartete, und schüttelte unwillig ihre Tüllhaube dazu. „Ist dir so etwas vorgekommen?"

„Aber mein Kind", begleitete der Onkel seine Frau, „soll sich die Tante vielleicht allein hinstellen?"

„Nun schön —, nun schön, ja — ich bleibe ja — schon", versetzte Jettchen und stand auf. Das Weinen war ihr näher als das Lachen.

„Aber willst du denn nicht Kaffee trinken, liebes Jettchen?"

Jettchen gab der Tante keine Antwort und ging aus dem Zimmer.

Salomon und Rikchen sahen sich an. Salomon nickte nur, und Rikchens Blick sagte: — „Nun, Salomon, habe ich vielleicht so unrecht gehabt?"

*

Und Tante Rikchen sollte in allem recht behalten, ... denn nicht erst um zwölf, sondern mit dem Schlag halb hielten nicht einer, sondern zwei Wagen an der Ecke Rosinenstraße, ein Landauer, groß, viersitzig, und ein Phaethon, klein, zierlich und einspännig.

Im gelben Landauer, mit den beiden Füchsen vor, saßen im Vorsitz, ihn ganz füllend mit ihrer schönen Breite, Ferdinand und Hannchen. Ferdinand hatte zur Feier von Salomons Rückkunft unternehmungslustig weiße Nankinghosen angezogen und einen neuen englischen Strohhut auf den sommerlich kurz geschorenen Kopf gesetzt. Hannchen trug sich auch in Weiß, weiß Krepp, tief ausgeschnitten mit lichtblauen Blümchen. Dazu hatte sie eine gelbe Strohschute mit ebensolchen lichtblauen Bindebändern. — Blau, meinte Tante Hannchen, stände ihr von je am besten —, aber Tante Minchen sagte immer, für das Blau müßte ihre Nichte Hannchen wenigstens zwanzig Jahre jünger sein. Und magerer wäre sie wohl in der letzten Zeit auch nicht gerade geworden.

Im Rücksitz lehnten Max und Wolfgang. Max mit der stolzen Gleichgültigkeit eines einziehenden Fürsten, der die unterworfene Stadt siegessicher betrachtet, und Wolfgang ganz blaß und verweint, denn es hatte zwischen ihm und Jenny einen Prätendentenzwist gegeben, wer den Thron neben Johann besteigen dürfe. Und Jenny hatte hierbei dank väterlicher Einmischung, die stets Töchter Söhnen gegenüber bevorzugt, den Sieg davongetragen; während Wolfgang eine Niederlage erlitten hatte und wortwörtlich aufs Haupt geschlagen worden war.

Und in dem zweiten, leichten Wägelein, dem Einspänner mit dem Falben, der gleich eine Pferdelänge dahinter kam, saßen Eli und Minchen. Eli hatte einen großen Schirm in der Hand, einen blauen mit einem Palmenrohrstock und dicken gelben Knöpfen auf jeder Spange, und der alte Herr knurrte und nörgelte mißvergnügt darüber, was für einen spatigen Krippensetzer Ferdinand da hätte vorspannen lassen, damit führe man vielleicht Kartoffeln, aber nie honette Menschen. Seine Nachbarin knuffte ihn die ganze Fahrt lang; er solle doch still sein, die vorne könnten jedes Wort hören; Eli jedoch ließ sich nicht beirren: es wäre ein Skandal und eine Mißachtung.

Drüben auf dem schmalen Klappsitz hockte Jason, der seltsam schweigend die Zeit über gewesen war und sich sogar manchmal dabei ertappt hatte, daß er in Gedanken halblaut vor sich hinsprach; aber als Bekrönung oben auf dem Bock schwankte der neue Vetter Julius, schräg auf einem schmalen Eckplätzchen, mit einem Bein fast draußen auf dem Kutschtritt. Und er erklärte dem Stallburschen, wie er kutschieren müsse; hier in Berlin verstände man das nicht; bei ihm zu Hause jedoch, das solle er mal sehen, wie man da führe, da würde er ja staunen.

Und als nun die Wagen auf Anruf Onkel Ferdinands hielten, da kamen sie alle heraus und herunter, je nach dem Platz, je nach Alter und Temperament, schnell und hurtig auf jungen Beinen, gemächlich und vorsichtig tappend, und jeder reckte sich und streckte sich und versuchte seine Füße wieder. Und Ferdinand gab Bescheid, wo die Kutscher ausspannen sollten, und daß sie ja gut nach den Pferden sehen sollten. Und wie Jettchen drinnen das Stimmengewirr hörte, band sie schnell die Schürze ab und lief ihm entgegen; und wie sie die Tür aufstieß, da drängten sie sich schon alle Mann hoch das Holztreppchen hinauf, voran Onkel Eli mit seinem großen blauen Schirm in der Faust — dann Minchen im Schwarzseidenen, Ferdinand und seine Sippe und endlich Jason und der neue Vetter.

Jettchen bekam einen gelinden Schrecken, als sie sie da alle vereint sah — aber dann dachte sie, daß es wohl reichen würde.

„Guten Tag, meine Herrschaften!" rief sie ganz munter, denn das Herumwirtschaften hatte ihr gut getan.

„Tag, Jettchen, willkommen ins Jrüne!" brüllte Ferdinand und klatschte sich auf die weißen Nankinghosen.

„Na, Onkel Eli", stichelte Jettchen gutmütig. „Du hast doch einen so großen Schirm mitgebracht!"

„Weil's eben regnen wird, mei Tochter", versetzte Eli sehr ernst.

„Ach nein", gab Jettchen ungläubig zurück und sah in den weißblauen, windklaren Himmel.

"Nu, wenn ich dir sage, kannste dich schon drauf verlassen. Erstens habe ich nämlich mein Reißen gehabt; und zweitens sehe ich immer bei Petitpierre aufs Barometer, . . . und wenn der auf ‚schön Wetter‘ steht, weiß ich, es wird regnen; und drittens, mei Tochter —, wie du auch selbst gelesen haben wirst — hat der Feuerwerker Böhme für heute abend in de Zelten ä Monsterfeuerwerk angekündigt! Hast du schon mal gesehen, daß es da nicht regnet? Nu, Jettchen!?"

Aber Jettchen hatte keine Zeit zu erwidern, denn die anderen drängten sich um sie.

Jenny wollte Jettchen küssen und muschelte sich sofort an sie; sie ging ihr fast schon bis an die Achseln. Ferdinand machte sogleich von seiner onkelhaften Rechtsanmaßung Gebrauch. Tante Minchen war zu sehr von sich erfüllt, um Jettchen förmlich zu begrüßen, „ich sag' dir, Jettchen", rief sie, „ich sag' dir, mit dem Mann ist überhaupt nicht mehr auszukommen!" Und das war bei ihr ebensoviel wie guten Tag.

Tante Hannchen meinte, Jettchen sähe unberufen blühend aus. Aber sie zog die Herdhitze nicht in Betracht. Max und Jettchen mieden sich vorerst noch vom letzten Male her. Wolfgang kam auch heran, und Jettchen erschrak, wie blaß und grün der Junge war.

„Willste 'n haben, Jettchen!" rief Ferdinand, der glaubte, damit einen feinen, strafenden Scherz zu machen, und er wähnte dazu im Recht zu sein, weil doch Wolfgang einen Platz auf dem Bock beansprucht hatte.

„Ja, gewiß, er kann gleich hier bei mir bleiben", antwortete Jettchen und zog den Jungen an sich. „Willst du?"

„Nun, ich habe gar nichts dagegen", meinte Hannchen in einem Ton, als ob sie Jettchen einen besonderen Gefallen erwiese.

„Ja", sagte Jettchen, „abgemacht. Du bleibst von jetzt ab bei mir, ich werde dich schon wo unterbringen. Aber die Herrschaften muß ich doch bitten, zuerst in den Garten zu gehen. Onkel und Tante sind hinten in der Laube."

„Sieh einer Jettchen!" rief Jason, „Manieren hat sie wie eine Frau Hofrätin."

„Ach, Tag, Onkel."

„Na, wie geht's, meine liebe Freundin", sagte Jason, und klopfte ihr die Backen.

„O danke, gut", versetzte Jettchen langsam und sah Jason dabei fragend an.

Aber Jason wich dem Blick aus, und das erschreckte Jettchen.

„Nun, meine schöne Kusine Jettchen, gestatten Sie vielleicht auch mir, Sie zu begrüßen. Ich wollte ja schon immer mal zu Ihnen herauskommen — aber als Kaufmann kann man nicht über die Zeit bestimmen —" und damit drängte sich mit tiefer Verbeugung der neue Vetter Julius an Jettchen, die an der Tür stand und die Gäste vorüberließ. Julius trug sich ganz englisch, hatte eine weiße Weste, einen ziemlich kurzen flaschengrünen Rock, einen dicken Leinenschlips mit roten Punkten und einen grauen steifen Hut. Berlin bekam ihm; es hatte ihn noch kleiner, feister und noch breiter gehämmert.

„Oh", sagte Jettchen, „ich weiß. — Sie brauchen sich nicht zu entschuldigen."

Jason stand immer noch bei ihnen, als warte er auf etwas.

„Nach Ihnen, Herr Gebert", dienerte Julius und wollte Jason den Vortritt lassen.

„O bitte, nach Ihnen", sagte Jason spitz. Denn er hatte sich schon den ganzen Weg über Julius Jacoby geärgert,

„ich hoffe immerhin, daß ich hier noch mehr zu Hause bin wie Sie."

Der neue Vetter Julius lächelte verbindlich, als hätte ihm jener die feinste Schmeichelei gesagt. Er hatte nämlich die lobenswerte Art, alles, was ihm irgendwie peinlich sein konnte, zu überhören —, und er war hiermit bisher immer recht gut gefahren.

Jettchen geleitete die Karawane bis auf den Hof, und sie hörte noch, wie Ferdinand auf die Nankinghosen klatschte und Salomon und Rikchen gleichfalls „Willkommen ins Jrüne!" entgegenrief; dann ging sie wieder zurück, die Schürze vorbinden und nach dem Braten sehen und dem Aushilfsmädchen, das mit decken und bedienen mußte, alles herauszugeben ... von dem durchbrochenen weißen Porzellankörbchen bis zu den Britannialöffeln, denn das Silber war im Geschäft im eisernen Schrank.

Und als Jettchen das letztemal in die Braten gestochen und gesagt hatte, daß sie ja noch fleißig begossen werden müßten, als sie noch einmal die dicke Suppe mit den Markklößchen — sie konnte nicht aus den Augen gucken, so viel war darin — abgekostet hatte, und als sie noch einen Schuß Salz und eine Prise Pfeffer an den Salat getan hatte, weil er sonst zu nüchtern war, und als sie sich überzeugt hatte, daß die Schlagsahne auch gut kühl stände — denn es war ein recht heißer Tag —, ging sie hinaus und rief alle zusammen. Vorher aber bat sie noch Frau Könnecke, daß sie und Emilie vielleicht währenddessen Tische auf dem Rasenfleck vor den Akazien zusammenstellen und Bänke aus Hockern und Latten improvisieren möchten, denn da wollten sie nachher Kaffee trinken.

Jenny und Wolfgang waren nicht zu finden, und endlich entdeckte man sie ganz hinten in den Stachelbeeren und bei den Johannisbeerbüschen. Und Ferdinand setzte ihnen knapp und schallend auseinander, daß man in fremden Gärten kein Obst pflücken dürfe, und am wenigsten unreifes; — denn das erste brauche zwar nicht gesehen zu werden, das zweite aber hätte immer Folgen. Auch Jason hatte sich in irgendeinen Winkel verirrt und kam auf Jettchens Ruf heran mit einem paar langkrautigen Mohrrüben in der Hand, die er sich ausgezupft hatte. Jettchen wollte ihn nach Kößling fragen, aber da schoß auch schon der neue Vetter Julius hervor, ob er mit ihr zur Tafel gehen könnte.

Allen voran begab sich wieder Onkel Eli nach oben mit dem blauen Schirm in der Faust. Tante Hannchen kam zuletzt mit Salomon und Minchen. Sie war ganz aufgelöst und sagte, draußen wäre es ihr noch gar nicht so heiß vorgekommen, aber das liege wohl an dem Garten. Im Wagen wäre es sogar ganz angenehm kühl und luftig gewesen. Aber hier könne man gar nicht atmen, so stickig wäre es. Für sie wenigstens wäre das nichts. Sie zöge Schöneberg von je vor.

Aber Minchen sprang ein und sagte, daß sie es hier hundertmal vornehmer fände als draußen bei den Schöneberger Kartoffelbauern — das Wort „Kartoffelbauern" verzieh ihr Hannchen bis über das Grab hinaus nicht —, und sie merkte auch gar nichts davon, daß es heiß sei. Kein Wunder, denn die gute Tante Minchen hatte ja kein Fleisch auf den Knochen und war wirklich so klein, dürr und verhutzelt wie ein Heimchen.

Aber Salomon meinte, der eine fände das hübscher, der andere das, da könne man gar nicht entscheiden.

Oben in dem halbdunkeln, kühlen, grüngoldendurchschatteten Eßzimmer, dessen Fenster weit offen waren, so daß die Fliegen hereingesummt kamen und man von draußen

her die Hühner gackern hörte, war eine lange Tafel gedeckt.
Und Jettchen hatte, damit es kühler würde, über den Flur
die Tür zu ihrem Zimmer geöffnet, so daß die tiefen Zweige
der Kastanien auf dem Hof und die Linden draußen sich
einander durch das ganze Haus zuwinken konnten. Sie hatte
auch aus dem Garten Grün heraufgeholt, lange Zweige,
und sie in die Mitte auf das Damasttuch gelegt. Auch ganze
Sträuße von blauem Eisenhut hatte Jettchen auf den Tisch
gestellt in hohe, geschliffene Gläser, die sonst oben auf dem
Eckschrank ihren Platz hatten.

Onkel Eli war der erste, der hereinkam — seinen Schirm
ließ er draußen —, und er war ganz begeistert, wie Jettchen
das gemacht hätte: bei Königs selbst könnte die Tafel nicht
schöner sein. Dann kam Julius und fragte, wo Jettchen
säße; aber Jettchen meinte, das wüßte sie noch nicht.

Jason war länger als gerade nötig in der Küche geblieben,
die Mohrrüben abspülen, die er, weiß Gott weshalb, mit
nach Hause nehmen wollte. — Denn wenn ihn auch heute
ernste Dinge bewegten, so war das doch kein Grund, für
Schönheit blind zu sein. Und darin war Jason nicht stolz;
er freute sich ihrer, wo er sie traf, und war es selbst bei einem
schlichten Dienstmädchen. Und langsam, zu zweien und
dreien, kamen die anderen; und die ersten, die sich setzten,
waren Jenny und Wolfgang, die über die gemeinsame Zu=
rechtweisung im Garten ihre Feindseligkeiten aus dem
Thronstreit um den Kutscherbock vergessen hatten.

Hannchen aber war noch nicht in der Tür, als sie schon
rief, man müsse in Jettchens Zimmer die Fenster zumachen.
Man könne ja den Schlag bekommen, wenn man in den
Zug käme, heiß, wie man vom Garten her sei — oder noch
besser, man solle die Fenster nach dem Hof schließen, damit
es beim Essen nicht so röche.

Aber da wurde Jason ärgerlich, das bißchen Luft würde nicht schaden, es wäre ja sonst nicht zum Aushalten. Und Eli fragte, ob vielleicht in Bentschen die Höfe mit Kölnischem Wasser gesprengt würden; er merke nichts. Ferdinand mischte sich auch darein, so daß es fast aussah, als ob die Fensterfrage als Vorwand für einen Familienkrieg dienen sollte: da kamen die beiden Mädchen mit den Terrinen herein, um herumzureichen, und alle setzten sich schnell, und keiner dachte mehr daran, die Fenster zu schließen.

Jason hatte Tante Minchen aufgefordert, war aber nur für links zugelassen worden, da sie beim Essen, wie sie sagte, auf ihren Mann achten müsse. Salomon ging mit Hannchen, und Ferdinand mit Rikchen, und Julius und Jettchen saßen an einem Ende des Tisches, während die Kinder am anderen Ende untergebracht waren.

Heute war man ganz unter sich, denn Julius gehörte ja zur Familie —, und es gab kein fremdes Gesicht, auf das irgendwer irgendwelche Rücksicht genommen hätte.

Eli wollte keine Suppe nehmen. „Man gibt jetzt keine warmen Suppen", sagte er beleidigt.

„Hast du so was gehört?" fragte Minchen, „dein Onkel, Jason, wird jetzt alle Tage komischer. Und haste gesehen, was er da auf dem Kopf hat? So 'n Knubbel —, wirklich ich ängstige mich drum."

„Ach", erwiderte Jason und betrachtete die kleine wulstige Erhöhung auf Elis Stirn, „das wird schon wieder weggehen."

„Mei Sohn", mischte sich Eli ins Gespräch, der heute keineswegs so taub war wie Minchen glaubte, sondern bei der klaren Luft sogar recht gut hörte. „Mei Sohn, das eine sag ich dir, wenn de mal alt wirst, verstehste, brauchst du dich nicht mehr zu wundern, wenn dir eines schönen Tages e Pomeranzenbäumchen auf den Kopf wächst. — So ist's."

Alles lachte, selbst der neue Vetter Julius lachte aus Höflichkeit mit, trotzdem ihm jeder Sinn für Witz fehlte.

"Nun", meinte Salomon, und wer ihn kannte, hörte seiner Stimme an, daß seine Rede doppelsinnig war. "Sie haben sich ja, wie mir gesagt wurde, bei uns so nützlich gemacht. Das ist ja sehr freundlich von Ihnen gewesen."

"Ja, Herr Gebert", erwiderte Julius verbindlich, "man lernt eben, wo man lernen kann, und es lag mir mal dran, die Seidenbranche ein bißchen kennenzulernen. Wir haben ja in Posen sehr viel Kattun und Manchester geführt; und den möchte ich mal sehen, wer mir da was vormacht — aber mit de Seidenwaren ———"

"Findest du nicht auch, Ferdinand", unterbrach Tante Rikchen ziemlich laut und absichtlich, "daß Salomon jetzt ganz vorzüglich aussieht. Ich sage immer: wie'n richtiger englischer Lord."

"Nu, das wäre dann ja der zweite englische Lord in unserer Familie."

"Wieso?" rief Rikchen erstaunt, die hoffte, ein interessantes Stück Familiengeschichte zu erfahren. "Wer ist der erste?"

"Weißt du denn nicht?"

"Nein! —"

"Aber Rikchen!" ——

"Ich auch nicht", meinte Salomon.

"Na —, Jason ist es doch."

"Jason? Warum Jason?!" fragte Minchen ganz hoch.

"Nu?" sagte Ferdinand nach einer ganzen Pause. "Er ist doch der reine Lord Byron — er hinkt, und die Frauensleute laufen ihm nach."

Das gab ein Gelächter. — Besonders am Tischende, wo die Kinder saßen. Jenny trampelte mit den Füßen vor Vergnügen.

„Stillsitzen!" rief Ferdinand dazwischen. „Sonst gibt's eins auf die Erziehungsfläche."

Man konnte sich gar nicht beruhigen, und alle fanden den Scherz vorzüglich —, außer Jason. Denn wenn ihm auch die Erwähnung des zweiten nicht unangenehm war — wer hörte nicht freudig das Lied seines Erfolges —, so wurde er doch durchaus nicht gern an das erste erinnert.

„Weißt du, Ferdinand", sagte Salomon, als sich der Sturm ein wenig gelegt hatte — und Salomon kluckerte noch einmal so still vor sich hin —, „geh zu Bette, einen besseren Witz machst du heute nicht mehr."

„Habt ihr schon gehört", begann Eli schmunzelnd, „mein Minchen hat doch jetzt e taubes Dienstmädchen genommen."

„Unsinn", unterbrach Minchen. „Sie hört eben ein bißchen schwer —, das kann doch mal vorkommen."

„Ich find's sehr richtig", fuhr Eli fort, „Minchen kann schimpfen mit ihr, soviel es ihr Freude macht; — se hört doch nischt. De letzten sind immer deswegen weggegangen. Die wird schon bleiben."

Minchen saß da — ganz erstarrt; eines so heimtückischen Überfalles war sie von seiten ihres Eli nicht gewärtig gewesen. „Nu, wenn sie dir nicht gefällt", brachte sie endlich hervor, „kann sie ja wieder gehen."

„Im Gegenteil, Minchen. Wir beide verstehen uns sogar sehr gut. Wir brauchen nur mit de Augen zu blinzeln, da weiß jeder schon, was der andere will."

Das genügte, um Minchen in ihrer Überzeugung zu bestärken, daß es mit der tauben Auguste auch nichts wäre. Und daß das Mensch ihr aus dem Hause müsse, weil es

doch, wie er selbst ganz ruhig zugäbe, ihrem Eli nach=
stelle.

Aber da man schon draußen auf dem Flur die Mädchen
hörte, die das Zwischengericht brachten, ging man von dem
Dienstbotengespräch auf Wolfgang über.

Rikchen sagte, das ließe sich wohl machen, daß er draußen
bliebe, er brauche gar nicht wieder mit zurückzufahren, er
solle nur heute abend gleich hierbleiben; seine Sachen
könnten ja morgen geschickt werden.

Und Ferdinand sagte zu Wolfgang, er müsse ihm dank=
bar sein, daß er ihm das erlaube, und er hoffe, Wolfgang
würde keinen Grund zur Klage hier draußen geben und ihm
so sein väterliches Wohlwollen schlecht lohnen.

Aber Jenny war gekränkt und sagte, sie hätte sich schon
so gefreut, draußen zu bleiben.

„Einer nach dem anderen!" schlichtete Ferdinand, der
immer großmütig war, wenn es um anderer Leute Geld
ging.

Julius versuchte Jettchen zu unterhalten, aber sie hatte
auf so viel zu achten und den Mädchen Winke zu geben,
daß sie gar nicht recht antwortete. Auch hatte sie zufällig
bei der Suppe einmal auf seine kurzen dicken Finger gesehen,
und der ganze natürliche Widerwillen, den sie gegen den
neuen Vetter Julius empfand, kam plötzlich wieder über sie
und preßte ihr fast die Kehle zu.

„Wie finden Sie die Uhr, liebe Kusine", sagte der neue
Vetter Julius und zog eine dicke silberne Uhr mit Goldrand
und goldenem Zifferblatt aus der Westentasche. „Sehen
Sie hier den Rosenstrauß drauf, es war die schönste, die ich
finden konnte."

Jettchen, die durch Überlieferung in all diesen Dingen
Kenntnis und Geschmack hatte, denn sie, Eli, Salomon,

Ferdinand und Jason trugen ja noch Uhren aus dem großväterlichen Geschäft; kleine emaillierte, perlenbesetzte Uhren mit zierlichen Miniaturen im Schildchen, die viel bewundert wurden — Jettchen sah mit einem Blick, daß das badische Marktware war, wie sie jetzt zu Tausenden auf dem Markt verschleudert wurden.

„Oh, recht hübsch", sagte sie höflich.

„Nu, was meinen Sie, was se kost?!"

Jettchen war nicht gewohnt, daß ihr solche Fragen vorgelegt wurden, und sie schüttelte nur unwillig den Kopf — aber Julius merkte nichts; er war zu eingenommen von sich, um überhaupt die Möglichkeit einer Kritik seiner Person in Frage zu ziehen.

„Wissen Sie!" fuhr er fort, „ich würde mir ja so was auch nicht aus dem Stegreif kaufen; aber ich habe nämlich in allerletzter Zeit sehr gute Geschäfte gemacht. Hören Sie zu, Jettchen; da war doch jetzt ein Ausverkauf in der Königstraße von M. Zacharias — gerade wie Sie 'rauszogen, muß der Mann kaputtgegangen sein. Und wie ich da de Königstraße lang gehe und draußen die Zettel sehe, denke ich: Gehste mal 'rein. Ich lasse mir also zeigen, was der Mann am Lager hat — ich weiß doch genau, was wir in Posen brauchen können —, und lasse mir Proben geben von Kattun und auch von Wachstuch und sage, die Stücke möchte er mir acht Tage reservieren. Ich sagte schon: ich weiß doch genau, was wir in Posen brauchen können; schicke also die Proben an meinen alten Chef, und — was soll ich da noch lange erzählen; es hat Stücke gegeben, wo ich fünf und sieben Taler bar und netto dran verdient habe."

Jason hatte die Unterhaltung mit angehört. „Erinnerst du dich, Jettchen, an unser Gespräch vom letzten Abend?!" rief er über den Tisch.

"O ja, ganz genau", meinte Jettchen — "aber höre doch mal, Onkel Jason, was macht denn dein Freund?" Und das Herz schlug Jettchen bis hinauf in den Hals, als sie das sagte.

Hannchen steckte neugierig den Kopf vor, um beide zu beobachten, denn sie saß sechs Plätze von Jettchen entfernt.

"Ich habe ihn auch jetzt wenig gesehen", meinte Jason gleichgültig, "aber hoffentlich bekommen wir ihn doch jetzt bald öfter zu Gesicht."

Bei den letzten Worten sah er Jettchen voll an mit seinen großen, grauen Augen, und Jettchen fühlte, wie er sie mit seinen Blicken freundlich streichelte, und sie lächelte dankbar.

Indes aber war drüben am anderen Ende des Tisches ein eifriger literarischer Disput entbrannt, in dem vor allem Max Sprecher war. Es drehte sich darum, wer größer wäre, Goethe oder Schiller.

Goethe, meinte Max, wäre kein großer Mensch gewesen und könne deshalb auch kein großer Dichter sein. — Vor allem wäre sein Lebenswandel — —

"Haste den Jungen gesehen, Hannchen?! Er redet, als ob er davon wirklich was versteht", unterbrach Ferdinand; aber er war doch stolz auf Max, das hörte man, "wirklich, er redet!"

"Während der Lebenswandel Schillers ein Vorbild makelloser Reinheit wäre", fuhr Max belehrend fort.

"Nu", sagte Onkel Eli, der den Kopf schräg über den Tisch hielt, um besser zu hören. "Woher weißte? Wer hat das kontrolliert?!"

"Aber das steht doch überall", warf Max ganz von oben herab dem alten Herrn zu.

"Nu, Max, will ich dir mal was sagen!" Onkel Eli beschrieb mit dem Finger ein Häkchen. "Schiller hat sehr wohl mit de Weiber sich abgegeben; er hat sogar so zu sie geredt, daß sie ihn gar nischt verstanden haben! — Frag Jason."

Jason lachte laut, und auch Jettchen mußte lachen, das erstemal an diesem Tag.

„Seelenvolle Harmonien wimmeln,
Ein wollüstig Ungetüm,
Aus den Satten, wie aus ihren Himmeln
Neugebor'ne Seraphim"

deklamierte Jason mit schwülem Pathos. „Nun, wo steht denn das bei deinem Herrn von Schiller, Max?"

„Er wird schon wissen", meinte Ferdinand, der es als Vater nicht gern sah, daß sein Sohn Max bloßgestellt wurde. „Aber Kinder, was wollen wir denn nachher machen?!"

„Fürs erste gibt's doch was!" rief Rikchen.

„Ich für meinen Teil kann bei der Hitze gar nichts essen", sagte Ferdinand und tat sich vom Hammelrücken drei Scheiben auf. Mit der Ente hatte er sich schon vorher tätlich auseinandergesetzt.

„Na", meinte Eli, „man sieht wenigstens, du zwingst dich, um nicht unhöflich zu sein."

„Gestatten Sie, Fräulein, ich nehm' mir noch ein Stückchen", sagte Julius und hielt das Mädchen an, das sowieso noch zu ihm gekommen wäre. „Seit heute früh, Fräulein Jettchen, geh ich auf einem Stückchen Brot und einem grünen Jäger."

Aber Jettchen antwortete nicht und sprach mit Jason über die Bücher, die er ihr geliehen. Einiges wollte sie ihm mitgeben, und ob sie Neues bekommen könnte. — Wirklich, dieser neue Vetter Julius war ihr höchst lästig. Eigentlich was ging er sie an, aber wenn sie nur das unangenehme Gefühl ihm gegenüber losgeworden wäre, ein Gefühl von etwas Naßkaltem, ähnlich, wie sie es bei einem Frosch oder bei einer glatten grünen Raupe empfand.

„Ach", mischte sich der neue Vetter Julius ein. „Richtig, ich wollte Ihnen auch Bücher mitbringen, ich hatte sie mir schon hingelegt, liebes Jettchen."

Aber das liebe Jettchen gab keine Antwort und sprach weiter mit Jason.

„Wirklich, der Kirschkuchen", sagte Tante Hannchen und schob Wolfgang ein großes Stück auf den Teller, „man sollte gar nicht glauben, daß er aus Charlottenburg ist."

Salomon erzählte wieder von vornehmen englischen Badebekanntschaften; und Eli schimpfte auf die „Pitisten". In seiner Jugend hatte man das nicht gekannt; und der Alte Fritz hätte einen Hengstenberg schon längst zum Teufel gejagt, wo er auch hingehörte. Er hätte früher immer geglaubt, die Welt ging weiter, statt dessen fände er, sie käme immer mehr zurück.

Dagegen erhoben Ferdinand und Max Einspruch und sagten, daß sich doch alles entwickle. Sie hätten jetzt englisches Gas und künstliches Mineralwasser und die Sinumbralampen — die Eisenbahn erwähnte Ferdinand nicht — und den Bürgersteig und die Wehrpflicht.

„Ja, wißt ihr", sagte Eli, „die Sach ist wie mit de englische Stahlfedern. Se sind vielleicht billiger wie die Gänsekiele und vielleicht auch haltbarer — aber die Leut können nich mehr mit schreiben."

Das konnte Eli schon sagen, denn er schrieb noch mit seinen achtzig Jahren eine so kunstreiche und schöngeschwungene Schrift, daß es eine Freude war, es zu sehen.

Julius erzählte, er hätte sich jetzt etwas von Glaßbrenner gekauft: „Der Guckkasten auf achtzehnhundertneunund=dreißig", „Herrn Buffeys schönster Tag" und auch „Die Landpartie nach Französisch=Buchholz" — weil alle so viel davon hermachten —, aber er hätte nicht darüber lachen können.

Jason meinte, daß in diesen Sachen doch eine gewisse volkstümliche Lustigkeit stecke, die vielleicht sehr roh, aber auch sehre wirkungsvoll sei, und wenn Glaßbrenner eben feiner organisiert und künstlerischer wäre, so hätte er bei seiner natürlichen Anlage das Zeug zu einem Humoristen großen Stils haben können. Ihm persönlich wären diese Hefte aber vor allem lieb wegen der Umschläge und Kupfer von Hosemann, die weit vornehmer und wertvoller wären wie der ganze Glaßbrenner in eins.

Jettchen meinte, daß sie sich immer sehr mit Brennglas belustigt hätte, besonders das Berliner Blumenorakel hätte ihr gefallen. F—Fenchel —

„Sanfter Schneider, laß die Schmeicheleien,
Sonst empfängst du bald von mich ein ‚Nein'."

Jason und Ferdinand lachten darüber und wiederholten im Duett:

„Sanfter Schneider, laß die Schmeicheleien,
Sonst empfängst du bald von mich ein ‚Nein'."

Aber Jettchen fing einen mißbilligenden Blick Tante Rikchens auf, der nicht ihr galt, sondern dem neuen Vetter Julius, und sie verstand mehr, als ihr lieb war.

„Nun", fragte Salomon, „entschuldigt, gibt's noch etwas?"

„Hier nicht", meinte Jettchen, „Kaffee trinken wir wohl nachher im Garten."

"Ach", sagte Hannchen, "da fallen einem ja so eklige Raupen in die Tasse, und hier ist es auch viel kühler."

"Wir haben keine Raupen im Garten", sagte Jettchen. "Und ich habe auch schon auf dem Rasenplatz decken lassen."

"Weißt du, Hannchen, du willst auch immer was anderes!" rief Ferdinand mißbilligend und erhob sich.

Minchen war ärgerlich. "Solche Person", tuschelte sie Jason zu, "hier ist ihr nichts gut und fein genug, und wenn man zu ihr kommt, kann man sich noch freuen, wenn sie einem noch grade eingemachte Mohrrüben vorsetzt." Die eingemachten Mohrrüben, die Minchen einmal bei Hannchen bekommen hatte, verzieh sie ihr nie.

"Na", sagte Ferdinand, "was machen wir denn Nachmittag?"

"Ich denke, wir spielen in der Laube einen Robber", antwortete Salomon.

"Ich schlaf erst e bißchen", sagte Eli. "Wo kann man das hier, Jettchen?"

"Ach, du gehst nachher mit uns in den Schloßpark", bettelte Jenny.

"Darf ich mich Ihnen dann anschließen, Fräulein Jettchen", warf Julius ein. "Ich kenne den Park auch noch nicht."

"Ich glaube, man wird Sie hier beim Whist besser brauchen können."

"Ich spiele aus Prinzip keine Karten", erwiderte Julius. "Ich wer' mich hinsetzen, um meine Zeit und mein Geld zu verlieren. Und haben Sie schon mal einen Spieler gesehen, der zu was gekommen ist? Ich nicht. Da haben wir in Posen einen gehabt, einen jungen Mann, ich hab' mit ihm zusammen gelernt —"

Da kam Jason.

"Na", sagte Jettchen, "erzähle mir doch noch etwas, was dein Freund jetzt macht."

Jason sah sie an und lachte.

"Kannst du mir das nicht sagen", und dann klopfte er ihr die Backen. "Jettchen, Jettchen, wenn das nur gut wird."

Jettchen wurde blutrot und sah zu Boden.

"Na, wir woll'n mal nachher sehen, woll'n mal sehen", setzte Jason begütigend hinzu.

Jettchen hob den Kopf wieder und hatte nasse Augen, aber da trat Hannchen zu ihnen, die aus den Vorderzimmern kam.

"Ganz nett", sagte sie und pustete, "ganz nett, wie ihr hier wohnt, aber doch ein bißchen sehr beschränkt."

Onkel Eli kam noch einmal. "Sag mir doch, Jettchen, wo schläft mer hier."

Und Jettchen brachte ihn nach vorn ins Zimmer von Onkel und Tante, wo er zwischen einem Kanapee und einem Lehnstuhl die Wahl hatte. Eli nahm vorsichtig seine weiße Perücke ab und hing sie über die Lehne, nahm ein Käppchen aus der Seitentasche und stülpte es sich über den kahlen Kopf; und Jettchen hatte ihm noch nicht eine Reisedecke übergedeckt, da war er auch schon mit offenem Munde eingedruselt. "Nur e paar Minuten", wie er schon halb im Schlafe sagte.

Draußen im Garten, der ganz grün und goldig in der Sonne unter dem weißblauen Nachmittagshimmel lag, ging der hierhin und der dorthin. Die Kinder zogen wieder ins Obst, und sie verschwanden schnell in den dichten Gängen von Himbeerstauden und Stachelbeersträuchern; und nur ihr freudiges Rufen und das helle Kleid Jennys, das durch die Büsche blitzte, gab von ihrer Anwesenheit Kenntnis.

Hannchen, Rikchen, Minchen saßen in der Laube sehr ruhig und sehr bequem, und Salomon war bei ihnen; Ferdinand ging mit Julius auf und ab; Max hatte sich an Jason gehängt und sagte ihm, daß er ihm nächstens einmal etwas Bedeutendes von sich zu lesen geben wolle. Aber Jettchen hatte genug zu tun, um die Kaffeetafel ordentlich zu machen; denn Frau Könnecke und Emilie hatten die Tische mitten in die Sonne gestellt, und Jettchen mußte sie nun an die Büsche in den Schatten bringen lassen. Auch ging sie mit einer Schere von den Heckenrosen Zweiglein abschneiden, um sie über das Leinentuch zu streuen. — Denn seit wenigen Tagen blühten die Heckenrosen nämlich, und die runden Büsche waren dicht bestickt mit flatternden, rosig-zarten Kelchen. Ferner mußte Jettchen sorgen, daß man genug Weißbier in den Wasserzuber an der Laube tat, daß die Karten, die Spielmarken, die Zigarren und Liköre herunterkamen — Anisette für die Damen, Benediktiner, Curaçao und Kognak, um jedem etwas zu bieten. Und endlich mußte sie das Eis in ein Tischtuch einschlagen und die hohen Gläser und die Zitronen für Limonade sich zurechtstellen. — Es gab genug für sie zu tun. Auch mußte sie den Schnittkuchen auf den Schüsseln noch einmal zurechtlegen, denn so, wie ihn Weise geschickt hatte, mochte Jettchen ihn nicht auf den Tisch stellen. Und die Sahne mußte ebenso in die eigenen Kristallschalen umgefüllt werden, da die gepreßten Glaskrausen vom Konditor Jettchen zu ärmlich und gewöhnlich erschienen.

Und als Jettchen nun damit fertig war, ging sie herum, alle aus den Winkel zusammenzuholen, und wie sie sie in der Nähe der Tische wußte, ging sie herauf und weckte Eli, der ganz verdattert auffuhr, und beorderte zugleich die Mädchen mit den großen Meißener Kannen hinunter.

Hannchen sagte, sie könne nicht so sitzen, und man brachte ihr ein Kissen und einen tiefen rohrgeflochtenen Stuhl aus der Laube; auch wären Mücken hier im Garten, und eine hätte sie schon hinten in den Hals gestochen.

Die Kinder griffen beim Kuchen zu, daß Jettchen fürchtete, es möchte nicht reichen; und von der Schlagsahne machten sie sich noch einen Kranz um die Untertasse. Der neue Vetter Julius saß neben Jettchen, und Jason saß auf ihrer anderen Seite. Minchen fand den Gedanken mit den Rosen reizend — auf so etwas käme auch nur Jettchen — aber Hannchen, die die bloßen Arme breit auf den Tisch legte, schrie, daß sie sich gestochen hätte, und so etwas wäre ihr wirklich noch nicht vorgekommen. Eli war bei seiner Jugend und erzählte Reiterstücke. Tante Rikchen sagte, sie freue sich wirklich, daß Salomon wieder hier sei, so nett wäre es hier draußen noch nie gewesen, und sie sollten nur alle recht oft kommen —, wenigstens einen Sonntag um den anderen.

„Verschwör es nicht!" rief Salomon.

Jettchen war jetzt ganz schweigsam geworden und ängstlich, denn sie fühlte, was ihr bevorstand. Ferdinand meinte, sie hätte sich verändert; früher hätte sie ebenso schön wie interessant ausgesehen, jetzt wöge das Interessante etwas bei ihr über.

Julius sprach von seinen Geschäftsaussichten. Die Lage wäre für Rohleder jetzt gut, und wenn es mit dem Lokal in der Alten Leipziger Straße etwas würde — sie seien nur noch achtzig Taler auseinander —, dann hoffe er am 15. August sich eintragen zu lassen.

Jason saß sehr still, und man merkte, daß er etwas überlegte. Hannchen, Minchen und Rikchen waren bei Kleidern und Dienstboten und warteten nur, daß sie allein waren, um als Drittes die Männer in den Kreis des Gespräches zu ziehen.

Jenny drängelte schon, daß Jettchen mit ihnen in den Schloßpark ging, und Ferdinand rief: „Nu, Salomon, halt's Spiel nich auf!" und dann, als das nicht verfing, sang er:

„Warum jeht's denn jar nicht, jar nicht,
Warum jeht's denn jar nicht, jar nicht."

— — — Aber wenn Ferdinand sang, war er unwiderstehlich, und deshalb stand Salomon auf und rief: „Ich denke, wir legen einen Robber." Das war das Zeichen, daß die Zwischenmahlzeit beendet war.

Max, Jenny, Wolfgang und Julius scharten sich um die Fahne Jettchens, um sich ihrer Führung anzuvertrauen — wie das Heer der Burgunder um die Jungfrau von Orleans. Aber Jettchen hatte erst noch nach diesem und jenem zu sehen und Anweisungen zu geben, daß in ihrer Abwesenheit auch nichts versäumt würde; — und sie mußte sorgen, daß der Spieltisch in die Laube kam, daß Weißbier, Liköre, Zigarren zur Hand waren, daß in zwei Stunden noch einmal Brötchen herumgereicht wurden — ehe sie mit ihrem Heere das Lager abbrechen konnte. Es war ihr ganz lieb, daß sie die Kinder von hier fortzogen, denn es war eine unerträgliche Unruhe über sie gekommen und eine Beklemmung und eine Angst, die ihr mit tausend Nadelstichen aus der Haut schlug.

Die Frauen gingen in eine Laube auf der anderen Seite des Gartens, in der erst das Mädchen die welken Blätter und die vertrockneten Akazienblüten wegkehren mußte, die auf den morschen Bretterboden, auf Stühlen und Bänken lagen, während es sich Eli, Salomon, Ferdinand und Jason unter dem breiten Dach und den üppigen und hellgrünen Gewinden der Pfeifenkrautblätter bequem machten. Unter den grünen lichten Blattscheiben, die von gelben Strahlen durchwirkt waren, war die Luft schön kühl, kühl, als ob man diese Blätter selbst berührte.

Ferdinand mischte mit der Linken und schob mit der Rechten sich die Spielmarken zurecht.

„Sag mer mal, Salomon, was ist der junge Mann eigentlich?" fragte Eli.

„Welcher junge Mann?" fuhr Jason auf.

„Er ist doch ein Neffe von mir", meinte Salomon.

„Das weiß ich ja, Salomon — ich meine, was für e Branche."

„Er will sich in Leder etablieren."

„So, so — Ledder — Ledder is e gute Branche!" sagte Eli und dachte an Sättel und Zaumzeuge.

„Wie findest du ihn denn?" fragte Ferdinand, nicht ohne Absicht.

„Was fragste mich?! Für mich is er nischt. Der junge Mann is e verkrochener Charakter, sag ich dir."

„Ach", warf Salomon ungläubig ein.

„Nu, ihr werd's ja sehen!"

„Na, Onkel", rief Ferdinand, „kommen Se auf mer zu!"

„Ich hab' mer noch selten in die Leute getäuscht."

„Na —, nu ne Karte oder ein Stück Holz!" rief Ferdinand unwillig.

Eli suchte in seinem Blatt hin und her und spielte endlich aus. Jason stach mit einem niedrigen Trumpf.

„De Kleinen ziehen be Großen", sagte er, denn Salomon war Elis Aide.

„Nu", sagte Eli langsam, als er verloren hatte, „wenn ich statt der Schellenachte die Herzdame gegeben hätte?"

„Keine Leichenreden!" rief Ferdinand und markierte.

„Der steht wie Blücher vor Roßbach", meinte Salomon, meldete einen Singleton und warf polternd einen hohen Trumpf auf den Tisch.

Aber das Spiel drehte sich sofort, weil Jason geschickt schnitt.

„Das war e Schlag ins Kontor", meinte Ferdinand.

Er selbst meldete nichts und war mißmutig.

„Hier kommt den ganzen Nachmittag kein Blatt her", sagte er einmal über das andere.

„Ja, ja, Ferdinand", meinte Salomon. „In diesem Jahr klagen alle Whistspieler."

Eli verlor wieder ein bombensicheres Spiel, das ihm Ferdinand mit einer Schundkarte aus der Hand drehte.

„Wie de Raben sind se! Wie de Raben sind se!"

Jason korkte die Weißbierkruken auf und goß kunstvoll in die flachen großen Gläser — er verstand das.

„Hört mal", sagte er, „hör mal, Salomon. Ich möchte mal mit euch über etwas reden."

„Dazu hast du doch auch noch nachher Zeit!" rief Ferdinand und mischte.

„Nein", sagte Jason, „die Sache ist nämlich ziemlich wichtig."

„Und meinst du, das Spiel hier etwa nicht?!" fragte Ferdinand gekränkt und ordnete seine Trümpfe.

„Sag mal, Salomon, weißt du, der Doktor Kößling, der mal bei dir war —"

„Ach der", meinte Ferdinand.

„— der interessiert sich für Jettchen."

„Nun — und —", erwiderte Salomon ernst.

„Ja, das Wichtigste aber mal zuerst, daß sich auch Jettchen für ihn interessiert, sogar mehr wie nur interessiert."

Salomon zog die Stirn kraus und hielt die Karten ans Kinn. „Ja, ich weiß nicht, wo du da hinaus willst, Jason?!"

„Ich meine, Salomon, es wäre unrecht, einer solchen Neigung, die von beiden Seiten ganz ehrlich ist, im Wege zu stehen."

Da fuhr Salomon auf. „Nein, Jason, weißt du, ich finde es vielmehr unrecht, einer solchen Neigung das Wort zu reden."

„Das begreife ich nicht, Salomon, du willst doch ebensogut Jettchens Bestes wie ich."

„Gerade deswegen kann ich so etwas nicht dulden."

„Laß mich mal reden", warf Eli ein. „Meinste denn wirklich, Jason, daß ihn Jettchen mag?"

„Ich weiß es, Onkel."

„Nu —, und was ist er denn, der junge Mann?"

„Jedenfalls ein sehr tüchtiger und guter Mensch."

„Ein guter Mensch gehört auf 'n guten Ort", sagte Ferdinand, der ganz unbeteiligt dabeisaß und ein Gesicht machte, das deutlich sagte: wie kann man nur so etwas überhaupt in Frage ziehen.

„Laß mich mal reden, Ferdinand, ich meine, was er ist, der junge Mann."

„Was soll er denn sein! Doktor der Philosophie."

„Nu scheen, er hat doch wenigstens e Titel. Aber was is er denn sonst?"

„Er schreibt für Zeitschriften, weißt du, er schlägt sich wohl gerade so durch."

„Also er ist nischt — scheen, Jason! — Aber was hat er denn?"

„Gar nichts, was soll er denn haben? Er ist aus Braunschweig —, kommt aus ganz kleinen Verhältnissen", sagte Jason unwillig.

„Lächerlich!" meinte Salomon, und das war stets der Ausdruck seines stärksten Mißfallens.

„Laß mich mal reden, Salomon", unterbrach ihn Onkel Eli schroff, ganz wider seine Art. „Also er is nischt, und er hat nischt. Du meinst aber, Jason, er is sonst e ordentlicher Mensch?"

„Wenn ich das nicht wüßte, würde ich ja nicht für ihn hier eintreten."

„Richtig", sagte Eli. „Mir hat er, wie er mal bei mir war, auch sogar sehr gut gefallen, e bescheidener und gediegener Mann und keiner von de Großsprecher wie der Herr Jacoby."

„Ja — aber."

„Laß mich mal reden, Salomon. Du hast zwar ganz recht, er is nischt und hat nischt. — Aber was schad' denn das, Salomon, du hast doch gewiß was und bist doch auch was. — Ich an deiner Stelle würde ihm ruhig Jettchen geben. In unserer Familie haben's doch alle ausgerechnet als mit de Liebe. Willste vielleicht das Mädchen mit Gewalt unglücklich machen?! Das mußte dir doch auch überlegen, Salomon — so e Prachtmädchen, wie unser Jettchen ist."

„Na — und daß er Christ ist", meinte Ferdinand, weil Salomon die Lippen zusammenkniff und nichts antwortete. Man wußte nicht, war es aus Unwillen, oder schwankte er innerlich. „Na und das?"

„Kann er was dafür, Ferdinand?! So was war fürs alte Jahrhundert gut. Heute soll man sich doch um solche Lächerlichkeiten nicht mehr kümmern —, das ist mein voller Ernst", kollerte rot wie ein Puter Eli, dem die Revolutionsideen seiner Jugend in Fleisch und Blut übergegangen waren.

„Na", meinte Ferdinand spöttisch, „willst du das nicht mal vielleicht für die ,Biene auf dem Missionsfeld' ausarbeiten?"

„Nein, Eli hat ganz recht", fiel Jason ein, trotzdem er eigentlich hierin ganz anderer Meinung war.

„Höre mal, Jason", sagte jetzt Salomon sehr ernst und mit der Überlegenheit des reichen Mannes und des Kaufherrn, der gewohnt ist, Verhandlungen zu führen, in denen es sich um Dinge von Wichtigkeit, um Geld und Geldeswert dreht. „Höre mal, Eli, wir wollen uns mal gar nicht ereifern, sondern in aller Ruhe die Sache besprechen. Du mußt aber nicht glauben, daß du mich damit überrascht hast, Jason."

„Ah – so!" meinte Ferdinand.

„Denn ich wußte es schon. Ich dachte bloß nicht, daß gerade du dafür Sprecher sein würdest."

„Wirklich, ich begreife das auch nicht", pflichtete Ferdinand bei.

„Meine Antwort, die ich dir jetzt gebe, Jason, hätte ich dir schon vorher geben können. Daß der junge Mann sich für Jettchen interessiert, ehrt ihn, aber damit ist es auch gut. — Und das ist das einzige, das ich hierbei verstehe. Für alles andere bin ich eben zu unmodern. Wer ist er denn — der Doktor Kößling? Wenn er nur irgend was in die Waagschale zu legen hätte! Aber er kommt einfach her: Gib mir deine Nichte Jettchen. Er ist Schriftsteller. Ja, was heißt denn das? Wenn er noch einen sicheren Beruf hätte! Aber so 'n Mann, der heute ein paar Groschen verdient und morgen nichts, solch einem Menschen soll ich — —"

„Lieber Salomon", unterbrach Jason, „du magst ja vom Kaufmannsstand sehr viel verstehen, aber von der Lage des Schriftstellers heute verstehst du gar nichts, das höre ich aus deinen Worten. Schätze und Reichtümer kann er nicht schaffen, das gebe ich zu, aber ein Schriftsteller, der Geld hinter sich hat, wird immer genug verdienen und immer sein reichliches Auskommen haben."

„So ist's", drückte Eli seinen Stempel auf.

„Ein Kaufmann aber kann sein ganzes Vermögen und das seiner Frau, Salomon, in zwei Spekulationen verputzen."

„Er muß 's ja wissen", meinte Ferdinand brüsk, wie er stets war, und das brachte Jason in Harnisch, aber der hielt noch einmal an sich.

„Ja, weil es immer noch größere Gauner gibt wie er!" sagte er nur. „Es ist durchaus irrtümlich, anzunehmen, daß man selbst der größte ist."

Salomon, der Diplomat war, stand auf. „Dann brechen wir wohl am besten die Unterhaltung ab."

„Nein", sagte Jason, und er dachte an Kößling. „Laß mich weiterreden. Gerade bei einem Schriftsteller ist das kleinste Risiko, denn sein Geschäft kennt keine Spesen, er braucht nichts hineinzustecken; er arbeitet nur mit seiner Gesundheit, seinem Hirn und seiner Nervenkraft; und es gibt in seinem Geschäft keinen Seidenkupon, der nachher zum halben Preis verramscht werden muß."

„So is 's, Salomon! Recht hat Jason!" rief Eli.

„Jeder gute Groschen Verdienst ist bei ihm Reinverdienst, während der Kaufmann bei zehntausend Talern Verkauf noch nicht einen Groschen wieder eingebracht zu haben braucht."

„Ja", sagte Salomon, der wieder Platz genommen hatte, „beim Kaufmann bleiben aber vielleicht von den zehntausend Talern viere hängen; — der Schriftsteller wird aber immer nur den guten Groschen verdienen."

„Gewiß, gewiß!" rief Ferdinand.

„Nu höre mal, Salomon, du brauchtest doch wirklich nicht so zu sein", meinte Eli. „E Mann wie du, der gar nicht mehr weiß, wieviel er eigentlich hat."

„Nein", sagte Salomon. „Ich wäre auch gewiß nicht so, wenn das andere mir passen würde."

„Na, Eli, spiel aus!" rief Ferdinand. „ Hören wir doch schon endlich auf damit."

„Aber wer ist denn dieser Doktor Kößling?! Irgendein hergelaufener Mensch. Ich will ja gar nichts Schlechtes gegen ihn damit sagen. Aber frag mal in Berlin herum, wer wir sind. Ja, bitte, frag mal. Ich weiß nicht, wie du dir das vorstellst."

„Nein, Salomon, ich finde, das ist eigentlich genug, was Kößling ist. Wir haben nämlich das, was wir sind, als Geschenk mit auf den Weg bekommen, und der Mann ist das, was er ist und wird, aus eigener Kraft. Das ist mehr."

„So is 's, Salomon!" sagte Eli und nahm mit beiden Händen das Weißbierglas an den Kopf.

„Nein — das macht es nicht aus —, die Familie ist doch mehr, wie du glaubst. Der Gelbgießerjunge, der mit bloßen Füßen 'rumgelaufen ist, kommt immer wieder heraus — und wenn er auch später Professor und Hofrat wird."

Jason stutzte. „Bei Kößling aber nicht", warf er ein.

„Und wenn ich auch selbst in meinem Herzen über die Religion genau so denke wie Eli. Mit unserer Einwilligung heiratet Jettchen keinen Christen. Mit unserer Einwilligung nicht —, verstehst du."

„Ich begreife nicht, Salomon, wie du überhaupt über solche ausgefallenen Sachen dich aufregen kannst. — Ich lege Herzen", meinte Ferdinand.

„Na, willst du sie vielleicht an irgend so e faulen Posenschen Schnorrer verheiraten?!" rief Eli und setzte das Glas hin, daß der Tisch zitterte.

Aber Salomon ging auf den Ton nicht ein.

„Ich brauche dir das ja nicht erst zu erklären, Jason. Es sind nicht die paar Gebräuche, oder ob sich einer vielleicht nachher in der Chausseestraße und nicht in der Hamburger Straße begraben läßt — das ist es nicht, sondern du weißt es je ebensogut wie ich, weswegen wir am Judentum hängen und uns dagegen sträuben, daß es in unserer Familie ausstirbt."

„Höre mal, Jason, ich würde es sogar lieber sehen, meine Jenny heiratet mal überhaupt nicht, ehe sie einen Christen nimmt", sprang Ferdinand ein. „Wie du nur solcher Sache das Wort reden kannst, begreife ich nicht. Und meinst du vielleicht, das wäre im Sinne unseres armen Moritz?!"

„Nein", sagte Jason, „aber das meine ich, es wäre in seinem Sinne, daß alles getan wird, sein einziges Kind glücklich zu machen — damit können wir auch sein Andenken viel besser ehren als durch falsche Sentimentalität und Engherzigkeit."

„Ganz, was ich sagen wollte! Ich habe ihn doch gekannt, als er noch so e Jüngelchen war, ich weiß noch wie heute, wie er immer zu mir gekommen ist, wenn er Geld brauchte", meinte Eli und nickte mit dem Kopf.

„Ja", begann wieder Salomon, „und ich sehe auch nicht ein, warum man sein Lebtag nun für irgendsolchen hergelaufenen Menschen gearbeitet haben soll!"

„Glaube doch nicht, Salomon, daß du Kößling mit den sechzig- oder siebzigtausend Talern, die du vielleicht Jettchen gibst ———"

„Es mögen auch hundert sein! Nicht wahr, Salomon?" unterbrach Eli und wühlte zwischen den Zigarren.

„Daß du ihm damit ein Geschenk machst. Glaube doch das nicht, Salomon! Der Mann braucht dein Geld nicht, und er hat es noch nie bisher vermißt. Er will nur Jettchen — und wenn Jettchen eben nicht hier in deinem Hause aufgewachsen wäre, wo alles so aus dem vollen geht, und Geld keine Rolle spielt, wenn ich denken würde, daß sie sich, ohne dabei äußerlich und innerlich zu leiden, ... sich in ein ganz kleines unsicheres und ärmliches Leben schicken würde, so würde ich, ich selbst ihr raten, von hier fortzugehen."

Jason und Salomon waren beide aufgesprungen und blickten sich in die Augen. Mit roten Köpfen und im hellen Zorn standen sie da.

„Gott, sind aber hier in Charlottenburg die Pfropfen kurz!" sagte Ferdinand verlegen und spielte mit dem Korken einer Weißbierkruke.

Im Augenblick jedoch war auch wieder die Welle leidenschaftlichen Unmuts, die beide durchbraust und ihre Augen blitzen und ihre Hände zitternd gemacht hatte ... war auch wieder verebbt.

„Du brauchst dich nicht zu ängstigen, Salomon", sagte Jason leise und wie entschuldigend, „ich tue es nicht — ich denke nur, auch du wirst darin schon anderen Sinnes werden."

„Das glaube ich nicht, Jason."

„Auch nicht, wenn du mal gar nicht an Doktor Kößling und nur an Jettchen denkst?"

„Lieber Jason", sagte Salomon, und es klang fast weich. „Sei versichert, ich denke die ganze Zeit über nur an sie. Ich habe die Sache schon vorher nach allen Richtungen mit meiner Frau durchgesprochen."

„Immer de Frauensleute! Er muß mit de Frauensleute reden!" polterte Eli und schlug mit der flachen Hand auf den Tisch.

„Und ich würde es für unverantwortlich halten, wenn ich es unterstützte, ich glaube auch nicht, daß es bei Jettchen Ernst ist —"

Jason zuckte die Achseln. „Gut! — sage aber dann nicht, daß ich dich nicht vorher gewarnt hätte."

„Und selbst wenn es das wäre, so könnte das mich auch nicht bestimmen, etwas zuzugeben, von dem ich überzeugt bin, daß es schlecht für sie ist. Unser Jettchen ist viel zu vernünftig, als daß sie nicht darüber hinwegkäme."

Salomon war jetzt wieder ganz der überlegene reiche Mann und der Kaufherr, der eine Besprechung mit den Fabrikanten hat und ihnen auseinandersetzt, warum für ihn die Foulards acht Pfennig die Elle billiger sein müssen.

„Viel zu vernünftig ist Jettchen! Da kenne ich sie doch besser, der ich seit zwanzig Jahren täglich mit ihr zusammen bin. Wir werden uns aber Mühe geben —, nicht wahr — daß wir recht bald einen tüchtigen und ordentlichen Mann für sie finden, und dann sollst du mal sehen, Jason, wie Jettchen nicht mehr an Doktor Kößling denkt."

„Sage mal, Salomon, soll Doktor Kößling noch mal selbst mit dir sprechen?" fragte Jason sehr förmlich.

„Wozu soll sich der Mann den Weg machen."

„Das ist also dein letztes Wort!"

„Ich könnte ja sagen, Jason: komm noch mal wieder! Aber ich liebe das nicht. Wenn ein Reisender zu mir kommt, so kaufe ich ihm etwas ab oder ich kaufe nicht! wiederkommen lasse ich nicht ... das ist bei mir Geschäftsprinzip."

Jason hatte sich von neuem schwer wieder erhoben mit jenem harten Ruck im Kreuz. Er war jetzt ganz weiß im Gesicht, so daß Salomon erschrak.

„Dann adieu."

„Na, was heißt denn das, Jason? Wollen wir nicht mal die Runde zu Ende spielen", rief Ferdinand beleidigt.

„Nu siehste, Salomon —, das haste davon. Er geht", meinte Eli.

„Aber Jason", lenkte Salomon ein, „die Sache ist doch wirklich nicht von der Bedeutung."

„Ich finde sie ernst genug, Salomon."

„Nu setz dich schon wieder hin", bat Ferdinand.

„Ich begreife ja Salomon auch nicht", warf Eli dazwischen, „wo er doch so e ordentlicher Mensch ist, von dem man nur das Beste weiß, und e hübscher Mann ist er doch auch. Se waren doch mal bei mir, wirklich, wie se da standen —, wie de Fürsten!"

„Nein, Jason, du glaubst vielleicht, ich bin hartherzig und rücksichtslos, und dabei denke ich doch nur weiter wie du. Du wirst mir schon später recht geben."

„Wir werden da nicht zusammenkommen, Salomon; — adieu!"

„Ja, Jason, es tut mir leid, daß du schon gehen willst; aber es wäre mir doppelt leid, wenn ich dir persönlich damit zu nahe getreten wäre. Das habe ich nicht gewollt."

„Aber er wird dir doch nichts übelnehmen; unter Brüdern tut man das doch nicht", beschwichtigte Ferdinand.

„Nein", sagte Jason leise und müde. „Beleidigt hast du mich nicht, aber wir reden eben jeder unsere eigene Sprache, und wir werden uns nie verstehen, wie wir uns eigentlich nie verstanden haben. Doch wer weiß, vielleicht würde ich, wenn ich der reiche Seidenwarenhändler Salomon Gebert wäre, ebenso denken und handeln —, aber bitte, haltet mich nicht länger auf."

"Willst du nicht Rikchen noch adieu! sagen", rief ihm Salomon nach.

Aber Jason Gebert hinkte, so schnell ihn seine lahmen Füße trugen, den schattigen Weg hinunter nach dem Hause zu; denn er fürchtete, daß, wenn er noch länger bliebe, er Jettchen in die Arme liefe, die jetzt bald zurückkommen mußte —, und davor graute ihm.

"Schade", sagte Ferdinand nachdenklich. "Na, spielen wir eben mit Strohmann."

Aber die beiden anderen hatten keine rechte Lust mehr.

Salomon zog und biß an seiner Zigarre und gab immer die falsche Farbe zu, nahm zurück und warf eine noch schlechtere Karte. Und Eli spielte sogar um ein kleines Stück sinnloser wie sonst und redete mehr wie sonst, noch mehr wie sonst hinter jedem Stich her, so daß Ferdinand endlich wütend die Karten auf den Tisch warf und sagte, solch eine Partie wie diese wäre ihm — und er spiele jetzt beinahe an vierzig Jahre Whist — überhaupt noch nicht vorgekommen; er hätte keine Lust, mit Kadetten und ähnlichen Militärwaisen zu spielen. Damit steckte er ärgerlich den Gewinn ein und legte die Füße auf den Stuhl, den ihm Jason vorsorglich frei gemacht hatte.

Es war auch heiß und dumpfig in der Laube geworden, das Weißbier hatte den Spielern die Hitze nur noch unerträglicher gemacht, und so saßen sie bald jeder breit und bequem in einem Korbsessel in der hellgrünen Dämmerung — denn die Sonne, die erst die grüne Laube durchglüht hatte, war schon hoch in die Baumwipfel emporgestiegen —, und sie rauchten ganz still und nachdenklich vor sich hin. Besonders froh war keinem zumute.

„Aber, Eli, hast du gehört, wie er geredet hat, mein Bruder Salomon — der reine Mirabeau?" sagte Ferdinand endlich in der Erinnerung an vorhin. „Man merkt doch gleich den Ofener Schüler."

Doch Eli kam nicht dazu, zu antworten, denn da standen plötzlich wie die drei Parzen Rikchen, Hannchen und Minchen vor der Laube, Arm in Arm; rechts und links in ihrer hellen Fülle die beiden Schwestern und in der Mitte ganz klein und zusammengedrückt Tante Minchen in ihrem Schwarzseidenen.

„Na", sagte Hannchen, „wie ist denn das mit dem Spiel? Wohl zu heiß?"

„Ja", meinte Salomon mißmutig.

„Was gibt's denn?" meinte Rikchen, sah um sich und schnüffelte kopfschüttelnd nach rechts und links. „Es riecht doch hier so angebrannt? Und wo ist denn Jason?"

„Jason hatte noch eine Verabredung für den Nachmittag", antwortete Ferdinand schnell. „Er läßt dich auch grüßen. Aber er wollte es nicht so auffällig machen."

„Soo —" sagte Rikchen und suchte den Blick ihres Mannes.

„Natürlich Jason, echt Jason!" rief Hannchen.

„Weißt du, er hat es ja eigentlich sehr gut gemeint", sagte Salomon.

„Was! Was!" rief Minchen neugierig und ganz hoch.

Aber da hörte man Jenny und Wolfgang rufen, und Jettchen kam mit Max und Julius hinten den Weg herunter.

„Daß de nie still sein kannst, Minchen, daß de das nicht lernst", polterte Eli. Und die arme Minchen wußte gar nicht, wie ihr geschah. Das war doch noch schöner, nicht einmal fragen sollte sie!

„Aber hast du denn hinten schon unsere Birnen gesehen?" tuschelte Rikchen und nahm das verdutzte Minchen unter den Arm und zog sie fort, denn Rikchen mochte gerade jetzt nicht gleich Jettchen gegenübertreten.

Jettchen trug einen Strauß roter Rosen in der Hand, und eine rote Rose, die ihr Jenny eingesteckt hatte, hing ihr im Haar an der Schläfe; und Max und der neue Vetter Julius hatten ebenfalls rote Rosen am Rock stecken. Jenny aber ging mit einem zierlichen schmalen Kränzchen von zarten Sandnelken in den schwarzen, geöffneten Flechten, und man kann nicht sagen, daß sie nicht wußte, wie gut sie das kleidete. Und auch Wolfgang war sommerlich geschmückt. Er trug um die Brust ein stolzes Bandelier, das aus grünen Lindenblättern gefertigt war, die Jettchen mit Kiefernnadeln und Dornen kunstvoll zu einer Kette aneinandergereiht hatte; und diese grüne Zier machte das Köpfchen über dem breiten, weißen Klappkragen noch blasser und kränklicher.

Jettchen sah mit ihrer hohen, stolzen Schönheit in dem weißen Linonkleid mit den goldenen Ähren — sie trug es jetzt auf — wie eine Königin mit ihrem Gefolge aus —, denn auch den neuen Vetter Julius überragte sie um gut einen Kopf.

„Nun sieh dir an, wie sie da kommt!" sagte Eli und stand auf.

„Aber Jettchen, von wem hast du denn die prachtvollen Rosen?" rief ihr Hannchen entgegen.

„Von unserem Julius", kicherte Jenny vorlaut und knuffte Wolfgang.

„Nu?! — Is er nich wirklich ein reizender Mensch —, Jettchen? Ein vollendeter Gentleman, ganz wie mein verstorbener Bruder Nero", sagte Hannchen.

Julius Jacoby lächelte geschmeichelt.

„Die paar Rosen", sagte er, „waren doch schon das wenigste, was ich für Fräulein Jettchen tun konnte. Aber teurer sind sie hier —, unerhört — —"

Jettchen sah sofort, daß sich hier inzwischen etwas abgespielt hatte. Sie sah es an der erkünstelten Gleichgültigkeit Ferdinands und an den Unmutsfalten Salomons, und sie las es an den freundlichen, mitleidigen Blicken des alten Onkel Eli.

„Na", fragte sie, „warum spielt ihr denn nicht mehr? Kann ich euch irgend etwas kommen lassen?"

„Ach nein", sagte Eli, „du hast ja sowieso schon so freundlich für alles gesorgt, aber wenn de vielleicht noch e paar Mürbekuchchen im Haus hättest?!"

„Ich hole sie, ich glaube, es sind noch welche da", sagte Jettchen. „Aber wo ist denn Jason?!"

„Jason! Du kennst doch Jason! Meinste — er wird sie warten lassen", antwortete Ferdinand.

„Wo dient se eigentlich?" fragte Eli lustig.

„Jason ist schon fortgegangen?!" Und Jettchens Stimme zitterte, und sie schluckte, um nicht laut loszuweinen.

„Ja", sagte Salomon ruhig und gleichgültig, „er muß irgendeine Verabredung gehabt haben."

„Er sagte mir gleich, daß er nicht zum Abend bliebe", meinte Hannchen. „Hat er dir nicht auch davon gesprochen?"

„Nein", antwortete Jettchen, und sie war ganz blaß geworden, so daß die rote Rose im Haar noch greller aufflammte. „Nein — ich — hoffte — er — würde hierbleiben —"

Und damit drehte sich Jettchen um und lief mehr als sie ging — ohne auf die Zurufe zu achten — schnell den Weg hinunter nach dem Hause.

„Du mußt mal nach Jettchen sehen", sagte Ferdinand zu Rikchen, die eben wieder mit Minchen von den wunderbaren Birnen zurückkam. „Ich glaube, sie ist 'raufgegangen."

„Nu siehste, Salomon —, das haste davon", meinte Eli.

„Herr Jaoby, spielen Sie Whist?" rief Ferdinand, um wieder ein wenig Stimmung in die Partie zu bringen. „Na, denn mal schnell rangewienert!"

„Eigentlich spiele ich aus Prinzip nicht", sagte Julius und setzte sich auf den Stuhl, den ihm Jason frei gemacht hatte. „Ein Kaufmann —" aber er besann sich, und schon flogen die Karten über den Tisch, von Ferdinands lockerer Hand wie von einem Wirbelwind ausgestreut. Klatsch, klatsch, immer zu dreien, immer zu dreien. Ferdinand vergab sich nie.

Und bei der ersten Runde — Julius gewann Stich auf Stich, denn er hatte bald herausgefunden, daß es mit Elis Spielkenntnissen nicht weit her war — kam das Mädchen und brachte Mürbekuchen für den alten Herrn Gebert.

„Siehste, Salomon, so is Jettchen: — se hat den Kopf voll und denkt dabei noch an meine faulen Mürbekuchen."

„Halt's Spiel nich auf!" rief Ferdinand mit Betonung.

„Was macht denn Fräulein Jettchen?" fragte Salomon das Mädchen.

„Sie ist gleich in ihre Stube gegangen, Herr Gebert."

Aber Julius ordnete ruhig und geschäftig seine Karte. Er pflegte aus „Grundsatz" das, was er nicht sehen wollte, nicht zu bemerken.

*

Und während mit blitzenden, messerscharfen Äuglein der neue Vetter Julius — als würdiger Nachfolger Jasons — beim Whist dem alten, heute noch besonders unaufmerksamen Eli kunstgerecht das Fell über die Ohren zog, saß

sein Vorgänger nun ganz in sich zusammengezogen im Tor=
wagen, der schwerfällig mit seinen plumpen Gäulen in
Staub, Lärm und Gewühl die Charlottenburger Chaussee
entlangschwankte, ganz hinten auf das graue niedere Ziel
am Ende zwischen den Baumreihen —, auf das Branden=
burger Tor zu.

Über den Bäumen lag ein glühender Himmel, und alles
Laub hing schlaff und regte sich nicht. Auf den Rasenflächen
am Weg hatten es sich Ausflügler vergnügt gemacht und
spielten das Feldlager in Schlesien. Aber Jason, den das
Treiben sonst gefesselt hätte, sah all das freudige Durch=
einander heute nicht, er blickte nur gerade vor sich hin und
tupfte sich unablässig mit einem roten Seidentuch die
Schweißperlen von der Stirn.

Jason war erst zwar weggestürzt, um sofort, wie er ging
und stand, Kößling aufzusuchen und ihm alles zu sagen, wie
ganz schlecht und völlig aussichtslos es für ihn wäre. Aber
schon im Wagen waren ihm Bedenken gekommen. Was
sollte er dem armen Menschen seinen Sonntag zerstören;
und das hätte wohl morgen noch Zeit. Und er fühlte sich
auch so roh, daß er ihn aus allen seinen Himmeln mitten in
eine hartherzige Wirklichkeit hineinstürzen sollte. Aber dann
sagte Jason sich doch wieder, daß das vielleicht gar nicht so
wäre, daß alles Glück einzig in Gedanken und Empfindungen
läge und nicht im Besitz und in der Zukunft; und daß Kößling
eben in seiner Verehrung und Zuneigung für Jettchen etwas
hätte, das unzerstörbar wäre — ein bleibendes Gut. Die
Schönheit seiner Bilder, die Süße seiner Erinnerung und
die Freudigkeit seiner Träume würde ja durch all das nicht
berührt, das fiele außerhalb davon zu Boden. Und dann
wäre auch die Art des Menschen so beschaffen, daß er ein
Nein doch nie glaube oder ganz erfasse.

Und wie Jason dann noch einmal alle Stufen und Wendungen des Gesprächs von vorhin durcheilte, da schien es ihm selbst sogar, als ob das Nein von vorhin doch nicht ganz so schroff gewesen wäre, und er klammerte sich an ein paar Worte seines Bruders, die sagten, wenn das oder jenes anders wäre, gäbe es immerhin eine Möglichkeit. Und Jason simulierte und grübelte, rief sich diese oder jene Stelle des Gesprächs ins Gedächtnis, bis endlich der Kutscher fragte, ob denn der Herr Baron wieder mit zurückfahren wollte. Und wie Jason aufsah, da waren schon alle die anderen, die eben noch um ihn gewesen, ausgestiegen, und er saß ganz allein da im leeren Torwagen am Brandenburger Tor, und der Kutscher brüllte sein „Abfahren, abfahren, es fehlt nur noch eine lumpichte Person!" mit aller Stimmkraft mitten in die Sonntagsspaziergänger hinein, die aber lieber zu Fuße gehen mochten.

Und Jason kletterte ganz verdutzt vom Wagen herab und ging durchs Tor, an den Wachtempeln vorbei in die Stadt. Erst ging er so schnell es ihm irgend möglich war, um ja recht bald zu Kößling zu kommen. Denn das wäre wohl — wie es ihm jetzt wieder schien — das Richtigste.

Aber der Nachmittag hatte keine Kühlung gebracht. Und das Laub —, draußen grün unter dem wolkenlosen Himmel —, hing hier tot und reglos in verstaubten Klumpen an den Bäumen. Alles trieb Jason entgegen, Wagen und Menschen in lärmendem Gewühl. Der breite Weg in der Mitte war, soweit man sehen konnte, dicht von Menschen besetzt, die sich bunt durcheinander schoben in großen Massen und zu zweien und dreien. Und alles war lärmend und unbändig. In ganzen Reihen zogen gemächlich Soldaten und Kaufleute, Arbeiter und Handwerker mit ihren lachenden Mädchen vors Tor. Und bald hemmte auch Jason Gebert seinen

Schritt — weil es doch heiß war — und begann die Vorüber=
ziehenden zu mustern. Und da die Frauen die Eigenheit
haben, am Sonntag in ihrer sorgsamen und hellen Kleidung
verlockender auszusehen als in den grauen Wochentagen —,
so kam Jason Gebert schnell auf recht andere Gedanken und
schlenderte ganz gemächlich und ziellos die Linden hinunter.
Und als er an der Ecke bei Kranzler war, da lag Charlotten=
burg und das, was sich da ereignet hatte, fast eine Meile
hinter ihm, und Jason Gebert war jetzt wieder fest ent=
schlossen, nicht zu Kößling zu gehen.

Es wäre falsch, wollte man ihm daraus einen Vorwurf
machen; denn so ist doch nun einmal unser Wesen, daß wir
nie lange in einer Stimmung gefangen bleiben können und
immer das Bedrängende und Trübe wieder von uns fort=
zuschieben suchen, um unsere Augen dem holden Schein
zuzuwenden.

Aber da bei Kranzler jedes Plätzchen draußen besetzt war
und man heute doch nicht gern im Zimmer sitzen mochte, und
da überhaupt Jason eigentlich keine Lust hatte, allein zu
sein, sondern so ein unbestimmtes Sehnen nach einem fühlen=
den, tugendsamen Herzen ihn weitertrieb —, so zog er dahin
in bester Stimmung und abenteuerfroh und eroberungslustig
wie ein Wiking. Er wußte nicht so recht, was er mit dem
Nachmittag und Abend beginnen sollte und wo ihn sein
Glück hinführen würde. Mehr denn einmal war er schon
drauf und dran, umzukehren und mit dem Strome zu
schwimmen, ganz gleich wohin —, vielleicht nach Moabit
oder in die Zelten zum Feuerwerk. Aber in der angenehmen
Schlenderlässigkeit, die ihn befallen hatte, wäre solch ein
Entschluß zu gewaltsam gewesen. Auch hatte Jason Gebert
gerade seinen blonden Tag — nicht seinen schwarzen oder
braunen Tag —, sondern einen seiner blonden Tage —, und

an denen ließ er sich immer gänzlich vom Zufall treiben, und es war ihm gleich, an welche Küste der ihn brachte; — er pflegte nicht dagegen anzukämpfen.

Nicht so an den schwarzen und braunen Tagen, da war Jason Gebert stets selbst mit eigener, kräftiger Hand der Schmied seines Glückes.

Und schon eine ganze Weile trieb so jetzt der Zufall Jason Gebert hinter einem goldenen Stern her — golden wie die Farbe reifer Ähren. — Und es waren ihm schon kurze, verheißungsvolle Gnadenblicke zugekommen, die ihn als Trabanten eng an jene Sternenbahn fesselten und immer näher und näher zogen. In seltsamen Zickzacklinien und Kurven ging diese Sternenbahn über die Schloßbrücke hin, an den alten Häusern entlang, am Schloß vorbei und quer über den belebten Schloßplatz fort, ließ die Stechbahn rechts, um endlich gerade unter dem ragenden Denkmal des Kurfürsten jäh nach links, nach der stillen Burgstraße, abzuirren; — und das letzte noch in verlangsamtem Zeitmaß, so daß hier in der Ruhe des Sonntagnachmittags Jason wohl seine Bahn mit jener hätte vereinen können.

Aber so seltsam spielt der Zufall. — (Wäre er berechenbar, so trüge er seinen Namen mit Unrecht.) — So seltsam spielt er doch wieder, daß in eben dem Augenblick, als auch Jason Gebert in kurzer Wendung nach links hinüberschwenken wollte, dem Jason Gebert jemand gegenüberstand, an den er seit gut einer Viertelstunde nicht mehr gedacht hatte, den er in seinem Hirn weit nach hinten zurückgeschoben hatte und der sich nun mit einem Male plötzlich wieder vordrängte und sogar selbst in Erinnerung brachte.

„Ach, Herr Gebert, überall habe ich Sie schon die Zeit über gesucht!" sagte Kößling verlegen und rot, und man merkte dem Ton seiner Rede an, daß er Tage und Nächte in Aufregung verbracht hatte.

"Ja", versetzte Jason zögernd und mißmutig darüber, daß der andere den Ernst und die Wichtigkeit der gegenwärtigen Lage nicht begriffe. "Was machen Sie heute abend noch?"

Und dabei würdigte Jason Gebert Kößling keines Blickes, sondern folgte nur wie gebannt mit den Augen seinem schönen goldenen Stern, der nun ganz langsam schräg über den Damm sich entfernte und ihm noch zweimal zublitzte, ehe er sein Licht hinter einer schwer zufallenden Haustür verbarg.

Kößling stand die Zeit über schweigend vor Jason und zitterte in Erregung, denn er ahnte nur zu gut, wie er sich das veränderte Benehmen des anderen deuten sollte.

"So", sagte Jason endlich erleichtert zu Kößling und schrieb sich dabei mit eisernem Griffel das Haus ins Gedächtnis. "So —, nun kommen Sie dran, lieber Freund. Was machen wir noch?" — Und damit schob er seinen Arm in den Kößlings.

"Ich habe nichts vor —, ich habe jetzt die Tage doch keine Ruhe zum Lesen oder Schreiben."

"Aber warum, lieber Doktor?" Und Jason war fest entschlossen, ihm nichts zu sagen.

"Haben Sie denn schon mit Ihrem Bruder meinetwegen gesprochen?" fragte Kößling zögernd; er konnte nicht anders, er mußte mit der Tür ins Haus fallen.

Jason zog mit einem kurzen Ruck seinen Arm aus dem Kößlings und blieb erstaunt stehen.

"Aber hören Sie mal, lieber Doktor! Eben die Minute ist der Mann gekommen, da kann ich ihn doch nicht gleich damit überfallen, das wäre doch höchst unklug von mir."

Und Jason war selbst erstaunt, wie ruhig er das herausbrachte.

„Ich glaubte, Sie würden heute hinausfahren", meinte Kößling enttäuscht. „Und deswegen —"

„Nein", sagte Jason, „das kann man doch noch nicht; und dann hat, glaube ich, meine Schwägerin Rikchen Migräne. Ich habe am Nachmittag draußen in den Zelten ein bißchen Musik gehört und will nun nach Hause."

„Wann meinen Sie, Herr Gebert, daß...?" sprang Kößling von neuem zurück.

„Na, sicher noch in dieser Woche", sagte Jason und nahm wieder Kößlings Arm. Jetzt hatte er seine ganze Sicherheit wieder. „Aber nun kommen Sie mal heute zu mir mit. Sie sind mir sowieso einen Besuch schuldig."

Kößling sträubte sich erst, aber eigentlich war er doch froh, daß ihn der andere aufforderte, denn er hatte nach den letzten, erregten Tagen die Sehnsucht nach Geselligkeit und nach dem Untertauchen in einem Geplauder, hatte die Sehnsucht, auf all diese Grübeleien, Hoffnungen, Pläne und Bilder wieder einmal an Männerworten sich zu erlaben, die über das Persönliche und Greifbare hinaus sich den Zusammenhängen und den fernen und letzten Dingen zuwenden.

Und als Kößling zugesagt hatte, gingen sie beide eine Weile schweigend nebeneinander her, und ihre beiden langen Schatten von der tiefen rötlichen Sonne, die ihnen gerade im Rücken stand, bewegten sich langsam vor ihnen auf dem Pflaster.

Jason sprach dann von der Ausstellung in der Akademie. Er könne an dem Professor Lessing nichts finden. Krüger, sonst vorzüglich, wäre mit seiner Lustgartenparade etwas nüchtern; aber Steinrücks Elfen wären für ihn von einer feinen und weichen Poesie, wie ein Lied von Schubert. Vor

allem hätte ihn jedoch eine Gerichtsszene gefesselt; das wäre
wie ein Ostade, und doch wäre es wieder von einem ganz
neuen Farbengeschmack; und wie da so ein schmiedeisernes,
gewundenes Gitter, als Gerichtsschranke, gezeichnet wäre —,
wie das gemacht wäre, kapriziös mit kleinen Pinselfleckchen
hingetupft —, das hätte ihn interessiert. Er hätte auf den
Künstler bisher nur als Zeichner geachtet; aber er wäre als
Maler neuartig und wunderbar, man müsse ihn sich merken.
Er wäre nebenbei ganz klein von Gestalt und hätte einen
dicken Kopf wie ein Kobold. Man hätte ihn ihm auf der
Straße gezeigt. Er heiße Menzel und verkehre auch beim
Tapetenhändler Arnold; aber er, Jason Gebert, hätte ihn
dort noch nicht getroffen. Aber es täte ihm eigentlich auch
nicht leid; denn es sei meistens so, daß solche Leute so viel mit
sich zu tun hätten und so viel in sich hineinlebten, daß sie
höchst langweilig und alltäglich im Umgang wären; wenn
sie nicht überhaupt unfähig wären, ein vernünftiges Wort
zu sprechen, wie man ihm das von dem berühmten Thor=
waldsen erzählt hätte.

Kößling ging nur lässig auf das Gespräch ein, denn er
war mit seinen Gedanken ganz woanders, und eigentlich
hatte er auch für Malerei nicht gar viel übrig und betrachtete
sie einzig vom Standpunkt des Literaten aus, als einen Aus=
druck von Gedanken und Empfindungen; während Jason,
der für sich und im geheimen ein wenig dilettierte, ihr sinn=
lich näher kam. Auch steckte Jason Gebert vom Vater her
eine Freude an schönen und aparten Farben und an minu=
tiösen Dingen im Blut — und das war ihm so sehr zum
Bedürfnis geworden, daß er oft für Stiche, Silberzeug und
Porzellane oder für schöngedruckte Almanache und Erstaus=
gaben mehr aufwandte, wie sein Finanzminister hätte ver=
antworten können.

Kößling wollte wieder das Gespräch auf Jettchen hin-
überspielen, aber Jason Gebert wich immer von neuem aus,
und es war Kößling hierbei, als ob er in eine Nebelwand
griffe.

Und doch spürte Kößling ganz deutlich, daß der andere
ihm etwas verbarg und ihn nur mit seinem Geplauder ein-
wiegen wollte. Denn Jason Gebert war jetzt sehr gesprächig
und weitschweifig, flackerte und sprang hin und her in seiner
Rede wie ein Irrlicht, so daß die verhaltene Erregung, in
der Kößling dahinschritt, von Augenblick zu Augenblick
wuchs, und er jeden Moment fürchten mußte, daß sie sich
irgendwie entladen würde.

Und Kößling wollte deshalb, als sie in die Klosterstraße
einbogen, schon eben sein Versprechen von vorhin, mit zu
Jason Gebert zu kommen, unter irgendeinem Vorwand
zurückziehen, als Jason ihn mit in den breiten Torweg eines
alten, vornehmen Hauses zog, der hellgetüncht und freundlich in dem rötlichen Abendlicht lag.

„So, hier wären wir, lieber Doktor! Ich gehe voran."
Und damit schloß Jason die mannshohe, durchbrochene, reich-
und grobgeschnitzte Holztür, die wieder das geräumige und
weite Treppenhaus vom Vorflur trennte, mit einem großen
geschweiften Schlüssel auf, den er von oben, von dem Gesims
genommen hatte.

„So brauche ich nicht zu klingeln", sagte er.

Kößling, der ein solches Haus mit den schönen Holzgittern
und Geländern und den grotesken Treppensäulen nicht hier
erwartet hatte, war entzückt und sagte, daß ihn das ganz an
Braunschweig erinnere, an die alten Häuser, die am Markt
stehen.

„Ja", sagte Jason, während sie die breiten, flachen
Stufen, die von breiten Absätzen unterbrochen wurden,

mühelos hinaufstiegen. „Hier bin ich groß geworden; hier hat mein Vater gewohnt. Aber dann ist das Haus verkauft worden, und ich bin eigentlich nie mehr hingekommen. Doch wie vor acht Jahren oben eine Wohnung frei wurde, habe ich sie gemietet, und nun denke ich manchmal, ich bin überhaupt nie hier fortgezogen. Sehen Sie, hier wohne ich. Warten Sie —, der Flur ist nicht hell."

Damit stieß Jason Gebert die Tür auf, und ein altes Fräulein von Haushälterin huschte, in einem unmöglich geblümten Kleid, wie ein Käuzchen an ihnen vorbei und nach einem Hinterzimmer.

Jason führte Kößling zuerst nach vorn. „Verzeihen Sie", sagte er. „Hier ist eigentlich mein nächtliches Quartier. Aber hinten muß erst Fräulein Hörtel mal nach dem Rechten sehen."

Kößling wußte nicht, wo er zuerst hinblicken sollte, so viel Geschmack und Vornehmheit sprach aus allem. Die Fenster waren ganz breit und tief, so daß eine gleichmäßige Helligkeit bis in die letzten Winkel des großen lichtgrünen Zimmers drang. Das Bett verbarg sich hinter einer grünen Gardine, und sonst gab es nur noch ganz wenige sehr zierliche und kostbare Möbel. Um den runden Mahagonitisch mit den Elfenbeineinlagen auf der blitzenden, spiegelnden Platte standen ganz niedere Sessel mit dünnen grünen Polstern, und eine Mahagoni-Bergere, reich geschnitzt, mit großen Bronzerosetten, war schräg vor ihn gerückt. Ihre dünnen Kissen und Auflagen zeigten den gleichen grünen, gemusterten Damast. Die Wände aber waren sogar ganz mit heller mattgrüner Seide bespannt, und von der Wute hingen an dunkelgrünen Seidenkordeln in Augenhöhe — alle in den gleichen, schmalen Rähmchen mit Polisanderecken — alte farbige Pariser Modekupfer: gezierte Reifrockschöne, Damen

im Kleid der Nacktheit und karikierte Stutzer aus der Zeit
des Ersten Konsuls. Doch zwischen all diesen groben Dingen
träumten ein paar kindliche Grisettchen Gavarnis und ein
paar süße und überzierliche Frauenköpfchen, wie sie Kößling
aus dem Charivari kannte.

Aber das Überraschendste waren eben für Kößling diese
beiden ganz gleichen Mahagoni-Servanten, mit Bronze-
kapitellen auf den Ecksäulen, drüben an der Wand, eine
hier und eine dort, die ganz gefüllt waren mit alten Porzellanen, Gruppen, Figuren und Geschirren, weißen und
farbigen in geschickter Wechselwirkung. Und sie machten
eigentlich, daß Kößling den großen rotbraunen Schrank, zu
dem Jason jetzt ging, noch gar nicht bemerkt hatte.

Kößling dachte an sein altes Gerümpel zu Haus, das
nicht einmal ihm gehörte, und er hatte wieder das unangenehme Gefühl des Eindringlings. Am liebsten wäre er jetzt
wieder gegangen und hätte Jason Gebert und alles, was
Gebert hieß, nie wiedergesehen.

Jason merkte Kößling diese Mißstimmung an. „Für die
grüne Seide kann ich nicht", sagte er lachend. „Es sind nur
ein paar schlecht gefärbte Kupons, die im Geschäft verramscht
werden sollten, und da habe ich doch lieber schnell einmal die
Wand mit bespannen lassen." Damit nahm Jason die
Kamelottjacke aus dem Schrank und hing seinen grünen
Bratenrock säuberlich an den Riegel. Nicht ohne ihn vorher
liebend zu betrachten und ermunternd und zärtlich zu klopfen
und zu streicheln, während Kößling, mit dem Rücken ihm
zugewandt, still die Porzellane betrachtete.

Kößling war zwar kein Kenner von Porzellanen, aber
er empfand doch, daß das hier von einem Sammler von
gutem Geschmack zusammengebracht war. Und besonders
war es ein Figürchen, das es ihm antat; mit seinen schrägen

Brauen und seinem aparten Lächeln. Es erinnerte Kößling an Jettchen, zwang ihm plötzlich die Vorstellung Jettchen vor die Seele. Am liebsten hätte er das Püppchen aus dem Schrank genommen und es geküßt, in Gedanken an jene. Ganz versunken und verloren war Kößling in seine Betrachtung.

„O ja", sagte Jason und trat hinter ihn, „da sitze ich auch manche Stunde davor. Ich finde immer, man könnte auf jedes dieser Porzellane ein Gedicht schreiben. Sehen Sie mal da hinten auf diese Frankenthaler Gruppe — Apollo und Venus —, und gleich wird Vulkan um sie sein Netz werfen. Das ist ein Sonett. Und auf das Meißener Figürchen hier." Jason zeigte auf Kößlings Püppchen. „Es ist ein echter Kändler. — Ist das nicht wirklich eine neckische Siziliane? Und das hier, es ist mein Stolz, Doktor, dieses kleine Mädchen in Biskuitmasse, Sèvres, man sagt, es wäre von Houdon. Sehen Sie nur, wie weich und zart solch junger Körper ist, und wie fleischig dabei die stumpfe Masse wirkt. Das ist doch im Volksliedton. Ja, lieber Freund, die paar Porzellane hier sind wirklich meine einzige Freude. Wissen Sie, bevor ich mir ein neues Stück kaufe — wenn ich so Tage und Wochen erst drum herumgehe —, das ist mir jedesmal gerade, als ob ich eine neue Liebschaft beginnen will."

Aber Kößling regte sich nicht, er empfand nur immer peinigender, daß eigentlich zwischen ihm und jenem eine Kluft wäre, so freundlich Jason Gebert auch zu ihm sein mochte. Ja, Kößling blickte an sich herunter, und trotzdem er kein Fleckchen an seinem Anzug entdecken konnte, kam er sich doch in dieser Umgebung wie ein Landstreicher vor. Und es schien ihm dagegen, als ob Jason Gebert hier in seinen vier Wänden ein ganz anderer wäre wie auf der Straße oder im Gasthaus oder damals bei seinem Bruder.

Alle die weichen und verschwommenen Linien seines Wesens wurden hier fest und bestimmt. Und Kößling bereute das Urteil, das er vor Jettchen über ihn gefällt hatte.

„Sie wundern sich gewiß", sagte Jason, „warum ich das Zimmer nicht als Arbeitszimmer genommen habe. Aber das nach hinten ist tagsüber ruhiger wie das hier des Nachts, und ein einziger Lastwagen, der die Scheiben zittern läßt, genügt von je, um mich auf zwei Stunden für jede Tätigkeit unbrauchbar zu machen."

So plauderte Jason, ging hin und her und erklärte Kößling die Stiche und Kupfer und warum er gerade die und keine anderen gewählt hätte. Er hatte jetzt eigentlich Kößling und sein Schicksal wieder ganz vergessen. Er hatte nur noch den kunstfreudigen Besuch vor sich und war glücklich, ihm seine Schätze zeigen zu können.

Aber Kößling zog es immer wieder zu dem Figürchen in der Servante, das schien ihm wahrhaftig mit den schwarzen kleinen Augen zu winken, wo er auch ging und stand.

„Kann ich das eine Püppchen da mir einmal näher ansehen?" bat er.

„Muß das sein?" fragte Jason ängstlich.

„Ich laß es sicher nicht fallen", bat Kößling wieder.

Und Jason schloß zögernd die Servante auf, faßte die Figur fest und sicher mit zwei Fingern um die dünne Taille, hob sie ruhig aus den anderen heraus und reichte sie vorsichtig Kößling hin, der das Dämchen in die Hand nahm und hin und her drehte, so daß die Lichter wechselnd auf allen Kanten und Vertiefungen aufblitzten. Und ehe noch Jason wußte, was geschah, hatte Kößling einen Kuß auf das kalte, neckische Köpfchen gedrückt.

„Aber Doktor, was ist Ihnen denn?" rief Jason.

Kößling war ganz verlegen. „Das hat mich an jemand erinnert", sagte er endlich.

„Geben Sie's mal her", sagte Jason und sperrte ebenso vorsichtig, wie er es daraus entnommen, das Figürchen wieder in seinen Glasschrank. „So — nun kommt es fort." Aber im Augenblick, wie er das lächelnd sagte, standen doch von neuem die ganzen Erlebnisse vom Nachmittag vor Jason, und das machte ihn auch verwirrt und nahm ihm die Ruhe. Dieser arme Mensch tat ihm leid. Denn wenn immerhin im Leben Jasons wohl oft Leidenschaften, aber nie eine Leidenschaft geherrscht hatte, so konnte er doch nach= fühlen, was sich jetzt in Kößling abspielte.

„Wollen wir hinübergehen?" meinte Jason und stieß die Tür auf, als ob er dächte, daß all das nun jetzt hier bei dem Porzellanpüppchen im Schrank bleiben würde.

Auf dem Flur huschte wieder ganz schnell in ihrem geblümten Kleid das kleine, alte Fräulein Hörtel an ihnen vorbei, lautlos, wie ein Käuzchen.

Das Zimmer nach hinten löste wirklich im ersten Augen= blick in Kößling ganz andere Empfindungen aus. Fenster und Tür waren nach der breiten Galerie geöffnet, die mit ihrem geschnitzten Holzgitter draußen entlanglief, und man hatte einen Blick fort über ein Geschachtel alter, geröteter und gebräunter Dächer und über Baumgipfel, die irgendwo aus schmalen Höfen und engen, alten Gärtchen zum Licht emporquollen; und hinten hob sich der kantige Spitzturm der Nikolaikirche gegen die Sonne in den hellen, weißlichen, von Staub und Rauch ganz leis verschleierten Abendhimmel hinein. Das Zimmer selbst war von einem rötlichen Licht erfüllt und wirkte weit und fast leer. Denn Fräulein Hörtel hatte draußen auf der Galerie gedeckt und wohl Tische und Stühle dazu hinausgetragen.

"Bücher, Bücher, Bücher!" sagte Jason und zeigte auf die Bücherborde, die hoch und breit rechts und links und zwischen Tür und Fenster die Wände füllten, so daß sie kaum für ein paar hochlehnige Stühle dazwischen und kaum für ein paar Stiche und Bildnisse an der Wand Platz ließen.

In feinen Reihen standen neben den groben Pappbänden die zierlichen Lederbändchen, und ein letztes Blitzen von der rötlichen Sonne lief über die Goldbuchstaben auf den grünen Schriftplättchen und haftete in den goldenen Blümchen, mit denen die Rücken verziert waren.

Kößling vertiefte sich sogleich in die Buchtitel. Denn ganz gleich, wie ihm ums Herz war, das hätte er nie versäumt. Jeder Buchtitel gab ihm etwas, war für ihn eine ganz bestimmte Vorstellung von dem Inhalt; er war für Kößling wie der Name einer Speise, die er nie genossen und von der er doch glaubte, zu wissen, wie sie schmeckte.

Jason ließ es sich nicht nehmen, den Führer zu spielen.

"Hier ist mein Laboratorium", sagte er, "hier habe ich gelernt bescheiden zu sein, hier habe ich so manche Hoffnung eingesargt, und für manche Hoffnung, die mir draußen zerschlagen wurde, habe ich hier drinnen Ersatz gefunden. Ein rechter Bücherfreund — merken Sie sich das, lieber Doktor! — darf weder Frau noch Kind noch Familie haben. Die hier müssen ihm alles sein. Sehen Sie, lieber Freund; das sind meine Brüder, sage ich immer", er wies auf das eine Regal —, "und das sind meine Väter", und er wies auf das dritte, "und das endlich sind unsere Ahnen. Eigentlich sind sie mir die Liebsten, denn sie lebten noch in einer Zeit, von der Lichtenberg einmal sagt, daß in ihr noch Schreiben gleichbedeutend mit Gutschreiben war. Interessieren Sie sich für hübsche Ausgaben? Sehen Sie hier einmal die Genfer

Voltaire-Ausgabe von 1751 und die Montaigne-Übersetzung von Bode aus den neunziger Jahren. Oder hier die erste Londoner Edition Diderots. Kennen Sie von Diderot ‚Les bijoux indiscrets'?"

Kößling sann nach.

„Nein", meinte Jason lachend, „das ist auch für Sie nicht nötig. Doch es gibt ebensogut diese Seite des Lebens. Und auch sie hat recht."

Aber Kößling hörte kaum hin. Er war nicht von den Büchern fortzubringen; er reckte sich den Hals aus, um zu erkennen, was in den obersten Reihen stand, und er kniete nieder, um die unten zu entziffern.

Kößling erkannte sofort, daß ebenso wie bei den Porzellanen es nicht der Zufall war, der diese Bibliothek zusammengewürfelt hatte, sondern ein planmäßiges Vorgehen und ganz aparte Vorliebe des Sammlers. Geschichtswerke gab es wenig, aber viel Philosophen und viel antike Prosaisten. Von Indien handelten wohl fünfzig Bände, und es gab wieder ganze Reihen französischer Romanciers des achtzehnten Jahrhunderts in ihren zierlichen, kupfergeschmückten Bändchen. Heinse, Hamann, Theodor Amadeus Hoffmann, Jean Paul oder Goethe waren neben den Gesamtwerken noch fast völlig in Erstdrucken vorhanden; und Kößling wurde nicht satt zu schauen, denn selten war er einer Büchersammlung begegnet, die ein so gutes Zeugnis für den Geschmack ihres Besitzers ablegte und aus der mit ähnlicher Strenge und mit gleichem Takt alles Minderwertige und Gleichgültige ferngehalten war.

„Nun lassen Sie doch die Bücher", sagte endlich Jason, der sich indes an seinem Arbeitstisch ärgerlich zu tun gemacht hatte, weil irgend etwas nicht so lag, wie es liegen sollte. „Man kann ja nichts recht mehr sehen."

„Wissen Sie, ich denke oft darüber nach, ob eigentlich Bücher heilsam oder schlecht für uns sind. Manchmal kommen sie mir nur vor wie ein schlechter Kupferdruck, wie ein verwischter Abklatsch vom Leben, ganz malerisch —, aber man nimmt ihn doch nur, wenn man keinen anderen guten Druck bekommen kann. Und dann scheint es mir wieder, als ob die Bücher erst das Leben vertiefen und seinen Wahnsinn in Sinn verkehren; und als ob sich das Leben langsam nach den Büchern umformt. — Aber lassen wir die Bücher, Doktor. Kommen Sie, ich will Ihnen mal Stiche zeigen. Hier ist das Chodowiecki-Werk, oder wollen Sie vielleicht lieber Schmetterlinge sehen? In den Spindchen habe ich noch einige Kästen. In meiner Jugend habe ich leidenschaftlich gesammelt; aber wie das so kommt, es ist dann ganz eingeschlafen. Und es wäre mir auch jetzt mit meinem Bein zu anstrengend."

Kößling wollte die Schmetterlinge sehen.

Und Jason zog die glasgedeckten Kästen auf, einen nach dem anderen, in denen an langen Nadeln auf sauberen Korkstreifen die Schmetterlinge steckten, jeder mit einem sauber geschriebenen Zettelchen vor sich. Manche von ihnen waren schon ein wenig blaß und unfrisch in der Farbe, andere aber leuchteten, als wären sie noch heute vormittag in taumeligem Flug über die Wiesen hingezogen.

„Seltsam", meinte Jason. „Die Namen sind mir doch schon meist entfallen; aber fast jeder der Schmetterlinge hier ist eine ganz bestimmte Erinnerung für mich. Ich weiß noch genau, wie ich zu ihm gekommen bin, und ich sehe heute eigentlich gar nicht mehr das kleine, vierflügelige, bunte Ding in ihm, sondern ich habe bei ihm wieder den langen Waldweg vor mir mit den blanken Klaftern von Buchenholz rechts und links, oder bei dem hier gehe ich ganz im ersten

Frühjahr durch Brüche, und kleine weiße Birkenstämmchen mit roten, kahlen Zweigen stehen im gelben Schilfgras. Oder der ist für mich heute nur noch eine saftige Wiese mit ganz hohen, rotblauen Wicken."

Kößling beugte sich ganz tief über den Kasten.

"Haben Sie mal gesammelt, Doktor?"

"Nein", sagte Kößling, "aber ich sehe Schmetterlinge sehr gern."

"Aber jetzt kommen Sie, bitte", sagte Jason und trat auf die Galerie hinaus an den gedeckten Tisch.

Die Sonne war jetzt gesunken und blickte nur noch mit einer breiten, glühenden Kante aus dem veilchenfarbenen Dunst, und zwei scharf umzogene, gerade Purpurstreifen lagen quer über den Horizont fort, über den verdämmernden Dächern, einzig durchschnitten von dem spitzen, schwarzen Dreieck des Kirchturms. Irgendwo stand ein Mann hoch oben, groß und dunkel auf dem Dach und winkte mit einer langen Stange einem kreisenden Taubenschwarm, heimzukommen; und der Abendrauch stieg leise wirbelnd kerzengerade aus allen Schornsteinen.

"Wie Sie es hier schön haben", sagte Kößling und stellte sich an das Gitter.

"Lieber Freund, Sie sehen das vom Tisch aus ebensogut", meinte Jason.

"Vielleicht", sagte Kößling lachend und setzte sich Jason gegenüber, der ihm die Schüsseln mit kaltem Braten zuschob und ihm Wein eingoß.

Kößling nippte nur und aß wenig. Er könnte an warmen Tagen nichts essen, sagte er; während Jason meinte, daß ihn solche Äußerlichkeiten nie beeinflußten.

"Schade, daß Sie nie Schmetterlinge gesammelt haben", begann Jason wieder langsam und betrachtete nachdenklich sein Gegenüber. Er wußte eigentlich nicht, was ihn sosehr zu diesem jungen Menschen zog. Und doch empfand er etwas für ihn. Vielleicht, weil nichts an ihm weich und sinnlich war und sich in jedem Zug so ein starker, hartgezeichneter Trotz des Geistes aussprach ... In den etwas hageren Wangen, der vorgebauten Stirn, selbst in dem kleinen Sattel von Sommersprossen über der gebogenen Nase und in dem Leuchten der klaren, graublauen Augen, die gleichsam die Dinge umfaßten, wenn sie von ihnen sprachen, und die sich ewig verfärbten von einem geheimen Unterstrom wechselnder Gedanken und Empfindungen.

„Wann, Herr Gebert, habe ich wohl in meinem Leben Schmetterlinge sammeln können?!" meinte Kößling bitter, und er verglich bei sich die Möglichkeit der Entwicklung, die jenem gegeben war, mit seiner eigenen Unfreiheit.

„Schade", antwortete Jason und sah Kößling mit großen Augen an, „man lernt viel dabei. Ich mußte heute nach= mittag immer daran denken, wie ich mal als Junge eine Raupe hatte, eine schöne, große grüne Raupe mit blau= weißen Streifen, ein stolzes, rares Tier. Und ich freute mich schon so recht, was sie für einen schmucken Falter geben würde. Aber eines Tages wurde meine Raupe matt, und plötzlich fiel sie im Augenblick in sich zusammen wie ein leerer Schlauch. Kennen Sie den Vorgang? Die Sammler sagen dann, das Tier wäre gestochen. Es sind Schlupfwespen, die ihre Eier in die Raupe legen. Und wenn das Tier wächst, wächst das Geschmeiß drin mit, und man merkt äußerlich gar nichts von ihm, und die Raupe scheint es auch kaum zu spüren —, aber ganz plötzlich bricht sie dann in sich zusam= men, und die weißen Maden durchbohren die schlaffe Haut und spinnen sich auf ihr ein. — Und an diese grüne Raupe mußte ich heute nachmittag immer denken."

„Heute nachmittag?" fragte Kößling, legte die Gabel hin und starrte Jason angstvoll an.

„Ja, heute nachmittag", sagte Jason, „draußen bei meinem Bruder in Charlottenburg."

„Sie waren doch in Charlottenburg!" rief Kößling und sprang vom Stuhl auf.

„Ja", meinte Jason ganz ruhig. — „Aber setzen Sie sich wieder, lieber Doktor, wenn wir darüber reden wollen."

Kößling umklammerte mit der einen Hand das Gitter und ließ sich dann wieder in den breiten Stuhl zurückfallen.

„Wir Geberts, meine ich", sagte Jason immer noch sehr bedächtig, „wir Geberts gleichen ganz meiner grünen Raupe, aus der kein Schmetterling werden sollte — wie lange noch, dann wird doch das Geschmeiß uns völlig unterhaben."

„Haben Sie, wie Sie wollten, meinetwegen gesprochen?" fragte Kößling. Und trotz der beginnenden Dämmerung sah Jason, daß sein Nachbar kreideweiß bis an die Haarwurzeln war; nur seine Augen flackerten.

Aber Jason zwang sich, ruhig zu bleiben. „Gewiß", sagte er, „ich habe es getan. Ich hatte es Ihnen ja versprochen." Damit schwieg Jason.

„Und?" meinte Kößling und würgte fast an dem einen kleinen Wort „und".

Jason spielte mit dem Messer. „Ja", sagte er kurz und zuckte die Achseln. „Ich bin eben dann fortgegangen."

Kößling war aufgestanden, hatte mit beiden Händen wieder das Gitter gefaßt und stand groß und dunkel vor Jason gegen die abendliche Helligkeit. Aber Jason sah selbst vom Rücken aus, wie jenen ein Schluchzen schüttelte, und auch er verlor seine ganze Ruhe.

Kößling hatte nur einen dumpfen Schmerz, oben über den Augen, ähnlich, wie er ihn einmal empfunden hatte als

Knabe in einer Prügelei mit den Klippschülern, als man ihn mit einer Bleikugel getroffen hatte. Er wußte sich im Augenblick an nichts zu erinnern, wußte auch gar nicht, was das bedeutete, was ihm Jason sagte, und was er damit verlöre; — er hatte nur diesen Schmerz im Kopf und das Würgen im Hals und die Tränen, die ihm über die Backen liefen.

„Ja", sagte Jason nach einer ganzen Weile, „wirklich, lieber Freund, ich habe keinen sehr günstigen Bescheid bekommen. Und wenn ich es recht bedenke, so ist das vielleicht nicht einmal so schlimm, wie es Ihnen jetzt erscheinen mag. Ja, es ist vielleicht das Beste für Sie. Menschen wie Sie sollen allein sein. Im Alleinsein und in der Unbefriedigtheit liegen Ihre Wurzeln. Sie irren sich, Doktor, Menschen Ihres Schlages sind nicht für die Ehe geschaffen."

Wie lästig das Kößling alles war! Als ob er überhaupt an Ehe gedacht hätte, als ob er überhaupt irgend etwas von dem, was ihn erfüllte, in Gedanken umgesetzt hätte. Und wie gleich ihm das war, was jener sprach! Er hörte kaum hin.

„Ein Jagdhund darf eben nicht satt sein, und er darf auch kein Fett ansetzen, dann ist es vorbei mit seiner guten Witterung. Und Sie, Kößling, sind so einer von den Jagdhunden, die das Wild jagen sollen, das den anderen zu leichtfüßig ist."

Kößling horchte auf; dieser Vergleich hatte etwas Bestechendes. Aber was hatte er denn eigentlich damit zu tun. — Jason erfaßte die Stimmung, die Kößling beherrschte, ohne daß Kößling sich auch nur wandte oder gar entgegnete.

„Nun redet der, meinen Sie jetzt. Was weiß er denn von dem, was mich bewegt. — Lieber Doktor, glauben Sie mir das eine: die Welt hat einen Liebenden noch nie verstanden — und später werden Sie sich selbst kaum noch verstehen."

Kößling wollte antworten, aber er stockte. Was sollte er denn hier noch sprechen?

"Lieber Doktor, ich weiß, was Sie sagen wollen. Wie oft habe ich schon mit dem Kopf durch die Wand gewollt und mir beinahe den Kopf eingestoßen, und die Welt hat doch nachher immer recht behalten."

Jason schwieg, als erwarte er eine Antwort. Aber als der andere ganz still blieb, begann er wieder:

"Als ich zurückfuhr heute nachmittag, da dachte ich bei mir, daß eigentlich doch das Ja oder Nein für Sie bedeutungslos wäre."

Kößling wandte sich plötzlich, als verstände er Jason nicht.

"Ja, denn ich sagte mir, daß dadurch nur Ihr äußeres, aber nie Ihr inneres Leben getroffen würde."

"Wie —?" brachte Kößling langsam hervor, und es klang, als ob er aus dem Schlaf spräche.

"Ich meinte, daß das Maß Ihrer Verehrung dadurch keine Verringerung erführe, und daß Ihre Träume und Ihre Erinnerungen davon unberührt bleiben würden, und ich sagte mir, daß der beste Teil des Lebens — wenigstens unseres Lebens — aus Erinnerungen und Träumen bestände. Und ich glaube auch, daß so, wie es ist, es gut ist. Denn all das würde Ihnen nur Verantwortungen auferlegen, denen Sie nicht gewachsen sind."

Kößling hörte nachdenklich zu. Das klang ihm alles im Augenblick so weich, verlockend und tröstsam, und trotzdem in ihm tausend Widersprüche dagegen lebendig waren, gab er sich doch dem in seelischer Feigheit ganz hin.

"Ja", sagte Jason, "Sie müssen nicht glauben, daß ich mich so leicht mit einem abschlägigen Bescheid zufrieden gegeben habe, ich habe für jeden Schritt Boden um Sie gekämpft. Und Sie haben auch noch einen Gönner in unserer Familie, der sehr kräftig für Sie eingetreten ist."

Und Jason begann vom Nachmittag zu erzählen, ging noch einmal alle Phasen des Gesprächs in der Laube beim Whist durch, wie er ein paarmal geglaubt hätte, daß er schon beinahe seinen Bruder Salomon überzeugt hätte und wie der immer wieder Gegengründe gefunden und immer wieder den Kopf aus der Schlinge gezogen hätte.

Kößling stand währenddessen Jason gegenüber. Er hatte sich an das Geländer gelehnt, das er rückwärts mit seinen beiden Händen hielt, und er hatte den Kopf tief gesenkt, so daß Jason sein Gesicht nicht sehen konnte. Langsam breitete sich die beginnende Dunkelheit schwül und trübe über die Dächer und löschte die Fernen. Und neben der schwarzen Gestalt Kößlings tauchten am Himmel fein wie Nadelstiche ein paar Sterne auf und blinzelten ganz schüchtern und verstohlen durch die schwelende, warme Nacht. Kein Lüftchen ging über der Stadt, und Rauch und Dunst hingen tief danieder, so daß man glaubte, den Himmel greifen zu können, wenn man sich nur ordentlich hochrecken würde.

Und Jason sprach sich immer mehr da hinein, und er drehte und wandte alles hin und her, so daß es ihm endlich selbst schien, und daß auch Kößling, der gespannt lauschte, den Eindruck bekam, als ob es doch noch nicht so ganz hoffnungslos wäre — ja, daß Kößling sogar schon fast aufatmete, weil doch eigentlich alles noch recht gut gewesen war.

Vor allem klammerte sich Jason daran, daß sein Bruder daran Anstoß genommen hätte, weil Kößling nichts wäre und in keiner Stellung säße, also mit keinem bestimmten Einkommen rechnen könnte. — Und daß dann, wenn das der Fall sein würde, alles sonst ein anderes Aussehen bekommen könnte, daß das dann Dinge wären, über die sich vielleicht reden ließe, das war ihm gewiß und sicher.

Und er selbst war eigentlich jetzt ganz frohgemut und zuversichtlich. Vielleicht wäre in dieser Sache doch noch nicht das letzte Wort gesprochen, und wenn Kößling mit großen Erfolgen käme oder sagen könnte: seht einmal, das bin ich und das werde ich, dann würde er wohl einen anderen Bescheid erhalten. Wenn sein Bruder auch täte, als ob er nur nach Geld und Einkommen sähe, so würde er doch Titel und Stellung ebenso hoch einschätzen. In seinen Kreisen begriffe man eben nicht, daß jemand Doktor sein könnte, ohne daraus Nutzen zu ziehen. Das wäre ein Vorurteil, gegen das nun einmal nicht anzukämpfen sei.

Er, Jason, hätte ja von vornherein nicht daran geglaubt, daß jetzt etwas zu erreichen wäre, aber vielleicht brauche man doch nicht alle Hoffnung aufzugeben.

„Und Jettchen?" meinte Kößling unvermittelt. Er war wohl mit seinen Gedanken auf anderen Wegen.

Jason fuhr zusammen. Er hörte diese vertrauliche Familienbezeichnung nicht gern aus dem Munde eines anderen. „Meine Nichte", sagte er mit Betonung, „ich habe nicht mit meiner Nichte gesprochen, und ich wünsche es auch nicht. Sie verstehen mich wohl? Ich kann Sie öffentlich unterstützen und auch öffentlich für Sie eintreten — — das habe ich getan. Heimlich kann ich es nicht und tue ich es auch nicht. Ich bitte, daß wir meine Nichte dabei ganz aus dem Spiel lassen."

Aber im Augenblick tat es auch Jason leid, und er fuhr wieder freundlich fort: „Verstehen Sie mich recht, Doktor, ich möchte nicht, daß bei meiner Nichte irgendwelche Aussichten erweckt werden, die sich später nicht erfüllen würden. Wenn hier vielleicht irgend etwas schwer und hart zu tragen ist, so muß es eben von Ihnen allein getragen werden. Wenn Sie noch einmal wiederkommen, so ist es ja immer noch Zeit. Es mag Ihnen genug sein, daß Sie wissen, daß Ihre Neigung nicht unerwidert ist. Wenn Sie aber — und damit muß doch auch gerechnet werden — das, was Sie wollen, nicht erreichen oder trotzdem noch ein zweites Mal abschlägig beschieden werden, so wäre jetzt jedes Wort nicht einzig zu viel und falsch, es wäre sündhaft."

Kößling begriff das nicht, und er war auch nicht in der Stimmung, irgendwelchen verschlungenen Gedankenwegen zu folgen.

„Es darf da nichts übereilt werden. Sie haben ja Zeit, aber es muß vorerst scheinen, als ob Sie sich mit dem abschlägigen Bescheid ein für allemal zufriedengeben. Das ist das klügste, was Sie tun können."

„Und Ihre Nichte Jettchen?" meinte Kößling.

„Meine Nichte!" verbesserte Jason, „ich denke, wenn sie Ihnen zugetan ist, wird sie warten, auch ohne daß ich mit ihr rede, und ohne daß Sie das Wort, das Sie mir gegeben haben, brechen. Und wenn nicht — dann gehören Sie eben nicht zusammen."

Kößling schüttelte.

„Aber verstehen Sie mich denn nicht, Doktor? — Sie können das doch nicht von mir verlangen, solange Sie nicht sicher wissen, wie der Hase läuft. Die Sache kommt sonst auf das heraus, was wir immer als Kinder gespielt haben: irgendeiner mußte in das andere Zimmer gehen, und wir sagten ihm, wenn wir dich rufen, kommst du durch die Wand —, richtig durch die Wand, nicht durch die Tür. Und er saß und saß da drin und saß und saß —, aber durch die Wand ist er nie gekommen. Wissen Sie, weswegen, Doktor? Weil wir nie gerufen haben. So etwas können Kinder spielen, weil sie eben noch Kinder sind; Große nicht, lieber Freund."

„Ja, ja", meinte Kößling, der kaum gefolgt war.

„Sehen Sie, es freut mich, daß Sie vernünftig sind und ein Einsehen haben. Es ist wirklich das richtigste so, glauben Sie mir. Es tut mir leid, daß ich jetzt mit Ihnen so sprechen muß. Ich habe Sie gern — aber ich sagte es Ihnen ja schon einmal soeben: wenn irgend etwas hier schwer zu tragen ist, so muß es eben von Ihnen ganz allein getragen werden. Sie dürfen meiner Nichte nicht das Herz noch schwerer machen, als es ihr schon ist. Denn jede trübe Minute, die Sie ihr machen, ist doch Ihre Schuld."

Das sah Kößling ein, und die Selbstzerfleischung der Vorwürfe war ihm eine geheime, aufreizende Lust in dem dumpfen Schmerzgefühl, das jede Entschließung gefesselt hielt.

Nun sprach Jason davon, was werden sollte und was denn Kößling für Aussichten hätte.

Er hätte drei Eisen im Feuer, zwei in Braunschweig; aber da er nicht gern nach Braunschweig zurückwolle, so hätte er sich auch jetzt hier bei der Bibliothek beworben, fürs erste als Hilfsarbeiter —, das wäre ganz gut, wenn das etwas würde. Er hätte nur bis drei Uhr zu tun und wäre dann sein eigener Herr und fände gewiß Anregungen in Hülle und Fülle. Er hätte Liebe dazu, weil ihn alles Bücherwerk interessiere. Diese ungeheuren Fluten, die immer wieder von neuem überspült wurden, diese Unermeßlichkeiten, von denen ein Menschenleben nur einen Winkel umspannen könnte, hätten sich von jeher bei ihm Grauen und Achtung ertrotzt.

„Ja", sagte Jason, „es muß Ihnen aber doch ein leichtes sein, zu Hause etwas zu finden."

Und sie sprachen hin und her.

Kößling wäre jetzt vor kurzem erst zu Hause gewesen und könne nicht gleich wieder zurück, schon weil er in der Zeit doch weniger verdient hätte. Jason wollte ihm mit ein paar Friedrichsdor aushelfen.

Das mochte Kößling nicht annehmen. Doch Jason stellte ihm vor, daß er es am Ende gar nicht Kößlings wegen täte, und daß er dabei auch etwas an seine Nichte dächte, und daß Kößling sich also nicht zu besinnen brauche, es zu nehmen. Und über die Rückgabe brauche er sich keine Gedanken zu machen. Das hätte gar keine Eile. Kößling sähe daraus, daß er es wirklich gut mit ihm meine, wenn ihm auch das vorhin nicht ganz so geschienen hätte.

Und im langen Hin und Her besiegte Jason Kößlings Widerstand. — Aber Jettchen — das wäre Bedingung — dürfe von alldem nichts erfahren. Er dürfe sich ihr nicht wieder nähern oder sie in seine Pläne einweihen. Das wäre das einzige, was er verlange und mit gutem Grund von Kößling fordere. Er, Jason, müsse darauf bestehen, weil er nicht seinem Bruder gegenüber falsches Spiel treiben wollte, und weil er nicht verantworten könnte, in Jettchen Hoffnungen zu wecken, die sich vielleicht nicht erfüllen würden. Sollten die beiden wirklich auseinandergerissen werden, womit man bei der Ungewißheit von Kößlings Zukunft doch auch rechnen müsse, so wäre es das beste, es geschehe schon jetzt. Die Fäden wieder zusammenzuknüpfen, das wäre nachher das Werk eines Augenblicks. Und dann wäre doch alles, was vorher war, vergessen. Er, Jason, wundere sich, daß er darüber so viel sprechen müsse. Es schien ihm fast, als hätte die Neigung in Kößling doch nicht so tiefe Wurzeln, weil er ihn doch erst darum ersuchen müsse, Jettchen Ungelegenheiten zu ersparen.

Dieser harten Schlußfolgerung verschloß sich Kößling nicht, und er versicherte ein über das andere Mal, daß sich Jason in ihm nicht täusche, und daß er alles tun würde, um Jettchen — er sagte „Jettchen" — jede trübe Minute zu ersparen. Nur wäre ihm das jetzt so schwer, so furchtbar schwer im Augenblick, und der andere müsse doch dafür Verständnis haben.

Und beinahe hätte ihm Jason das gesagt, was ihm schon lange auf der Zunge schwebte, so daß er schon mehr denn einmal gefürchtet hatte, er würde es nicht mehr zurückhalten, daß ja das alles, was er hier vorbrächte, vielleicht sehr vernünftig klänge, aber dabei der bare Unsinn wäre, und daß er das alles in Gottes Namen mit Jettchen allein abmachen sollte. Und wenn die wolle, so wäre das übergenug. Und er würde ihm schon helfen, so gut er könne, und Eli vielleicht auch. Wenn sie beide nur den Mut dazu hätten. Jason hatte ja die ganze Zeit nur darauf gewartet, daß Kößling ihm widersprechen würde, und er wäre mit fliegenden Fahnen in das Lager des Gegners übergegangen. Aber Kößling ahnte nichts davon.

Und um das nicht sagen zu müssen — denn er war nun des langen, zierlichen Florettierens müde und sehnte sich nach gesunden und derben Worten —, ging Jason ganz schnell hinein und kramte in irgendeinem Fache seines Sekretärs, so daß Kößling, der draußen im Dunkeln war, es klingen und scheppern hörte. Und dann kam Jason wieder und sagte: das wäre wohl genug, und er stände ihm jederzeit mit der gleichen Summe noch einmal zur Verfügung.

Kößling stand immer noch, mit dem Rücken gegen das Geländer gelehnt, dunkel gegen den trüben, niederen Nachthimmel mit den paar rötlich blitzenden Sternen und hatte den Kopf tief gesenkt. Für ihn war all das so beschämend, und er empfand durch das Geld, das ihm jener gab, und das er doch nehmen mußte, nur noch brennender seine Unfreiheit und die tiefe Kluft, die ihn von allen Geberts trennte.

Der dumpfe Schmerz von vorhin war gewichen, und es war ihm nur eine Gelähmtheit geblieben, ein weichmütiges Bedauern seiner selbst. Er fragte sich immer, was denn eigentlich geschehen war, und was sich denn nun eigentlich für ihn verändert hätte. Und er fühlte an sich entlang und fand, daß er noch genau derselbe war wie ehedem.

Jason aber dachte, daß Kößling wenigstens Zeit gewonnen hätte, um darüber hinwegzukommen, und daß in acht oder zwölf Wochen alles schon ein anderes Aussehen hätte. Und wer weiß, vielleicht würde es doch noch zum guten Ende kommen ...

*

Zur gleichen Stunde, wo jetzt in der grauen, warmen Nacht, die dunstverschleiert und schwer auf der Stadt lastete, Jason und Kößling nebeneinander auf der Galerie standen und nun wortlos hinab in die Dämmerung der Höfe starrten, aus der nur hier und da der breite Riesenrücken eines Dachfirstes sich hob oder das heimliche Lichtlein einer verschwiegenen Kammer blinkte — jeder von den beiden ganz verfangen in seinen Gedanken, ebenso wie damals, als sie an der Brücke lehnten —, zur gleichen Stunde saß Jettchen, den Kopf gestützt, am offenen Fenster draußen in Charlottenburg, kaum eine Meile davon, und sah in den Himmel, der hier als ein tiefblaues, seidenes Zeltdach über den dunklen Kronen der Linden stand.

Und mit Hunderten von blinkenden Saphiren war das seidene Zeltdach besetzt und bestickt ..., mit Saphiren, die Punktreihen und Linien, Dreiecke, Quadrate und seltsame

Diagramme bildeten, und daneben mit Saphiren, die in ganzen Häufchen dicht beieinander aufgelegt waren, als hätte man da oben eine Handvoll blinkender Körner festgeheftet ... und endlich war wieder ein Teil dieses Zeltdachs geziert mit einzelnen, kostbaren und leuchtenden Steinen, die vornehmer als die anderen waren und ganz allein und für sich in dem schweren, tiefblauen Seidentuch standen. Schier wie in einer Herbstnacht war der Himmel ausgestirnt.

Die Schwüle des Tages war gewichen, und die Linden atmeten Duft und Kühle aus, so daß Jettchen in der leichten Kleidung, in der sie am Fenster saß, fast fröstelte. Draußen aber war es für einen Sonntagabend merkwürdig still, und Jettchen hörte aus dem dunkeln Zimmer hinter sich das Atmen Wolfgangs deutlich vom Sofa her.

Jettchen war vordem sogleich in ihre Stube gegangen und war da willenlos auf ihr Bett gefallen, schwer wie ein Stein. Sie hatte sich in die Kissen gewühlt und hatte lange gelegen, die aufgerissenen Augen zur weißen Decke, mit eingekrampftem Genick und mit zitternden, geschlossenen Fäusten. Und dann war ein Weinen über sie gekommen, das ihren ganzen Körper geschüttelt hatte. Sie wußte eigentlich nicht, weswegen sie weinte, sie hatte nur das Gefühl unsagbarer Traurigkeit und galligen Überdrusses. Sie dachte gar nicht daran, daß sie Kößling verlieren würde, denn sie hatte eigentlich nie recht geglaubt, daß sie ihn besitzen würde, sie würde ihm ja nur ein Stein im Wege sein, das fühlte sie. Aber daß das so kurz sein würde — — für ihn wäre es ja das beste, denn was könnte sie ihm denn je werden? Aber für sie, die sie doch weiter gar nichts vom Leben hätte ... Und zwischen den Sätzen, die Jettchen halblaut hervorstieß, zwischen Träumen und Klagen, zwischen Versicherungen und zwischen den immer wiederkehrenden Fragen, warum sie denn das träfe, gerade sie, die doch wirklich in ihrem Leben keinem Menschen etwas zuleide getan hätte —, fesselte minutenlang das Schluchzen heiß und wild alle Klagen und alles Sinnen.

Aber endlich kamen die Tränen nur noch wie einzelne schwere letzte Tropfen, die von den Bäumen fallen, wenn das Unwetter selbst schon vorübergezogen ist und nur noch ganz hinten am Horizont als eine graue, sonnenbeschienene Wand steht —, und das Schluchzen schüttelte Jettchen nur wie der kurze Windstoß, der die Nässe von den Dächern auftrinkt. Und es kam das Gefühl weicher Trauer über sie, eine Hingabe an ihren Schmerz. Jettchen dachte nicht, sie grübelte nicht, sie machte sich gar keine Gedanken darüber, was und wie das nun am Nachmittag gewesen war —, sie fühlte nur, daß all ihre Hoffnungen in Scherben lagen. Sie sprach nur irgendeine Wendung vor sich hin — zehnmal — zwanzigmal —, daß sie wirklich immer zu allen freundlich und gut gewesen wäre, daß sie keinem Menschen übelwolle oder je Böses getan hätte, und daß sie ja von je allein gewesen wäre und nicht Vater noch Mutter gekannt hätte.

Und dann war die Tante ganz leise an die Tür gekommen und hatte ganz leise angeklopft und Jettchen ganz leise gebeten, doch zum Abendessen hereinzugehen. Und man müsse auch Wolfgang für nachher unterbringen. Und Jettchen hatte sich erhoben, sie war wie zerschlagen an allen Gliedern, hatte sich die Falten im Rock glattgestrichen und sich die Augen gekühlt, denn es brauchte je niemand zu sehen, daß sie geweint hatte.

Drinnen war es ungemütlich. Jenny war müde, und Ferdinand und Hannchen hätten sich vor kurzem beinahe Grobheiten gesagt. Der neue Vetter Julius hatte sich an Salomon attachiert, und sie sprachen über die Solvenz verschiedener Kunden aus Posen und Breslau. Der Spielverlust hatte Eli reizbar gemacht, und er ließ es Minchen entgelten. Rikchen hetzte die Leute, sie sollten schnell bedienen, damit die Pferde nicht so lange zu stehen brauchten, und Ferdinand selbst lief hinaus, um zu sehen, ob sie auch zugedeckt wären; aber Eli sagte, er begriffe Ferdinand nicht: denn steifer könnten seine alten, ostpreußischen Krippensetzer doch wirklich nicht mehr werden.

Jettchen tat das Licht an den Augen weh, und jeder Laut schnitt ihr ins Hirn. Aber sie saß da, hoch, blaß und aufrecht, nur beherrscht von dem einen Gedanken: wieder allein zu sein.

Ferdinand stand zuerst auf, noch mit dem letzten Bissen im Mund und versicherte, kauend und schmatzend, daß es ganz reizend gewesen wäre. Aber Eli ließ sich am meisten Zeit und sagte zu Jettchen: „Ohne mich werden se schon nicht wegfahren. Wo nicht, bleib ich de Nacht hier draußen. Ich kann dir versichern, mein Kind, die Luft ist auf 'm Hohen Steinweg auch nich besser wie hier."

Und als schon alle draußen polterten, stand er endlich auf und ging ganz langsam mit Jettchen, der einzigen, die ihm noch treu geblieben war, hinaus. Und da es halbdunkel war, und seine Augen, wie Eli sagte, doch nicht mehr so recht scharf waren, so bat er Jettchen, ihm den Arm zu reichen. Und wie sie beide heraus auf den kleinen Vorbau traten und da unten bei den eben entzündeten, flackernden Wagenlichtern alle geschäftig hin und her um die Gefährte eilen sah, während Ferdinand noch einmal den Tieren den Hals und Bug klopfte und das Riemenzeug prüfte, und der neue Vetter Julius sich schon breitspurig auf Jasons Rücksitz von ehedem gesetzt hatte —, als sie heraustraten, da blieb Eli mit Jettchen einen Augenblick oben stehen, als müsse er verschnaufen.

„Ich sag dir nur das eine, liebes Jettchen", sprach Eli langsam und mit Betonung, „in die Familie da unten wird nicht hineingeheiratet. Haste mich verstanden? — Das hab' ich dir nur sagen wollen."

Und damit ließ er Jettchens Arm los und klapperte ganz munter mit seinen achtzigjährigen Beinen die Holzstufen hinab.

„Eli! Eli, woran liegt's denn?" rief Ferdinand.

„Nu, de werst wohl noch warten können!" gab Eli unwirsch zurück.

Und gleich zogen die Pferde an, und Wolfgang kam heraufgesprungen und umfaßte Jettchen, rieb mit seinem Kopf gegen ihre Arme und sagte, daß er sich so freue, daß er hierbleiben könne. Vor allem, weil er doch morgen nicht ins Pennal, ins „Kloster" brauche, sondern lange schlafen könnte.

Und Salomon und Rikchen sahen den Abfahrenden noch eine Weile nach, bis sich andere Wagen vorgeschoben hatten, und kamen dann Arm in Arm ganz langsam herein. Sie sagten, das wäre doch anstrengend, so den ganzen Tag Gäste haben, und sie machten jetzt gleich Schluß und gingen zu Bett. Ob Wolfgang in Jettchens Zimmer auf dem Sofa einmal schlafen könnte? Wenigstens heute: es wäre ja nur ein Junge! Sonst könnte ihm ja immer sein Bett im Eßzimmer aufgestellt werden. Und damit zogen sie ab, Arm in Arm, wie sie heraufgekommen waren, und sagten noch, die Lampen sollten ja vorsichtig gelöscht werden, daß kein Unglück damit passiere, wie man jetzt so viel höre und lese.

Und Jettchen war mit Wolfgang allein, der plötzlich ganz müde aus kleinen, verschleierten Augen blinzelte.

„Na, Wolfgang, wir werden uns schon vertragen", sagte sie. Und sie gab etwas von ihrem eigenen Bett her und nahm

Stücke aus dem einen Mädchenbett, das unbenutzt war, und richtete dem Jungen auf der harten, schlecht gepolsterten Bergere ein Lager her, so weich und angenehm, daß er sich ganz wohlig darin streckte und sagte, so schön hätte er es zu Hause gar nicht, und sich gleich nach der Wand drehte und einschlief.

Und nun war Jettchen wieder ganz allein mit sich, und sie warf im halbdunkeln Zimmer das Kleid ab und nahm einen leichten Umhang über die Schultern. Schlafen konnte sie nicht, und so setzte sie sich still ans Fenster und sah in die Nacht. Eine kurze Weile hatten die drinnen gesprochen, aber dann hatte auch das aufgehört, und nur Wolfgangs Atemzüge kamen noch durch das stille, dunkle Zimmer zu ihr.

Und alle Gedanken von vorhin flogen wieder heran, und nicht einer fehlte. Jettchen sagte sich hundertmal, daß es für Kößling gut sei, und daß er schon schnell darüber hinwegkommen würde, und daß er weiter müsse, aber daß sie ihn trotzdem nie weniger liebhaben würde. Und sie beklagte ihr Schicksal, denn das hätte sie nicht verdient. Und die Tränen kamen ihr wieder, und wenn sie den Kopf senkte, so benetzten sie kühl ihre bloßen, heißen Arme. Und zwischen den Tränen und zwischen dem erstickten Schluchzen sprach Jettchen immer wieder halblaut und sinnlos vor sich hin, ein Wort, einen Satz, zehn-, zwanzigmal. Sie rief Kößling beim Namen, sie wollte von ihm Abschied nehmen, nur noch ein letztes Mal. Sie wäre immer einsam auf der Welt gewesen, und wozu sie denn da wäre, und es wäre so ungerecht. Sie wäre immer zu allen freundlich gewesen, und sie hätte doch keinem je etwas Böses getan oder gewünscht.

Und dann hob sie ihren Kopf von den Armen und blickte mit weit aufgerissenen Augen in das Saphirengeflimmer auf dem tiefblauen, seidenen Grund. Ob denn da oben auch welche wären, die so trostlos und unglücklich seien wie sie. Und dann, wenn vor ihren tränenden Augen alles sprühend verschwamm, vergrub sie den Kopf wieder eine ganze Weile in die warme Dunkelheit ihrer bloßen, verschlungenen Arme.

Und je stiller es wurde, je seltener von draußen die Laute der Menschen, das Rollen der Wagen oder das Flüstern in den Bäumen kam, desto trüber und hoffnungsloser wurde Jettchen zu Sinn, und desto heißer brannte ihr die Einsamkeit in die Seele. Und immer verworrener wurden ihre Klagen und Beteuerungen.

Was wollte sie denn noch? Und wem würde sie fehlen, wenn sie von hier fortginge? — Die Tante würde deswegen nicht einmal schlechter kochen lassen, und der Onkel höchstens einen Vormittag dem Geschäft fernbleiben. Onkel Ferdinand würde am nächsten Tag wieder seine Whistpartie aufsuchen, und Onkel Jason säße schon nach drei Tagen wieder in der Konditorei und sähe, ob er die letzten Pariser Zeitungen erwischen könnte.

Und Jettchen redete sich immer mehr in ihr Elend hinein, wie überflüssig sie wäre, und wie sie kein Mensch auf der Welt lieb hätte. Und wenn sie sich in einer ruhigen Stunde all das noch einmal gesagt hätte, was sie hier halblaut in die stille, kühle Sternennacht hinaussprach, so hätte sie eingesehen, daß sie all den Ihrigen, die ihr ja auf ihre Art gewiß zugetan waren, hiermit bitter unrecht tat. Aber Jettchen hatte eben nicht ihre ruhige Stunde. Nein. Alles an ihr zitterte, und bald lief ihr prickelnde Hitze, bald saugende Kälte über die Glieder fort. Sie hatte das Gefühl, als wären ihr durch den ganzen Körper Drähte gezogen oder Darmsaiten, die unaufhörlich schwangen und summten.

Aber er? Was er wohl dazu sagen würde, wenn er hörte, daß sie tot sei? Daß sie seinetwegen gestorben sei? Er müßte fühlen, daß das schön ist, so geliebt zu werden. Das müßte ihn sein ganzes Leben nicht verlassen, und es müßte immer um ihn sein, es müßte eine Weihe allem geben, was er erlebe und erschaffe. Der Schmerz in seiner Schönheit würde sich wie ein Diadem für immer um sein Haupt schmiegen. Jettchen dachte an Charlotte Stieglitz und wie alle Welt ihre Tat gepriesen. Den Mut würde sie auch haben. Wenn sie nur wüßte, daß es zu seinem Besten wäre. Sie würde ihre lange Agraffe nehmen, die alte silberne, die ihr einmal Onkel Jason geschenkt hatte, und würde sich die feine, scharfe Nadel ganz langsam hier hineinstoßen, so ganz langsam, tief hinein in das weiße Fleisch unter ihrer linken Brust.

Jettchen fühlte den langgezogenen, stechenden, feinen Schmerz, einen Schmerz mit scharfer Spitze, und sah, wie das graue Silber der Nadel in das weiße Fleisch leise versank, sich darin eingrub, als würde es in ein Daunenkissen gebohrt. Die Tränen kamen ihr von neuem, und ihr Kopf sank wieder auf die verschränkten, bloßen, warmen Arme nieder, schwer und willenlos, wie so eine dickblättrige, dunkle Tulpe sich zu Boden neigt.

Da schien es Jettchen, als hörte sie Tritte, und es kam, platsch, platsch, mit bloßen Füßen über die Dielen hin. Aber sie hob nicht den Kopf.

„Jettchen", sagte Wolfgang ganz schüchtern und legte seine warme Knabenhand ihr auf den Nacken, „du mußt nicht immer so weinen."

„Ach, was weißt du denn!" sagte Jettchen gepreßt und immer noch unter Tränen.

Aber Wolfgang nickte nur altklug mit dem Kopf.

„Das ist nicht recht von dir, daß du immer so weinst. Sieh mal, ich habe dich auch lieb."

„Ja du!" schluchzte Jettchen.

Aber da hatte Wolfgang auch schon seine beiden Arme um ihren Hals gelegt. „Du mußt nicht weinen! Ich kann das nicht hören", sagte er nur immer wieder.

Und Jettchen zog den Jungen, der im weißen, langen Hemd zitternd und leicht fröstelnd vor ihr stand, zu sich auf den Schoß und umfing ihn mit ihren Armen und küßte ihn auf die Stirn und den Mund. Und die Küsse von vordem mit ihrer heißen, saugenden Gewalt, ihrer Glut und Innigkeit, drängten sich wieder auf ihre Lippen. Aber der kleine Kerl im Hemdchen, der gar nicht wußte, wie ihm geschah, erwiderte mit geöffneten Lippen diese Liebkosungen, die eigentlich einem anderen galten. Und alle Traurigkeit war von Jettchen verflogen. Im Augenblick fiel sie von ihr ab, und neuer Lebensmut ging ihr warm durch die Adern. Dann nahm sie den Jungen hoch und trug ihn in das dunkle Zimmer hinein auf sein Lager.

„So, Wolfgang", und sie wunderte sich selbst, sie lachte sogar, „jetzt wird weitergeschlafen."

Und als sie das gesagt, ging Jettchen zu ihrem Bett hinüber und entkleidete sich ganz leise und schlüpfte unter die Decke. Und wie sie schon fest und traumlos — denn sie hatte den Tag über viel gearbeitet —, fest und traumlos schlief, lag immer noch Wolfgang da, mit heißen, offenen Augen, und fieberte und dichtete und lebte die Küsse und die Zärtlichkeiten wieder durch. Und wenn seine Lippen das Deckbett streiften, dann durchlief ihn ein Schauer, und er wähnte wieder Jettchens Wangen und ihre kühlen, weißen Schläfen und die Strähnen ihres Haares mit seinem Munde zu berühren . . .

Und es kam, wie es kommen mußte. Alles, wie es kommen mußte.

Der Flieder, der junge, schöne Flieder mit seinen blauen Dolden wurde braun und trocken; der Goldregen schwenkte bald statt seiner Goldfahnen nur noch grüne Schoten im Wind, die Rotdornblüten versanken im Laub, und an den Kirschbäumen blitzten dafür, daß man sie schon von weitem sah, kleine rote Korallen auf. Die Vögel aber, die erst so fleißig gesungen, sie piepten nur noch fett und faul und zänkisch in der Morgenfrühe.

Und statt der Tausende von Blüten von ehedem am Flieder und am Goldregen und am Rotdorn und an all den Büschen ringsum blieben nur die ungezählten gelben, honig= duftenden Tropfen an den vier breiten Ketten der Linden wegauf und wegab. Und bis spät in den Abend hinein summ= ten die Bienen in dem Laubwerk, so daß Jettchen, die jetzt viel still am Fenster saß, immer glaubte, es werde irgendwo in der Ferne in einem großen Kessel Wasser gekocht, das nun so sänge und brodelte.

Und auf die schönen Frühlingstage, von denen jeder es dem andern zuvortun wollte, kamen Tage mit wilden Winden, die die Bäume kämmten, und mit klatschendem Regen, der das Laub von den Ästen abriß und, als wäre er ein ungezogener Junge, es auf dem Boden zerstampfte.

Und dann folgten Tage mit unerbittlicher Glut, an denen alles welk und schlaff hing und man gar nicht Wasser genug heranschaffen konnte, um den Garten zu letzen. Tage, wo Jettchen kaum vor die Tür gehen konnte vor Abend, so heiß war es. Und jeder Wagen brachte dann neue Wolken von Staub, und jeder Windstoß wirbelte sie vor sich her, und sie legten vorn im Gärtchen vor Jettchens Augen eine graue Kruste auf das dunkelgrüne Blattwerk der Büsche.

Und wenn nun selbst einmal in diesen heißen Tagen wirklich dann ein widerwilliger Abendregen auf die Blätter mit ein paar schweren Tropfen trommelte, dann nahm er diese Kruste keineswegs fort, sondern er sprenkelte nur die Blätter, daß sie ganz bunt und scheckig wurden.

Aber hinten im Obstland, da merkte Jettchen nur wenig vom Staub, da blieb alles blank und grün, wenn auch das erste Hell des Frühlings längst gewichen und alles schon ins Üppige und Derbe ausgewachsen war, so daß an Stelle des zarten Buschwerks der Frühlingstage sich feste und undurchdringliche Schanzen um Jettchen türmten.

Und immer neue Sommerblumen kamen krautig und bunt in hohen, dicht gedrängten Stauden, Kopf bei Kopf, Fuchsschwanz und Levkojen, Studentenblumen, Lobelien und Winden, und schon mischten sich die ersten frühen Astern in den Chor. Und immer neue Früchte reiften da von Tag zu Tag, tropfende Perlen an den Johannisbeerbüschen, dicke Blutstropfen unten an den Erdbeerpflanzen und rote Tränen an den Himbeerstauden. Die Quitten hingen grün und samtig in den Büschen, die Birnen wurden schon rot und braun, und nur die Apfel warteten grün und gelb auf ihre späten, sonnigen Herbsttage. Und wenn in der Mittagsglut das Kraut einmal müde und schlaff sich senken mochte —

sie alle, diese Erfüllungen, wärmten sich dafür desto wohliger in den grellen, unerbittlichen Gluten.

In der Stadt aber war es in diesem Sommer unerträglich eng und schwül, und es lag immer wie ein Dunst über den Straßen. Das Wasser der Spree und der Kanäle hauchte einen ungesunden Atem aus, und man hörte schon wieder hier und da, wie jedes Jahr zur heißen Zeit, von Krankheiten, von Nervenfieber und von Typhus, und die Zeitungen schrieben von Seuchen, die weit draußen in der Welt umherschlichen wie hungrige Wölfe und die Kreise immer enger zogen. Auch über den schlechten Gesundheitszustand des Königs wurde gleichfalls viel gesprochen. Die meinten, er könnte jeden Tag sterben, und die anderen munkelten, daß, da das nächste Jahr 1840 sei, sich unheilvolle Dinge vorbereiteten. Ganz Berlin war im Fieber. Wünsche und Aussichten, die man sonst kaum heimlich geäußert hatte, wurden jetzt überall öffentlich besprochen. In den Konditoreien, in den Hörsälen der Studenten und sogar versteckt und verstohlen in den Zeitungen. Die erwarteten alles und die nichts. Ja, sie sagten, es wäre schon ein böses Zeichen, daß auf Gans wieder Savigny das Haupt höbe, und in Berlin liefen Witze und Spottverse um über Hengstenberg und die Pietisten und über den Kronprinzen, den neuen Dom und das Trottoir nach Jerusalem. Was der eine Tag brachte, warf der andere um. Und je freiheitlicher die Aussprüche wurden, die man sich von oben erzählte, desto fester zogen Polizei und Zensur die Knebel an.

Jason hatte, wie schon erzählt wurde, um eine Busennadel aus Karlsbader Sprudelsteinen reicher — sie war groß wie ein Daumennagel — und als Besitzer eines Trinkbechers aus Rubinglas, wieder auf ein Jahr den bunten, seidenen

Westen Valet gesagt und von den seidenen Schalkragen und
den seidenen Umschlagtüchern Abschied genommen, und er
schwamm nun ganz mit dem Strom. Er hatte den Tag über
vollauf zu tun, um herumzuhören, mit anderen zu diskutieren,
alle Journale durchzustöbern und die Chancen und Mög=
lichkeiten abzuwägen. Denn, wenn er auch im Herzen roter
Republikaner war, so war er doch klug genug, nur mit dem
Gegebenen zu rechnen.

Nach Charlottenburg zu Jettchen jedoch kam all das
einzig wie ein Geräusch einer ganz fernen Meeresbrandung,
von dem man noch nicht recht weiß, ob es vielleicht doch nur
von einem Wagen herrührt, der über einen Bohlenweg
rollt. Und wenn Jettchen selbst einmal nach Berlin herein=
kam, so merkte sie von dem, was sich vorbereitete, auch nur
wenig, denn die Leute liefen dann ebenso gleichgültig und mit
sich selbst beschäftigt durch die Straßen wie immer. Und
hätte nicht Onkel Jason manchmal ein wenig Brennstoff
herausgetragen, so hätte Jettchen auch von Onkel Salomon
und Onkel Ferdinand, der, weiß Gott, weshalb jetzt in Ge=
meinschaft mit dem neuen Vetter Julius so oft in Char=
lottenburg zu tun hatte, kaum etwas gehört. Die beiden
besprachen auch manchmal etwas, aber der neue Vetter
Julius erklärte schroff die Politik für verderblich und sagte,
daß ein anständiger Mann genug im Geschäft zu tun hätte
und über solche Dinge nur dazu käme, sein Geschäft zu ver=
nachlässigen. Wenn man sich auch der Wahrheit dieser
Maxime nicht ganz verschließen konnte, so nahm sie sich doch
gerade im Munde des neuen Vetters Julius etwas sonder=
bar aus. Denn die Sache mit seinem eigenen Geschäft war
keineswegs so völlig im klaren, wie man annehmen konnte,
und immer, wenn er mit apodiktischer Bestimmtheit sagte,
daß nun endgültig die allerletzten Schwierigkeiten beseitigt

wären, dann hatte sich gerade das nächstemal wieder eine ganze Kette neuer, unerwarteter Hindernisse eingefunden, die er nun auch wieder geschickt umsegeln mußte wie der Walfischjäger den sich türmenden Zug von zackigen Eisbergen.

Aber der neue Vetter Julius ließ sich dadurch nie bestimmen, den Mund etwas weniger voll zu nehmen, und die Mißerfolge schadeten weder seinem inneren noch seinem äußeren Menschen. Er sah dabei immer gleichmäßig frisch und rot aus, auch sagte er, er verlöre gar nichts, ja, es wäre vielleicht besser so, da für ihn die Saison doch erst mit dem Winter recht anfinge... Und darin sollte er ja recht behalten.

Onkel Ferdinand jedoch hatte wirklich allen Grund, bei Laune zu sein, denn sein Frühjahrsgeschäft und sein Sommerumsatz, so weit es sich übersehen ließ, waren über jede Erwartung gut gewesen, und nun schwamm er obenauf wie ein Holzapfel. Seine Familie hatte er in Schöneberg untergebracht, in einem so kleinen Haus, daß nach Aussage Onkel Jasons man die Hand auf den Schornstein legen konnte, so daß alle, die drin waren, den Husten bekamen und schnell die Fenster aufreißen mußten. Aber immerhin, das Haus hatte doch einen schönen und weiten Garten, der auch gleich in die Wiesen überging —, keineswegs so stickig wie der in Charlottenburg, meinte Tante Hannchen. Und das war überhaupt ganz unbezahlbar, äußerte Ferdinand, der sich nämlich nun ob dieser Fürsorge als Mustergatte und Mustervater und aller Verpflichtungen gegen die Seinen los und ledig fühlte.

Die alte Tante Minchen dagegen erzählte Jettchen eine geheimnisvolle Geschichte von einer Person, einer richtigen „Person", die wie eine Bachstelze getrippelt wäre und aus einem Haus — sie sage nicht, aus welchem Haus — in der Klosterstraße gekommen wäre, und dann drüben von der anderen Seite immer nach oben nach einem Fenster — sie sage nicht, nach welchem Fenster —, einem Fenster dieses Hauses heraufgewinkt hätte. — Ja! Mehr wollte sie ja nicht sagen. Aber ihr käme das nicht richtig vor, und wenn sie Tante Hannchen wäre, würde sie dem schon einmal nachspüren. Aber sie, Tante Minchen — würde sich natürlich hüten, sich den Mund zu verbrennen.

Wie schon einmal bemerkt —, die gute Tante Minchen wußte eben von nichts Bösem, und sie wäre baß erstaunt gewesen — die gute Tante Minchen —, wenn sie mit ihrer scharfsinnigen Beobachtung ihrer Nichte Hannchen nicht einmal etwas Neues gesagt hätte, denn die wußte sogar, wie die richtige Person hieß und wo sie wohnte.

So gut standen also diesen Sommer die Aktien „Ferdinand Gebert" zu Buch.

Aber auch die Salomon Geberts waren nicht schlecht im Kurs. Salomon war, wie schon erzählt wurde, vollauf befriedigt aus Karlsbad und Leipzig heimgekommen, und sein gutes Aussehen blieb unverändert bis weit in den Herbst hinein, bis die Berliner Kontorluft so langsam den Überzug von Frische und Gesundheit schwinden machte. Und er freute sich, jeden Mittwoch und Sonnabend von neuem zu hören, daß Tante Rikchen behauptete, er gliche zum Verwechseln einem richtigen englischen Lord, so vornehm und so elastisch wäre er. Salomon war nämlich die ganze Woche über im Geschäft und kam nur meist am Mittwoch und regelmäßig am Sonnabend und Sonntag nach Charlottenburg, denn er haßte die Fahrerei. Und, da sich so die Eheleute selten sahen, so war ihr Zusammenleben bedeutend friedfertiger, und ihre Meinungsverschiedenheiten waren bei

weitem geringer als im Winter und in den Frühlingstagen.
Aber — was die entzückte Tante Minchen sagte, daß Salomon und Rikchen nun wirklich — ganz im Gegensatz wie Ferdinand und Hannchen —, wie Braut und Bräutigam lebten, das entsprach vielleicht doch nicht so ganz der Wirklichkeit.

Sie selbst, Tante Minchen nämlich, war unglücklich in ihrer Ehe. Nicht daß . . . wie bei Hannchen und Ferdinand — Gott bewahre! — aber ihr Eli wurde immer wunderlicher. Mal redete er nichts, und mal hörte er nichts. Und da das beides nie zusammenfiel und er nach Aussage Tante Minchens gerade an seinen tauben Tagen viel redete, und deswegen an seinen redseligen Tagen schlecht hörte, und an seinen hellhörigen Tagen wenig sprach, so war mit ihm schon gar nicht mehr auszukommen. Und außerdem wurde der Knubbel auf dem Kopf bei Eli immer größer. Gerade da oben auf dem Kopf — und das ängstigte Minchen. Man könnte nie wissen, meinte sie. Der Arzt hätte zwar gemeint, das hätte nichts auf sich —, aber was weiß so 'n Dokter?! —

*

Also wäre eigentlich gar nichts mehr zu sagen, und das Leben aller verlief in schönster Gleichförmigkeit und schönster Eintracht. Es rollte sich so ruhig und glatt ab wie Garn von einer mechanischen Spule; und wenn Tante Rikchen sagte: Übernächsten Mittwoch, wenn Salomon kommt, werde ich nochmal Zunge mit Schoten nehmen, so kam genau zur angesetzten Stunde Salomon, und nur wenig später stand eine Zunge, eine schöne, große Räucherpökelzunge und eine ganze Schüssel voll dampfender junger Schoten auf dem Tisch. — Darauf konnte man das Abendmahl nehmen, so sicher war das. Und es gab kein böses Wort und keinen Zank und keine kleinen Reibereien wie sonst, und alle waren sie freundlich zueinander, und alle waren sie lustig, und der Onkel brachte jedesmal ein Dutzend neuer Witze aus der Stadt mit, mit denen er absichtslos ein belustigendes Mosaikspiel trieb, indem er die Köpfe und Spitzen der einen auf die Unterbauten der andern setzte und manchmal gar drei miteinander verschmolz. Und man machte Ausflüge, ging in die Gartenkonzerte, gab selbst Feste und italienische Abende, kurz, man mochte es sich gar nicht anders wünschen. Die Signaturen der Auslandskisten waren von S.G.C. 17 längst auf S.G.C. 109 und höher gerückt, und wenn die Wechsel wirklich lang statt kurz waren, dann renkte sich das in ein paar Tagen wieder ein, oder man diskontierte es geschickt über Rußland, so daß statt des Verlustes noch ein Verdienst herauskam. Kurz, es war bei Geberts, wie Hutten sagt, eine Lust zu leben.

Na ja, alles ist nie so ganz glatt. Mit Wolfgang ging das nicht sonderlich, aber man meinte, das läge wohl in seinem Alter und würde sich schon geben. Er hatte Jettchen in der Woche draußen in Charlottenburg — ohne daß er es wußte — über schwere Tage hinfortgeholfen. Und Jettchen hatte ihn noch mehr als vordem liebgewonnen, weil er so still war und so dankbar für jedes freundliche Wort und jeden freundlichen Blick.

Und dann die Sache mit Jettchen selbst. Man sprach nicht darüber, ja, man dachte sogar ungern daran. Aber das würde sich wohl auch schon mit der Zeit geben, und sie würde als vernünftige Person schon darüber hinwegkommen. Das beste, man täte, als ob man nichts wüßte. Und man behandelte Jettchen so liebenswürdig — alle, Hannchen sowohl wie Ferdinand und Jason und Minchen — wie nur möglich. Der Onkel Salomon war fast zärtlich zu ihr, und die Tante tat, als ob Jettchen mit jeder Handreichung, die sie in der Wirtschaft verrichtete, ihr ein Geschenk mache, für das sie gar nicht dankbar genug sein könnte. Überhaupt war ja in der ganzen Sache kaum ein schlimmes Wort gefallen.

Und gerade das war es, was Jettchens stillen Widerstand gebrochen hatte; denn die schlimmste Tyrannei herrscht ja dort, wo es keine bösen Worte und keine Befehle gibt. Und es ist stets so leicht, seinen eigenen Kopf aufzusetzen, wenn die anderen unfreundlich und hart sind, wie es schwer ist, wenn sie weich und liebenswürdig sind; und es ist stets so leicht, seinen eigenen Willen durchzudrücken, wenn man Widerstand findet, wie es schwer ist, etwas widerspruchslos und ganz auf eigene Verantwortung zu tun. Denn so wie die anderen dir entgegentreten, scheinen sie die Verantwortung dir abzunehmen, die sonst ganz und mit voller Schwere nur auf deinen eigenen Schultern ruht.

Die ersten Wochen hatte Jettchen immer von Kößling anfangen wollen. Sie hatte sich fest vorgenommen, sie wolle mit dem Onkel über ihn noch einmal sprechen —, wenn er kam. Und dann kam der Onkel, stieg seelenvergnügt aus dem Wagen, küßte sie, umarmte seine Frau, brachte ihnen beiden Blumen oder Pralinen, blieb beim Mittag in einem Reden und war so ganz harmlos und unbefangen, streifte nirgends auch nur mit einer leisen Andeutung das Vorgefallene oder bot Jettchen in einer nachdenklichen Pause Gelegenheit, einzusetzen, daß Jettchen nur immer ganz still dabei saß und ihm zuhörte. Und wenn er dann am nächsten Morgen oder am Montag in aller Frühe wieder hineinfuhr, dann hatte sie noch nicht mit ihm gesprochen, und nahm sich fest vor, das nächstemal — komme wie es wolle — den Onkel zu stellen. Aber wenn der Tag wieder herankam, wurde sie von neuem zag, und wenn er vorüber war, war sie eigentlich froh, daß sie die Aussprache doch noch auf das nächstemal verschoben hatte.

Und wenn auch Jettchens Nächte zuerst schlaflos waren und Jettchens Einsamkeit tränenreich, das Leben kam doch jeden Morgen wieder und forderte sein Recht; — es kam mit hundert Leuten, denen Jettchen Rede und Antwort stehen mußte; es kam mit der Mühe um den Haushalt, die nach wie vor ganz und ungeteilt auf Jettchen lastete; es kam mit Spaziergängen und Gartenkonzerten, zu denen sie die Tante begleiten mußte. Es kam mit Handarbeit für Geburtstage und mit Zeitungen und Neuigkeiten und Büchern. Zuerst hatte Jettchen über die Bücher fortgelesen und war eine Stunde bei einer Seite geblieben, und wenn sie fertig war, wußte sie nicht, was darauf stand; aber langsam nahmen die Bücher doch wieder die alte Stelle in ihrem Leben ein, und Jettchen freute sich, daß sie sie hatte.

Und was hätte sie denn dem Onkel sagen wollen? Da war jemand gekommen, sie hatten sich ein paarmal gesehen, hatten einander gesagt, daß sie sich lieb hätten, und dann war der andere wieder fortgegangen, und sie hatte nichts mehr von ihm gehört. Es war wie ein Traum, der vorbei ist, wenn man des Morgens die Augen aufschlägt, und dessen ganze Klarheit uns wohl noch in erhöhter Lebensfülle vor der Seele steht, während seine Einzelheiten uns doch schon langsam verschwimmen, sprunghaft einander folgen und schlecht begründet erscheinen. Er, der Traum selbst, seine Grundfarbe, seine Helligkeit strahlt immer über uns und verläßt uns nicht, wo wir auch gehen und stehen. So war es Jettchen.

Woche reihte sich an Woche, Jettchen benutzte jede Gelegenheit, um in die Stadt zu kommen, und sie machte sich

eigens Wege und Einkäufe, verteilte sie so, daß sie niemals
viel mitbrachte, vergaß absichtlich dies und jenes, um wieder
nach Berlin hinein zu müssen — aber sie traf Kößling nie.
Und wenn er ihr in der sonnigen, heißen Königsstraße ent=
gegenkam, von ganz weit her, und sie zitterte, daß ihr die
Knie schwankten, es war immer wieder eine Enttäuschung,
und irgend jemand ging an ihr gleichgültig vorüber, der auch
nicht einen Zug von Kößling trug, nicht einmal im Gang
ihm ähnlich war. Jettchen hatte schon oft an Kößling
schreiben wollen, aber dann fiel ihr ein, daß sie gar nicht recht
wußte, wo er wohnte, und das beschämte sie; und dann
bäumte sich auch der Stolz in ihr auf: er könnte ja schreiben,
wenn er etwas von ihr wünschte; aber gewiß wollte er nichts
mehr von ihr wissen. Und trotzdem Jettchen fast nie darunter
gelitten, daß sie Jüdin war — denn das schöne Mädchen
hatte in ihrem ganzen Leben dank ihrer gewinnenden, stolzen
Anmut, wo sie auch hinkam, nur immer freundliche Ge=
sichter um sich gesehen —, trotzdem sie nie darunter gelitten,
so hatte sich in ihr doch ein Mißtrauen festgesetzt, als ob viel=
leicht das der Grund wäre, der Kößling fernhielt. Und sie
redete sich tagelang da hinein in immer neue Anklagen
gegen Kößling, die mit Beteuerungen und Weinen wechsel=
ten, und mit Selbstpeinigungen und Vorwürfen. Und es
gab wieder Tage, wo Jettchen Kößling ganz verstand, wo
sie sich sagte, er wäre abschlägig beschieden worden, und er
wäre nun wortlos von ihr gegangen, um es ihr und sich nicht
noch schwerer zu machen. Und vielleicht wäre es das beste
so. Aber dann schien es Jettchen wieder, als müsse sie selbst
zu Kößling gehen und sagen, daß sie sein wäre und daß er
ihr nichts damit raube, sondern sie nur reich mache, und daß
sie immer und mit tausend Freuden an seiner Seite jede
Entbehrung tragen würde; wenn er nur wolle, sie ginge

morgen zu ihm, ganz gleich, was die Welt dazu sage; wenn er nur den Mut dazu hätte, sie würde ihn auch haben. Und dann redete sich wieder Jettchen da hinein, daß Kößling krank wäre und allein läge, und daß sie zu ihm müsse, ihn pflegen; und tagelang beherrschte sie dieser Gedanke mit all seinen greifbar deutlichen Vorstellungen. Und auch jene Reihe von Empfindungen kam ihr stets von neuem wieder, daß sie Kößling zu gering und zu unbedeutend wäre, und daß er deswegen über sie fortgeschritten sei.

Und es verging kaum ein Tag, kaum eine Stunde, wo Jettchen nicht fruchtlos an dieser ewigen Kette von Gedanken und Trugschlüssen haspelte und ihren halb verwirrten Geist von neuem in den Schlingen verfing. Und aus dem einzigen, der Jettchen hierin hätte Rede und Antwort stehen können, aus Jason, konnte Jettchen nichts herausbringen.

Erst war Jason nach jenem Sonntag lange Wochen nicht nach Charlottenburg gekommen, und dann, als ihn Jettchen endlich wiedersah und in einem Augenblick, in dem sie beide nicht beobachtet waren, ihn nach Kößling gefragt hatte, da hatte er nur verlegen gelächelt und ihr die Backen geklopft und gesagt, er hätte nun auch lange nichts mehr von Kößling gehört. — Und dabei war es geblieben. Und wenn Jettchen später einmal, wenn an Sonntagen Jason und die anderen herauskamen — alle, und noch dieser und jener, den der Onkel mitbrachte, wenn Jettchen Jason da insgeheim nach Kößling fragte, so bekam sie immer ein freundliches Lächeln und einen mitleidigen Blick, aber kein Wort, das ihre Lage klärte.

Und Jason selbst war innerlich stolz darauf, wie klug er sich benehme, weil er keine Hoffnungen in Jettchen wecke und auch keine zerstöre.

Und Wochen auf Wochen gingen, und wenn Jettchen nicht die Veränderungen draußen im Garten gemerkt hätte — denn in den Park kam sie ja seit jenem Sonntag nicht mehr, das war ihr zu schmerzlich —, Jettchen hätte gar nicht gewußt, wo sie in der Zeit hielten, ob es noch Juni war oder schon August oder gar September —, so still und unauffällig griffen die Tage und Nächte ineinander, und das Leben floß ihr unterschiedslos und ruhig dahin, und kein Tag brachte sie irgendeinem Ziel näher. Früher hatte sie sich auf jeden neuen Tag und jedes neue Buch wenigstens gefreut und von ihm Änderungen ihres Seins und Schönheiten erhofft; aber jetzt ging sie still und träge in den neuen Morgen hinein und nahm das neue Buch ohne Erwartungen zur Hand und legte es ohne Bereicherungen fort. Es zerstreute sie, es beschäftigte sie, aber es glitt ab.

Und da Jettchen die Nächte wenig schlief und, wenn sie allein war, immer noch viel weinte — nur war ihr Schmerz wesenloser geworden —, so begann sich auch in ihrer Erscheinung und ihrem Gesicht das auszuprägen. Ihre üppige Frische verlor dadurch, ebenso wie die feste Schnelligkeit ihrer Bewegung und ihr stolzer Gang davon beeinträchtigt wurden. Ihre Augen aber, die sonst in ihrem tiefen, samtigen Glanz immer etwas Fragendes und Erstauntes hatten und dabei doch wieder eine schöne, innere Ruhe spiegelten, lagen jetzt oft, wenn Jettchen sich unbeobachtet wähnte, wie zwei harte, schwarze Steine in ihrem blassen Gesicht. Jettchen fühlte diese Veränderung, denn sie liebte ja ihre Schönheit wie eine gute Freundin, aber sie war machtlos dagegen anzukämpfen, und selbst als sie eines Morgens ein graues Haar fand, das sich ihr oben vom Scheitel lang zum Hinterkopf hinüberzog, hielt sie es nicht der Mühe für wert, es zu entfernen. Ja, es ging sogar so weit, daß sie, die sonst stets Freude an hübschen

Sachen hatte und sich gern geschmackvoll und sauber kleidete, sich vernachlässigte, und daß Jettchen von der Tante auf einen fehlenden Knopf und eine losgetrennte Borte aufmerksam gemacht werden mußte. Dem Onkel entging das nicht, und Jettchen hörte einmal des Abends — in Charlottenburg waren ja dünne Wände —, wie er mit seiner Frau darüber sprach. Und die Tante sagte, daß das gar nicht zu verwundern wäre, und das wäre bei ledigen Mädchen um diese Jahre immer so, und sie begriffe nicht, warum Jettchen nicht schon längst verheiratet wäre. Aber da wurde der Onkel zornig und schrie, sie mache ihm immer Vorwürfe, gerade als ob er daran schuld wäre; er könne doch nicht das Mädchen auf den Rücken nehmen und überall zum Kauf ausbieten, das hätte er nicht nötig. Und die Tante bat und beschwor ihn, leiser zu sprechen, denn man könne drinnen sicher sonst jedes Wort hören.

Wenn Jettchen das noch vor wenigen Wochen vernommen hätte, so hätte es sie tagelang beschäftigt und erregt; jetzt hörte sie es ruhig mit an. Am nächsten Morgen tauchte es wohl noch einmal in ihr auf und wagte sich auch weiter in ein paar unbewachten Augenblicken vor, aber bald sank es ganz zurück und wurde verschlungen von dem stillen Einerlei ihrer Tage, die selbst von äußerem Wechsel unberührt blieben; wie es Waldseen gibt, die immer glatt und schwarz liegen, wenn auch oben der Wind durch die Stämme zieht und über die Wipfel braust. —

Und Woche auf Woche ging hin. Die Abende wurden länger, und die Tante trank schon wieder Tee und warf drei, vier Stückchen Orangenzucker hinein, der, wie sie meinte, nirgends in der ganzen Welt so gut wäre wie gerade hier in Charlottenburg aus der Niemannschen Apotheke. Draußen im Obstgarten aber war alles Rot verschwunden, und nur die Äpfel, die Spätbirnen und die Quitten hingen noch grün und gelb in den Zweigen, die schon für den Blick eher durchlässig waren und deren dunkles Sommergrün wieder fahler geworden war und sogar hier und da von leichten Goldflecken gesprenkelt erschien. — Und nach ein paar Regentagen mit grauem Rieseln und Stäuben der Tropfen, die alles überzogen und überprickelten, hatten auch die großen Bäume im Garten, die bis dahin nicht an den Herbst hatten glauben wollen, so ganze Zweige von strahlendem Gelb mitten in ihren sommerlichen Lasten. Und selbst bei ganz stiller Luft bröckelte dann so eines oder das andere welke oder fast noch grüne Blatt ab, und es segelte friedfertig zu Boden auf die Wege, in die Büsche, oder es gaukelte auch bis tief in die Ecke von Jettchens Laube hinein, wenn sie dort einsam saß. Dabei waren die Tage wunderbar schön, und die Sonne kam hell und milde durch eine mattblaue Luft herab auf die großen gelben Ketten von Georginen und auf die dichten hohen Beete üppiger Bauernblumen, scheckigen Flors und fuchsroten Amarants. Hinten über den gemähten Wiesen übten die Schwalben, und wie Silberfunken trieben hundert weiße Falter dahin — draußen über die Felder und Hecken und drinnen über die Blumenrabatten und Büsche fort in einem ewigen Kommen und Gehen.

Die Tante wollte schon immer wieder hineinziehen, denn sie wußte nicht mehr recht, was sie eigentlich draußen ansaugen sollte; aber der Onkel sagte, sie hätte nichts in der Stadt verloren, und sie sollte nur, so lange es ginge, in der guten Luft bleiben, zudem wäre in der Stadt viel Typhus, und deswegen wäre es ihm auch lieber, sie käme jetzt noch nicht; wäre denn nicht auch endlich die Wohnung teuer genug bezahlt, daß man sie vor dem letzten Tag aufgeben brauche?

Und wenn auch all das nicht bei der Tante verfangen hätte, daß Typhus in der Stadt war; das war für Tante Rikchen Grund genug. Denn trotzdem sie bisher nie gewußt hatte, was Krankheit ist und selbst die Schmerzen, die doch die meisten Frauen in ihrem Leben kennenlernen, ihr fremd geblieben waren, so hatte sie doch für ihre Person eine heilige Angst vor allem, was Krankheit hieß. Und sie ging hierin sogar so weit, daß sie nie einen Besuch bei einem Kranken machte, und selbst ihren Mann hätte sie ohne Bedenken fremder Pflege anvertraut, nur um ihr liebes Ich aus dem Spiel zu bringen.

Und dann kamen noch ein paar besonders schöne Tage, die so warm waren wie nur je welche im Sommer, und wenn man nicht das stille, gelbe Laub in den Bäumen gesehen hätte und die krautige letzte Üppigkeit ringsum, und wenn nicht die warmen Tage so seltsam früh sich in Dämmerung und in feuchte Finsternis gewandelt hätten, man hätte gar nicht geglaubt, daß man schon gleich Oktober schriebe, und in der Stadt mochte man es auch kaum merken.

Und die Tante sagte, sie möchte doch noch einmal alle bei sich sehen, denn wer weiß, wie lange das gute Wetter noch anhalten würde — und dann wäre es sicher für dieses Jahr ganz aus. Und der Onkel schickte den Hausdiener Gustav herum, in den Hohen Steinweg zu Minchen und Eli, zu Ferdinands, die schon wieder hereingezogen waren, zu Jason nach der Klosterstraße und zu Julius, der jetzt irgendwo in der Parochialstraße wohnte; und er ließ auch das Fräulein mit den Pudellöckchen bitten. Ja, der Onkel wollte es noch mehr Bekannten sagen, aber die Tante meinte, keine fremden Gesichter, es wäre ihr lieber, wenn sie das letztemal, da sie hier draußen zusammen seien, ganz unter sich wären. Und sie sollten doch gleich morgen, Donnerstagnachmittag, kommen;

denn wer könnte wissen, ob Sonntag das Wetter noch so gut wäre. Morgen aber würde es sich gewiß noch halten, und wenn man nicht mehr draußen in dem schönen Garten sein könnte, dann hätte man doch in Charlottenburg nichts.

Und so gegen drei Uhr kamen wirklich in der milden, rieselnden Sonne zwischen den zwei geraden gelben Ketten der Linden, die ganz langsam gelbe, tänzelnde Blätter auf den Fahrdamm streuten — kamen da unten vom Zollhäuschen her hintereinander zwei Wagen, zwei Zweispänner. Jettchen sah sie schon ganz von fern herankommen, denn es waren gerade die einzigen Gefährte wegauf und wegab auf der verlassenen Chaussee, weil es doch jetzt schon so spät im Sommer war und eigentlich keiner mehr zu seinem Vergnügen hinausfuhr. Und die Tante zupfte und strich ungeduldig an sich herum, und dann nahm sie, was sie sonst nie tat, Jettchens Arm und ging mit Jettchen vor die Tür, die Gäste zu erwarten. Aber da die Pferde am Ende ihrer Reise sehr bequem waren, so dauerte es eine ganze Weile, bis die Wagen herankamen, und Jettchen und die Tante schlenderten in der weißen Sonne Arm in Arm an dem niedrigen, vergrünten Zäunchen entlang, das den Vorgarten von der Straße trennte.

„Na, Jettchen", meinte die Tante lächelnd, bedächtig und langsam, „freust du dich nicht? Ich glaube, Julius kommt auch."

Daß Jettchen sich auf den Besuch freute, konnte sie wohl zugeben, denn nach dem Einerlei der letzten Wochen war ihr jede Unterbrechung angenehm; und die Tante nahm die Bestätigung auch für ihren Neffen Julius mit an, für den sie eigentlich keine Geltung hatte.

„Ja", sagte sie, „er ist wirklich ein Mensch, den man liebhaben muß. Ich glaube, der könnte anklopfen, wo er wollte, er wird jede bekommen. Sein alter Prinzipal aus Posen hat an Salomon neulich geschrieben — Salomon hatte mit ihm geschäftlich zu tun —, das hättest du wirklich mal lesen sollen, Jettchen. Er weiß ja gar nicht, was er Julius überhaupt Gutes nachsagen soll."

Jettchen nahm diese Nachricht, wie alles jetzt, äußerlich freundlich, aber innerlich ganz gleichgültig und kühl entgegen, denn von all ihren Gedanken hatte sie wirklich in der letzten Zeit nur den kleinsten Teil an ihren Vetter Julius gewandt, und Gutes wie Böses über ihn erregte sie gleich gering. Sie hatte ihn in den letzten Monaten oft draußen gesehen, und das hatte vielleicht den anfänglichen Widerwillen in Gleichgültigkeit gewandelt, ... wie man sich eben an alles gewöhnt und besonders dann leichter gewöhnt, wenn man viel mit sich selbst zu tun hat und den Äußerlichkeiten des Lebens keine rechte Beachtung schenken kann.

Und da war er nun selbst — der von Tante Rikchen Belobte, als erster, den man von allen Gästen zu Gesicht bekam; denn der neue Vetter Julius thronte klein und breit auf dem Bock des ersten Zweispänners neben dem Kutscher und schwenkte schon von weitem seinen grauen Zylinder. Und er war auch wieder der erste, der lustig heruntersprang, mit einem Satz hoch vom Kutscherbock herab mit geschlossenen Beinen, während alle sonst sich Zeit ließen. Nur Max war nicht mit dabei, war zu Hause geblieben, weil doch jemand nach dem Geschäft sehen mußte. Jason sagte, er wäre auch beinahe nicht gekommen, denn er wäre seit ein paar Tagen nicht recht auf dem Posten, aber heute mittag ginge es ihm wohl wieder etwas besser. Und Jettchen erschrak darüber, denn Jason sah wirklich sehr blaß aus, und in seinem scharfen Gesicht waren die harten Linien noch tiefer als sonst eingegraben. Jason reichte Jettchen die Hand, und Jettchen erschien sie ganz heiß und trocken, wie sie da einen Augenblick in der ihrigen lag.

„Onkel, fehlt dir auch nichts?" fragte sie besorgt.

Aber Jason lachte nur ein wenig. „Ach", sagte er, „nichts von Bedeutung, es wird sich schon wieder geben."

„Wirklich", sagte mit voller, fettiger Stimme Julius, „ich an Ihrer Stelle, Herr Gebert, würde Angst haben. Sie stecken in keiner gesunden Haut. Sie sehen ja aus wie's Leiden Christi."

Jason lächelte wieder, aber es kam ihm nicht recht vom Herzen. „Ich danke Ihnen", sagte er in einem Ton, den Jettchen nur zu gut kannte, und der, scheinbar ganz freund= lich, doch das letzte enthielt, das Jason Gebert an Miß= fallen und Überlegenheit zu vergeben hatte.

„Aber Herr Gebert, Sie verstehen mich falsch. Sie sollten zum Doktor gehen. Wirklich, ich will nur ihr Bestes."

„Es wird wohl auch so wieder gut werden. Ich habe nicht gern mit Ärzten zu tun", meinte Jason. Und sein Ton fiel wieder müde in sich zusammen, verlor die seelische Kraft: „Gehen lassen! Was ist daran gelegen!"

„Wirklich, Jason, wenn dir nicht wohl ist, hättest du lieber zu Hause bleiben sollen", sagte Rikchen und wich einen Schritt zurück. „Ich meine natürlich nur, du kannst dich da besser pflegen."

„Ja, sagte Eli, „das hab' ich ihm ja auch gesagt. Ich hab' sogar gesagt, ich werde bei ihm bleiben und mit ihm e Partiechen Pikett spielen, aber meinste, der Junge, er hört auf mich?"

„Na", sagte Jason unwillig, denn er liebte es nicht, daß man sich um ihn bekümmerte. „Ich durfte doch in so einer illustren Gesellschaft wie hier keinesfalls fehlen."

"Hör mal, Jason, ich will dir nachher mal ein Mittel sagen", drängte sich die kleine graue Tante Minchen freundlich an ihn heran. "Erst machste das, und wenn das nichts mehr hilft, dann gehste zum Dokter. Ich hab' in meinem Leben vielleicht schon mehr Erfolge gehabt wie mancher Arzt, das kannste mir glauben."

Jason dachte daran, daß Minchen und Eli all ihre Kinder hatten hergeben müssen, und er war von der Unfehlbarkeit von Minchens Hausmitteln nicht gerade überzeugt. Wirklich, er war recht übel dran, und er fühlte sich gar nicht so gut, wie er müde lächelnd allen versicherte. Den ganzen Weg über hatte er sich Vorwürfe gemacht, daß er mitgekommen war, denn es war ihm, als ob er innerlich verbrennen müßte, und in seinem Kopf lief es umher wie feurige Räder.

Jenny sprang auf Jettchen zu und rief nur: "Sieh mal mein Kleid!" — Aber Wolfgang gab ihr ruhig und gleichgültig die Hand, als wollte er sagen: was geht denn das die anderen an, was wir miteinander vorhaben. Und dabei hatte der Junge die ganze Fahrt lang mit offenen Augen von Jettchen geträumt. Hannchen war sehr ungeduldig, weil sie ihren Sonnenknicker, an dem irgendeine Feder entzwei war, nicht zubekam und gab deshalb aus einem geringfügigen Anlaß Wolfgang einen Katzenkopf, kurz und patschend mit den ringbesetzten Wurstfingern. Die Ringe taten ihm weh. Aber das alte, kleine Fräulein mit den Pudellöckchen umarmte ihren armen Jungen und küßte ihn dafür —, und das war vielleicht Wolfgang noch schmerzlicher; denn in Zärtlichkeiten war er jetzt verwöhnt und wählerisch. Hannchen stand die üble Laune deutlich auf dem breiten Gesicht geschrieben, während Ferdinand übermütig mit den Augenwinkeln lachte und, auf die Bäume zeigend: "Willkommen ins Jelbe!" rief, daß es nur so schallte. — Er

liebte es, seine Witze nach der Jahreszeit zu nuancieren.
Ferdinands und Hannchens Gemütsverfassung waren nämlich immer wie zwei Schalen an einem Wiegebalken; wenn die eine oben war, war die andere unten; — und da Ferdinand gerade ganz hoch, leicht und sorglos schwebte, da hatte Hannchen wohl besonders gute Gründe, nieder zu sein.

Salomon ging neben Julius zuerst ins Haus, und die beiden Schwestern folgten, leise miteinander tuschelnd. Dann kamen die Kinder mit dem alten Fräulein, das sie rechts und links flankierten; und sie waren stolz, daß sie es nun schon beide an Größe überragten. Jettchen folgte fürder mit Minchen und Eli, der erst noch einmal Ferdinands Pferdematerial — von Wagen verstände er ja nichts! — einer vernichtenden Kritik unterzog! Und als letzter endlich hinkte Jason ganz langsam und verlassen hinterdrein. — Wie eben der kranke Mensch nach ein paar freundlichen Worten immer gar schnell von allen verlassen wird.

Und da man nach Tische war — denn die Tante hatte gesagt, daß sie in Charlottenburg nicht alles so schnell haben könnte, und deshalb sollte man nur auf den Nachmittag bitten, da man nach Tische war —, so war dafür die Kaffeetafel drinnen in dem Eßzimmer, das jetzt statt grün goldgelb von dem Widerschein der herbstlichen Kastanien auf dem Hof durchflutet war — sie war dafür um so reichlicher besetzt worden. Und wenn man eigentlich hier von einer Kaffeetafel sprechen sollte, so war das, wie die Römer die Dinge bezeichneten, die es liebten, einen Teil für das Ganze zu setzen, und nur von der Spitze sprachen, wenn sie den ganzen Speer mit Eschenholzschaft und Schlenderriemen meinten. Denn hier gab es Kaffee und Tee und künstliche Wasser und Wein, weißen und roten, und Speisen und Kuchen; und ganze weiße, gekrauste Porzellanschalen waren voll von

Süßigkeiten, deren jede einzelne wieder in farbiges Kanten=
papier gewickelt war. Und für den etwas männlichen Ge=
schmack waren sogar Brotscheibchen, die mit Rauchfleisch
und Zunge und mit allerhand Fischwaren gepolstert waren,
in ganzen Spitzkegeln vorhanden. Drüben standen neben
den Zigarros und den Fidibussen die gelben und roten
bauchigen Flaschen und ihr Gefolge von ganz kleinen Gläsern
mit Fingerhutmaßen.

Nach ihrer alten Taktik hatte die Tante nämlich fast ihre
ganzen Truppen sofort gegen den Feind geworfen. Und wenn
er selbst doppelt so stark gewesen wäre, sie hätte siegreich das
Feld behauptet; denn von unsichtbarer Hand schlossen sich
die Breschen wieder, die der ehrliche Mut der Männer und
die vielversprechende Ausdauer der Kinder, verbunden mit der
Aufopferung der Frauen, in die Reihen von Kuchenstücken
und Broten legte. Von den Kaffee= und Teekannen aber
hatte anscheinend noch kein schwatzhafter Mund — und das
nahm hier wunder — das Geheimnis des Sich=Nimmer=
leerens verplaudert.

Eli sagte, er für seinen Teil begriffe das nicht, daß sie alle
schon wieder essen könnten; das müßte wohl die Luft hier
draußen machen, die zehrte.

Jason, der unter dem Einfluß des Tees, den er sich stark
mit Rum versetzte, etwas auflebte, gab ein Rätsel auf,
natürlich ein politisches.

„Was ist der Unterschied zwischen Daguerre und Metter=
nich?" — Keiner wußte es, und die Männer überlegten es
sich kopfschüttelnd und nickend, aber die Frauen plauderten
weiter von tausend Nichtigkeiten, über die Frauenzungen
fertig zu sprechen wissen.

„Der eine macht Lichtbilder, und der andere hat die
Camera obscura für Deutschland erfunden."

„Vorzüglich", rief Ferdinand laut und legte den Ton auf das „ü".

„Ich kann nicht drüber lachen —, ich versteh' es gar nicht", sagte Hannchen spitzig und händelsüchtig und wackelte mit dem Kopf, daß die hohe Frisur schwankte.

„Natürlich", entgegnete Ferdinand unwillig, „wann verstehst du überhaupt mal einen Witz?"

Aber Salomon, der nicht diese feindselige Stimmung aufkommen lassen wollte, rief auch: „Wirklich, das mit Lafayette und Metternich muß ich mir merken."

„Entschuldigen Sie", mischte sich Julius ein, „der Herr Jason Gebert sprach doch von Daguerre."

„Nu schön, Daguerre."

Julius lächelte verbindlich. „Aber vielleicht ist es erlaubt, daß ich Ihnen ein Rätsel aufgebe, de Damen können auch zuhören."

„Ach ja, Julius!" rief Hannchen, der es daran lag, ihren Neffen gegen Jason auszuspielen.

Und Julius griff sich an die Stirn und deklamierte langsam und sich auf die einzelnen Zeilen besinnend.

>„Wir sind's gewiß in vielen Dingen,
>Im Tode je—doch nimmermehr.
>Die sind's, die wir zu Grabe bringen,
>Und eben diese doch nicht mehr.
>Und — ä — ä — weil wir's leben —
>Sind wir's eben von Herzen und Gesicht,
>Und weil wir's leben,
>Sind wir's eben bis heut noch nich."

Jettchen und Jason sahen sich an und nickten lächelnd.

„Nu?" sagte Salomon.

„Ja, vielleicht rat's einer!"

„Na, Jettchen", meinte Tante Rikchen gut und freund=
lich, „zeig mal, was du gelernt hast!"

Aber Jettchen tat, als ob sie eifrig nachsänne und
schüttelte dann.

„Jason", rief Hannchen, „beweise!"

„Entschuldigen Se, sagen Se 's noch ei'mal; mir ist ganz
kraus davon geworden", sagte Eli, „und dann habe ich's
auch gar nicht recht hören können."

Und endlich kam's heraus, daß es „verschieden" — und
„verschieden" hieß. Und weil wir's leben, sind wir's eben: —
verschieden! — Und weil wir's leben, sind wir's eben bis heut
noch nicht: — verschieden!

„Großartig", rief Hannchen einmal über das andere,
„großartig ... da ist noch ein anderer Geist drin wie bei
deinem Lafayette, Jason!"

„Sehr hübsch", meinte Jason, „sehr hübsch. Ist das von
Ihnen?"

Julius antwortete nicht. Aber sein kleines rundes Ge=
sicht mit den schwarzen Jacobyschen Jettaugen strahlte.

„Sie können's nämlich hier ruhig sagen, daß es von
Ihnen ist; außer Jettchen und mir kennt hier doch keiner
Schleiermacher, und wir verraten Sie nicht, Herr Jacoby."

Hannchen wurde ganz blaß. Julius war rot geworden,
aber er faßte sich schnell. „Nu, das hat man doch wohl gleich
gehört, daß das von einem ist, der das gelernt hat", meinte
er verlegen.

„Ich muß jetzt ein bißchen gehen", rief Ferdinand, um
das peinliche Stillschweigen zu enden. Und er stand auf.
„Überhaupt, was sitzen wir hier. Dazu kommen wir doch
nicht 'raus nach Charlottenburg."

„Eigentlich hat er recht", pflichtete Eli bei. Und Rikchen
sagte, sie könnten ja etwas nach dem Garten hinaustragen

lassen. Und die ganze Gesellschaft löste sich und ging einzeln und paarweise zum Garten; aber da den Kindern es nicht klar war, ob die Tante auch Wort halten und unten noch einmal anbieten lassen würde, so versahen sie sich für alle Fälle mit heimlichem Mundvorrat aus den Porzellankrausen und von den Mürbekuchenschüsseln, gegen die Eli bisher ohne nennenswerten Erfolg Sturm gelaufen hatte. Die Herren nahmen sich Zigarren, außer Jason, der meinte, sie schmeckten ihm jetzt nicht, und der sich dafür an den Inhalt der bauchigen Flaschen, der grünen, gelben und roten hielt, weil er hoffte, daß ihm das in seiner Verfassung wohltun würde.

Der Garten war schon wieder lichter, und die milde, stäubende Herbstsonne drang überall hindurch. Wie über Teppiche schritt man dahin, denn die Wege, die jetzt lange nicht gekehrt waren, waren schon mit krausen, braunen Rüsterblättern, die im Schatten noch feucht vom Nachttau blinkten, bedeckt, und mit goldigen Ahornblättern, die flach und ausgebreitet auf der schwarzen Erde lagen, mit ihren schönen, zackigen Mustern; und dazwischen waren die Purpurblättchen eingestreut, die von der Laube vom wilden Wein herabgeweht waren. Nur das Goldgelb in den Zweigen leuchtete doppelt in der Sonne. Purpur und Rot dagegen und alle die tiefen anderen Feuerfarben des Herbstes in Kastanie und Ahorn, in Kirschbaum und Weißdorn, in Faulbaum und Schneeball —, sie waren alle gemildert durch die schier greifbare, mattblaue Luft, die so ganz still herabsickerte an diesem wolkenlosen Herbsttag, dessen warme Schönheit krank schien und traurig machte. Überall in dem Buschwerk ringsum hatten Spinnen ihre Netze, an denen die Feuchtigkeit den ganzen Tag hängenblieb und den feinen Strahlenbau erst deutlich machte. Jettchen hatte sie sich in den letzten Tagen oft angesehen und die geistvollen Abänderungen dieser kleinen Sonnen bewundert, die immer schön und regelmäßig erschienen, ganz gleich, in welches unregelmäßige Zweiggewirr die Spinne ihr Netz gehängt hatte.

Aber Tante Hannchen hatte nun einmal gar keinen Sinn für die feine Tektonik eines Spinnennetzes, und sie rief, wenn sie das gewußt hätte, wäre sie gar nicht herausgekommen. Und Julius bewies seine Ritterschaft, indem er alle Spinnennetze, die zwischen den schrägen Stäben der Laube von den kunstfreudigen Vielfüßlerinnen errichtet waren, mit einem kleinen Stöckchen zerstörte.

Die Gesellschaft schied sich bald in einzelne Gruppen. An Jettchen schlossen sich in geheimer Rivalität Wolfgang und Jenny an, und der Vetter Julius rechnete sich auch zur Jugend; und Jettchen ging mit ihm und mit den Kindern langsam in den schmalen Wegen hinten im Obststück und im Blumengarten auf und nieder. Die Frauen hatten eine Gartenbank auf den hellgrünen Rasen mitten in die Sonne tragen lassen und saßen da in einer Reihe mit Handarbeit und Strickstrumpf und nimmermüden Mündern. Minchen und Hannchen, das alte Fräulein mit den Pudellöckchen und Rikchen, nebeneinander in ihren grauen, altrosa und violetten Kleidern wie ein bunter Gebirgszug, wo immer zwischen zwei Bergen die Täler waren. Minchen und das alte Fräulein waren die Täler.

Die Männer waren in ihrer Laube, die das Mädchen am Vormittag noch vom welken Laub gesäubert hatte und die doch schon wieder von Blattstielen, Zweiglein, Beeren, roten und gelben Blättern verschneit war. Ferdinand hatte ein Spiel vorgeschlagen, aber Salomon sagte, man solle ein wenig plaudern, und Jason meinte, daß er nicht aufpassen könne. Denn wenn auch der Tee Jason für eine kleine Weile wohlgetan hatte und ihn etwas anteilvoller für die Mitwelt gemacht hatte, so fühlte er sich doch jetzt wieder kreuzelend, und er kam sich innerlich wie verbrannt vor. Auch liefen seine Gedanken so seltsam kunterbunt, ununterbrochen, ohne Punkt und Komma dahin, glitten immerfort weiter und waren derart versetzt mit Unmöglichkeiten und Unklarheiten, daß er in den Augenblicken, in denen er sich zusammenriß, erschrak; aber sowie er sich selber darüber zur Rede stellen wollte, schwamm auch alles schon wieder weiter und zog ihn mit fort. Und Jason stand auf und sagte, er wolle ein wenig auf und ab gehen, denn ihn trieb eine innere Unruhe, und er belauschte sich selbst angstvoll, ob er denn das sagte und nicht irgend etwas ganz Sinnloses hervorbrächte, was er nicht verantworten könnte. Aber er sagte ganz klar und deutlich: daß er lieber bei dem schönen Wetter ginge, wie säße.

Die anderen sahen ihm nach. „Er gefällt mir nicht, Salomon", sagte Eli und lutschte nachdenklich an seiner Zigarre.

„Er sollt's mal mit Gurkenscheiben auf dem Kopf versuchen; mir helfen sie immer gegen Migräne —, dem fehlt schon nichts", sagte Ferdinand.

„Höre mal, ich hätte gern mal mit euch gesprochen", sagte Salomon, „schade, daß Jason eben mal fortgegangen ist. Ich wollte doch gern mal wissen, was ihr darüber denkt. Hier, willst du mal die Briefe sehen, Ferdinand." Salomon suchte in seiner Brusttasche. „Hier, siehst du, schreibt mir sein früherer Chef aus Posen, und hier habe ich noch bei zwei anderen anfragen lassen, und eine Auskunft immer glänzender wie die andere."

„Was ist?" fragte Eli, der heute nicht besonders hellhörig war und alles gern zweimal haben wollte. „Was is, Salomon? Von wem sprichste überhaupt?"

„Von Julius."

„Ach so! Ja — der junge Mann; willste ihm etwa Geld geben? Weißt du, Salomon, ich würd's nich tun."

„Warum?" fragte Salomon ganz ruhig.

„Er gefällt mer nich. Es ist e verkrochener Charakter. Ich hab's dir ja schon mal gesagt; aber man kann ja nich wissen —, vielleicht irr' ich mich gerade diesmal. Bisher hab' ich mich noch nich geirrt. Was is er denn eigentlich, der junge Mann? —"

„Er hat ein Ledergeschäft, oder er wird doch — —"

„Ledder", unterbrach Eli, „ah so! Ledder is ä gute Branche. Da kannste ihm ruhig was geben, da is er dir sicher —, wenn er eben sonst e ordentlicher Mensch is."

„Ja", sagte Salomon, „aber um Geld dreht es sich vorerst gar nicht. Julius hat mir nämlich gesagt, er interessiert sich für Jettchen, und da wollt ich eben mal fragen, was ihr davon haltet."

„Lieber Salomon", sagte Eli ruhig, „ich will dir was sagen: man setzt keine seidenen Flicke auf 'nen Lumpensack; das mußt du bei deinem Geschäft doch auch wissen."

Salomon antwortete nicht. Und Ferdinand gab ihm stumm die Briefe zurück, als hätte er auf Elis Worte gar nicht geachtet. „Ich würde mich nicht besinnen", sagte er.

„Nu, Eli", sagte Salomon, „willst du mal lesen?"

„Ich brauch' nich zu lesen — Papier is geduldig!"

„Aber Eli", sagte Salomon, „bitte, lies doch mal."

„Was soll ich dir sagen, Salomon — tu, was de willst. Ihr wollt das Mädchen mit Gewalt unglücklich machen. Schön, aber laßt mich dabei aus dem Spiel. Wenn ihr mich fragt, sag ich: nein, Hände weg! — Aber ich mein schon, es is besser, ihr fragt mich nich."

„Von Gewalt, lieber Eli", sagte Salomon, der gewohnt war, Unterhaltungen ruhig weiter zu führen, auch wenn der andere heftig wurde, „von Gewalt ist keine Rede. Wenn Jettchen nicht will, dann nicht; zwingen werde ich sie nicht, da kennst du mich ja."

„Nu", sagte Eli mißmutig, „dann überlaß es doch Jettchen. Was geht's mich an. Wenn de meinst, der junge Mann is gut, — hast du recht."

Salomon nahm das als eine halbe Zustimmung, wie ja überhaupt der Mensch immer nur das aus der Rede des anderen heraushört, was er gern will.

„Ich wäre sogar sehr dafür, Salomon, eine bessere Auskunft kannst du gar nicht kriegen. Was hast du davon, wenn's einer mit dem Sack voll Geld is, und die Familie taugt nachher nichts."

„Ja", sagte Salomon, „weißt du, Ferdinand —, die Familie ist mir auch die Hauptsache."

„Nu", sagte Eli, „das mußte aber ein andermal dazu schreiben, damit man's auch glaubt."

„Wie?" fragte Salomon scharf.

„Na, ich mein' nur so", sagte Eli seelenruhig, ohne die Zigarre aus dem Mund zu nehmen. „E großen Staat kannste doch mit die Familie wirklich nich machen."

Es war ein Fehler von Onkel Eli, daß er trotz seiner langen Lehrzeit immer noch nicht gelernt hatte, anders zu reden wie zu denken, und wie die Dinge lagen, war anzunehmen, daß er's auch nie mehr lernen würde.

Ferdinand und Salomon sagten Eli, daß er sie mit solchen Äußerungen beleidige, denn er vergäße ganz, daß auch Rikchen und Hannchen, trotzdem sie ja völlig zu den Geberts geworden wären, von Hause aus doch Jacobys wären. Und Eli, der wohl geschaffen war, seiner Überzeugung rückhaltlos Ausdruck zu geben, aber nicht der Mann war, sie in langer Rede gegen Einwände zu verteidigen, sagte, daß er's natürlich nicht so gemeint hätte —, und endlich, was an ihm läge: er wolle doch den jungen Mann nicht heiraten; das solle man doch Jettchen überlassen. Aber, so Gott will, würde die sich hüten.

Zur gleichen Zeit aber ging Jettchen im Obstland mit dem neuen Vetter Julius und den Kindern auf und nieder —, auf dem breiten Weg zwischen Beeten, besonnten Mauern und Hecken.

Immer im Viereck gingen sie ganz langsam mit den bunten Blumenreihen von Flox und Astern, von Georginen und Jalappen, von Amarant und Balsaminen, die wie breite, farbige Gürtel mit ihnen zogen. Und mitten auf den Beeten standen, die Himbeerbüsche überragend —, und sie reichten selbst in die Obstbäume hinein — standen ein paar gewaltige Sonnenblumen; etwelche einzeln mit nickenden Blüten, wie runde Kupferscheiben, und andere mit Blüten, in gedrängten Mengen, die wie platzende Feuerwerkskörper aussahen. Und die Hecken von Schneeball, Holunder und wilden Rosen nach dem Nachbargarten hin, sie standen alle im reichen Schmuck farbiger Perlen, weißer, schwarzer und roter.

Die Luft war ganz still; und doch hörte man unausgesetzt das Rascheln von dürrem Laub und seltener einmal wohl auch das Klopfen von einem wurmstichigen Frühapfel, der zu Boden fiel. Lange weiße Spinnfäden zogen dahin, und nur noch ein verspäteter Falter drehte unruhig sein buntes Kleid auf einer blauen Aster.

Von draußen, von der Wiese her, schauten über die Hecken die einsamen Kronen von Pappeln, die nun schon wieder gelblich und weitmaschig geworden waren und durch= glänzt und aufgehellt wurden von der zarten Helligkeit des milden, weißblauen Herbsthimmels.

Die Kinder wichen nicht von Jettchens Seite, rechts und links hatten sie sich eingehängt und drückten sich ganz eng an sie, denn sie waren aufeinander eifersüchtig, und keiner wollte in Jettchens Gunst zurückstehen. Und wenn sie auch nicht mit Jettchen sprachen, denn die Unterhaltung bestritt einzig und allein der neue Vetter Julius, so wollte doch keiner die greifbare Nähe Jettchens missen, und heute verbanden sie sich nicht zu einem gemeinsamen Feldzug gegen die letzten Birnen oder die ersten Äpfel, sondern gingen beide sittsam neben Jettchen her, ohne auch nur einen Zollbreit zu weichen. Zudem hatten sie ja auch noch alle Taschen voll und naschten und knabberten in stiller Beschaulichkeit, während sie ganz langsam einen Fuß vor den andern setzten und mit großen Augen in den milden, bunten Herbsttag hineinsahen.

Und so lieb es Jettchen war — wenn ihr jetzt irgend etwas überhaupt lieb oder unlieb war —, daß die Kinder bei ihr blieben, denn sie hatte nicht Lust, mit dem neuen Vetter allein zu sein, so unlieb war das dem Vetter Julius, der nun keine Gelegenheit fand, eine wohlgesetzte Rede anzubringen, in der er sagen wollte, daß es ihm so schwer würde, von ihr Abschied zu nehmen, indem er nämlich zum Einkauf an die Grenze fahren müßte, und in der er von seiner Person ein so leuchtendes Bild entworfen hätte, daß Jettchen wirklich höchst unklug hätte sein müssen, wenn sie nicht mit allen zehn Fingern zugegriffen hätte, so er zum Schluß in bescheidener, aber würdiger Form hätte durchblicken lassen, daß er trotz aller seiner Vorzüge, oder gerade deswegen, von Jugend an keinen anderen Wunsch gehegt, wie eben seine Kusine Jettchen Gebert zu seiner Gemahlin zu erheben, und daß er hoffe, hoffen zu dürfen, auch auf sie keinen ungünstigen Eindruck gemacht zu haben; und wenn sie ihm bis heute vielleicht auch noch nicht die gleichen zärtlichen Gefühle entgegenbrächte, so wäre er fest davon überzeugt, daß... Diese Rede zu halten, dazu kam der neue Vetter Julius nicht, denn er wollte nicht Jenny und Wolfgang zu Zeugen seiner Beredsamkeit machen, und sie wankten und wichen nicht.

Und da er also sein schweres Geschütz nicht auffahren lassen konnte, so begann er doch mit kleinen Plänkeleien. Er sprach davon, wie er eigentlich von je für die Natur eingenommen sei, und wie poetisch der Garten hier wäre mit den vielen Röschen und auch den anderen Blumen, und daß er nur nicht die Zeit gehabt hätte; aber wenn er mal auf der Tour gewesen wäre — denn er hätte auch gereist —, dann hätte er's nicht wie die anderen gemacht, die nur von einem Geschäft ins andere gehen und die freie Zeit in der Kneipe liegen, sondern er hätte immer die Augen offen gehabt, und er hätte sich angesehen, was es in der Stadt gegeben hätte... und er hätte dabei trotzdem noch doppelt soviel verkauft wie die anderen... So sehr wäre er für die Bildung... Und er würde gern noch mehr tun, und Jettchen könne nur glauben, daß er ein ernster Mensch von tiefen Anlagen wäre. Auf der Schule wäre der Rektor Diamant sogar zu den Eltern gekommen und hätte gesagt, sie sollten ihren Julius, weil er doch so gut lerne, in die Lateinschule geben, aber er hätte gesagt, daß er dazu keine Lust hätte: weil ihm die Sprache zu tot wäre.

Jettchen glaubte ihm das gern; und sie hatte auch keinen Grund, es nicht zu tun; vor allem, da sie eigentlich nur die Hälfte von dem hörte, was Julius sagte. Auch war sie froh darüber, daß sie nicht mit dem Vetter allein sein brauchte, denn sie hätte keine Frau sein müssen, wenn sie nicht gefühlt hätte, was sich gegen sie vorbereitete, gefühlt, ohne auch nur einen bestimmten und festen Anhalt für all die Machenschaften zu haben.

Aber so verschieden werden nun einmal von zwei Menschen die Dinge beurteilt, daß das gleiche, was Jettchen lieb und angenehm war, dem neuen Vetter Julius höchst unlieb und peinlich dünkte. Und so verschieden sind die Dinge trotzdem wieder ihrem innersten Sinne nach, und so sehr verstehen sie, ihr wahres Gesicht zu verbergen, und so wenig wissen wir, was uns frommt, daß es eigentlich dem Vetter lieb und Jettchen hätte unlieb sein sollen, daß die Kinder nicht von ihrer Seite wichen. Denn Jettchen wäre schon dem Vetter Julius die Antwort nicht schuldig geblieben. So aber —— nun ...

Aber da kam Eli mit den gelben Schaftstiefeln und in seinem Rock mit den blanken Goldknöpfen, auf denen die Sonne blitzte, den Gang entlang. Eli ging nicht so langsam, als ob er spazierte und zu seinem Vergnügen lächelnd ein wenig zwischen den Blumenbeeten lustwandeln wollte, sondern man sah es ihm an, daß er es eilig hatte und unruhig war. Er wackelte mit dem Kopf, daß der Puder in Wolken stäubte und, von der Herbstsonne durchleuchtet, wie ein Heiligenschein ihm um das Haupt stand. Und er sah unruhig nach allen Seiten.

„Jettche", rief er, „Jettche, hast du Jason gesehen?"

Jettchen und die anderen wandten sich um.

„Jason? — Nein."

„Er ist vor 'ner ganzen Weile aus der Laube weggegangen, aber er is nich wiedergekommen."

„Ach", meinte Jettchen, „was soll ihm denn hier passieren?" Und sie rief: „Onkel Jason!" ganz laut mit ihrer schönen, dunklen Altstimme. Und die Kinder quietschten es in Fisteltönen, und der neue Vetter Julius, dem daran lag, einen guten Eindruck zu machen, schrie gleichfalls mit seinem fettigen Bariton aus Leibeskräften „Onkel Jason!"

Aber wie die Rufe verhallt waren, war es wieder ganz still. Noch stiller als vorher.

Und da wurde auch Jettchen ängstlich, und sie lief nach vorn. Und die Kinder und Julius mit ihr. Und der alte Eli folgte, so schnell er konnte.

Auf dem halben Wege kam ihnen das Mädchen entgegen, das irgend etwas nach der Laube bringen wollte.

"Johanna, haben Sie nicht den Herrn Jason gesehen?"

"Ach ja", sagte Johanna, deren schwache Seite das Behalten war, "der Herr Gebert ist fortgegangen. Ich sollte von ihm bestellen, daß er nicht weiter stören wollte; aber es wäre ihm nicht so extra."

"Das gefallt mer nischt", sagte Eli.

"Aber man kann sich doch schon mal nicht so fühlen", meinte Julius. "Mir war heute vor vierzehn Tagen ..."

"Kennen Sie überhaupt meinen Neffen Jason, junger Mann?" versetzte Eli wenig freundlich. "Nu also, was reden Se? Ich kenn' ihn, und wenn ihm so gewesen wäre, wie Ihnen beliebte, vor vierzehn Tagen zu sein, denn wär' er hier geblieben. Da kenn' ich ihn. Ich bin bei ihm gewesen, damals — hier auf der Hausvogtei —, und er is so 'rausgekommen, wie er 'reingegangen is. Hättste mal de andern sehen sollen, Jettchen."

Da kamen die übrigen hinzu, die Tanten von der Bank, Salomon und Ferdinand aus der Laube.

"Was is doch mit Jason?" fragte Rikchen.

"Zu Haus is er gegangen, hörste nich", sagte Eli.

Salomon und Ferdinand sahen sich an.

"Meinst du, Ferdinand", sagte Salomon ängstlich, "ob ich 'reinfahre?" Denn wenn Jason und Salomon in letzter Zeit auch ein wenig auseinandergekommen waren und sich ein wenig entfremdet hatten, so liebte doch Salomon seinen jüngeren Bruder nicht weniger, und es war noch immer zwischen ihnen wie vor zwanzig Jahren, als er ihn so in das rechte Geleise bringen wollte. Noch immer war er ebenso väterlich besorgt um ihn, trotzdem die Jahrzehnte die Altersunterschiede inzwischen ziemlich ausgeglichen hatten.

„Nein, laß nur, Salomon", sagte Ferdinand, „ich fahre gleich mit vor. Wir wollen dann aber 'n bißchen eher gehen. Es wird so schon früh kühl jetzt."

„Vielleicht kannst du den Geheimrat Stosch gleich mitbringen zu Jason."

„Ja", sagte Ferdinand, „das dachte ich auch schon."

„So sind de Mannsleut", fiel Hannchen ein. „Wenn ihnen nur das Geringste is... Wenn Jason so gewesen wäre, wie mir vorigen Mittwoch —, sei versichert, er wäre überhaupt nich gekommen. Und hat mir vielleicht gleich jemand den Geheimrat geholt?"

Und auch Rikchen sagte, wenn ihr was wäre, früge kein Mensch danach. — Sie konnte das ruhig sagen, denn ihr fehlte nie etwas.

Aber mit dem Fortgang von Jason war ein Mißklang gekommen, eine geheime Angst und eine Unruhe, der sich keiner von allen entziehen konnte, und die selbst die Augen der Kinder — und sie sprachen doch sonst nur von schöner Rücksichtslosigkeit — erstaunt und gleichsam fragend machte.

Die alte Tante Minchen zuckte mit den ungleichen Schultern und sagte, daß es ihr im Garten zu kühl sei und daß sie 'reingehen wollte. Und Ferdinand gab das halb zu. Die Luft wäre ja schön, aber der Boden wäre schon etwas feucht. Und Hannchen meinte, auf die Dauer müsse man für den Garten doch ein Tuch haben. Und dann ging die eine Hälfte der Gesellschaft nach oben. Jettchen und Julius sollten nur noch ruhig unten bleiben, denn sie hätten wärmeres Blut als die alten Leute. Die Kinder könnten ja auch noch ein bißchen im Garten spielen. Und damit trennten sie sich.

Aber die Kinder waren nicht spiellustig, sondern hingen sich wieder rechts und links an Jettchen. Und Jenny betrachtete die linke Seite, weil sie dem Herzen ihrer Verehrten am nächsten war, als die ihre. Und so brachten sie wieder wie vorhin einen angenehmen Zwischenraum zwischen Jettchen und den neuen Vetter Julius, der sofort die Rede aufnahm und Jettchen versicherte, daß er mit ihrem Onkel Jason tiefes Mitgefühl hätte. Aber trotzdem hoffe er, er würde nicht ernstlich krank werden, denn so hätte er gar nicht ausgesehen, und Jettchen sollte nicht besorgt um ihn sein.

Aber da Jettchen hierauf nicht antwortete, so stockte auch bald der Vetter Julius, denn die schönste Beredsamkeit verstummt endlich ohne Echo. Und die vier gingen ziemlich einsilbig nebeneinander die langen Gartenwege entlang, bis sie ihren alten Rundgang um die Blumenbeete wieder aufnahmen. Die Sonne stand jetzt klar und schon recht tief am Himmel, und man konnte fast in sie hineinblicken. Ihr Licht war weiß und kühl, hell und merkwürdig hastig. Sie blieb nirgends haften und machte doch alles scharf und klar, als wäre es mit der Schere ausgeschnitten — jedes farbige Blatt, jede Blume und jeden Wipfel gegen den kalten, weißblauen Himmel. Und dazu kam plötzlich ein Wind auf, der Bäume und Menschen frösteln machte.

Und wieder wollte der Vetter Julius beginnen und nun — ganz gleich, ob die Kinder dabei waren oder nicht — zum letzten Schlag ausholen... Denn wozu war er eigentlich sonst nach Charlottenburg gefahren — mitten in der Woche? Und hatte er nicht zu Salomon und Tante Rikchen gesagt, daß er heute nachmittag mit Jettchen reden würde? — Er machte sich ja wirklich lächerlich... Wieder wollte er beginnen, und eben setzte er sich in Positur, reckte sich und hub an: "Liebes Jettchen — Sie wissen" — als es der Zufall wollte, daß das Mädchen aus den Bäumen heraustrat, und Jettchen, die erschrak und meinte, es wäre etwas mit dem Onkel Jason, den Vetter Julius stehenließ und dem Mädchen entgegenlief.

"Was ist denn? Was ist denn, Johanna?" rief sie schon von weitem.

"Ach", sagte Johanna, "Sie möchten doch mal 'raufkommen."

"Warum denn?" Und das Herz schlug Jettchen, die eine Hiobsbotschaft ahnte, bis in den Hals.

"Nu, zum Abendbrot", brachte Johanna hervor, langsam und ziehend, wie die Fliege aus der Buttermilch — "de Herrschaften wollen doch ganz früh schon wieder weg."

Richtig, als sie heraufkamen, war schon aufgedeckt, und trotzdem es noch ziemlich hell war, hatte man doch schon auf dem Spind die Lichter in den weißen Säulenleuchtern angezündet. Sie zuckten seltsam rötlich in der gelben Beleuchtung, die von draußen von den Kastanien und von dem sich abendlich verfärbenden Himmel hereinflutete und die Dinge und Menschen, Gesichter und Gestalten, alles in ein mattglänzendes Gold tauchte.

"Na, da kommen ja unsere Nachzügler", rief Ferdinand vieldeutig, "war's noch hübsch unten?"

"O ja", sagte Julius ein wenig bedrückt und langgezogen.

"Sage mal, Julius", meinte Rikchen mit schlecht verhehlter Absichtlichkeit in der Stimme —, "sage mal, hab' ich dir eigentlich schon mal die Wohnung gezeigt?"

Julius verstand.

"Nein, du wolltest es zwar immer tun, aber bisher..."

„Na", rief Tante Rikchen, „hier wohnt Jettchen", und zeigte über den Flur —, „und hier, siehste . . ."

Wenn man nach der Länge der Zeit hätte urteilen wollen, die Tante Rikchen und der neue Vetter draußen blieben, hätte die Wohnung mindestens achtundzwanzig Zimmer haben müssen, aber nicht drei und das bißchen Nebenraum. Oder es hätte in ihr ganz besondere Schätze und Kostbarkeiten geben müssen, was doch nachweislich nicht der Fall war. Auch hätte man glauben können, die Wohnung wäre jetzt schon vom ersten bis zum letzten Winkel geheizt und sogar überheizt worden. Denn als sie beide hereinkamen — Tante Rikchen und der neue Vetter Julius —, hatten sie beide puterrote Köpfe. Und man mag sagen, was man will: um den Ausgang September und an einem Tag, wie der es war, heizt noch kein Mensch. Am wenigsten in Charlottenburg.

Das Abendbrot verlief ziemlich ruhig und eintönig. Denn die Ungewißheit über Jasons Befinden lag wie ein Schatten über den Brüdern und machte ebenso Eli und Jettchen, die auch sonst jetzt sehr wenig sprach und in ihren Gedanken stets weit ab war —, machte auch die ganz schweigsam. Und selbst der neue Vetter Julius nahm unter dem Eindruck seiner halben Niederlage den Mund weniger voll als sonst. Das heißt bildlich gemeint, nicht wörtlich. Durchaus nicht wörtlich. Denn der Weg um die Beete und die Charlottenburger Luft hatten ihn hungrig gemacht, und er machte es nun wie jener Freier, von dem man erzählt, daß er keine Rücksicht, sondern nur Fisch nahm. Ja, das tat er. Die Frauen, Rikchen, Minchen und Hannchen, und die Kinder, Jenny und Wolfgang, sie waren an diesem Abend die Wortführenden. Und vor allem waren die Kinder von so ausgesuchter kindlicher Bosheit gegen das brave alte Fräulein mit den Pudellöckchen, daß wenig gefehlt hätte —, und

Ferdinand hätte in seiner gewohnten Weise die Ruhe wiederhergestellt. So aber sorgte er nur dafür, daß man früh aufbräche.

Und wirklich, was sollte man auch hier? — Es war eine merkwürdige Luft mit einem Male für alle Geberts, eine Niedergeschlagenheit, wie nach einer verlorenen Schlacht. Keiner von den Männern sprach —, vielleicht weil Jason fehlte, der sonst immer die Truppen gesammelt hatte und selbst als Zuhörer jedem Gespräch eine Folie, einen Hintergrund, eine lustige Wendung aus dem Unbedeutenden heraus gegeben hätte. Und merkwürdig, im Augenblick erhob sich auch schon drüben vielköpfig und unbekümmert die schnatternde Plattheit, das kleinstädtische Geträtsche der Jacobys um nichts und wieder nichts, das Nichtigkeiten mit Niederträchtigkeiten abwechseln läßt und alles das bläst, was es nicht brennt.

Ferdinand rief zum Aufbruch, und Jettchen lief in ihr Zimmer, um zu sehen, ob die Wagen schon da wären. Richtig, da standen sie schon. Der erste, der ging, war Eli, der diesmal ganz schnell und sicher, trotz der hereinbrechenden Dunkelheit, die Stufen hinabfand. Salomon wollte auch gleich wieder mitfahren; aber Rikchen beschwor ihn hoch und heilig, doch draußen zu bleiben; — was er denn jetzt wieder in Berlin wolle, und morgen könne ja Julius gleich Bescheid bringen, wie es Jason ginge. Und Julius versicherte, daß der Tag nicht so früh wäre, wie er wieder hier sei.

Jettchen sah den abfahrenden Wagen eine ganze Weile nach, ehe sie langsam und unschlüssig wieder nach oben ging. Es war noch nicht Nacht, aber man zündete drüben in den Häusern und in der Ferne und unten auf dem Wege rötliche Lichter an. Der Himmel brannte in wilden gelben Flammen,

und die langen herbstlichen Baumreihen standen gegen
Sonnenuntergang ganz schwarz da, als wären sie aus Kohle
errichtet. — Den Weg hinab aber lagen sie noch in einem
goldigen Schleier von Helligkeit mit ihren herbstlich ver=
färbten Lindenkronen; und tief unten im dünnen Laubwerk
hing, in einem Rot wie von gefrorenem Blut, die große
Scheibe des aufgehenden Mondes.

Als Jettchen nach oben kam, war sie erstaunt, Onkel und
Tante nicht mehr hinten im Eßzimmer zu finden; und es war
ihr unheimlich, wie das Eßzimmer dalag, ganz verödet mit
seinen abgerückten Stühlen, den zerknitterten Servietten
und den halbleeren Tellern und Gläsern im hellen Licht der
paar rauchenden Kerzen. Denn eigentlich war es doch noch
viel zu früh zum Schlafengehen, und Jettchen dachte erst, die
beiden wären noch einmal in den Garten hinuntergegangen,
aber da hörte sie sie plötzlich mit leisen Stimmen in
ihrem Schlafzimmer flüstern, und Jettchen bekam einen
Schreck, daß sie schwankte und klopfenden Herzens sich an
einen Stuhl klammerte. Daß sie zusammenschrak, war in
letzter Zeit öfter der Fall, aber so hart war es doch noch nie
über sie gekommen.

Nach einer ganzen Weile, als Jettchen immer noch das
Herz bis in den Hals hinauf schlug, rief sie das Mädchen,
daß sie abräumen sollte, und sie war froh, selbst mithelfen
zu können, um wenigstens für Augenblicke auf andere Ge=
danken zu kommen.

Aber als Jettchen wieder in ihrem Zimmer war — Licht
mochte sie nicht anzünden — und sah, wie der Mond zwi=
schen den Bäumen hochrückte und schnell über die letzten
Zweige zu seinem einsamen Gang durch das Himmels=
gewölbe emporstieg, da war wieder nichts mehr, was sie von
ihren Gedanken abziehen konnte. Ganz langsam kam so der

Mond um die Ecke zwischen den weißen Flatterwölkchen, die — feiner als Schleier — seine grünliche Scheibe für Augenblicke trübten. Erst war hier nur ein Winkel des Fensters und der Gardinen von seinem verwitterten Glimmerglanz überzogen; aber dann rückte er herum am Himmel, sah Jettchen voll in das Gesicht, übergoß den ganzen Garten vor ihr, der solange verschwiegen im Schatten gelegen, mit seinem tückischen Schein, warf lange Rhomben hinter Jettchen auf den Fußboden und erfüllte das ganze Zimmer mit einem fahlen Dämmerlicht, in dem man alles sah und doch nichts sah, in dem jeder Gegenstand wie verschleiert, weiß und unheimlich erschien.

Und die Gedanken Jettchens waren wie die Dorfhunde in der Nacht. Der Ort liegt ganz ruhig; alles scheint zu schlafen. Aber plötzlich fängt ein Hund leise an zu knurren, vielleicht halb im Traum, oder weil ein Kätzchen über einen Dachfirst huschte, oder weil irgendein stiller Wanderer durch die nächtige Dorfstraße tappt. Ein anderer Hund antwortet dem ersten, und wieder und wieder einer, und dann sind alle Hunde wach und rufen einander zu, und jeder will mehr lärmen als der andere, und sie heulen unruhig und wild bis in den hellen Morgen hinein, bis das Kätzchen schon längst auf der Tenne schläft oder der Wanderer schon wer weiß wo draußen in der Welt ist und gar nicht mehr daran denkt, daß er heute nacht durch irgendein Dorf gekommen ist, in dem ein Hund angeschlagen hat.

So waren Jettchens Gedanken, und sie wußte gar nicht, wie lange sie schon so am Fenster saß; denn ihre Gedanken liefen ununterbrochen und antworteten einander wie die Dorfhunde in der Nacht, während doch der Wanderer, der sie aufgestört, weiß Gott wo in der Welt schon ist. Jettchen wußte nicht, ob die drinnen immer noch sprachen, und was sie sprachen; sie hörte es nicht. Aber da fühlte Jettchen, daß irgend jemand im Zimmer war, sie fühlte das wie einen kalten Hauch, der sie hinten im Rücken traf, und sie wandte sich plötzlich und scharf um.

„Jettchen, biste noch auf?" fragte ganz langsam und zäh die Tante; sie hatte es sich schon leicht gemacht und schwamm für Jettchen weiß und breit im Mondlicht auseinander. „Darf ich mich hier hinsetzen? Ich wollte gern mal ein bißchen mit dir reden", und sie setzte sich auf den Rand der Chaiselongue. „Na, wie war's denn heute nachmittag? Habt ihr nett miteinander geplaudert?"

„Ich ängstige mich um Onkel Jason, Tante", sagte Jettchen.

„Nu, wir wollen hoffen, Jettchen", kam es von drüben, „es wird umsonst sein. Immerhin, man muß sich auch ebensogut gefaßt machen. Siehste, mein armer Bruder Nero, heute gesund und in fünf Tage tot — de blättrige Rose und dabei e Baum gegen deinen Onkel. Aber nach meiner Meinung fehlt doch Jason nichts."

Jettchen saß ganz ruhig und antwortete gar nicht.

„Paß auf, morgen hörste wieder, er ist gesund. — Aber nu was anders, Jettchen. Wie gefällt dir eigentlich Julius?"

Jettchen antwortete nicht.

„Nu, ich weiß ja, so was kann ein junges Mädchen nich so sagen; — aber is er nich doch wirklich ein netter Mensch?"

Jettchen schwieg.

„Ich glaube, dagegen kann man wohl nichts einwenden — aber er ist nicht allein ein netter und gebildeter Mensch, er ist ein tüchtiger Mensch. Wenn de mal willst, kannste de Auskunft lesen, die Salomon von seinem früheren Chef aus Posen bekommen hat, so was hab' ich noch nich gesehen!"

„Will ihn denn Onkel ins Geschäft nehmen?" fragte Jettchen.

„Vielleicht", log die Tante, und das wurde ihr nie schwer. „Warum nich, später mal."

Die beiden schwiegen wieder eine ganze Weile. Die Tante wußte nicht recht, wie sieh's anfangen sollte.

„Nu", sagte sie, „Jettchen — wie lange biste eigentlich schon bei uns? — Ich glaub', auf den nächsten vierzehnten werden's einundzwanzig Jahr. Ne schöne Zeit! Das ist ja richtig, de hast uns immer viel Freude gemacht, wir könnten über dich 'ne ebenso gute Auskunft geben, wie Julius von seinem Chef in Posen gekriegt hat."

Jettchen nickte ganz langsam, und die Tante bemerkte es.

„Möchtest de nich mal weg von uns, Jettchen? Ich mein' so, deinen eigenen Haushalt haben; — hör' zu, Jettchen, ich muß dir etwas sagen, und hoffentlich wird es dir Freude machen. Dein Vetter Julius war heute in einer gewissen Absicht hier draußen. Du wirst es ja auch bemerkt haben. — Er hat nämlich — nu, ich brauch' dir ja nicht erst zu erklären — er hat nämlich bei Salomon um dich anhalten wollen."

Jettchen hatte für einen Augenblick ein Gefühl in der Brust, als ob ihr jemand da hineingriffe und mit der Hand das Herz zusammenpresse.

„Ich brauch' dir nicht zu sagen, liebes Jettchen, daß es der Wunsch von deinem Onkel Salomon is. Und du mußt wissen, was du ihm schuldig bist. Du würdest ihm 'ne große Freude mit machen; denn er ist doch auch nich mehr so jung, weißte, und er möchte auch gern mal endlich die Sorge um dich los sein. Sieh mal, ich will ja nich sagen, daß du uns dankbar sein mußt, denn de hast es doch hier wirklich besser wie's Kind im Hause gehabt —, ich will das gar nicht sagen, Jettchen; aber was willste mehr?! — Es ist ein netter und ein hübscher Mensch, oder willste das vielleicht bestreiten?"

Jettchen wollte gar nichts bestreiten, rein gar nichts.

„Und über seine Tüchtigkeit, weißt du, da wird Salomon wohl besser urteilen können wie du. Und meinste, Julius könnte nich ganz andere haben, er hätte nur ein Wort sagen brauchen, und sein Chef in Posen — und das war ein schwerreicher Mann — hätte ihm sofort sein einziges Kind gegeben. Deswegen ist er ja auch aus Posen fort, weil er schon immer an dich gedacht hat."

Man kann nicht sagen, daß hierzu gerade zuviel Erfindungsgeist gehörte; aber immerhin war die Ruhe und Unbefangenheit — und das ist die wahre Kunst des Lügens —, mit der Tante Rikchen, die im Augenblick vorher noch selbst nichts davon geahnt hatte, ihr Märchen vorbrachte, selbst für jemand, der sie schon lange Jahrzehnte kannte, überraschend. Aber Jettchen war jetzt nicht in der Stimmung, über wahr und falsch nachzusinnen. Sie empfand nur, daß das Wasser ihr bis zum Hals ging, und sie fühlte sich zu schwach und zu willenlos, um dagegen anzukämpfen. Vor acht Wochen vielleicht, aber heut war sie keine Schwimmerin mehr.

Die Tante aber war eine zu gute Menschenkennerin, um das nicht herausgefühlt zu haben, und sie hatte mit Vorbedacht so lange gewartet, eben weil sie wußte, daß Jettchen ihren Plänen nun keinen Widerstand entgegensetzen würde, wenn sie es nur klug mache und nichts mit Gewalt versuche — denn dann war ja mit diesen Geberts nichts anzufangen.

„Nu", sagte die Tante und stand auf, „ich sehe, es überrascht dich, mein Kind. Ich will da gar nicht auf dich einwirken, liebes Jettchen, du mußt in dieser Sache selbst genau wissen, was du zu tun hast; du bist doch von je ein vernünftiger Mensch gewesen. — Ich will dir nur das eine noch sagen — du würdest deinem Onkel, und dem bist du zu Dank verpflichtet, nicht wahr? — deinem Onkel ne große Sorge 'mit abnehmen. —Es ist sozusagen ein Herzenswunsch von ihm, den du ihm damit erfüllen würdest — aber wie gesagt, ich will nicht auf dich einwirken, und du hast deinen vollkommen freien Willen."

Damit schwamm das weiße, breite Etwas in dem fahlen Licht wieder aus dem Zimmer, mit patschenden Schritten, zog dann ganz leise die Tür hinter sich zu und ließ Jettchen mit ihren Gedanken allein.

Die Tante war zwar keine gute Rednerin, sie war nicht sonderlich geistreich und überraschend, auf dem Felde lag ihr Verdienst nicht — aber sie hatte etwas in ihrer lang= gezogenen, nöligen Art, in ihrer zähen, einschläfernden Redeweise, die doch immer wieder auf das Ihre zurück= kam, etwas, was einen Menschen mürbe machen und ihn zur Verzweiflung treiben konnte.

Und Jettchen, die sich während dieses Besuches dem Zimmer zugekehrt hatte, wandte sich wieder langsam dem Fenster zu und sah in den Mond hinein, der jetzt schon hoch am Himmel stand, ganz klein und hell mit seinem tückischen Lachen. Sie fühlte sich nicht unglücklicher denn vorher, sie weinte nicht, sie war nur müde und mürbe. Sie hatte all das viel ruhiger hingenommen, als sie gedacht hatte, und im Innersten ihres Herzens war eigentlich etwas, was dem nicht widersprach —, so eine Sehnsucht nach Märtyrer= tum, so ein kindlicher Trotz, nun den ersten besten, und wenn es selbst der Schlechteste wäre. Es war ja nichts dabei, was ihren Widerspruch herausforderte und sie aufstachelte; und ob sie nun dafür oder dagegen war, sie war gleich hoffnungslos.

Jettchen wollte ruhig darüber nachdenken und sich Klarheit schaffen, aber sie konnte keinen festen Gedanken fassen, und es war auch jetzt eigentlich gar nicht ihr Schicksal, das für sie in den Vordergrund stand, sondern alle ihre Überlegungen wurden immer wieder überschrien von der Angst um Onkel Jason.

Und wieder fühlte Jettchen, daß irgendwer die Tür öffnete, und sie blieb ganz ruhig und matt in ihrer Lage und wandte sich nicht. Und leise kam es zu ihr heran, ganz leise, und dann fühlte sie, wie ihr jemand die Hand auf die Schulter legte, und ohne daß sie sich wandte, wußte sie, daß es der Onkel war.

„Jettchen", sagte er, „die Tante hat eben mit dir gesprochen."

„Ja", meinte Jettchen, aber sie wandte sich nicht und sah, den Kopf weit zurückgelehnt, starr in den Mond hinein.

„Weißt du, Jettchen, ich will mich da nicht einmischen, ich habe wirklich heute andere Dinge im Sinn, mein Kind; aber ich will dir nur das eine sagen, daß du dich nicht zu sorgen brauchst. Du wirst es ebensogut und besser haben, wie du es hier gehabt hast, dafür bin ich da. Du bist hier wie das Kind des Hauses gewesen, Jettchen, und ich will's auch weiter so halten. Aber versteh' mich recht, ich will da gar nicht auf dich einwirken, Jettchen, du bist groß genug, und du mußt wissen, was du tust. Ich will dir nur das eine sagen, daß ich nichts dagegen habe, und daß ich wirklich nur das Allerbeste über Julius erfahren habe. Du mußt dabei auch immer das eine bedenken, Jettchen, daß du der Tante in gewissem Sinne zu Dank verpflichtet bist, und sie meint ja, daß ihr sehr gut zusammen paßt; und du würdest der Tante eine sehr große Freude damit machen, denn sie hat sich in der letzten Zeit um dich viel Sorge gemacht; das hast du wohl gesehen. Es ist sozusagen ihr Herzenswunsch, den sie schon lange hat, und sie würde sich sehr freuen, wenn er in Erfüllung geht."

Jettchen sah immer noch in den Mond hinein, und das einzige, was sie bei der Rede des Onkels, der sich gern sprechen hörte, empfand, war, daß seine Worte große Ähnlichkeit mit denen der Tante hatten, und daß einzelne Wendungen genau die gleichen waren — nur daß sie sich auf einen anderen bezogen.

„Überlege 's dir nur, liebes Jettchen", sagte endlich der Onkel. „Wir wollen ja gar nicht in dich drängen, aber du mußt doch Julius auch schon genug kennen, um dir ein Urteil über ihn gebildet zu haben. Und nun, mein Kind, schlaf wohl, und morgen reden wir weiter darüber. Hoffentlich ist es mit Jason nichts Gefährliches."

Damit war der Onkel hinter Jettchen getreten und hatte ihr leise und freundlich die Backen gestreichelt; aber wie sich Jettchen umwandte, da war er schon wieder auf seinen Filzschuhen lautlos aus dem Zimmer gegangen.

Diese kleine Zärtlichkeit des Onkels, die eigentlich, wenn Jettchen sie nur recht verstanden hätte, auch einen geringen Einschlag von Mitleid barg, legte die letzte Schanze nieder; denn jetzt kam es über Jettchen, wie gut sie doch eigentlich hier zu ihr wären, und wie sie das alles ruhig hinnähme, und wie undankbar das von ihr sei; und es folgte jene ganze Kette von Selbstanklagen und Vorwürfen, die immer dann hervorgezerrt wird, wenn wir drauf und dran sind, in etwas einzuwilligen, das wir vor uns selbst nicht verantworten können.

Und der Mond rückte herüber und warf wieder seinen Schein schräg über den Garten hin und den dämmerigen stillen Lindenweg entlang, auf dem nur ganz fern ein Huf klang. Drüben in den Häusern war schon längst das letzte Licht gelöscht, und in den Scheiben brach sich der grüne Mondglanz. Die paar Öllampen vergaßen in der Mondhelle fast ihre Aufgabe, und die ganze Straße lag tot und silbrig —, einmal tagklar, nur mit schwarzem Schatten, und dann wieder unter einer grünen, gleichmäßigen Dämmerung, wenn oben am dunklen Himmel ein Wolkenflor an der Mondscheibe vorüberschwebte.

Und eben wollte sich Jettchen erheben — denn so der Blick auf eine leere, nächtliche Straße macht müde —, als noch einmal mit patschenden Schritten jenes breite, weiße, verdämmernde Etwas hereinkam, das der Stimme nach der Tante Rikchen zum Verwechseln ähnlich war.

„Nu", meinte es sorglich, „bist du noch immer nich zu Bett, mein Kind?"

Nein, das war Jettchen nicht. —

„Nu siehste, der Onkel hat dir doch auch gesagt, wie sehr ihm dran liegt, und ich weiß ja schon immer, du bist ein vernünftiger Mensch, und de wirst deinem Glück nich aus dem Weg gehn. Und ich will dir was sagen, wenn du meinst, daß de Julius noch nich kennst; — nu sieh mich an: Lebe ich mit Salomon glücklich oder nich? — Wenn mal was ist, sagt er mir die Meinung und ich ihm de Meinung, und denn is wieder gut. Und wie oft, meinste, habe ich Salomon gesehen vor unserer Hochzeit? Nu, wie oft, Jettchen? — Fünfmal — keinmal mehr! Und mit Ferdinand und Hannchen, das war 'ne Liebe von vier Jahren; na: Und was ist draus geworden? Darüber wollen wir doch lieber schon gar nicht reden."

Das weiße, verschwimmende Etwas machte in seiner langsamen Rede, die schon an Pausen so reich war, eine besonders ergiebige, um vielleicht irgendwelche Antwort abzuwarten. Aber da die nicht kam, hub es wieder an:

„Und Jettchen — wenn du dir wirklich den anderen in 'n Kopp gesetzt hast, so will ich dir nur das eine sagen, daß er überhaupt nicht mehr an dich denkt; er is seit Monaten nicht mehr hier in Berlin. — Wer weiß, wo er in de Welt is, und wer weiß, was er für eine jetzt hat! Ich will da gar nichts Schlechtes von ihm sagen: aber so sind de Mannsleute alle. Ich bin 'ne erfahrene Frau darin, sei versichert, Jettchen! — Du weißt, ich bin zu der ganzen Sache still gewesen, weil ich gesehen habe, du hast deine Freude an dem Menschen gehabt, und die hab' ich dir nich stören wollen. Warum nich, de bist ä junges Mädchen und sollst dich amüsieren; — aber welches Mädchen heiratet überhaupt den, den sie liebt? Ich kann's dir ja jetzt ruhig sagen, Jettchen, ich habe als junges Mädchen auch 'ne Liebe gehabt, mit dem Sohn von Kantor Reitzenstein bei uns, wir haben uns sehr gern gesehen, mehr wie gern, und ich bin doch mit meinem Salomon nachher sehr glücklich geworden — oder vielleicht nicht, Jettchen?"

Wenn auch all das, was das weiße, verschwimmende Etwas über Kößling sagte, bei Jettchen nicht auf fruchtbaren Boden fiel, denn sie ließ sich nun einmal sein Bild nicht von einer Fremden verschimpfieren, und sie hatte es da verwahrt, wo böse Worte und üble Nachreden nicht herankommen konnten, so war es nicht ungeschickt von dem weißen, breiten, verschwimmenden Etwas, sich so gleichsam als Leidensgenossin Jettchens hinzustellen, und es zeugte ebenso von einem tiefen Gerechtigkeitssinn der guten Tante Rikchen, wenn es dem alten Kantor Reitzenstein noch

nachträglich einen posthumen Sohn schenkte, den er sich —
mit Töchtern reich gesegnet — sein Lebtag brennend, aber
vergeblich gewünscht hatte.

„Nu adieu, Jettchen, nu geh ich zu Bett", kam es nach
einer ganzen Weile, in der nur eine Uhr aus dem Neben=
zimmer sprach, von der Chaiselongue herüber durch das halb=
helle Zimmer. „Und hoffentlich kann ich morgen Julius
von dir 'ne gute Antwort bringen. Der arme Junge, er hat
schon die ganzen Nächte jetzt nicht mehr geschlafen, man
hat's ihm ja heute angesehen."

Jettchen war aufgestanden; sie war jetzt schlaff und
zum Zusammensinken müde und jämmerlich zermürbt von
all dem Reden und dem Grübeln, den Vorwürfen und von
der Angst um Jason. Sie wollte eigentlich gar nichts ant=
worten; man sollte ihr nur bis morgen Zeit lassen, nur bis
morgen noch; bis morgen könnte ja alles sich ändern, da
könnte wer weiß was geschehen. Aber dann sagte sich Jett=
chen wieder, daß das ja alles doch fruchtlos wäre, und daß
sie morgen ebenso gehetzt und in die Enge getrieben sei wie
heute, und daß es besser wäre, heute als morgen. Aber sie
dachte nicht mehr, sie hatte keine Worte mehr, keine Wenn
und Abers, sie empfand nur, daß sie diesem Zustand ein Ende
machen müßte.

„Wenn ihr es für gut haltet", sagte sie, und es klang,
als ob eine Tonscherbe zerbricht.

„Salomon", rief die Tante ganz laut und schrill und
tappte durch das Zimmer auf Jettchen zu und umarmte
sie, die ganz steif und gerade dastand, fast ohne sich zu
rühren. „Salomon!"

„Was denn?" kam es von nebenan.

Aber dann war auch schon der Onkel bei ihnen, ebenso
weiß und verschwommen wie die Tante, nur nicht so breit.

„Na", sagte er, nicht ohne Rührung, „siehste, Jettchen, das freut mich wirklich mal von dir." Und er küßte sie, und die Tante küßte ihn und lachte und sprach und meinte immer wieder, daß sie das ja schon lange gewußt hätte, und Jettchen hätte es nur erst nicht wahrhaben wollen.

Und der Onkel küßte Jettchen wieder und sagte, er würde schon für sie sorgen. Und er sagte, seine Frau solle doch ruhig sein, und sie wecke die Leute im Hause auf, und er wünsche von Herzen Glück und wäre doppelt erfreut darüber, weil ja damit ein langjähriger Wunsch der Tante sich erfülle. Aber das könne man alles morgen besprechen, nun wolle man zu Bett gehen; Jettchen wäre auch sehr müde.

Und die Tante küßte Jettchen, und der Onkel küßte Jettchen, und die Tante küßte den Onkel und der Onkel die Tante. Und Jettchen stand mitten dazwischen, ohne einen Gedanken, müde zum Umfallen.

Und wieder wollte die Tante etwas von Julius erzählen, was er als Kind immer gesagt hätte —, als der Onkel bat, nun möchte sie aber herauskommen und endlich stille sein, damit das arme Jettchen auch mal ihre Ruhe bekäme.

Und als Jettchen schon lange im halbhellen Zimmer im Bett lag und weinte und schluchzte und mit den Füßen gegen das Bettende schlug, da hörte sie immer noch, wie der Onkel die Tante rief, sie solle doch endlich kommen, und was sie denn da hinten noch mache.

Aber die Tante antwortete, daß sie gleich mit der Liste fertig wäre, und ob Salomon meine, daß man Bentheims auch eine Anzeige schicken müßte.

Aber der Onkel rief, das könne man ja morgen überlegen, und jetzt möchte sie „in drei Teufels Namen" herkommen und ins Bett gehen.

Und alles kam, wie es kommen mußte, alles, wie es kommen mußte. So, wie es draußen im Garten noch einmal aufloderte und der Ahorn zu unerhörten goldigen Flammen wurde; und so, wie der wilde Wein, als wäre er aus Blutstein geschnitten, Wand und Laube verkleidete; so, wie das leuchtende Karmin und das versengte Braun und das ganz lichte Gelb die Stämme und Zweige der Rüstern, der Kastanien und der Pappeln umkränzte —, bevor es in ganzen Lasten zu Boden brach und Rasen und Wege zudeckte, bevor endlich der Regen kam und Generalabrechnung mit dem Sommer hielt, indem er immer wieder auf die paar letzten gelben und braunen Blätter klatschte und trommelte und sie — wie sehr sie auch flattern und bitten mochten — doch von den Zweigen schlug und achtlos in irgendeine Ecke des Gartens oder der Wege warf —, so kam das auch mit Jettchen. Es loderte noch einmal auf in glühenden Farben, in Gold und Karmin und in Purpur wie Blutsteine, und dann brach es fort. — Und es kam weiter der Regen und klatschte auf die letzten Blätter und zerrte an ihnen und schlug sie von den Zweigen und warf sie achtlos in irgendeine Ecke. —

Alles kam, wie es kommen mußte . . . alles, wie es mußte. Der Tag war noch nicht so früh, da war der neue Vetter Julius da, der — wie ein Kirschbaum über Nacht, ohne daß er es selbst ahnt, Blüten bekommt — über Nacht glücklicher Bräutigam geworden war. Jettchen trat ihm blaß entgegen und starr wie eine Statue und fragte nur, was er von Jason für Nachricht brächte; aber die Tante küßte Julius und sagte, sie freue sich so sehr — da sie beide ja so gut zueinander paßten. Und auch Julius schien verwirrt und glücklich und sagte zu Jettchen, er verlange gar nicht, daß sie ihm gleich Gefühle entgegenbrächte — eine Wendung, die Jettchen innerlich lachen machte; denn kein Mensch von Geschmack kann je so unglücklich werden, daß er nicht noch für den Humor einer Situation empfänglich bleiben würde. — Dann aber sagte er weiter, daß er sich mit der Hoffnung schmeichle, sich ihre Neigung zu erringen, und wenn sie sich zuerst auch nicht viel sehen würden, denn er müsse jetzt schnell zum Einkauf reisen, wenn er überhaupt diese Saison noch mitnehmen wollte, so würde sich ja bald Gelegenheit geben, daß sie sich auch innerlich nahe kämen.

Da aber kam der Onkel herein und gratulierte Julius eigentlich etwas förmlich, kühl und merkwürdig unerfreut gegen gestern nacht — und fragte, wie es seinem Bruder ginge. Und da die Antwort wenig gut ausfiel, denn Julius meinte, Jason wäre gar nicht bei Sinnen mehr, und der Geheimrat hätte gesagt, er müßte noch heute warten, aber er glaubte schon jetzt sagen zu können, daß es Typhus wäre —, so ging Salomon wortlos in sein Zimmer und kam gleich darauf gestiefelt und gespornt wieder hervor und fragte Julius, ob er mitkäme; er führe jetzt hinein. Und Julius, der sich vielleicht seine erste Bräutigamszeit anders vorgestellt hatte, schwankte einen Augenblick; aber die Tante winkte ihm mit den Augen, und Julius rief: Gewiß — er ständen ganzen Tag zur Verfügung, wenn er irgendwie gebraucht würde.

Und ehe sie noch recht zur Besinnung kamen, und ehe sie den ersten Schrecken über Jasons Krankheit verwunden hatten, waren die beiden Frauen schon wieder allein.

Jettchen wollte sofort zu Jason, aber die Tante bat und beschwor sie, was ihr einfiele, eine Braut dürfe nie zu einem Kranken gehen, das wäre verboten, und wenn sie es täte, das bedeute etwas sehr Schlimmes.

Und nicht lange, da kam schon Tante Hannchen aus Berlin herein, lachend, schnabbernd und schwabbernd, und sie fiel Jettchen um den Hals und weinte: Sie wünsche ihr alles Gute, und sie solle glücklicher werden in ihrer Ehe, wie sie es geworden; aber daß Jettchen bei Julius es gut haben würde, das brauche sie erst gar nicht zu erwähnen, so ein prächtiger Mensch wie der wäre.

Und die Kunde von Jettchens Verlobung verbreitete sich im Haus, Frau Könnecke kam herüber und wünschte Glück: es wäre nun aber wirklich auch Zeit gewesen. Und wie Jettchen in die Küche hinauskam, da stand das Mädchen mit ganz verweinten Augen da und reichte Jettchen die Hand — Männer haben ja nichts miteinander gemeinsam, aber die Frauen sind alle Schwestern durch gleiches Los. — Und wie Jettchen sie ansah, da fing sie auch wieder an zu weinen, und ehe sie recht wußten, was geschah, lehnten sie beide, Johanna und Jettchen, die Köpfe zusammen und schluchzten. Seltsam, wir glauben immer, niemand weiß, was in uns vorgeht, und was wir allein tragen, und dabei sind wir die ganze Zeit über nur aufgeschlagene Bücher gewesen, in denen die anderen nach Lust und Laune lesen konnten.

Und alles kam, wie es kommen mußte. Die Post brachte ganze Stöße von Briefen nach Charlottenburg, und täglich kamen in der Mittagsstunde Bekannte zum Gratulieren. Und Tante Rikchen saß lachend und liebenswürdig fabulierend in ihrem Schwarzseidenen auf dem Sofa, und je nach der Vornehmheit des Besuches wuchs ihre Würde und Breite. Und die Kremser brachten auch Anverwandte von Jettchens Mutter, die Jettchen durch Jahrzehnte nicht gesehen hatte: große, sehr stille Menschen von milder Freundlichkeit. Onkel Eli war schon am nächsten Tage da, und er küßte Jettchen und meinte zur Tante: "Weißte, Rikchen, zu solchen Sachen wie diese pflege ich sonst erst nach zehn Jahren zu gratulieren." Und dann kamen auch Briefe von

Julius' Schwestern aus Bentschen und von Onkel Naphtali, dem Senior aller Jacobys. Eine Brautfete aber gab man nicht. Der Onkel wollte es nicht, weil es doch Jason so schlecht ging. Und ehe man eigentlich recht zur Besinnung kam, reiste auch schon der glückliche Bräutigam fort zum Einkauf nach Posen und Oberschlesien. Oder man hätte es dann eben machen müssen wie jene silberne Hochzeit, die die alte Frau allein feierte, weil der Mann schon sechs Jahre tot war. Und wenn man das auch für eine **silberne Hochzeit** ausnahmsweise einmal gelten lassen kann, bei einer Verlobungsfeierlichkeit wäre es doch auffallend und unangebracht gewesen.

Man muß nun indes auch nicht denken, daß Jettchens Tage einzig in Tränen hingingen und sie immer mit einer Jammermiene umhersaß: — ihr Leben war so ruhig wie sonst. Denn Jettchen war von Natur so, daß sie gern den Dingen das Gute abgewann, und wenn sie das Glück selbst nicht haben konnte, auch jenen Schimmer von Wohlleben und Behaglichkeit dafür nahm, den man meistens dafür gelten läßt.

Und während es in Charlottenburg ziemlich ruhig war, zerriß man sich in Berlin über diese Verlobung die Münder, und kein Mensch begriff, wie dieses kluge und schöne Mädchen sich so wegwerfen könnte: er wäre doch gar nichts und stelle doch rein gar nichts vor; und wie Salomon Gebert das nur billigen könnte. Ja, es gab sogar welche, die ihm das auf den Kopf zusagten. Andere wieder tuschelten, daß da eine Geschichte dahinterstecke, und daß sie jenen nur aus Trotz nähme, weil sie den, den sie mochte, nicht bekommen könne. So etwas gäbe es ja. Und die Schlechten erfanden ganze Fabeln und meinten, es würde wohl nötig sein, daß Salomon Gebert Jettchen verheirate, und Geld decke bekanntlich alles zu. Hier hätte er natürlich keinen mehr bekommen, und da hätte er sich schnell einen Neffen aus Posen für sie geholt. — Man sollte nur abwarten, sie würden recht behalten.

Und alles kam, wie es kommen mußte. — Onkel Jason hatte wirklich den Typhus, und zwar von Anfang an hoffnungslos schwer — er kam eigentlich seit jenem Tag kaum wieder zur Besinnung, und Jettchen ängstigte sich um ihn Stunde um Stunde ab. Ihr erstes Wort war, wenn sie Onkel Salomon sah: „Was sagt Stosch?" — Sie fuhr auch allein hinein, weil Salomon fast Tag und Nacht jede freie Zeit bei seinem Bruder war und sehr wenig nach Charlottenburg mehr kam; aber zu Jason selbst durfte sie nicht. Auch der Onkel sagte, eine Braut dürfe so etwas nicht tun, und der Onkel war doch sonst gar nicht abergläubisch. — Und wenn der Onkel Jettchen die Wahrheit gesagt hätte, so wäre das auch gar nicht der Grund gewesen, sondern vielmehr der, daß Jettchen und Kößling die Hauptpersonen in Jasons Phantasien waren, ja, es kam vor, daß er durch ganze Stunden den Wärter für Kößling hielt und seine alte Haushälterin mit Jettchen ansprach.

Und als es schon so weit mit Jason war, daß das alte Fräulein, namens Hörtel, in dem merkwürdig geblümten Kleid sagte, sie möchte doch gern einige von den Möbeln haben, wenn sie darum bitten dürfe, und Ferdinand antwortete: es würde an sie gedacht werden; und als der alte Stosch am Nachmittag Salomon beiseite nahm und ihm zu verstehen gab, er würde heute nicht wieder fortgehen, denn sein Bruder würde wohl die Nacht nicht mehr überleben — und von da an nun nicht mehr von seinem Bett wich; und als da bis Mitternacht Salomon, Ferdinand und Eli fast stumm und fröstelnd einander gegenübersaßen, hinten in

Jasons Bibliothekzimmer und durch das halbgeöffnete Fenster jede Viertelstunde vom Turm hörten — da täuschte Jason, der ja nie in seinem Leben das getan hatte, was man von ihm erwartet hatte, auch dieses Mal wieder die Erwartung. Zuerst einmal fiel das Fieber, und er sprach wieder ganz klar und ruhig, so daß sie drinnen erschrocken aufhorchten. „Nicht wahr, das ist immer so kurz vor dem Ende?" fragte Ferdinand den Geheimrat. Aber der alte wortkarge Mann, dessen Grobheit ebenso berühmt wie seine Tüchtigkeit war, zuckte nur die Achseln: „Ihr Bruder wird länger leben wie Sie mit Ihren Gallensteinen, lieber Herr Gebert. Ich habe dem Wärter gesagt, daß er noch ein Bad geben soll, wenn es wieder nötig ist; aber es wird nicht nötig sein, der Puls ist ja wieder sehr kräftig und gut. — Kommen Sie jetzt mit, meine Herren?"

Und die Männer taten das, was sonst Männer selten tun, sie weinten und umarmten einander, und Ferdinand wollte gleich zu Jason vorstürmen, aber Stosch fuhr ihn an, und Eli sagte, er hätte die ganze Zeit nie geglaubt, daß es Jason so schlecht ginge, und er hätte überhaupt nichts für ihn gefürchtet; und er dachte gar nicht daran, daß das mit den Reden, die er noch vor zwei Minuten geführt, in hellem Widerspruch stand.

Aber selbst die Freude, Jason außer Gefahr zu wissen, machte Jettchen nicht viel frischer und anteilvoller, und Salomon fing schon an, sich Vorwürfe zu machen und begann die Sache von neuem mit Ferdinand zu besprechen.

„Höre mal, Ferdinand", klopfte Salomon zuerst ganz vorsichtig an, „ich finde eigentlich, Jettchen sieht doch recht schlecht aus!"

„Nu, hast du schon mal 'ne Braut kennengelernt, die gut aussieht?" entgegnete Ferdinand, der stets in allem, was das

Seelenleben anderer anging, in einer selbstgewollten brüsken Ahnungslosigkeit dahinlebte.

„Ja", sagte Salomon, „das mag ja schon sein. Aber ich finde eigentlich, Jettchen macht sich doch gar nichts aus ihm. Meine Frau muß sie erst immer daran erinnern, daß sie ihrem Bräutigam schreibt."

„Desto besser", sagte Ferdinand mit seinem unverwüstlichen Optimismus. „Weißt du, Salomon, das werden nämlich nachher die verliebtesten Frauen. So was gibt immer die allerglücklichsten Ehen. Ich bin doch ein alter Praktikus!"

Aber Salomon leuchtete das nicht recht ein. „Und dann", sagte er, „habe ich da noch nachträglich ein paar Dinge über Julius in Erfahrung gebracht — weißt du, man hört ja nachher immer mehr wie vorher — eigentlich recht unangenehme Sachen, die mir ganz und gar nicht gefallen wollen. Geschäftlich und — auch in anderer Beziehung."

Und Salomon erzählte.

Aber Ferdinand konnte nichts dabei finden. Im Gegenteil. Und von dem anderen, meinte er, daß Salomon nur vergäße, daß sie es in dem Alter auch nicht viel besser gemacht hätten. Und es wäre richtiger, sie laufen sich vorher die Hörner ab als nachher. Ferdinand meinte: alles verstehen ist alles verzeihen. Und das konnte er ruhig von sich sagen, denn er verstand alles.

Aber Salomon war doch nicht so ganz umgestimmt, und seine Bedenken wurden auch dadurch keineswegs behoben, denn im letzten Grunde war ihm auch noch anderes nicht recht, über das er mit seinem Bruder nicht sprach. Denn jetzt, wo er die Briefe gelesen hatte, die von Julius' Anverwandten, von seinen Schwestern und Vettern, von seinen Onkeln und Tanten an Jettchen und an seine Frau gekommen waren, mußte er wirklich dem alten Eli beistimmen, daß mit der Familie kein Staat zu machen war. Und sein Gebertscher Stolz war tief verwundet. Salomon begriff nicht mehr, wie er sich nur je dazu hatte bestimmen lassen können, dieser Verbindung das Wort zu reden. Und dann liebte er auch Jettchen viel zu sehr, um sie gerade Julius zu gönnen. Und der brüske Ausspruch Onkel Elis von der seidenen Flicke auf dem Lumpensack kam ihm Tag und Nacht nicht aus dem Sinn. Er selbst wollte ja nicht damit anfangen —, denn man ist nicht umsonst durch dreißig Jahre Leiter eines großen Hauses, als daß man nicht verlernte, seine Fehler einzugestehen. — Aber er wartete und wartete von Tag zu Tag, daß Jettchen noch einmal kommen würde und sagen: Onkel, ich will nicht. Salomon hätte ihr selbst noch mit tausend Freuden den Absagebrief aufgesetzt.

Aber Jettchen sagte keine Silbe der Art und machte auch nicht die leiseste Andeutung, aus der Salomon hätte ersehen können, daß ihr diese Verbindung zuwider war. Nein, Jettchen war so fügsam und liebenswürdig wie immer und klagte nicht mit einer Miene, viel weniger mit einem Wort. Denn sie hatte sich auch schon so in ihr Märtyrertum, das sie für Dankesschuld hielt, hineingewöhnt und hineingelebt, daß sie es beinahe liebte und nicht mehr hätte missen wollen.

Und während nun der neue Vetter Julius in der Provinz Posen und in Oberschlesien von Ort zu Ort reiste und in unmöglichen Nestern mit noch unmöglicheren Namen residierte und dort vorteilhafte große Posten rohen und gegerbten russischen Leders aufkaufte, die sicher einmal die Grenze, aber wohl nie einen Zollbeamten erblickt hatten —, und während er alle zwei Tage pünktlich an Jettchen schrieb: „Mit Freuden ergreife ich die Feder, um Dir mitzuteilen, daß ich Deinen lieben Brief erhalten habe. Ich ersehe daraus Dein Wohlergehen und kann auch dasselbe von mir versichern. Mein

Täubchen, wenn Du erst mein bist, werde ich Dir das Leben mit Rosenketten umzingeln" . . . währenddessen lebte Jettchen draußen in Charlottenburg recht ruhig und sorglos dahin. Denn Jettchen war ja von Natur so, daß sie gern den Dingen das Gute abgewann. Und wenn sie das Glück nicht haben konnte, begnügte sie sich auch mit jenem Schimmer von Behaglichkeit, den wir gemeiniglich dafür gelten lassen. Und da ihr jetzt alles daran lag, nicht an die Zukunft zu denken — ihre Nächte waren schon schlimm genug —, so klammerte sie sich an das bißchen freundliche Gegenwart draußen in Charlottenburg, mit seiner Stille, seinem selbst im Herbst noch schönen Garten und seinen weiten Spaziergängen in dem weiten Park, den sie mit einem Male wieder der Erinnerungen wegen liebte.

Und die Tante, die erst gar nicht schnell genug nach Berlin hatte hereinziehen können, sagte nun, es wäre doch zu schön hier, und sie könne sich gar nicht trennen, und sie möchte draußen bleiben, solange noch ein Blatt an den Bäumen wäre. Gerade jetzt würde es überhaupt erst lohnend. Und das war nicht eigentlich die Angst vor dem Typhus, die sie so sprechen machte, denn man hörte von keinen neuen Fällen mehr —, sondern es war mehr die Furcht vor dem „anderen". Denn der „andere" war wieder in Berlin aufgetaucht. Ihre Schwester Hannchen hatte ihn selbst gesehen, und er sollte auch schon wieder bei Jason gewesen sein, und Ferdinand hatte gesagt, daß er jetzt hier an der Bibliothek wäre —, und deswegen sollte auch Jettchen, solange es irgend ging, draußen in Charlottenburg bleiben.

Und während vorher eigentlich gar nicht von Hochzeit die Rede war, hieß es nun plötzlich, daß Jettchen Ende November heiraten solle, wenn Julius von seiner Tour zurückkäme. Und die Tante hatte schon für das junge Paar

eine Wohnung in Aussicht, vier schöne Zimmer in der
Neuen Friedrichstraße, oben am Wasser, gar nicht weit von
der "Gesellschaft der Freunde".

Und daß des Vetters Julius Einkäufe von rohem und
gegerbtem Leder, das sicher einmal die Grenze, aber nie einen
Zollbeamten gesehen hatte, in unmöglichen Nestern Posens
und Oberschlesiens ... daß sie etwas lange dauerten, daran
war auch die Tante schuld. — Denn die Tante war zu klug,
um nicht die Mißstimmung Onkel Salomons, die doch jetzt
keinen anderen Grund mehr haben konnte, denn Jason war
längst außer Gefahr, sich sinngemäß zu deuten. Und sie sagte
sich ganz richtig, daß die Zunahme von Julius' Entfernung
eine Abnahme der Reibungsflächen zwischen ihm und ihrem
Mann bedingen müsse. Sein Bild bei Jettchen trotzdem
blank zu halten, das getraute sie sich wohl zu. Daß nachher,
wenn die Möbel in Arbeit und die Aussteuer zugeschnitten,
Salomon noch irgendwelche Einwände erheben würde, schien
der guten Tante Rikchen ausgeschlossen. Denn dazu hatte
sie in der Dauer ihres glücklichen Zusammenlebens den
praktischen Sinn ihres Eheherrn und Gebieters allzusehr
schätzen gelernt.

Und um ihrem Salomon nicht zu viel Zeit zu lassen, noch
anderen Sinnes zu werden, fing Tante Rikchen an, zu be=
stellen und einzukaufen und Schneider und Tischler in
Bewegung zu setzen, als ob sie nicht eine Braut, sondern
deren ein Dutzend ausstatten müßte.

Und die Tante zeigte Jettchen einmal die Wohnung in
der Neuen Friedrichstraße, nicht weit von der "Gesellschaft
der Freunde", und schickte dann Julius den Mietskontrakt
zum Unterschreiben, mit dem Bemerken, daß sie jetzt überall
umhergelaufen wäre, aber eine bessere Wohnung, eine
Wohnung mit so viel Vorzügen hätte sie in ganz Berlin

nicht gesehen. Und Jettchen ließ die Tante in allem gewähren. Ihr war es recht. Wenn sie nur nicht damit behelligt wurde.

Und mit den Möbeln ging die Tante zum Tischler Löwenberg, weil man ihn doch kannte, und weil er gewiß nicht mehr zu Salomons Whistpartie gekommen wäre, wenn sie ihn hierbei vergessen hätten. Von der guten Stube, dem Eßzimmer an bis zum Spindenzimmer, wählte die Tante alles glatt Mahagoni, und für das gute Zimmer, das ganz tief rotbraun gebeizt werden sollte, suchte die Tante selbst den tiefblauen schweren Atlas zu den Bezügen unten im Geschäft aus. Und alle zwei, drei Tage fuhr die Tante hinein und überzeugte sich mit ihren eigenen kleinen schwarzen Jettaugen, wie es mit der Arbeit stände, und daß sie ja auch zur rechten Zeit geliefert werden könnte. Und Onkel Salomon fand es doch wieder rührend, wie seine Frau sich für Jettchen aufopferte. Sie zerrisse sich beinahe, meinte er, und käme ganz von Fett.

Und da es mit der Hochzeit eben der Tante sehr eilig war, so setzte sie sich auch nicht die Schneiderinnen ins Haus, sondern nahm sich die letzten Hefte von Koßmanns Modejournal, das immer das Neueste aus Paris brachte, und ging damit zum Damenschneider Dunsing und auch zu Mahn, ließ Jettchen Maß nehmen und bestellte drauflos, daß die Schneider dran ihre helle Freude haben konnten: Morgenröcke, weiß, lila und rosa für Frühling, Sommer, Herbst und Winter, für alle Tage und für besondere Gelegenheiten, die ja auch eintreten könnten und bei einer jungen Frau nicht ausgeschlossen wären. In Morgenröcken müsse man stets besonders gut versehen sein. Und die Tante bestellte Straßenkleider in grünem, englischem Tuch mit drei langen Reihen von Knöpfen über Rock und Taille, und Gesellschaftskleider, hell- und schwarzseidene und silbergraue und solche von ganz zarten Pastelltönen, zu denen Jettchen einen roten Türkenschal tragen sollte. Und es gab unendliche Dispute —, denn nun hatte Jettchen drei Mütter: Rikchen, Hannchen und Minchen —, stundenlang, die sich bis zu persönlichen Ausfällen zuspitzten: ob das Gürtelband frei flatternde Enden haben sollte oder nicht, und ob das fliederfarbene Seidenkleid scharf gebrannte Kanten bekommen sollte oder lockere Volants. Und Minchen ereiferte sich, daß Dunsing bei dem grau und weiß Gestreiften den Rock keilig geschnitten hatte, und daß der rote Radmantel einen Pelzkragen und keinen Samtkragen bekommen sollte. Sie hätte noch nie eine Enveloppe mit Pelz gesehen. Und das dunkle Tuchkleid sollte keine Gigotärmel bekommen, denn solch Kleid könne man zehn Jahre anziehen, und wer weiß, ob in zehn Jahren diese Ärmel noch getragen würden. Sie hätte solche albernen Moden nie mitgemacht. Aber da sagte Hannchen, um Gigotärmel zu tragen, müsse man eben eine Figur wie sie oder wie Jettchen haben, und Minchen meinte, sie hätte noch nie einen Mops mit Gigotärmel gesehen. Kurz, es gab den schönsten Streit. Und wenn nicht dieses Thema so sehr anregend gewesen wäre, so hätten sie sich wohl nie versöhnt. Aber da sie beide in der Frage des Brautkleids — weißer Ottoman oder weißer Damast — mit weißem Damast beide gegen Tante Rikchen standen, so vereinte sie das wieder.

Und die einzige, die an all dem unbeteiligt war, war eben die, die es am nächsten betraf. Sonst war es für Jettchen eine Freude gewesen, sich hübsch kleiden zu können, und sie hatte in langen Wortgefechten ihren Geschmack gegen den der Tante behauptet; jetzt war es ihr gleichgültig, ja, es war eine Last für sie, und sie war kaum noch zu den Anproben zu bewegen, ebenso, wie sie auch zu den Möbeln keine Wünsche geäußert hatte.

Da war die Tante schon anders: Vom Tischler Löwenberg ging sie zu Dunsing und von Dunsing zu Mahn — der eine durfte nicht wissen, daß der andere für sie arbeitete. — Und wenn sie da erst sich wegen hundert Änderungen heiser geredet hatte und die Direktrice mit Invektiven belegt hatte, die man nur einer so guten Kundin verzieh —, dann machte sie keine Pause, sondern ging wegen der Ausstattung gleich zu Wolffenstein. Da mußte auch gekauft werden, denn es war auch etwas so wie Freundschaft und Verwandtschaft. Und Tante Rikchen bestellte dort und kaufte alles zusammen, als ob sie einen Gasthof ausstatten müßte und keinen einfachen Haushalt. Nach der Zahl von geblümten Damasttischtüchern für sechsunddreißig Personen hätte Jettchen jeden Tag Table d'hote bei sich haben können und hätte doch nur alle acht Wochen zu waschen brauchen. „Nu, eins zu viel würde nichts schaden, und daran sollten sich noch Jettchens Kindeskinder freuen." Und bei der Zierlein mußte Jettchen das ganze Lager von Schuten und Kapotten durchprobieren, bis es sich ihr bunt vor den Augen drehte.

Aber wenn das nur der für Jettchen offensichtige Teil von Tante Rikchens Arbeit war, so stand dem noch ein heimlicher gegenüber von kaum geringerer Ausdehnung: Jenny sollte einen Bostonkasten in Perlarbeit sticken und einen Tassenkorb, aber Hannchen wollte außerdem noch einen Klingelzug arbeiten. Onkel Salomon müßte noch eigens ein Tafelklavier schenken, als besondere Überraschung, und das Fräulein mit den Pudellöckchen arbeitete an drei Dreilers von drei verschiedenen Größen. Onkel Naphtali aus Bentschen sollte eine doppelarmige Lampe schenken und Eli eine Menage aus Silber und Rubinglas. Aber er meinte, das wäre ihm für Jettchen zu wenig und zu geringfügig, und er legte aus eigener Machtbefugnis noch eine Fruchtschale hinzu aus Kristall mit silbernem Fuß, während Ferdinand sagte, daß ihm die Teppiche, die Tante Hannchen für ihn ausgesucht hätte, zu teuer wären — er könnte das nicht: er hätte drei Kinder. Und Jason endlich müsse ein paar silberne Spielleuchter geben, die würde Rikchen schon für ihn besorgen. Denn Jason ging noch nicht wieder aus und verließ bisher auch nur auf Stunden das Bett, um vor seinen Porzellanen zu sitzen oder in seinen Stichen zu blättern, denn lesen sollte er noch nicht. Und dann noch — ehe man es vergäße — sollten doch Pinchen und Rosalie sich zu einer Wasserkredenz aus Milchglas zusammentun, wenn sie nicht lieber Fensterkissen mit blauen Rosen für die gute Stube sticken wollten. Aber das käme sicher ebenso teuer und mache solch eine Unmenge Arbeit, daß sie kaum noch damit fertig werden könnten.

Jettchen wäre zu gern jetzt einmal zu Onkel Jason gegangen. Aber sowie sie davon begann, erhob die Tante ein ängstliches Jammergeschrei, und auch der Onkel, wenn er gerade mal dabei war — denn es war Hauptsaison im Geschäft, und er konnte sich nicht viel um andere Dinge bekümmern —, auch der Onkel sagte, eine Braut dürfe das nicht tun. Und selbst wenn Jettchen einwarf, daß doch Jason gar nicht mehr krank wäre, wurde sie überstimmt.

Und dann begann die Schlacht, wer eingeladen werden sollte. Die drei Frauen, Hannchen, Minchen und Rikchen, stellten Listen auf, und jede kämpfte um ihre Kandidaten wie eine Löwenmutter um ihre Jungen. Erst sollte das eine Hochzeit größten Stils werden, mit Hinz und Kunz, aber dann hieß es, so etwas wäre nicht fein, und es wäre auch nicht angebracht, da Jettchen doch eine Waise wäre. Und dann blieben noch sechzig Menschen. Und dann, bei einer nochmaligen Beratung, deckten wieder fünfundzwanzig die Walstatt. Wer weiß — wenn es nicht höchste Zeit gewesen wäre, die Einladungen fortzuschicken —, wäre man vielleicht noch bis auf drei heruntergegangen und hätte den Bräutigam gar nicht zugezogen. Die Tante Rikchen hoffte jedoch, es würden wenigstens noch zehn absagen. Sie rechnete bestimmt auf verschiedene Absagen und fand es eigentlich schade, daß man diese schönen Einladungen in Kupferdruck auf Atlas= papier, auf dem sich breit und fett Salomon Gebert und Frau die Ehre gaben, daß man diese Einladungen in die Welt verfeuerwerkte. Selbst Salomon, der bisher zu allem still sein Siegel gegeben hatte, wurde in die Kampfstimmung dieser Tage verwickelt — und die einzige, die hier gar keine Wünsche äußerte, und der alles recht war, war wieder Jett= chen. Ihr graute nur davor, daß diese ruhige Zeit hier draußen in Charlottenburg ein Ende nehme.

Julius schrieb schon seit zwei Wochen zärtliche Briefe aus Mogilno, bis die Tante endlich meinte, daß er nach dem Stand der Tischlerarbeiten jetzt ruhig nach Berlin kommen könnte. Und sie sagte auch, daß sie jetzt hereinziehen wollte; sie hätte wirklich genug von diesem Charlottenburg.

Und Jettchen ging noch einmal in den Park, um von ihren Erinnerungen Abschied zu nehmen. Es war das an einem trostlosen Regentag, an dem der ganze Himmel in Bewegung war und auf sie zukam mit hastenden Wolken, die hier wie schwere Ballen herabhingen und da wie leichte Flortücher nachgeschleift wurden. Ganz tief schleppten die Wolken sich dahin und streiften beinahe die entlaubten Wipfel. Auf Minuten war alles grau und verschleiert, ruhig und traumschwer. Aber dann kam der Wind und bog die ächzenden Spitzen der Pappeln um wie Farrenwedel, und

der Regen setzte ein, in breiten Strichen, und wusch die
Stämme und Zweige von oben bis unten. Jedes kleine Äst=
chen rieb er ab und übergoß es mit seinen kalten Güssen,
daß es ganz angstvoll in sich zusammenschauerte. Nur ein
paar Fliederhecken hielten noch in all dem Elend ihr grünes
Laub und ein paar Platanen — und es schien, als ob sie sehn=
lichst auf den ersten Frosttag warteten, daß er auch ihnen
den Schlaf brächte. Überall konnte man schon weit durch
die Büsche sehen, ganz weit wieder, wie im ersten Frühjahr.
Und die Wege waren wie gescheuert, und das ganze schwarze
Wasser des Teichs war verdeckt von einer schwimmenden
Kruste welken Laubes, das der Wind von den Wegen und
dem Rasen hineingetrieben hatte.

Jettchen traf kaum einen Menschen. Nur hinten unter
der gelben Puppe vor dem gelben Bau patrouillierte ein
Posten, den Gewehrlauf im Arm. Und irgendwo sammelten
alte Frauen herabgeworfene Zweige in Körben zusammen.
Die schönen Stellen — sie kannte sie kaum wieder. Was
eng und traulich gewesen, jetzt war es weit und leer. Hier
hatten sie gesessen an dem Glöckchen, und sonst war diese
Bank immer wie eine Vision plötzlich aufgetaucht, und jetzt
ging Jettchen schon von weitem auf sie zu. Und sonst war
Jettchen das goldige Häuschen hinter den schwarzen Eiben —
das sie nun doch nicht gemietet hatten — wie ein ganz ent=
legener Erdwinkel vorgekommen, den man nur selten und in
glücklichen Stunden entdeckte und fände, und jetzt schien es ihr
mit seinen dunklen Baumschanzen eine Festung zu sein, die
weithin das Land beherrschte.

Und Jettchen schritt vornübergebeugt auf die Festung zu,
während der Wind ihr am Kleid zerrte. Und wie sie so ging,
überfiel sie auf einmal die Erinnerung, die sich sonst schon so
seltsam verändert und verschleiert hatte, mit einer solchen

Wucht und Klarheit, daß ihr die Tränen nur so herabrollten und sich mit den Tropfen vermählten, die ihr der Wind ins Gesicht trieb.

Jettchen war gekommen, um Abschied zu nehmen, denn sie hatte sich ja in dieser Zeit tausendmal Vernunft gepredigt, sich vorgestellt, wie gut es doch der Onkel und die Tante mit ihr meinten — sie hatte versucht, sich auf eine eigene Häuslichkeit zu freuen, ja, es hatte sogar Tage gegeben, wo sie so etwas wie Achtung vor Julius empfand, der da draußen in unsicheren Gegenden, auf der öden, kalten Landstraße, unter allen möglichen Strapazen umherkutschierte, während sie hier lässig im bequemen Nest saß. Er würde sicher viel gute und liebe Eigenschaften haben, wenn sie ihn erst näher kennen würde —, denn umsonst loben ja die Menschen niemand. Und Jettchen war eigentlich nur noch mal hierhergekommen, um von ihrem Traum Abschied zu nehmen. Und statt dessen schlug ihr wieder die verleugnete Wahrheit ins Gesicht, daß all das andere für sie Traum sei und nichtig, und daß hier ihr Leben wäre. Und Jettchen hatte plötzlich die seltsame Empfindung, als wäre das heute gar kein Abschied, sondern wieder ein ferner erster Gruß. Und alles kam wieder: sie gingen wieder hintereinander den schmalen Weidenweg unter den hängenden Zweigen, sie standen am Tempelchen, das mit seinem Kranz und seinen Putten rotgoldig in der Abendsonne lag, und sie fühlte hinten am Wasser zwischen den kahlen Stämmen der Pappeln, wieder durch die Tropfen und durch die Tränen auf ihrem nassen Gesicht die alten Küsse, nach denen sie sich hundertmal gesehnt hatte.

Und dann hörte Jettchen eine Uhr durch den kahlen Park schlagen, hell und grell, und schrak auf, weil sie eine ganze Stunde über die Mittagszeit geblieben war. Aber als sie heimkam, war die Tante schon wieder in die Stadt gefahren.

Am nächsten Tage zogen sie hinein.

Noch für zwei Wochen schlief nun Jettchen wieder in ihrem alten hellen Mädchenzimmer und sah hinten von der Galerie in das Geäst des Nußbaumes, an dem nur noch ganz wenige grüne Blätter zitterten und ganz wenige schwere grüne, halb verschwärzte Nüsse hängengeblieben waren. Sie hatte ihn dieses Jahr gar nicht recht in seinem vollen Kleid gesehen. Nach der Weite draußen kam Jettchen die Enge drinnen doppelt bedrängend vor, und der Lärm der Stadt, den sie sonst nie vernommen hatte, tat ihr weh.

Himmel, war das ein Drunter und Drüber bei Geberts! Dunsing und Mahn lieferten und Wolffenstein; und in dem dreifenstrigen Zimmer vorn schlotterte an jedem Kronenarm ein anderer Morgenrock, und über jedem Sessel lag ein anderes Kleid, und auf allen Tischen war die weiße Wäsche aufgeschichtet; und selbst die Uhren in ihren Glasgehäusen auf den Pfeilern waren ganz in weiße Wäschestöße eingebaut, und die Spielleuchter waren zu Hutständern geworden und zu Haubenständern für die Lendemainhäubchen aus schwarzen und weißen Kanten und Spitzen. Und am Boden standen ganze Reihen von Schuhen und Stiefeln, von zierlichen Goldkäferschuhen mit Schnallen und Schleifen bis zu einfachen Lederschlappen für den Morgen.

Jettchen konnte wirklich nicht behaupten, daß es wie bei Peitel Topfflechter wäre, meinte die Tante; und sie sagte das jedem, der kam und der hereingeführt wurde, um bewundern zu sollen. Von der Waschfrau und dem Portier bis zu Liebmanns und Mendelsohns.

Den Onkel sah Jettchen kaum, denn es war seine Hauptsaison, und es wurde unten oft bis spät in die Nacht hinein gearbeitet. Jettchen sprach ihn eigentlich nur für Augenblicke, dann, wenn sie die Schüssel mit Broten für ihn und das Personal hinuntertrug. Beim Mittag war er stets wortkarg und müde.

Und es kamen Absagen und Zusagen; und gerade die, von denen man sicher Absagen erhofft hatte, schrieben zu, und die, an deren Zusage ihnen besonders gelegen war, schrieben ab. Und die nicht eingeladen worden waren, waren beleidigt, "sie hätte man doch zuziehen müssen", und die eingeladen waren, sagten, "sie begriffen gar nicht, wie sie eigentlich dazu kämen; — so ständen sie mit Geberts gar nicht". Und auch Jason schickte ein Billett, er könne noch nicht bestimmt sagen, ob er käme, denn er fühle sich noch sehr schwach. Aber Salomon meinte, Jason würde schon bei Jettchens Hochzeit nicht fehlen, er wäre doch immer zu ihr wie ein Lehrer und wie ein zweiter Vater gewesen.

Und dann kam Julius, rotbraun wie Kupfer verbrannt und ganz erfüllt von seinen geschäftlichen Erfolgen. Und er ging mit Jettchen aufs Gericht in die Jüdenstraße, um die Ehe anzumelden und die Papiere hinzubringen, und er ging allein aufs Gericht in die Jüdenstraße, um sein Geschäft eintragen zu lassen. Sein Geschäft —, denn im letzten Augenblick hatte er sich noch mit seinem zukünftigen Kompagnon überworfen. Julius sah jetzt wirklich nicht mehr ein, warum noch ein anderer aus seinem Napf mitessen sollte. Und es gab gleich Streitereien über das Essen, denn Julius sagte: es müßte fromm sein, schon wegen Onkel Naphtali, mit dem er es nicht verderben wollte. Und er hätte doch auch dabei etwas mitzureden, da es doch eigentlich seine Hochzeit wäre. Aber die Tante bedeutete ihm, daß Reden Silber und Schweigen Gold wäre, und hier vor allem, und daß sie ihren Mann besser kenne und deswegen Julius nur rate, zu allem ja zu sagen, sie würde das nachher schon so einrichten, daß alle, die es haben müßten, auch frommes Essen bekämen. Und wenn es ihnen dann noch nicht fromm genug wäre, würde sie es sogar vom Oberrabbiner selbst kochen lassen. Julius sollte nur um Himmels willen sich mit allem einverstanden erklären.

Und dann kamen aus Bentschen — ein paar Tage früher, weil sie Berlin kennenlernen wollten — Pinchen und Rosalie, kleinstädtische Mädchen von altmodischer Häßlichkeit und schmatzender, verschlagener Gutmütigkeit, die sich wie Kletten an Jettchen hingen und alle neuen und alten Kleider von Jettchen anprobierten, trotzdem sie ihnen viel zu weit waren —, nur um sich die Schnittmuster abnehmen zu können. Und Julius zeigte ihnen Berlin, und er ging sogar am Tage mit ihnen ins Opernhaus und gab dem Kastellan ein Trinkgeld, damit sie den großen Kronleuchter sehen könnten, denn so etwas gäbe es selbst in Posen nicht.

Und dann, es waren nur noch drei Tage bis zur Hochzeit, kam noch Onkel Naphtali, um den Julius, Rosalie und Pinchen einen ganzen Sagenkreis gewoben hatten. Er war ein kleines, altes Männchen mit einem braunen Tuchrock und einem borstigen Zylinder, ganz verzogen und verbogen, und mit kleinen, blanken, mißtrauischen, schwarzen Augen in einem Gesicht, das nur aus Falten bestand und ewig mimmelte. Er mochte vielleicht ebenso alt sein wie der Onkel Eli; aber er sagte auf gut Glück einmal, daß er noch nicht fünfundsiebzig wäre, und das andere Mal: daß er schon über achtzig wäre. Und der Onkel Naphtali tat das nicht etwa, um die Unwahrheit zu sprechen, und auch nicht, weil sich — wie das bei alten Leuten öfter ist — bei ihm die Zahlenbegriffe verwirrt hatten, sondern einzig, weil er es selbst nicht besser wußte. Und er mochte vielleicht mit fünfundsiebzig Jahren ebenso recht haben wie mit achtzig Jahren. Wie alt er eigentlich war, das hätte eben nur noch seine Mutter

Täubchen entscheiden können, und die war schon seit längerer Zeit nicht mehr vernehmungsfähig. Aber so viel war gewiß, Täubchen sollte um 1760 geheiratet haben, also war wohl anzunehmen, daß der ältere Bruder Joel 1761 geboren wurde, und daß der zweite 1762 das Licht sah. Und dieser zweite war eben Naphtali. Aber andere im Ort meinten, es wäre noch eine Schwester dazwischen gewesen, und dann hätte die Pünktlichkeit der guten Täubchen zu wünschen übrig gelassen, während Naphtali sein armes totes Schwesterlein dreist verleugnete und Stein und Bein auf die Pünktlichkeit seiner Mutter schwor. Wann sein Geburtstag war, wußte er aber ganz genau, denn die lahme Muhme Hendelchen hatte ihm immer am fünften Tage vor Neujahr ein weiches Ei zum Frühstück gekocht; nur in welchem Jahre dieser Geburtstag das erstemal war — das schwankte.

Des Abends war natürlich Naphtali bei ihnen — das gehörte sich wohl so; er saß klein und schwarz in der Ofenecke und summte wie eine Winterfliege vor sich hin. Sonst war noch Jettchen da und die Tante und Julius und seine Schwestern von altmodischer Häßlichkeit, die seit gestern wie Jettchen das Haar trugen. Der Onkel war noch unten im Geschäft, aber er wollte heraufkommen, und man wartete auf ihn mit dem Essen.

Naphtali hatte sich alles schweigend angesehen, Jettchen und die Aussteuer, die Wohnung hier und das Geschäft unten, und er hatte auch Julius gefragt: wie es sonst wäre; und jetzt saß er seit einer Weile ganz befriedigt in der Ofenecke, mimmelte und summte wie eine Winterfliege vor sich hin.

„Nu, Joel", sagte er endlich, „nuuu! Jetzt haste doch des Große Los in de preußsche Lotterie gewonnen —, wie de dir es immer als Junge gewinscht hast."

Naphtali sprach nämlich von Julius stets als Joel; und ich muß leider bekennen, daß er auch gar nicht Julius Jacoby, sondern in Wahrheit ganz schlicht Joel Jacoby hieß. In Bentschen hatte ihn kein Mensch je anders genannt; aber schon in Posen schien ihm Joel zu unmodern, und er nannte sich Julius. Naphtali jedoch war nicht modern, und er nannte ihn deswegen ruhig nach wie vor: Joel —, nicht einmal mit einer anderen Betonung, wie er ihn damals in Bentschen genannt hatte. Und wenn wir uns die Sache recht überlegen, so war Joel eigentlich passender als Julius; denn mit dem Papst, den Raphael gemalt hatte, hatte er sehr wenig Ähnlichkeit, sicher weniger als mit dem kleinen Propheten Joel, dem Sohne Pethuels.

Und dann kam Salomon, und man begann mit Essen. Julius erzählte von seinen Einkäufen. Schon wären die ersten Sendungen eingetroffen, und er hätte per Tratte drei Monate Sicht gezogen.

Salomon saß ganz still dabei, aber man merkte seinem Gesicht an, daß ihm das nicht gefiel. Er zahlte nicht per Tratte drei Monate Sicht, und er liebte Kaufleute nicht, die so regulierten, weil die am Skonto so viel einbüßten, daß bei dem Verdienst nichts herausschauen konnte. — Aber Salomon vergaß dabei, daß gepaschtes Leder eben billig war.

„Nun", sagte Naphtali, „wie richteste eigentlich de Hochzeit aus, Rikchen?"

„Hier, in ‚Gesellschaft der Freunde'."

„Schäfchen", meinte Naphtali, „das steht doch schon auf der Einladung. Ich mein' —, was de gibst?"

Salomon rückte unruhig auf seinem Stuhl hin und her.

Rikchen lachte verlegen. „Na, warum willst du es denn aber schon jetzt wissen, Onkel?"

„Nu, ich mein', denn hat man zweimal 'von."

„Also hör zu: erst gibt es Bouillon in Tassen."

Naphtali summte. „Ah so — ä Brihe", sagte er.

„Und dann als zweites — sofort — Forellen."

„Was sind das — Farellen?"

„Das sind sehr feine Fische, Onkel, weißt du, von dieser Größe ungefähr."

„Und warum gibste sone kleinen Fischchen? Kannste mir das vielleicht sagen? — Wenn de auf mich hörst, denn gibste ä ordentlichen Lachs, damit de Leit was von haben un sich satt essen können."

Salomon war aufgesprungen. „Gott soll hüten vor kleinen Städten!" knurrte er vor sich hin. Aber Rikchen warf ihm einen Blick zu, der sagte, laß doch schon das eine Mal dem alten Mann seine Freude.

Naphtali sah nur erstaunt auf: „Was hat er?"

„Ich muß noch herunter ins Geschäft, Herr Jacoby", sagte Salomon, „entschuldigen Sie mich."

Und als Salomon an der Tür war, wandte er sich noch einmal um. „Ehe ich es vergesse, Jettchen, noch eins; ich war heut nachmittag bei Jason, um noch mal mit ihm zu reden, und er hat mir gesagt, er fühlt sich noch nicht so, daß er kommen kann — geh doch mal selbst hin, und bitte du ihn. Und wenn's nur auf eine Stunde ist. Er würde dir doch auch an deinem Hochzeitstag fehlen — nicht wahr?"

Jettchen überfiel plötzlich ein ganz seltsamer Schreck. Eine Angst, als ob sie damit etwas Böses tun würde. Und sie zitterte, und die Tränen traten ihr in die Augen.

„Ja", fiel Julius ein, „da wollen wir doch gleich morgen bestimmt zu Onkel Jason gehen."

„Ich glaube, es ist richtiger, wenn Jettchen allein geht", rief Rikchen schnell, der alles daran lag, eine Szene zu vermeiden, denn sie sah, daß Salomon einen roten Kopf bekam.

„Ich halte das wohl auch für richtiger", sagte Salomon und ging zur Tür hinaus.

„Ich finde das unrecht", sagte Julius nach einer ganzen Weile, „man kann wohl mal Ärger im Geschäft haben — wer hat das nicht? —, aber zu Haus darf man nichts davon merken — ‚mei Haus ist mei Kastell', sagt der Engländer."

Fast die ganze Nacht verbrachte Jettchen wach und in Aufregung, und — wenn sie für Augenblicke einschlief — dann träumte sie immer wieder von riesigen, vielfüßigen roten Spinnen, die sich ganz langsam mit kribbelnden Beinen oben vom Betthimmel herabließen und sich ihr dann plötzlich mit einem wilden Sprung auf die Brust warfen, so daß sie ganz entsetzt hochfuhr und ins dunkle Zimmer starrte. Und dann sah Jettchen, wie langsam so ein grauer, schmutziger Tag hochkam. Erst war noch alles verschwommen und unklar, und nur das Goldfischglas und ein paar weiße Püppchen in der Servante sogen etwas Licht ein, und dann kam so ein Stück nach dem anderen, Tisch und Stuhl und Schrank und die weißen Töpfe am Fenster mit den Goldmasken und das golddurchbrochene Körbchen auf dem Eckspindchen, zum Leben, erwachte knisternd und dehnte sich in der ersten grauen Helligkeit des unfreundlichen Tages, dessen hastende, hängende Wolkenketten ununterbrochen oben vor dem Fenster auf dem Stückchen Himmel, das Jettchen sehen konnte, vorübertrieben.

Die Zeit bis zur Mittagsstunde verbrachte Jettchen in seltsamer Aufregung. Sie hörte eigentlich nichts von dem, was man zu ihr sprach. Es wurde Wäsche unter den Auspizien der Tante in die neue Wohnung gebracht, und die Tante kam alle halbe Stunden zurück, um einen neuen

Transport zu überwachen; und Jenny kam mit rotseidenen Wäschebändern zum Verstellen, auf die sie Zahlen und Monogramme gestickt hatte; und Möbel sollten auch heute geliefert werden, wenigstens ein Teil. Julius mußte noch einmal aufs Gericht wegen seiner Firma, und er wollte damit warten, bis er mit Jettchen zusammen gehen könnte. Nachmittag wollte er Kunden aufsuchen, und er war fest überzeugt, daß er bei seinem billigen Einkauf die Konkurrenz unterbieten könnte, und Qualitäten hätte er — Qualitäten!! — Und er ließ Jettchen ein paar Lederstücke befühlen, die er aus der Brusttasche nahm und bei deren starkem Geruch nach Lohe und Juchten Jettchen fast schwindlig wurde.

Jettchen hätte am liebsten zum Onkel, der schon wieder seit früh unten im Geschäft war — es schien, als ob er von alledem nichts sehen wollte —, hätte am liebsten gesagt, sie möchte nicht zu Jason gehen, es wäre ihr peinlich, ihn wiederzusehen, oder sie hätte sonst irgendeine Ausrede erfunden, daß sie zuviel zu tun hätte mit der Einrichtung oder etwas Ähnliches. Aber dann schämte sie sich wieder ihrer Angst und sagte, daß sie sich doch eigentlich freuen müßte, jetzt endlich zu Jason zu kommen, wo sie die ganze Zeit um ihn gebarmt hätte; und wie er wohl aussehe nach der Krankheit, und vielleicht warte er schon jeden Tag auf sie; und sie wollte ihm sagen, daß nichts zwischen ihnen anders werden dürfte, und daß er nach wie vor ihr Freund und ihr Lehrer bleiben müsse, denn sonst würde sie ja all das nicht ertragen können. Und sie hoffte, sich einmal so ganz mit Onkel Jason auszusprechen, ruhig und ohne Groll, wie das alles gekommen und warum sie geglaubt hatte, das tun zu müssen. Aber je mehr sie sich da hineinredete, desto deutlicher sprach in ihr dieses unbestimmte, unerklärliche dunkle Angstgefühl, das eigentlich von alledem gar nicht abhängig war und ganz für sich bestand.

Und als Jettchen schon auf der Treppe war, zwang sie sich, um nicht noch einmal umzukehren, und wenn nicht Julius bei ihr gewesen wäre, so wäre sie sicher zum Onkel ins Geschäft gegangen und hätte gesagt, daß sie lieber an Jason schreiben wollte; so aber ging sie an dem Glastürchen mit den bunten Scheiben vorüber, trotzdem es sie wie mit eisernen Krallen dahineinzog. Julius wollte ja auch noch einmal aufs Gericht in die Jüdenstraße, wegen seiner Firma; es verzögerte sich, und es waren da noch Schwierigkeiten hinzugekommen. Aber Julius war nicht mißmutig; er zeigte Jettchen einen runden, goldig=blanken Friedrichsdor, den er dem Gerichtsschreiber zustecken würde, Jettchen sollte mal sehen, der würde Wunder wirken. Er hätte es nur schon vor drei Wochen tun sollen, da wäre jetzt gewiß schon alles in Ordnung. Er möchte das als monatliches Einkom= men haben, was der Mann so im Jahr zugesteckt bekommt. Was Jettchen wohl meinte? Fünfhundert Taler im Jahr reichten nicht. Und wenn das nichts wäre und es mit der Geschäftsniederlassung nichts würde, schön! — dann würde er sich eben als Kommissionär ausgeben, da könnten sie gar nichts dagegen tun.

Aber wie sie um die Ecke bogen, da stand ihnen gerade der Wind entgegen, der in kurzen, scharfen Stößen die Königsstraße hinunterblies, der die letzte Regenfeuchtigkeit von Gesimsen, Wänden und dem Bürgersteig auftrank, und der sogar die bequemen, breiten Pfützen auf dem Damm rebellisch machte, kräuselte und aufrührte. Aber damit nicht zufrieden, riß er selbst Julius ordentlich das Wort vom Mund, so daß Jettchen über die letzten und geheimsten Zukunftspläne ihres Bräutigams leider im unklaren blieb.

Denn der Wind bevorzugte ungerechterweise irgend jemand, der vielleicht hinter ihnen gehen mochte, und für den Julius' Rede doch gar nicht bestimmt war, während er für Jettchen von dieser Rede nur die Bewegung seines Gesichtes und seiner Hände übrigließ, die zwar das Tempo — gleichsam die Intensität seiner Gedanken und Entschlüsse — wiedergaben, aber den eigentlichen Sinn dieser selbst doch streng verborgen hielten.

Und wie Jettchen so neben sich auf die kleine, breite, prustende Gestalt mit dem roten Gesicht und den runden, wichtigen Bewegungen herniedersah, da kam es ihr wieder, daß sie hier schon mit jemand anderem gegangen sei, zu dem sie fast hochblicken mußte, und dem sie klar und frisch in die Augen gesehen.

Aber an der Ecke der Jüdenstraße sagte Julius, daß sie sich also erst zu Mittag wiedersähen —, denn Julius war jetzt in der letzten Zeit ständiger Gast bei Geberts, und die Tante wiegte sich vor Stolz, wenn er bei jeder Mahlzeit, des Lobes voll, schmatzend und seine eigenen Witze belachend, sagte, daß es bei ihr nicht nur besser, sondern auch billiger als bei Francke wäre, und daß er sich von nun an ein Abonnement nehmen würde. Und Julius küßte Jettchen die Hand und ging, vor sich hinsprechend — man sah es an seinen Bewegungen —, an dem großen, schwarzen Gerichtsgebäude entlang, und das seltsame, unerklärliche Angstgefühl, das für Augenblicke geschwiegen, kam wieder mit doppelter Macht über Jettchen.

Und auch der Wind schien gar nicht zu wollen, daß Jettchen zum Onkel Jason ginge, und was an ihm lag, so suchte er sie davon abzubringen und ließ sie nicht recht weiterkommen. Er wollte sie gleichsam mit Gewalt zurückschieben; aber Jettchen hielt seine gute Absicht für bösen

Willen, nahm den Zipfel der Mantille vors Gesicht und schritt gegen ihn an.

Und vor der Ecke der Klosterstraße versuchte der Wind noch einmal seine ganze stürmische Überredungskunst, so daß Jettchen einen Augenblick zum Aufatmen halten mußte, aber doch nur einen Augenblick, dann bog sie in die Kloster=
straße ein und stand gleich darauf in dem leeren, weiten, hallenden Hausflur, mit seiner unheimlichen Stille. Und als sie an dem verschlossenen, hohen Holzgitter mit seinen braunen Fratzen und Engelsköpfen schellte, mußte sie eine Weile warten — das kam ihr endlos vor, wie sie so unruhig auf einer dunklen Dielenfuge auf und ab ging —, eine ganze Weile mußte sie warten, bis endlich das alte kleine Fräu=
lein Hörtel mit großen Filzschuhen die Treppe herunter=
schnurrte und öffnete und sagte: Der Herr Jason Gebert wäre schon auf.

Am liebsten wäre Jettchen noch umgekehrt, wie sie die weißen, breiten Stufen hinanstieg, so klopfte ihr das Herz bis in den Hals hinauf; aber das ging doch nicht mehr gut, und eigentlich sollte sie sich ja auch freuen, Onkel Jason wiederzusehen. Als Jettchen jedoch oben war, wurde ihr ganz schwarz vor Augen, und sie mußte sich am Geländer halten. Sie hatte sich alles zurechtgelegt, was sie zu Jason ruhig sagen wollte, und jetzt war ihr das alles entfallen, und die Erregung benahm ihr Gedanken und Worte.

Und dann sah sie nur das eine mitten in dem hellgrünen Raum, mit seinen rotbraunen Möbeln: mitten darin einen blassen, sehr hageren Menschen mit tiefliegenden Augen und dünnem Haar, der vielleicht für irgendeinen ihr un=
bekannten, älteren Bruder Onkel Jasons gelten konnte, für einen kranken Doppelgänger von ihm; einen Menschen in rotseidenem Schlafrock mit Schnüren und einem weißen,

lappigen Hemdkragen, oben, wo der Rock am Hals offen=
stand; einen Menschen, der zitternd ihr von den grünen
Kissen der Bergere die Hände entgegenstreckte. Und all
das, was Jettchen sich vorgenommen hatte, zu Jason zu
sagen, war wie fortgeblasen, und sie schwankte nur und fiel
auf diesen Menschen zu und nahm ihn in die Arme.

„Na", sagte Jason nach einer ganzen Weile, und seine
Stimme klang gepreßt und klein, „so, nun setz dich mal hier
zu mir, mein altes, gutes Jettchen du; weißt du, ich komme
mir jetzt immer vor wie Dante, von dem die Mailänder
glaubten, er wäre wirklich in der Hölle gewesen. Diesmal,
Jettchen, war's beinahe soweit, und ich war drauf und daran,
die süße Angewohnheit des Daseins — wie mal irgend
jemand, der sie wohl nicht recht erkannt hat, gesagt hat —,
also diese süße Angewohnheit mit dem ewig unbeweglichen
Jenseits aller Dinge zu vertauschen. Aber wie man so ist,
Jettchen, so ist es mir im letzten Augenblick doch wieder
leid geworden. Und nun habe ich mich jetzt in den Wochen
oft gefragt, ob das nicht doch vielleicht unklug von mir war;
da, vor ein paar Tagen, wie mir Onkel Eli die drei frühen
Ludwigsburger Gruppen dort gebracht — die da vorn,
gleich in der Mitte —, weil ich sie immer bei ihm so bewun=
dert habe, damals — war es das erstemal wieder; und jetzt,
wo du mich besuchst, ist es das zweitemal."

Dabei hielt Jason Jettchens volle, weiche Hand mit den
rosigen, wie gedrechselten Fingern zwischen den seinen, die
ganz spitz und knochig geworden waren, und tätschelte und
streichelte sie dankbar.

„Aber etwas anderes, Jettchen, ich habe in den bösen
Tagen doch einmal gesehen, was Familie ist. Salomon und
Ferdinand und der alte Eli sind jede Stunde bei mir ge=
wesen, und wenn ich Wein bekommen sollte, dann hat einer

immer einen besseren wie der andere mitgebracht. Wenn ich wieder gesund bin, kann ich eine Weinhandlung aufmachen, soviel steht noch draußen. Und kaum, daß es mir nur ein wenig besser ging, da sind von Rikchen und Minchen ganze Körbe mit Gläsern von Gelees und Eingemachtem gekommen. Ich bin nie auf die Familie sonderlich zu sprechen gewesen, aber in ihrer Art meint sie es doch gut mit einem. Na, Jettchen, das mußt du doch jetzt auch merken. Rikchen hat mir deine Möbel und deine Aussteuer neulich beschrieben — da kann es ja eine Prinzessin nicht schöner haben."

Jason seufzte und schwieg, und Jettchen sah ihn angstvoll an, denn sie dachte, das Reden hätte ihn zu sehr angestrengt. Aber dem war nicht so. Jason hatte es nur übermannt, von einer Sache zu sprechen, an die er ohne tiefes Mitleid und feuchte Augen nicht einmal denken konnte, und in der er doch eine ruhige Freudigkeit bewahren mußte, wenn er nicht Jettchen ganz verwirren wollte; denn er sah wohl, daß es schon schwer genug auf ihr lastete.

"Ja, ja", begann er wieder, als Jettchen immer noch verlegen schwieg, "wir beide sind nun die verirrten Kinder, die wieder nach Hause gekommen sind — und wenn wir's uns recht überlegen, was sollen wir auch draußen? Es ist nirgends eine Stube für uns geheizt und so hübsch warm und so mollig, wie die es für uns sind."

Jettchen standen wieder die Tränen in den Augen, und sie hatte sie sich doch eben erst aus den Winkeln gewischt.

"Da magst du recht haben, Onkel!"

Jason nickte, als wollte er sagen: nur zu sehr, Jettchen, nur zu sehr; aber er sagte das nicht, sondern er klopfte Jettchen freundlich die Backen und meinte: "Na eigentlich hoffte ich, du würdest schon eher mal kommen. Jetzt, wo du gleich eine junge Frau bist, da hast du gewiß gar nicht mehr so die Gedanken für mich, da hast du ganz andere Dinge im Kopf, und später wirst du noch ganz andere Dinge im Kopf haben —, c'est la vie!"

„An mir hat's nicht gelegen, Onkel; aber die Tante wollte es durchaus nicht", verteidigte sich Jettchen. „Sie ist so abergläubisch, das weißt du ja, sie hat mir jeden Tag in den Ohren gelegen, man dürfe als Braut keine Krankenbesuche machen, sonst wäre ich schon gekommen, denn Zeit hätte ich ja genug gehabt. Julius ist ja überhaupt erst seit zehn Tagen wieder in Berlin."

Jason sah starr vor sich hin. „So, so", sagte er, und dann: „Ja, manche Leute sind eben merkwürdig abergläubisch."

Aber Jettchen verstand den Sinn nicht.

„Und Tante war ja auch dagegen, daß ich heute zu dir ging; aber sie konnte mich doch nicht halten. Bitte, komm doch zu meiner Hochzeit, Onkel, und wenn es nur eine Stunde ist; sieh mal, der Wagen holt dich ab und bringt dich wieder nach Haus, sowie du gehen willst. Aber wenn ich denke, daß du nicht dabei sein sollst, so kann ich mich auf den ganzen Tag nicht freuen."

Jettchen sagte das ziemlich gut, aber doch nicht so gut, daß nicht Jason den Unterton dabei hörte, und dieser Unterton tat ihm weh.

„Du weißt, ich bin bisher kaum herausgekommen, dreimal mittags eine Stunde in der Sonne — und da wär' mir das doch zu anstrengend."

„Ach, Onkel, wenn du schon so fortgehen kannst, warum kommst du denn nicht zu mir?" bettelte Jettchen.

„Nun, ich dachte", sagte Jason, und ihn verließ seine ganze erzwungene freundliche Ruhe, „ich dachte, es wäre dir wirklich lieber, Jettchen, ich wäre nicht dabei."

„Nein, Onkel!" rief Jettchen, und jetzt weinte sie wieder. „Du mußt kommen, siehst du, Onkel, du mußt kommen; tu's mir zuliebe! Damit ich nicht so ganz, so ganz allein dort bin."

Und Jason schnitten diese Worte ins Herz, und er nahm den Kopf Jettchens in seine abgemagerten Hände und zog ihn zu sich heran.

„Wenn ich dir damit eine Freude machen kann, Jettchen, dann weißt du ja, daß ich nicht nein sage."

„Nicht? Nicht wahr, du verläßt mich nicht, Onkel!" Und sie war ganz rot und tränenübergossen.

Und Jason suchte sie zu beruhigen: sie sähe das alles jetzt nur so schlimm an und würde schon ganz glücklich in ihrer Ehe werden. Sie hätte ja keine Sorgen, und es käme immer alles besser, als man glaubt. Aber wenn sie so dagegen gewesen wäre, warum sie es denn getan hätte. Salomon hätte sie doch gewiß nicht gezwungen.

„Nein", meinte Jettchen, „ich bin gar nicht gezwungen worden, ich habe es ganz freiwillig getan. Weißt du, Onkel, wir glauben immer, uns wird etwas geschenkt; aber uns wird nichts geschenkt; früher oder später wird uns für alles in diesem Leben die Rechnung vorgelegt. Man ißt nirgends umsonst zwanzig Jahre lang fremdes Brot, und das hier war einfach die Rechnung, die mir dafür vorgelegt wurde. Und da ich es im Hause von Onkel nicht vor mir gesehen habe, Schulden zu machen, habe ich sie nun bezahlt."

„Nein", sagte Jason, „ich habe da meine eigenen Gedanken; sieh mal, Jettchen, du bringst überall so viel Geist und Schönheit hin, und du bist im innersten Kern deines Wesens so ausgeglichen und von solcher reinen, freundlichen Anteilnahme, daß du überall das Gute finden wirst und daß von allen schlimmen Äußerlichkeiten dieser Kern stets unberührt bleiben wird. So wie du bei Salomon von der Stunde an, wo du hinkamst, bis heute dich ganz bewahrt hast, so wirst du es auch nun in deinem eigenen Hause tun."

Jettchen schüttelte, denn sie selbst wußte wohl am besten, daß dem nicht so war. Und sie wollte das gerade zur Antwort geben, da hörte sie draußen sprechen, und die alte Angst schlug wild hoch, gleichsam in Flammen, sie loderte auf in ihr wie eine brennende Strohgarbe. Und auch in Jasons Gesicht malte sich plötzliches Erschrecken. Er sprang vom Sofa auf und zog den roten Rock fest um sich.

"Wenn du willst, sage ich ihm sofort, daß er gehen soll, Jettchen!"

"Ich möchte ihn noch einmal sehen, Onkel! Ist er denn schon lange wieder hier?" sagte Jettchen, und sie war sehr fest und ruhig.

"Eine ganze Zeit, er ist an der Bibliothek jetzt."

Und da stand Kößling vor ihnen. — — —

Es war das derselbe Zufall, der ihn damals mit Jason in der Königsstraße Jettchen entgegenführte, und damals trug der Zufall fest die Binde vor den Augen. Und es war das derselbe Zufall, der sie wieder ein paar Wochen darauf beide in der Königsstraße allein zusammenführte, und der dann draußen in Charlottenburg sein Spiel trieb, und der am Nachmittag auf der Kurfürstenbrücke Kößling und Jason sich treffen ließ. Und da hatte er schon die Binde ein wenig gelockert und schielte ganz heimlich und verstohlen darunter hervor. Aber jetzt hatte dieser Zufall die Binde abgenommen und zeigte sein wahres Gesicht; ein Antlitz war es, mit strengen, eisenharten Zügen und mit Augen wie aus blauem Stahl. Und da hieß er Schicksal. Das Schicksal, das zwei Menschen packt und sie zusammenschmiedet und sie an ihren Ketten über alle Höhen der Lust und durch alle Tiefen des Leids schleift, das Schicksal, das sie erhöht und erniedrigt, das sie stößt und knechtet, das sie belebt und zerschmettert. Das war es hier. — Nicht mehr der blinde, tappende, gutmütige Zufall von einst; nicht mehr der heimlich schielende Geselle mit dem Lächeln des Gelegenheitsmachers von später; sondern es war der Zufall, der sich mit einer kurzen, wilden Bewegung die Binde herabgerissen, und der nun Schicksal hieß und mit Blicken wie aus geglühtem Stahl wortlos seine Erfüllung forderte. — — —

Die erste, die sprach, war Jettchen. Sie schien ganz unbefangen, nur ihre Stimme klang müde.

"Nun, Herr Doktor", sagte sie und streckte ihm die Hand entgegen, "wir haben uns ja lange nicht gesehen." Und sie hätte fast hinzugefügt: es ist uns beiden wohl nicht gut gegangen indessen.

Kößling sah sie mit ruhigen, traurigen Augen an.

"Ich war lange zu Haus wieder; Sie wissen ja, ich hatte immer so etwas Heimweh nach dem Bürgertum gehabt, und man wollte mich sogar schon in der Schulverwaltung haben; aber da bekam ich die Nachricht, daß ich hier in der Königlichen Bibliothek eintreten könnte. Ich hatte mich einmal früher darum beworben und hatte es schon halb wieder vergessen, und da bin ich nun schnell wieder hierhergekommen. Es liegt mir auch mehr, ich bin von je ein halber Bücherwurm gewesen, und nun werde ich eben ein ganzer werden."

Jettchen sah ihn an. "Ja, Sie sagten mir auch einmal, Sie könnten nirgends als nur in einer Großstadt leben."

"Ach nein, Fräulein Jettchen, die Großstadt ist es wohl nicht mehr."

Da fiel Jason schnell ein: „Er hat Sehnsucht nach mir gehabt", meinte er lächelnd.

„Ja, Fräulein, ich hatte ja keine Ahnung von alldem, was hier inzwischen vorgegangen war."

Jettchen sah zu Boden.

„Keine Ahnung und komme hierher, um Ihrem Onkel ganz glücklich die Neuigkeit von mir zu bringen, bin ich ganz erfüllt davon. Mein erster Weg ist hierher, und da wird mir gesagt, es dürfe niemand herein. Warum denn nicht? — frage ich ganz verdutzt. Ja, es ginge schon wieder etwas besser, aber es dürfe noch niemand zu ihm. Und damit macht man mir die Tür vor der Nase zu. Und so habe ich acht Tage lang jeden Tag gefragt, bis ich ihn endlich sehen und sprechen durfte."

„Nun", warf Jason lachend ein, denn ihm lag daran, daß Kößling nicht weitersprach und nicht vielleicht auf jene bösen Tage hinzielte, an denen Jason stundenlang seine ganze ruhige Redekunst eingesetzt hatte, um Kößling wenigstens vor dem Äußersten zu bewahren. „Nun, mein Freund, ich für mein Teil werde alles nachholen. — Aber, was ist mit der Ausgabe von Christian Garwes ‚Gesellschaft und Einsamkeit'? Wo ist sie erschienen, Doktor, Sie wollten doch mal nachsehen."

„Ja, das habe ich auch getan, lieber Herr Gebert. Sie ist in Breslau erschienen, und sie ist sicherlich jetzt ganz billig zu haben."

„Und denken Sie, daß Sie sie mir verschaffen können?"

„Gewiß, sie kommt ja oft vor."

„Ach, das würde mich sehr freuen!" rief Jason lauter und erregter, wie es der Gegenstand eigentlich erforderte. Und dann zu Jettchen: „Na, du wunderst dich wohl, du denkst wohl, ich sitze jetzt wie der alte Cerf vom Königsstädter mit der umgekehrten Zeitung vor der Tür, damit die Leute glauben, er kann lesen?"

Jettchen hatte Kößling die ganze Zeit angesehen, und sie schrak nun zusammen. Dann lachte sie auf, trotzdem sie kaum auf das gehört hatte, was Jason gesagt hatte. Auch Kößling war ganz still geworden und studierte gleichsam jeden von Jettchens Zügen, ob er noch das darin fände wie einst. Und Jason sah ängstlich von einem zum anderen, und dann kam ihm so etwas wie die Empfindung, daß er hier einen großen Fehler begangen hätte, und daß er schnell retten müßte, was noch zu retten war.

"Na, Jettchen", sagte er, "wenn ich dich also das nächste Mal wiedersehe, dann nennt man dich schon junge Frau. Wie heißt doch der Vers von Goethe? ,Und frage nicht immer Papa und Mama'. — Also, Jettchen, noch einmal, weil du es wünschst, nur deswegen komme ich, und wenn es auch nur auf eine Stunde sein sollte; aber ich komme bestimmt, mein Liebling! Ich danke dir noch vielmals für deinen Besuch; — denke nicht, daß ich das nicht weiß, Jettchen, du hast gewiß noch sehr viel zu ordnen und zu packen in den Tagen und hast eigentlich was anderes zu tun, wie hier bei alten, kranken Onkeln zu sitzen."

Jettchen war aufgestanden. "Dann auf Wiedersehen, Onkel Jason, und du weißt, warum ich mich so darüber freue!"

"Ja", sagte Jason fast feierlich, denn er glaubte fest in diesem Augenblick, die Geschicke zweier Menschen in seiner Hand zu spüren, zwei Fäden, die sich leicht verknüpft hatten und die er wieder mit leisen Fingern, ohne an ihnen zu zerren oder zu reißen, ohne ihnen weh zu tun, ohne Messer= und Scherenschnitt voneinander trennen könnte. Und nun gebt ihr euch beide die Hand, du und Doktor

Kößling, zu einem Lebewohl ohne Groll und Kummer, als zwei Menschen, die gern und mit Freuden ein kleines Stück Weg zusammen gegangen sind und die nun weiter müssen, der eine rechts und der andere links."

Aber wie Kößling blutrot wurde und fast schwankte, und wie Jettchen sich wandte und wortlos an Kößling vorüber zur Tür ging, ihn scheinbar meidend und doch suchend, da sah Jason Gebert, daß nicht er, sondern ein anderer diese Fäden in der Hand hatte, und daß jener sie keineswegs lösen mochte, sondern nur immer fester sie verknüpfte und verknotete. Und ermüdet von der Aufregung und vom Sprechen ließ sich Jason blaß und stöhnend in die Kissen zurückfallen.

Jettchen zog ganz leise die Tür hinter sich ins Schloß und hielt einen Augenblick draußen an, sah in das stille weiße Treppenhaus hinab, das sich mit seinem weißen Geländern im breiten Bogen nach unten wand, und dann ging sie langsam, wie mit gebundenen Füßen, die breiten Stufen hinab, blieb stehen, um durch eine helle Scheibe über einen grauen Hof zu sehen, ging wieder einen Absatz langsam, wie mit gebundenen Füßen, blieb wieder stehen und sah in den Hof. Sie hatte gar keine Empfindung von irgend etwas, was mit ihr vorgegangen; sie hörte nur das dumpfe Brodeln und Summen ihres Blutes in den Ohren; sie wußte nicht mehr, wer sie war und was sich mit ihr ereignet, und daß sie verlobt war, und daß heute nachmittag all ihre Sachen in die neue Wohnung geschafft würden, und daß sie noch packen müsse. Und sie blieb immer wieder auf den Stufen stehen, mit der Hand am Geländer, in tiefen Gedanken, die ihre Augen auf einen Punkt starren ließen, Gedanken, die keine Worte hatten und über deren Inhalt sie keine Auskunft hätte geben können, und die sie doch quälten, weil sie nicht mit ihnen zum Schlusse kommen konnte.

Und als endlich die hohe, geschnitzte Tür, die die Treppe vom Hausflur trennte, hinter ihr zufiel, blieb Jettchen noch einmal stehen und besann sich, als ob sie nicht wüßte, wo sie nun hingehöre und als ob sie irgend etwas zurückgelassen, was sie noch holen müsse. Und dann wieder hörte sie, wie es hinten am Flurfenster trommelte und auf dem Fensterblech lärmte, und wie es irgendwo in der Regenröhre rauschte und gurgelte; und sie dachte, daß es gewiß wieder einmal regnete, und daß es schon bald wieder aufhören würde. Und dann vernahm Jettchen oben Tritte auf der Treppe, ganz oben, und sie wollte schnell zur Tür hinaus, aber da war es ihr, als hätte man ihr die Füße am Boden festgenagelt. Und dann waren auch diese Schritte von oben verhallt, das Trommeln und das Rauschen hatte sich verloren, und Jettchen war völlig beherrscht von jenen Gedanken, die keine Worte hatten, und mit denen sie doch nicht zum Schluß kommen konnte. Dann jedoch stand ihr Kößling gegenüber mit ganz erschrockenem Gesicht.

„Sie sind noch hier, Fräulein Jettchen?"

Jettchen machte eine Bewegung, die man vielleicht deuten könnte: was sollte ich wohl dagegen tun —, und sah Kößling bittend und weich an mit ihren Augen, die wieder ganz samtschwarz in der Tiefe waren, wie die Blütenblätter dunkler Stiefmütterchen.

„Haben Sie hier auf mich gewartet, Fräulein Jettchen?"

Jettchen schüttelte. „Ich weiß nicht."

„Nein, Fräulein Jettchen", und Kößling ergriff ihre Hand. „Sie brauchen sich nicht vor mir zu verantworten. Sie nicht."

Jettchen schüttelte wieder.

„Wer bin ich denn für Sie gewesen, daß Sie mir Rechenschaft schuldig waren; und wer wäre ich, wenn Sie

dadurch auch nur ein Lot von dem verlören, was Sie mir
bedeutet haben und was sie mir stets bedeuten werden. Herr=
gott im Himmel, Fräulein, was hält mich denn überhaupt
noch, wenn es nicht das wäre?"

Jettchen stand immer noch in Gedanken und sah starr
auf eine Stelle des Bodens, wo ein paar Holzsplitter von
der Diele losgerissen und zackig emporstarrten. Sie nahmen
plötzlich für sie eine unheimliche Wichtigkeit an, diese paar
zackigen Holzsplitter.

„Und selbst zuerst, ich habe keinen Groll gehabt; — wirk=
lich nicht, nur weh hat's mir getan, das ist wahr; aber was
geht das Sie an, wenn soviel Glück —" Kößling stockte,
denn er fühlte es, daß Jettchen ihn nicht hörte. Er empfand
es deutlich: wie eine Schlafwandlerin stand Jettchen da und
starrte nur auf die paar losgerissenen Splitter, als wäre sie
gezwungen, auf sie niederzusehen, und dann sprach sie ganz
plötzlich, und ihre Stimme kam von weit her.

„Was Sie mir gewesen sind? ... Das fragst du?"

Kößling hatte wieder die Empfindung wie damals, als
ihn der Junge mit der Bleikugel auf den Kopf geschlagen
hatte. Die Wand hinter ihm, die weiße Wand ging zurück
und legte sich schräg und langsam um, und er tastete nach
rückwärts mit ausgebreiteten Armen nach ihr ins Leere
hinein, und oben die Decke senkte sich, und der Boden vor
ihm kam auf ihn zu.

„Jettchen!"

Das war wie der Schrei eines Tieres in der Nacht, ein
Schrei, als ob er das ganze schlafende Haus wachrufen
müßte. Und dann flog Jettchen auf ihn zu und fiel fast mit
ihm zu Boden, und dann rissen sich beide wieder hoch und
hingen Mund an Mund, und dann lüfteten sie die Arme
etwas, hielten sich gleichsam voneinander fern, um sich in die

Augen zu sehen, und dann sanken sie wieder zusammen, als ob sie nie aus dieser Umarmung zum Leben erwachen wollten. Und wenn Jettchen sich eben noch an Kößlings Lippen festgesogen, dann zog sie seinen Kopf ganz zu sich herunter und küßte ihn auf die Augen und auf die Stirn, und ihre Tränen liefen ihm über das ganze Gesicht. Während Kößling nur immer wieder das eine Wort wiederholte, daß er Tag und Nacht vor sich hingesprochen und ihr zuraunte und sie streichelte und sie umfing und ihr den Mund und die weißen Schläfen küßte, stammelte Jettchen wirr unter Lachen und Tränen.

„Ich hab's gewußt die ganzen Tage, ich hab's gewußt die ganzen Tage."

Und die Liebe schlug immer wilder in ihnen hoch und legte sich wie ein heißer Mantel um ihre Umarmungen, und draußen rüttelte der Wind an der Tür, und der Regen trommelte hinten gegen die Scheiben, und jedesmal, wenn sie sich von neuem in die Arme stürzten, dann war es ihnen, als ob sie ineinander vergehen müßten.

Endlich aber riß Kößling mit einem plötzlichen Ruck die Tür auf, und der Wind schlug voll hinein und trieb ihnen einen feuchten, kalten Schauer in die glühenden Gesichter, und draußen spritzte das Wasser von den Steinen, schoß rauschend in die Gosse und klatschte mit hundert Tropfen in die Lachen auf dem Fahrdamm und rieb drüben die Wände der Häuser in breiten Streifen.

Und plötzlich fiel Jettchen ein, daß es da hinten irgend etwas gab, weit da unten, was zu ihr gehörte: ein Haus und Menschen und einen Mann, dem sie folgen müsse. Und die Worte tauchten wieder vor ihr auf; man ißt nicht umsonst zwanzig Jahre lang fremdes Brot, und sie sprach sie aus, wieder wie halb im Traum.

„Was hast du?" fragte Kößling zärtlich und ängstlich und beugte sich zu ihr.

Aber Jettchen antwortete nicht und nahm seinen Arm. „Komm, Fritz!"

Und sie gingen beide mit lachenden Gesichtern durch diesen Regen die Klosterstraße hinauf.

„Sieh mal", sagte Jettchen wieder nach einer Weile, „verstehst du, Fritz, man hat mir die Rechnung vorgelegt, ich war zwanzig Jahre da im Haus — oder es ist schon länger, mein Schatz? Zwanzig Jahre, daß wir uns nicht gekannt haben, ja, und da weißt du, nun muß ich sie bezahlen. Und — ich habe doch gar kein Geld mehr, weil ich dir alles geben muß."

Kößling blieb stehen und sah Jettchen ängstlich an, denn er verstand nicht, was sie damit wollte.

„Meine Angebetete, meine Süße, du mußt nicht so reden!" sagte er.

„Ja, was soll denn nun werden, Fritz? Siehst du, ich zermartere mir den Kopf, ich weiß es aber nicht. Aber irgend etwas wird schon geschehen. Meinst du: irgend etwas wird geschehen! Aber ich konnte doch nicht anders. Wenn ich zwanzig Jahre da war, da mußte ich doch die Rechnung bezahlen."

Kößling beugte sich zu ihr nieder und küßte sie, und die Tränen auf seinem Gesicht verschmolzen mit den Regentropfen. Und dann schritten sie wortlos und hochaufatmend über einen Hof, an dessen Bäumen der Wind zerrte, und sahen in hohe Scheiben, hinter denen wie Gespenster große, weiße Figuren, Gruppen und Pferde standen, und dann kamen sie in die Neue Friedrichstraße, und Jettchen hörte durch den Regen deutlich die Singuhr ihre Weise spielen, und ihr kam der Gedanke, daß sie nun doch nach Hause müsse.

Und sie standen im Flur eines Hauses und hielten sich fest an beiden Händen gefaßt und konnten vor Tränen einander kaum erkennen, trotzdem sie nicht die Blicke voneinander wandten. Und Jettchen murmelte immer wieder, daß sie nun die Rechnung doch bezahlen müsse. Und Kößling wußte jetzt wohl, was sie damit meinte, und er sagte, daß sie sich es nun so bewahren müßten wie jetzt, und daß sie trotzdem so glücklich werden möchte, wie sie ihn jetzt gemacht hätte; und daß vielleicht das Leben sie beide noch einmal zusammenführen würde, wenn sie rein und ruhig geworden. Und innerlich zieh ihn jedes Wort einen Lügner. Und dann flossen sie wieder zusammen und konnten sich gar nicht trennen, und immer wieder segneten sie Augen, Stirn und Lippen mit Küssen und beschworen einander, nahmen Abschied, gingen langsam einen Schritt fort, und dann zog es sie wieder zusammen wie zwei Eisenspäne, die mit unwiderstehlicher Gewalt an einen Magneten herangezogen werden.

Und dann war mit einem Male Jettchen allein auf der Königsstraße, und sie ging hoch, gerade und aufrecht, wieder mit dem zurückgebogenen Kreuz und dem stolzen Gang, den alle Geberts hatten, das heißt, sie ging nicht, sie war selbst gar nicht dabei: es ging, sie tat nichts dazu; sie sah sich gehen, ganz seltsam, so ungefähr, wie wir immer im Traum uns selber sehen. Der Regen hatte schon eine Weile aufgehört, und der Wind versuchte wieder die Feuchtigkeit aufzutrocknen — ein nutzloses Spiel, denn ehe er damit fertig war, sorgte er ja selbst dafür, daß sein Werk zerstört würde.

Und nun war das Haus da, und Jettchen ging hinein, sah durch die Glastür in das Kontor, wo sich die Buchhalter hinter den hohen Stehpulten wiegten wie Pferde vor ihren Krippen, und sie nickte wieder ganz in lächelnden Gedanken den beiden weißen Gipsplatten zu: Amor und Psyche und Bacchus bei der Erziehung des jungen Liebesgottes. Und oben saßen sie alle um den runden Tisch, die Tante, der Onkel, Julius und warteten schon auf sie; und das Zimmer war wie stets. Unter dem blauen Sofa standen die Reihen und Kolonnen von Gläsern und Steintöpfen, vielleicht noch dichter geschart wie im vorigen Frühling. Und die Schlummerrollen hingen über den Lehnen, die mit dem Papagei und die mit den schönen Schriftzügen, von denen die Tante am Nachmittag immer noch das „Sanft" in Spiegelschrift auf der Backe trug. Und das Seidenhündchen auf der Fußbank hatte noch immer die schwarzen Perlaugen, und die Biskuitbilder schaukelten und ratterten vom Wind draußen leise an ihren Ketten.

Und Julius begrüßte Jettchen, und die Tante freute sich mit ihr, und der Onkel saß da mit seinem Käppchen, mit der Eichenlaubgirlande in Kettelstich, und fragte Jettchen, was sie bei Jason ausgerichtet hätte und wie sie ihn gefunden hätte.

Und Jettchen antwortete, das heißt, sie antwortete nicht, sondern es antwortete aus ihr, ganz beredsam, ganz unbefangen, ruhig und freundlich, aber sie selbst hörte sich erstaunt zu und wunderte sich, wie ihr jedes Wort in den Ohren klang.

Und die Tante sagte dann, daß sie heute vormittag schon recht weit in der neuen Wohnung gekommen wäre; und dieses seltsame Etwas, das da immer Rede und Antwort stand, nahm an allem teil und fragte, wie man die Möbel denn aufgestellt hätte, und es hörte ruhig die langen Auseinandersetzungen zwischen Salomon und Julius wegen der Firma mit an, und es gab sogar seinen Rat hierzu. Und doch fühlte Jettchen, daß sie bei alledem ganz unbewegt, starr und aufrecht saß —, nur die Backen brannten ihr. Und dann, als man fertig mit Essen war, gab dieses Etwas, das aus ihr immer sprach, für sie alles dachte und tat, dem Onkel einen Kuß und der Tante einen Kuß, und auch Julius küßte es ganz flüchtig. Und das machte Tante und Onkel staunen, denn sie waren sonst wirklich keine Zärtlichkeiten an den beiden gewohnt. Dann aber sagte Jettchen schnell, sie müsse nun in ihr Zimmer gehen und packen, und das Mädchen sollte ihr zwei Waschkörbe bringen —, das wäre wohl genug.

Aber wie nun Jettchen wieder allein in ihrem Zimmer war und auf dem schwarzen Ledersofa mit den weißen Knopfreihen saß und den Goldfisch betrachtete, der glotzäugig und plätschernd in dem runden Glas mit dem Tonfuß und der Schäferin umherschwamm; und wie sie das goldige, durchbrochene Körbchen oben auf der Servante sah, auf dem die beiden Mädchen Rosen brachen, und das alle ihre lieben Andenken enthielt; und wie der sinkende Tag sein Grau leicht rötete —, da — war jenes seltsame Etwas, das für sie sprach und ging, versunken, und Jettchen war nur wieder das bedrängte Wesen, gepeinigt von bohrenden Gedanken, die keine Worte hatten, und mit denen sie es nicht zum Schlusse bringen konnte. Und das Mädchen kam hinten über die Galerie und brachte die Körbe, und Jettchen packte alle ihre weißen Porzellanpüppchen hinein, ganz vorsichtig, daß etwa keine zerbräche, und aus Kisten und Kasten kamen ungezählte Mengen von Kleinzeug und allerhand alter Silber- und Goldschmuck mit Mondstein und Amethyst und Malachit. Und Ketten und Armbänder und Aufsatzhefte und alte Schulzeugnisse und ihre wenigen Bücher, die alle in den geschwungenen Schriftzügen Onkel Jasons Widmungen trugen. Oben im Kästchen lagen die Veilchen, welk und morsch, zwischen dem Krayon und der Miniature, zwischen der silbernen Nadelbüchse und der Locke; und Jettchen sammelte sie mit spitzen, vorsichtigen Fingern und nahm ein Kuvert aus der neuen Papeterie, die ihr Onkel aus Karls= bad mitgebracht hatte — er hatte falsch prophezeit, es war noch kein Bogen verschrieben —, und sie sammelte die welken Blumen, die noch einen Schimmer von Blau zeigten, da hinein und legte das Papier oben auf die Servante.

Und nicht lange, so kamen von unten Gustav und der neue Hausdiener und sagten, Fräulein brauche keine Angst zu haben, sie würden damit umgehen wie mit rohen Eiern, und sie nahmen mit ihren plumpen Grobschmiedehänden die Körbe so zart und vorsichtig hoch, daß nicht mal das Por= zellan leise zu klirren wagte.

Doch wie Jettchen wieder allein war in dem halbdunklen Zimmer, da war von neuem jenes seltsame Etwas ver= schwunden, das die ganze Zeit für sie gearbeitet, gesprochen, Weisungen gegeben, und Jettchen saß da auf einem der weißen Stühle mit gefalteten Händen und sah durch die Glasscheiben der geleerten Servante nach dem letzten Licht des Tages. Sie wollte an Kößling denken; aber merkwürdig, sie wußte gar nicht, wie er aussah und ob sie ihn liebte und ob das nun recht oder unrecht wäre. Sie war ganz beherrscht von diesem bohrenden Gedanken, die eigentlich in keine Rich= tung wiesen, und sie hatte das seltsame Gefühl, als ob sie sich das alles hier noch einmal betrachten müsse, weil sie es nie wieder sehen würde.

Und war es denn noch ihr Zimmer? Alles stand leer und kahl. Die Schränke und Kästen sahen ordentlich hohl aus. Nicht einmal das Stammbuch lag auf der Ripsdecke, und nur das kleine Kuvert mit den toten Veilchen und hier der Goldfisch, der in dem halbdunklen Zimmer im Glas gluckerte, gehörten noch zu ihr. Und der Goldfisch sollte morgen auch herübergebracht werden. Und all das, was sie hier erlebt, war schon nur auf ein paar Erinnerungen zusammengeschmolzen. Aber dann kamen immer wieder diese wortlosen, bohrenden Gedanken, und Jettchen fühlte nicht einmal, daß um sie sich Dunkelheit senkte, die nur noch von einem einzigen Reflex in der Glaskrause vor ihr durchbrochen wurde. Plötzlich hörte sie die Schelle anschlagen und pinkernd nachzittern, und sie hörte Ferdinands Stimme und dann Hannchens und dazwischen die eines dritten, von dem sie glaubte, daß es der alte Naphtali wäre, und Rosalie und Pinchen tuschelten und lachten auf dem Gang. Da stand Jettchen auf und schritt hinten über die Galerie, wo ihr die nassen Zweige des Nußbaums raschelnd das Kleid streiften, sah in der Küche ruhig noch einmal nach dem Rechten und ging dann vor, mitten zwischen die plaudernden und lärmenden Menschen.

Den ganzen Abend sprach es wieder aus ihr, dieses seltsame Etwas, dem sie staunend zuhörte und zusah, ja, wirklich zusah, so wie man im Traum sich selber sieht. Es fragte, stand Rede, gab Antwort, aß und trank, stieß an mit Julius und Onkel Naphtali und allen sonst, gab Pinchen und Rosalie einen Kuß auf du und du, ja, es ließ ein paar Witze von Ferdinand über sich ergehen, der es sich nicht nehmen ließ, zweideutig zu werden — zur quietschenden Freude von Pinchen und Rosalie. Ja, es lachte sogar, wie Naphtali zum Schluß, als Salomon noch ein paar Flaschen heraufholen ließ, aufstand und sagte: „Was soll ich trinken dem schweren Wein in der tiefen Nacht? Jch geh im Gasthause —;" lachte über diese Bemerkung, die sicher diätetisch mehr Richtigkeit für sich hatte denn grammatikalisch.

Dann aber war Jettchen von neuem allein, und es begann wieder zu bohren und zu hämmern und zu sausen; und sie lag da mit offenen Augen und starrte in die dämmerigen Falten des Betthimmels, in denen, weiß Gott woher, so ein letzter Schimmer von Licht hing. Und sie meinte, daß nun jede Minute irgend etwas geschehen müßte: was — wußte sie nicht, ahnte sie auch nicht —, aber sie glaubte fest daran. Und das Eigenartigste war für sie, daß sie gar nicht an Kößling dachte; sie zwang sich dazu, sie versuchte sich Vorstellungen von ihm vor die Seele zu zaubern, aber es blieb alles leer und inhaltlos, nur dieses Bohren und Drängen, dieses wortlose Sinnieren, das auf einen Punkt hinschob, war in ihr. Und wenn Jettchen für kurze Zeit wirklich einschlief, dann kam immer wieder derselbe Traum von der großen roten Spinne, die mit vielen kribbelnden Beinen sich langsam von einer himmelhohen Decke herabließ, größer und größer, schneller und schneller, bis sie endlich gerade über Jettchen hing —, einen Augenblick ganz ruhig hing, daß Jettchen jedes Glied der langen beweglichen Füße, jeden Ring des blutroten Leibes, jeden Knick der zitternden Taster sah, ehe sich dieses wilde, gierige Traumwesen mit der vollen Wucht seines Körpers auf sie fallen ließ und Jettchen entsetzt hochfuhr und mit den Händen ins Leere griff.

Und endlich kam wieder ganz langsam ein grauer Tag hoch mit seinen windzerrissenen Wolken, hinter dem kahlen Astgewirr des Nußbaumes. Aber kein Blinken von dem Porzellan im Schrank fing mehr das erste dämmerige Licht, und Jettchen fror unter den Federbetten vor dieser fremden Leere. Frühzeitig klopfte die Tante an; es wäre viel zu tun, und Jettchen müsse gleich mit in ihre neue Wohnung. Und beim Kaffee, da saßen sie wie immer, Jettchen, Tante Rikchen und Onkel Salomon; und das Etwas, das für Jettchen das Wort führte, sprach auch hier; aber Jettchen fühlte jeden Augenblick dabei, daß der Onkel Salomon so eigentümlich um sie herumging, und es schien ihr, als säße er nur und warte, daß sie zu ihm sprechen würde. Ja, in der letzten Sekunde, als sie schon wieder mit dem neuen Mantel und dem weiten Capuchon hereintrat, kam es Jettchen vor, als winke er ihr mit den Augen, als bäte er sie gleichsam um eine Aussprache; aber ehe ihr das noch recht ins Bewußtsein drang, da war sie auch schon mit der Tante unten auf der Straße in Regen und Wind.

Und nun mußte sie packen und räumen, Geschirr in den Schrank setzen — Königliches Porzellan mit Blumen, jeden Teller mit einem anderen Strauß, "für gut", und rheinisches Steinzeug mit tiefblauen Vögeln und Ranken für Alltag. — Und sie mußte Kleider einhängen, und wenn die Riegel im Kleiderschrank beim Hin- und Herbiegen knarrten, dann ging es Jettchen wie mit Messern durch den ganzen Körper. Julius kam auch heran. Doch die Tante sagte ihm, er wäre hier nicht zu gebrauchen, er stände nur im Wege; wenn er aber noch einmal zum Konditor Candieni gehen wollte und sagen, er möchte das erste, was sie bei ihm bestellt, ja schon um neun schicken, das andere brauche erst um zwei Uhr fertig zu sein —, wenn er das tun würde, würde er wenigstens beweisen, daß er zu irgend etwas auf der Welt nutz sei.

Und wie Jettchen auf dem Heimweg war, versuchte sie sich vorzustellen, wie denn ihre Wohnung wäre, aber jedes Bild davon war verschwunden und erloschen.

Der Mittag kam und der Mittag ging; und das andere Jettchen sprach ganz unbefangen alltägliches Zeug, während sie selbst stumm dasaß und wartete auf das, was die nächste Sekunde eintreten müßte, während in ihr nur jene dumpfen, unbestimmten, wortlosen Gedanken drängten und kämpften.

Am Nachmittag kam es jedoch, daß Jettchen ganz allein war. Der Onkel war im Geschäft, die Tante räumte drüben die Küche ein, Julius war mit Naphtali zu Steheli gegangen, weil sich der das Leben dort mal ansehen wollte, und Pinchen und Rosalie waren überhaupt mehr bei Hannchen als hier. Und da —, als nun Jettchen allein war —, da ging sie wie im Traum noch einmal durch alle Stuben, saß im Eßzimmer eine gute Weile auf dem hohen Stuhl und betrachtete die Stiche an der Wand, die blanken Sachen auf der Anrichte und alle die Arbeiten, die Kissen, Rollen und Decken, die sie in jedem Stich kannte, und die Biskuitbilder an den Fenstern, die wieder leise an ihren Ketten schaukelten, „Morgengruß" und „Abendgebet" und „Der Krieger und sein Sohn" und „Die Mohrenwäsche", von denen der Onkel immer sagte, sie könnten doch ganz gut als Pendants gelten. Und Jettchen streichelte alles mit nassen Blicken —, sie wußte selbst nicht warum, denn sie suchte sich zu überreden, daß sie schon über= morgen wieder hierherkommen könne.

Dann ging Jettchen nach vorn in den grünen Saal, und sie mußte, wie damals, die Holzjalousien aufstoßen, und der graue Nachmittag belebte plötzlich all die glitzernden Lichter auf den weißen Möbeln mit den goldenen Schwanenhälsen. Die grünen Seidenwände schauten nur etwas blasser als ehedem. Von Jettchens ganzer Aussteuer aber, von den Kleidern, die an den Kronen gehangen hatten, von der Wäsche, die auf den Tischen gelegen hatte, von den Schuhen in Reihen auf dem blanken Boden, von den Kapotten und Schuten, Mänteln und Häubchen war nicht mehr ein Stückchen Einschlagpapier, nicht mehr ein Endchen Bind= faden übriggeblieben. Es hing nur noch ein Duft von frischer Wäsche im Zimmer, sonst schien das Zimmer Jettchen schon wieder vollkommen vergessen zu haben. Alles war wie einst.

Da an den hohen Spiegeln stand wieder der schnurrbärtige Türke und bewachte das kleine, tickende Uhrchen, und drüben schliff immer noch der Bronze-Amor seinen Pfeil; die Lichter standen wieder schief wie Bäume nach dem Windbruch, und in den Servanten fehlte auch nicht eine gemalte Tasse und nicht eine silberne Zuckerzange. Jedes Stück stand fest und unberührt. Da war der Blumentisch mit dem Gummibaum und der Palme und da das braune Tafelklavier. Jettchen betrachtete das alles mit einer traurigen Neugier; und plötzlich fiel ihr ein, daß Kößling hier zuletzt gespielt hatte und seitdem kein Mensch mehr auch nur eine Taste angeschlagen hatte. Und sie begann zu weinen und sank vor dem Klavier nieder und berührte immer wieder mit der Stirn und den heißen Lippen die schwarzen und weißen Streifen, daß die abgerissen und leise berührten Saiten gläsern und geisternd durch das stille Zimmer tönten. Jener ganze Abend kam ihr wieder vor die Seele. Sie sah alles: hier hatte Eli gesessen bei den Tanten, da hatten sie gespielt, und drüben in dieser weißen Nische hatte sie mit Kößling gestanden, bis die Tanten mit unzweideutigen Blicken sie gefragt, was das bedeuten sollte. Und wie Jettchen jetzt weinte, da wich die Starrheit, die sie umkrampft hatte, von ihr, und sie sah ihr ganzes liebloses Elend vor sich und erschrak bis ins innerste Herz hinein.

Aber da kamen die anderen zurück, und der Kampf umfing sie von neuem. Wie eine Marionette kam sich Jettchen vor, wie die Puppe in Hinkel, Gockel und Gackeleia, die keine Puppe, sondern eine schöne Kunstfigur war, die ging und sprach und endlich davonschnurrte.

Des Abends trieb die Tante alle bald fort, denn morgen wäre ein anstrengender Tag; und sie jagte ihre Hausgenossen frühzeitig ins Bett; und sie lag dem Onkel in den Ohren, sie ängstige sich, er solle morgen ja vorsichtig mit Essen und Trinken sein, denn er wisse, was der Geheimrat gesagt hätte. Und die Tante küßte Jettchen, und der Onkel küßte Jettchen, und beide meinten, sie hofften, daß Jettchen es nie schlechter haben sollte, als sie es hier bei ihnen gehabt hätte, und sie wünschten ihr sogar von Herzen, daß sie es nur besser haben möchte. Was sie dazu tun könnten, das hätten sie ja wirklich und wahrhaftig voll und ganz getan.

Man könnte vielleicht hierin etwas Selbstgefälligkeit erblicken. Aber man soll mir den zeigen, der sich im gleichen Falle nicht auch mit lauter Stimme gepriesen hätte, und der nicht von sich geglaubt hätte, daß er die Liebe und Güte in eigener Person wäre. Denn so wie wir den anderen bescheiden oder gar reichlich von unseren Glücksgütern mitgeteilt haben, leben wir auch schon der festen Meinung, wir hätten uns ihm gegenüber von allem sonst ganz und gar freigekauft.

Nun aber kam die letzte Nacht, vor der Jettchen graute. Nicht einmal der Goldfisch war mehr bei ihr, der doch bis gestern noch wenigstens manchmal im Glase geplätschert hatte. Den hatte der Hausdiener Gustav auch schon in die neue Wohnung getragen. Er hatte gesagt, er würde ihn behüten wie ein kleines Kind, und er hatte ihm zum Abschied — weil in den ersten Tagen doch keiner an ihn denken würde —, noch eine solche Hand voll Fischfutter und Mundlackoblaten auf das Wasser gestreut, daß das arme Tier beinahe erstickt wäre.

Und Jettchen lag da in ihrem Zimmer, in dem ihr nur noch oben das kleine Kuvert mit den welken Veilchen gehörte, und das ihr nun so fremd und so unheimlich war, wie einem nur je das Zimmer eines Gasthofes sein kann, welches man soeben zum erstenmal gesehen hat und von dem man im

Morgengrauen wieder scheiden wird. Ganz vergeblich suchte Jettchen ihre Gedanken zu ordnen. Sie lag nur da und grübelte wortlos und angestrengt vor sich hin. Sie hatte das Gefühl, daß sich in ihr irgend etwas vorbereitete —, als ob sie nun endlich zum Schlusse kommen müsse. Sie dachte sich, so müsse einem Gefesselten zumute sein, der dicht von Ketten umschlossen ist und wortlos und dumpf mit jeder Muskel gegen die Umschnürung ankämpft. Sie hatte einmal einen Mann gesehen, den man so fortgetragen hatte, ganz in ihrer Jugend. Und das Bild dieses Mannes, das sie sonst nur in schweren Träumen wieder erblickt hatte, kam ihr jetzt wachend vor die Seele. Dann aber schlief Jettchen ein — fest und traumlos, nicht leicht und hell wie früher, sondern in müder, tiefer Ohnmacht und schwer wie ein Stein. —

Und als Jettchen erwachte, sah sie wie benommen in den grauen Morgen und in den Regenschauer, der die kahlen Zweige des Nußbaumes vor dem Fenster bog. Wie hinter Gazeschleiern sah sie alles. Und es dauerte eine ganze Weile, bis ihr die Erinnerung kam, daß heute ihr Hochzeitstag sei. Aber dann packte es sie wieder, daß das doch nicht möglich wäre, und daß irgend etwas geschehen müsse. Das könne nicht wahr sein — irgend etwas müsse dazwischenkommen. —

Und wie sie noch so lag, mit den Blicken oben in dem Faltenwurf des Betthimmels verfangen, und wie sie so inhaltlos vor sich hin sinnierte — so muß ein Schiffbrüchiger die ersehnte Mastspitze am Horizont suchen —, da hörte sie es klopfen, immer klopfen. Aber sie achtete nicht darauf. Und plötzlich stand Jenny vor Jettchens Bett, im weißen Mullkleid, mit einem Rosenkränzchen im Haar und sagte, sie möchte vorkommen, es gäbe eine Überraschung für sie.

Jettchen stand auf und rieb sich die Augen; aber diese dumpfe Benommenheit, die alles in die Ferne rückte, ging nicht fort, und das wortlose Sinnieren beherrschte sie jetzt ganz. Den ganzen Tag über erblickte sie alles um sich her mit erstaunten Augen, und zeitweise verschwand es ihr vollends. Und dann kam es wieder auf sie zugerollt, daß sie mit übernatürlicher Schärfe jedes Bild sah. Und sie hörte jedes Wort, das um sie gesprochen wurde, so deutlich, als würde es ihr durch ein Schallrohr zugerufen.

Schnell zog sich Jettchen an, denn man pochte indes schon wieder —, und dann ging sie zur Servante, nahm ihr goldenes Medaillon, das sie immer an einem Kettchen um den Hals trug, legte ein paar der welken Veilchen da hinein und ließ es leise wieder in seinem Versteck auf ihre Brust zurückgleiten. Und nun ging Jettchen hinaus, in den Regen auf die Galerie, beugte sich weit hinüber und ließ die anderen morschen Veilchen — sie langsam zwischen den Fingern zerbröckelnd — auf den Hof herniederrieseln. Aber als sie damit fertig war, atmete sie auf; und es schien ihr, als ob nun auch das letzte Band, das sie an diesem Hause hielt, zerrissen wäre. — —

Vorn im grünen Zimmer war schon alles voller Menschen; der Onkel hatte Staat gemacht, und die Tante trug ihr silbergraues Atlaskleid. Julius hatte einen neuen blauen Rock mit blinkenden Goldknöpfen an, der bei Jasons Schneider gearbeitet war. Ferdinand war da und Naphtali und Eli. Wolfgang saß betrübt in einer Ecke, und Jenny im weißen Mullkleidchen trippelte mit ihrem Kränzchen ganz ängstlich von einem Fuß auf den anderen. Minchen und Hannchen hatten Spitzentücher in der Hand und drückten sie sich heimlich vor die Augen, und Julius machte ein feierliches Gesicht und hatte etwas unter dem Arm, ein Lederetui, das wie eine kleine Baßgeige aussah. Jettchen fragte sich, was diese Leute hier wollten —, und sie lächelte, weil es ihr komisch vorkam. Aber da warf sich Hannchen mit ihrer ganzen Breite ihr entgegen und schluchzte, sie wünsche ihr an ihrem Hochzeitsmorgen, daß sie glücklicher werde, als sie selbst es mit ihrem Ferdinand geworden sei. Und da fiel es Jettchen ein, daß ja der kleine feiste Mensch, da im blauen Rock, von heute ab ihr Mann sein würde. — Aber dann verschwamm es wieder. Sie wunderte sich sogar, sie sprach etwas. Aber während sie Tage vorher ganz deutlich noch gehört hatte, was es aus ihr sprach, kam es ihr jetzt kaum mehr zum Bewußtsein. Dann aber stand sie neben Julius, und alle anderen standen ihr gegenüber — steif und starr. Und sie sah Jenny vor sich, die mit beiden Händen ein weißes Kissen balancierte, auf dem, bedeckt von einem schmalen Spitzenschleier, ein grüner Kranz lag, und Jenny machte ein ganz ängstliches Gesicht und sagte:

"Die Sonne stieg so goldig heut empor,
Wie wohl noch nie an einem Tag zuvor." —

Und da dachte Jettchen, daß es doch draußen regnete. Und dann küßten alle Jenny und meinten, sie hätte ihre Sache sehr brav gemacht, und Naphtali legte ihr die Hand auf den Kopf und fragte: "Wie alt biste, mein Kind?" Und daraus schloß Jettchen, daß Jenny schon fertig wäre, und sie bedankte sich. Julius jedoch nahm das Lederetui, das Jettchen wie eine kleine Baßgeige vorkam, gab es ihr, und wie es Jettchen öffnete, sah sie darin ein rötliches und goldiges Geflimmer. Das wären Aquamarin und Topasrose, sagte Julius, und die Korsage sollte sie nachher umbinden als Brautschmuck. Sie müsse wie eine Königin darin aussehen, und sie wäre ja auch eine Königin —, nämlich seines Herzens. Salomon aber kam auch mit solch einem Lederetui, das er unter dem Schnupftuch aus der Rocktasche hervorgrub, und er sagte zu Julius, man brauche die Uhr nicht für alle Tage zu tragen, sie könnte einem sonst mal geknipst werden, und dazu wäre sie zu gut. Die Uhr wäre noch aus dem Geschäft seines Vaters; ein Prinz hätte sie mal bestellt, aber da er nicht bezahlt hätte, hatte man sie vorsichtshalber einbehalten.

Und dann ging man hinein und frühstückte, und es war eine lange Tafel gedeckt, und schon stand Wein auf dem Tisch. Aber man war noch nicht fertig mit essen, da kamen von unten aus dem Geschäft die Buchhalter und Lageristen zum Gratulieren herauf, die auf Bewirtung rechneten. Und immer andere kamen, und Jettchen stand neben Julius, der ihre weiße Hand mit seinen kurzen, festen Fingern umkrallt hielt, und grübelte. Sie erinnerte sich an die Geschichte einer spanischen Königin, die man als Leiche auf den Thron setzte und vor der nun die Höflinge Cour machten. So kam sie sich vor. Wie hieß die denn nur? Wenn doch Jason käme —, der könnte es ihr sicher sagen. — Aber dann sprach Jettchen, dankte und verbeugte sich und lachte, bis alles wieder verschwamm, und ihr nur dieses dumpfe Drängen und die wortlose Angst blieb: daß nun irgend etwas geschehen müßte, und was das wohl sein würde.

Doch jetzt war plötzlich Julius verschwunden, und Naphtali fragte Jettchen, wo er wäre. Sie wußte es nicht. Ferdinand aber, der schon in etwas gehobener Stimmung war — denn er konnte am Vormittag nichts vertragen —, lachte, machte die Bewegung des Geldzählens und schlenkerte die Hand, daß die Finger nur so knackten.

„Jetzt geht's wie bei Fetschows Hausknecht!" rief er überlaut —, „bisher stimmen se noch!"

„Verzeihen Se", meinte Naphtali, „wieviel gibt Ihr Herr Bruder eigentlich mit?"

Dann versank wiederum von neuem für Jettchen alles in einem dumpfen Sausen, und sie stand in ihrem Zimmer, das nicht mehr ihr Zimmer war, und Rosalie und Pinchen bastelten an ihr herum und strichen bewundernd über den knisternden Ottoman, daß es Jettchen bis in die Haarwurzeln ging.

Sie bürsteten auch Jettchens neuen Abendmantel mit dem großen Capuchon aus, den Jettchen ja übernehmen müsse, damit sie sich nicht erkälte. Denn das Wetter war klar geworden, und man würde zur Nacht sicher Frost haben.

Und dann kam Julius sehr ernst und feierlich und trug ein Myrtensträußchen im neuen Frack, und Jettchen fragte, wo Onkel und Tante wären; denn sie wollte ihnen sagen, sie könne nun doch die Rechnung nicht bezahlen — und sie könne es nicht. Doch da antwortete ihr das Mädchen, daß Herr und Frau Gebert schon vor einer halben Stunde fortgefahren wären, und Julius meinte, Onkel und Tante müßten doch die ersten sein, weil sie die Hochzeit ausrichteten; das wäre nie anders.

Wie Jettchen aus der Tür ging, da hatte sie das Gefühl, als müßte sie sich an den weißen Pfosten klammern und schreien — schreien — immerfort schreien ... Aber dann entglitt wieder alles, und sie spürte auf der halbdunklen Treppe Julius dicht neben sich. Sie ging unten im Hausflur auf dicken roten Läufern und sah wie im Halbtraume noch einmal die beiden Gipsreliefs Amor und Psyche und Bacchus bei der Erziehung des jungen Liebesgottes. Und dann kamen zwei Reihen Köpfe, und sie hörte, wie jemand sagte: „Kiek mal, den kleenen Bräut'jam!" und dann reichte das Mädchen, das vor Tränen nicht sprechen konnte, ihr den Mantel in den Wagen, und Julius nahm ihre Hand. Einen Augenblick sah Jettchen drüben über den Kähnen den ragenden

Stock des Schlosses ganz dunkel gegen einen blauen Himmel, auf dem noch ein paar weiße Wolken schnell vor dem Wind trieben, aber dann ging sie schon wieder über rote Läufer hin, und Julius trug ihren Mantel, den müsse sie sich gleich nachher umtun. — Und weiter waren sie beide einen Augenblick allein in einem kleinen Zimmer an der Treppe, und Julius küßte Jettchen und rief, daß er so glücklich wäre, und zum Geschäft hätte er auch Zutrauen. Er rückte sich vor einem kleinen Spiegel die Halsbinde zurecht, und Jettchen mußte lachen. Gleich darauf aber sah sie eine Menge Menschen um sich in demselben Saale, die durcheinander wogten wie die bunten Glassteinchen eines Kaleidoskops. Alle ... auch alle schoben sich auf sie zu und begrüßten sie und küßten sie, und der alte Eli sagte zu ihr, das hörte sie ganz deutlich: "Nu, mach's gut!" Aber wie Jettchen nun dankte, denn der Juwelier hatte Elis Geschenke schon zu Salomon geschickt, verstand Eli nicht recht, denn er hatte heute seinen tauben Tag; aber endlich begriff er doch, um was es sich drehte. "Nu, Jettchen", meinte er und schüttelte unwillig den Kopf, daß der Puder stob, "es freit mich, daß es dir wenigstens gefällt. Ich geb immer lieber mit de warme Hand wie mit de kalte, und bei dir, mein Kind, überhaupt — — — das ist doch leider alles, was ich dazu tun konnte."

Ferdinand, der ja schon seit früh in gehobener Stimmung war, klopfte Jettchen auf den Hals, so wie man Pferde klopft, und rief: "Mädel, Kopf hoch, du siehst ja sonst wirklich aus wie die Königin Esther."

Und wieder fielen in Jettchens Hirn die bunten Glassteinchen durcheinander zu ganz seltsamen Figuren. Inmitten eines Feldes aber dieser bunten Steinchen saß sie selbst; und die Toques mit den Marabufähnchen auf den hohen Figuren, die Blondenhäubchen mit Flieder, die Kränzchen und die

Spitzentuffe gingen um sie hin und her wie die Halme eines
Kornfeldes, in dem der Wind wühlt. Dann kam Julius
auf sie zu, und sie stand allein mit ihm zwischen vier Stangen
unter einem Baldachin; und hinter ihr wisperte es, und vor
ihr stand ein Mann mit einem weißen Kragen und einem
schwarzen Rock, hob beide Arme gen Himmel und brüllte
plötzlich mit der Stimme eines hungrigen Löwen: „Der
Ring ist rrund — rrund ist derr Ring — — ein Sinnbild
Gottes ohne Anfang und ohne Ende." — Und Jettchen
erschrak so, daß ihr die Knie schwankten. Dann aber ent=
schwand wieder alles, und nur langsam und unklar tauchte
es von neuem empor, und es kam Jettchen dämmerhaft zu
Bewußtsein, wo sie sich eigentlich befand. Der Mann redete
immer noch; Jettchen versuchte hinzuhören, aber sie konnte
keinen Sinn erfassen, und doch vernahm sie wieder ganz
deutlich: „Ja, umsonst hatte man ihm nicht in klugem Vor=
bedacht den Namen Salomon gegeben, der ja, wie es in der
Schrift heißt, unter allen Sterblichen der Weiseste war."
Und Jettchen grübelte darüber, wer wohl damit gemeint
wäre. Da jedoch war der andere auch schon wieder weiter,
und jetzt sprach er zu ihr, der Mann, denn sie fühlte seinen
Atem unangenehm über dem Gesicht: „Und Sie, meine
liebe Braut, ziehen nun aus der teuren Wohnung Ihrer
lieben Angehörigen in die teure Wohnung Ihres trauten
Gatten!" — Sie wollte schreien, Jettchen, daß das nicht wahr
wäre und daß sie das nie tun würde; aber da blinkte ihr
etwas vor den Augen, und man fragte sie, und es antwortete
aus ihr, und sie fühlte eine Berührung an ihrer Hand, und
hinter ihr erhob sich ein Lärmen, ein Gescharr wie von
hundert Pferden, und fünfzig Lippen suchten die ihren,
weiche und harte, junge und saftige, herbe und trockene.
Tante Hannchen zerfloß, als wenn sie aus Wachs wäre, und

die kleine Minchen, die in ihrem Schleppkleid wie ein Komet
aussah, schluchzte in sich hinein, daß sie noch kleiner wurde,
und rief ein Mal über das andere Mal: es wäre zu rührend.
Aus dem Gewirr tauchte das Gesicht Onkel Jasons auf,
und Jettchen hörte, wie er ihr über die Köpfe fort zurief:
„Na, gut überstanden? Ich komme nämlich erst jetzt, Frau
Jacoby — du weißt ja, ich seh mir so etwas aus Grund=
satz nicht an."

Aber da fühlte Jettchen, wie Julius ihren Arm nahm,
und Philippi spielte Dü=Dü=Dä Di=Di Dü=Dä Dää, und
Jettchen grübelte, was das wohl für ein Stück wäre, als
ob sie noch nie früher den Hochzeitsmarsch von Mendels=
sohn gehört hätte. Die Flügeltüren gingen auf — drin im
Saal mit den vielen hohen Spiegeln an der Wand, die das
Licht hundertfach brachen, stand eine lange Tafel —, und
dort hinten, wo der hohe Baumkuchen prangte, mit dem
rosa Amor in Zuckerguß, dort führte sie Julius hin. Und
der alte Lohndiener Pieper, der Jettchen von klein auf
kannte, wünschte ihr Glück und stellte eine Tasse mit Brühe
vor sie hin. Sie versuchte, aber es schmeckte wie Gift, und die
Kehle zog sich ihr zu. Ganz starr saß sie und sah die Tafel
hinunter. Alle Münder gingen, und sie erblickte sich selbst
drüben im Spiegel hinter dem hohen Baumkuchen, und der
Widerschein ihrer Topase und Aquamarine stach ihr in die
Augen. Im Spiegel sah sie die Länge der Tafel verzehn=
facht, zu endlosen Reihen schmatzender Menschen, bevor das
Bohren und Hämmern und wortlose Sinnieren wieder in
ihr begann und alle ihre Eindrücke verschleierte. Und Julius
sagte: „Iß doch, mein Liebchen", und warf ihr drei kleine
gebogene Fischchen auf den Teller, die Jettchen unheimlich
mit blinden Augen wie mit großen grauen Hagelkörnern
anstarrten. Ganz schrill hörte sie an das Glas klopfen und

sah die lange, hagere Gestalt Jasons, der ein wenig vornüber
gebeugt stand, hörte seine liebe, feine Stimme, die weich und
zugleich scharf war. Jetzt müsse sie aufpassen, sagte sich Jett=
chen; aber es summte und brauste ihr nur so in den Ohren,
und sie vernahm kaum ein Wort. Nur das eine hörte sie:
„Daß jener damals draußen geblieben wäre, das wäre eine
Personenverwechslung gewesen; auf der Kugel hätte eigent=
lich sein Name gestanden", und als sich Jason wieder setzte,
war alles ganz still und starr, und keiner gab einen Laut.
Und München rief Jettchen zu: „Nu, Jettchen, haste von
deinem Vater gehört, was das für einer war. — Aber wie
red't Jason doch?"

Dann aber kamen Wolfgang und Jenny und legten vor
Jettchen und Julius zwei lange, mit Versen bedruckte
Atlasbänder mit Goldfransen hin, und Jettchen küßte
Wolfgang, der ganz grün und verweint aussah. Die Musik
aber spielte: „Ei, was braucht man, um glücklich zu sein"
durch zehn Verse.

Kapaune und Poularden wurden herumgereicht, und
Ferdinand saß schon da mit einem roten Kopf und zerbrach
sein Brötchen. Aber da klopfte Eli, der heute seinen tauben
Tag hatte, an das Glas, und alles wurde mäuschenstill. Eli
jedoch hatte weder den schrillen, gläsernen Ton vernommen,
noch gewahrte er, daß das Rauschen und Plaudern sich um
ihn gelegt hatte, er hatte sich nur seinem Nachbar bemerk=
bar machen wollen.

„Sie, da drüben!" rief er sehr ärgerlich Naphtali an,
„sagen Sie doch mal Pieper, er soll mir noch mal die Sauce
'rüberbringen."

Herrgott, gab das ein Gelächter! Und die letzte Nach=
wirkung von Jasons Worten ertrank darin, und man wurde
lärmend und lustig an allen Ecken und Enden. Jedes neue

Lachen schnitt Jettchen ins Hirn. Dann erst stand Ferdinand auf und sprach. In solcher Stimmung zu reden, das war ihm gegeben. Und alle kamen auf Jettchen zu und kicherten und stießen mit ihr an. Und wieder bekam sie ein bedrucktes Atlasband — diesmal gab es ihr Jenny — mit einer Dichtung von Pinchen und Rosalie. Und man sang acht Verse nach der Weise des „Liebestranks". Pinchen und Rosalie aber sagten zu Jettchen, sie hätten es selbst verfaßt.

Nun erhob sich Naphtali, und Jettchen biß sich auf die Lippen, um zu hören, was er sprach; aber sie vernahm es nur, als ob es aus ganz weiter Ferne käme:

„Ich hatte schon immer", sagte Naphtali langsam und wandte sich zu Jettchen, „soviel gehert von der Schenheit und Lieblichkeit der Braut; aber ich hatte es nicht geglaubt. Doch wie ich hierher bin gekommen, hat es auch mir so gegangen. — Mein verehrter Herr Vorredner meinte, er kenne sein Jettchen schon von der Geburt an. Nun — ich kenne unseren Joel von noch frieher; denn ich bin der gewesen, was 'n hat auf den Schoß gehalten, als er ist aufgenommen worden ins Judentum. Ich war ———"

Jettchen sah, wie Salomon unwillig mit dem Stuhl rückte, als wollte er aufspringen, aber dann versank ihr alles im Augenblick, und das Bohren begann von neuem. Julius goß ihr Sekt ein. An solchem Tage wie heute, sagte er, müsse sie Sekt trinken. Und sie fühlte durch den dünnen Seidenrock die feiste, kurze, schwere Hand —, eine Hand, als ob die Spitzen der Finger abgehackt wären —, fühlte sie auf ihren Knien, und ein solcher Widerwillen und ein solcher plötzlicher Ekel packte sie, daß es ihr beinahe aufstieg.

Und von nun an sah sie immer ganz heimlich und ängstlich auf den kleinen, breiten Menschen, der da neben ihr wie zusammengehämmert auf dem Stuhl saß und breit schmatzte und stopfte, und der ihr immer ganze Keulen und Stücke auf den Teller warf, und Berge von Spargel und Schoten ihr dazu schüttete. „Nimm doch, Jettchen, iß doch!"

Immer wieder kamen Leute, die mit Jettchen anstießen, und es schien Jettchen, als ob sie nie vorher diese Gesichter gesehen hätte; und es knatterte schon hie und da von den Knallbonbons, an denen die Gäste mit ängstlich abgewandtem Gesicht zerrten. Das war jedesmal für Jettchen, als flöge ihr ein Geschoß summend und zischend an der Schläfe vorbei. Von Minute zu Minute wurde man lärmender. Alles schrie, alles schwatzte, alles lachte durcheinander, und Jettchen saß dazwischen kerzengerade und unbeweglich, wie ein Stein in der Brandung; ganz erstarrt war sie jetzt. Sie empfand nur, wie jetzt auch nicht mehr der dünnste Faden sie mit jenen verband, und daß ihr Lebenskonto von jeher in einem anderen Buch gestanden hatte; und dann immer dieses Bohren und Grübeln, dieses Anpressen mit jeder Muskel gegen die Ketten, die sie umschnürten von den Zehen bis zum Halse — so fest, daß sie auch nicht ein Glied mehr zu rühren vermochte. Das Eis kam und Jettchen nahm davon, aber es lief ihr wie glühender Stahl durch die Kehle. Die Kinder sah sie an der Tafel entlanggehen und in Tüten übriges Naschwerk zusammenräubern, und die Tante gab ihr auch eine solche Tüte, sie solle sie nur für heute abend noch mitnehmen, und den Baumkuchen bekäme sie ebenso.

Aber Julius meinte mit rotem Kopf: „Nu, wenn wir heute nicht mehr dazu kommen —, essen wir ihn eben morgen. Nicht wahr, Jettchen?"

Und die Tante schlug lachend mit ihrem Fächer nach ihm. An Jettchen aber flog alles, so erschrak sie bis ins tiefste Herz hinein. Wie einem Vogel, der im Bauer aufflattert, weil eine griffbereite Hand nach ihm sich streckt, und der nun angstvoll und machtlos mit Kopf und Flügeln gegen die Stäbe stößt, so war ihr.

Endlich rief Salomon in das Getümmel: „Ich wünsche den Herrschaften eine gesegnete Mahlzeit ... Den Kaffee bitte im gelben Saal!"

Und man sah es ihm an, er war stolz auf diese rhetorische Leistung.

Wieder gab das einen Lärm wie von hundert trappelnden Pferden, und alles lief durcheinander, schüttelte die Hände, beglückwünschte sich und küßte sich, als ob es wunder was vollbracht hatte.

Julius sang und trällerte unausgesetzt, als Jettchen mit ihm in den gelben Saal schritt, in dem sich schon alle wieder um das Büfett drängten, um der Madame Spiro mit dem freundlichen Gesicht und dem weißen Häubchen zu versichern, daß das Essen wieder einmal ganz großartig gewesen sei.

Und langsam gingen nun Jettchen und Julius an den gelben Polsterbänken entlang, damit jeder seine paar Worte von ihnen bekäme. Es redete immer noch aus Jettchen ganz selbsttätig, und sie horchte manchmal starr und erstaunt auf. Jettchen sah sich nach Jason um; aber der war schon lange wieder fort, und sie war nun ganz allein, allen ihren Feinden gegenüber.

Naphtali hielt sie an. „Na, Joel", rief er, „wie ist dir?"

Julius lachte.

„Nu, du bist doch jetzt glücklich genug, Joel! Weißte, und da hab' ich mer gesagt: de Reise kost sowieso schon genug, ... was soll ich der da noch groß' was schenken. Aber eins wünscht dir dein alter Onkel doch: du sollst immer e Friedrichsdor mehr haben, wie de brauchst!"

Da kam Ferdinand heran, der eigentlich seit Vormittag nicht wieder nüchtern geworden war.

„Na, alter Junge!" rief er schon von weitem, „wie ist dir denn heute? Das gefällt dir wohl so? Ich wünschte, ich wäre auch noch mal so jung."

Jettchen ließ Julius los. Sie hatte das Gefühl des Vogels, den die Hand greifen will, als müsse sie mit dem Kopf gegen die Wände stoßen und blind und toll nach einem Ausgang suchen.

Da ganz hinten saß das Fräulein mit den Pudellöckchen, und richtig: sie hatte eine Handarbeit an der Seite und knüpfte und kniewelte. „Nu, Jettchen", rief sie, „komm mal her. Schade, daß es nicht Sommer ist, da könnte man doch noch ein bißchen 'runter in den Garten gehen."

Aber da sah Jettchen, daß die Tür, die zu dem Zimmerchen führte, wo ihr Mantel lag, angelehnt war, und das Blut schoß ihr zu Herzen, daß ihr hundert Sonnen vor den Augen sprühten, und dann wurde ihr eiskalt.

„Ja, schade, mir wär's auch lieber —" sagte sie. „Aber einen Augenblick —"

Dann ging Jettchen den Schritt hinein, sah ihren Mantel, schwankte, fiel auf einen Stuhl, riß sich hoch, strauchelte ein zweites Mal, riß sich von neuem hoch, warf den Mantel über, steckte den Kopf ganz langsam, Zoll für Zoll, durch die Türspalte auf die Treppe hinaus. Niemand! Nein, niemand! Und dann die Schultern nach, den einen Fuß — den anderen — leise auf den Zehenspitzen. — Und schon schnurrte sie mit ihren Atlasschuhen nur so hinunter, ganz schnell, lautlos und trippelnd, während sie alles um sich, die eisernen Geländerstangen des Treppenhauses, die Läufer auf den Stufen, mit einer unheimlichen Greifbarkeit erblickte und ihr der Lärm von oben durch die Kapuze in den Ohren gellte.

Aber dann will die Tür nicht aufgehen — will nicht aufgehen. Um Himmels willen, wie denn nur? — Wie denn nur? Ah — so! Und eine Welle kalter Finsternis schlägt Jettchen entgegen.

Einen Augenblick hält sie mit stockendem Atem. Niemand ist ihr gefolgt, keine Menschenseele — nur die klare Nacht steht über ihr, mit tausend kalten, blinkenden Sternen in dem schwarzen Himmel. Über den Fahrdamm springt Jettchen mitten durch die Wasserlachen, deren dünne Eisschichten knisternd unter ihr brechen; bis über die Knöchel tappt sie da hinein mit den weißen Schuhen. Sie greift die Schleppe und zieht sie um die Füße, und dann läuft sie, läuft sie nach den Lichtern, nach der Königsstraße, ohne einem Menschen zu begegnen. Sie hält, horcht auf, wendet sich, kein Lärmen, keine Schritte, kein Stimmengewirr —, alles still und schwarz.

Die Bedrängtheit und Benommenheit ist von Jettchen gewichen, sie ist zwar noch erregt, heiß und fiebernd, aber ganz klar wieder und fest. Und deutlich fühlte sie das kleine goldene Medaillon auf ihrer Brust.

*

Hiermit, Leser und Freund — denn ich hoffe, du bist mir ein Freund geworden — hiermit also endet sie, die Geschichte der Jettchen Gebert; — und von ihr allein versprach ich vorerst zu erzählen. Die andere Geschichte aber, von der mir noch zu sprechen bleibt, die der armen Henriette Jacoby, will ich mir ersparen, bis auch meinem unruhvollen und zerrissenen Leben wieder einmal erlösende Tage kommen, in deren stillen Stunden die liebgewonnenen Schatten mir von neuem vor die Seele treten werden.

So lange aber geben wir ihnen ihre altgewohnte Ruhe zurück, ihnen allen, die uns hier in buntem Reigen geleitet haben: Salomon und seinem mit vielen Tugenden geschmückten

Eheweib; Jason, der ein wenig abseits von den anderen begraben wurde, so wie er ein wenig abseits von den anderen gelebt hat; Ferdinand und dem kleinen Wolfgang, der sich scheu beiseite schlich, bevor ihm noch das Verständnis für das wunderfeine Uhrwerk der griechischen Sprache erblüht war, und der keine Lücke hinterließ, nirgends — nicht einmal in seiner Klasse, denn keiner seiner Mitschüler brauchte auch nur um einen Platz heraufzurücken, als es hieß, daß Wolfgang nun andauernd und in alle Ewigkeit dem Unterricht fernbleiben würde. Und auch Eli und Minchen, deren Leben sich bald vollendete, und die fast zu gleicher Zeit abgeschirrt wurden — denn die brave Minchen konnte den schweren Wagen des Lebens nicht mehr allein ziehen — auch ihnen wieder ihre altgewohnte Ruhe. Der alte Heide zwar, wenn er vielleicht, wie ich annehme — man weiß leider solche Dinge nie genau! — in den Heidenhimmel gekommen sein sollte, so wird er wohl nun jeden Mittag um zwölf mit seinem Zylinder von Anno dazumal und seinem Palmrohrstock an der Ecke stehen und die Rosse des Sonnengottes einer ebenso vernichtenden Kritik unterziehen wie weiland Naglers Wallache vor den Prenzlauer Wagen. Und auch ihr, die dieser Geschichte den Namen gab, warum wollen wir ihr nicht die Ruhe geben, die sie sich mit einem harten Lebensjahr noch erkaufte und erkämpfte? Denn mit ihrer Ehe, da ist die Sache nicht wieder so recht ins Lot gekommen, und auf dem Stein, den ihr der Onkel setzen ließ, wird Jettchens nur als Nichte und nicht als Gattin gedacht. Doch selbst dieses letzte Zeichen der Anhänglichkeit ist nunmehr schon morsch und brüchig geworden, und aus den geschwungenen Buchstaben haben Wind und Wetter, Regen und Schnee längst die letzten Spuren von Vergoldung gewaschen und gerieben, haben sie ganz ausgelöscht und fast unleserlich gemacht; sie sind verblichen und erloschen, so wie das Andenken Jettchen Geberts bei den Menschen erloschen ist.

Ich aber will noch einmal, später in stillen Stunden, neues Gold über die krausen und geschwungenen Buchstaben ihres Lebens bringen, daß sie wieder leuchten sollen, klar, weithin, und allen lesbar. Aber auch ihm, der in den Strudel hinabgezogen wurde, und dem man keinen Stein setzte und der auf keinem umgrenzten Friedhof ruht... auch die Runen seines Lebens, die verschollenen, unentzifferbaren, will ich dann mit Gold umziehen.

Nachwort

In der Literaturbetrachtung ist von einer Fontane-Nachfolge gesprochen worden. Nimmt man die Möglichkeit eines Vergleiches mit Fontane als gegeben an, wobei es naheliegt, daß eine Erscheinung wie Fontane dazu anregte, thematisch auf ihren Spuren zu wandeln, so kommt eigentlich nur ein Schriftsteller hierfür in Betracht. Es ist Georg Hermann Borchardt, der sich als Autor Georg Hermann nannte, geboren im Herbst 1871 in Berlin, ermordet 1943 in Auschwitz.

Hat Fontane in der Mehrzahl seiner erzählenden Werke die Berliner adlige und bürgerliche Gesellschaft der siebziger bis neunziger Jahre gestaltet, so bildet das Berlin der ersten fünfundzwanzig Jahre unseres Jahrhunderts den Hintergrund für eine „Kette von fünf Romanen" Georg Hermanns[*]. In dieser Zeit war die gesellschaftliche Überflügelung des preußisch-deutschen Junkers durch das Besitzbürgertum, die bei Fontane behandelt wird, im wesentlichen abgeschlossen. So ist das Leitmotiv bei Georg Hermann auch ein anderes als bei Fontane; seine Darstellung spiegelt die Zersetzung der Reste des alten, kultivierten, humanistisch

---

[*] „Einen Sommer lang", „Der kleine Gast", „November achtzehn", „Ruths schwere Stunde", „Eine Zeit stirbt".

gerichteten Berliner Bürgertums durch das Spekulanten- und Schiebertum der wilhelminischen Aera und durch die „Neureichen" der Inflationszeit wider. „Eine Zeit stirbt" heißt der letzte, 1934 erschienene Roman, und dieser Titel hat für die ganze Reihe Geltung.

In einem Vorwort hat Georg Hermann selbst umrissen, was er beabsichtigte: „Fünf Romane mit den gleichen Figuren über ein Lebensalter hin. Jeder spielt nur kurze Zeit, jeder ein anderer Querschnitt an einem anderen Wendepunkt des Weltgeschehens und des Einzelschicksals. Von den letzten Jahren des alten Jahrhunderts bis zu den letzten Tagen der Inflation zieht sich die Kette hin ... Es ist im großen die Geschichte der Generation, die zwischen 1870 und 1880 zur Welt kam. Männer und Frauen des guten bürgerlichen Berliner Mittelstandes sind es, fast alle eigentlich ‚vom gesicherten Leben' oder doch aus dem gesicherten Leben kommend ... Intellektuelle, Schriftsteller, Musiker, Ärzte, Juristen, große Kaufleute ... sie alle erleben hier, daß ihre Zeit stirbt ..." Alle diese Menschen sind Juden; das ergibt sich aus dem außergewöhnlich stark ausgeprägten autobiographischen Element in fast allen Werken Georg Hermanns. Sie sind es jedoch, auch wenn der Verfasser eine Absicht damit verband, gleichsam zufällig. Sie sind, wie sie sind, nicht, weil sie Juden sind, sondern sie sind typische bürgerliche Menschen jener Epoche, und nur nebenbei Juden.

Berührt wurden die Romane der „Kette" hier deshalb, weil das Thema der Zersetzung und des Abstieges des sogenannten guten Bürgertums, das Georg Hermann in ihnen variiert, bereits in seinem ersten größeren Werke anklingt, in dem Werke, das seinen literarischen Ruf begründete: dem zweibändigen Roman „Jettchen Geberts

Geschichte", von dem der erste Teil, „Jettchen Gebert", hier vorgelegt wird.

Einen Erfolg wie den von „Jettchen Gebert", das 1906 erschien und dem anderthalb Jahre später der zweite Band, „Henriette Jacoby", folgte, hatte Georg Hermann nicht wieder zu verzeichnen. Die Romane der „Kette", von denen der erste 1918, der zweite 1925 erschien, waren dem Bürgertum zu aktuell. Dieses wollte keinen Spiegel vorgehalten haben, es wollte entweder „Spannung" und „Unterhaltung" im engeren Sinne, am besten mit psychologisierendem oder erotischem Einschlag, oder aber Flucht in die Vergangenheit, und zwar in eine sentimental gesehene Vergangenheit.

Diese sentimentale Note hat denn auch zu dem Erfolg von „Jettchen Gebert" wesentlich beigetragen. Für die Leser der Zeit vor 1914 wurde hier eine melancholisch-süße Liebesgeschichte aus dem als eine Epoche der Beschaulichkeit, der freundlichen Selbstgenügsamkeit und gefühlvollen Schwärmerei abgestempelten Biedermeier erzählt, die durch die meisterhafte, detaillierte Milieuschilderung noch einen erhöhten Reiz erhielt. „Und es kam, wie es kommen mußte. Alles, wie es kommen mußte." Diese wiederholt auftauchende Lieblingsformulierung Georg Hermanns war so sympathisch einschläfernd, kam der Neigung großer Teile des deutschen Bürgertums zur Flucht vor den gebieterischen Entscheidungen der Zeit so angenehm entgegen, und „daß sie sich nicht kriegten", machte das Ganze noch reizvoller. Es werden wegen des Schicksals des armen Jettchen und ihres Doktor Kößling in vielen Stuben höherer Töchter nächtlicherweile heiße Tränen geflossen sein. Fremdes Leid, vom sicheren Hafen der Geborgenheit aus betrachtet, hatte für ein Geschlecht, das vor wirklicher Not die Augen verschloß, etwas prickelnd Anziehendes; und Konvenienzheiraten waren an der Tagesordnung: es brauchte ja nicht gerade ein Julius Jacoby zu sein. Die Gesellschaftskritik aber, die sich bei Georg Hermann hinter dieser sentimentalen Resignation verbarg, die Schilderung des Sterbens des Bürgertums an der von ihm selbst heraufbeschworenen Bourgeoisie, wurde übersehen.

Schon beim Erscheinen von „Jettchen Gebert" wies ein namhafter Literaturkritiker der Zeit (Carl Busse) auf den „unverkennbaren tatscheuen, resignierten, fatalistischen Grundzug" des Werkes hin und nannte es eine „Tragödie der Entschlußlosigkeit". Auch seine Bemerkung, daß jede positive Gestalt fehle und daß der „Haß" Jason Geberts — dem Georg Hermann weitgehend eigene Züge geliehen hat — gegen die Jacobys „zum Teil der Haß der Schwäche gegen die rücksichtslosen Tatmenschen" sei, trifft etwas Richtiges. Nur gingen diese Bemerkungen an dem Entscheidenden vorbei, weil sie das Versagen des Paares Jettchen=Kößling allein aus charakterlichen Schwächen erklärten. Gewiß sind beide Gestalten durch Eigenschaften charakterisiert, die sich in dem Konflikt, in den sie ohne eigentlich zu wissen: wie geraten, negativ auswirken müssen. Aber das entscheidende Wort spricht doch bei der Haltung beider Herkunft und Umwelt. Dem provinziellen Handwerkersohn Kößling, der sich zum Doktor und zum freien Schriftsteller empor=gehungert hat, hängen die bedrückenden Verhältnisse seiner Jugend und seine unsichere soziale Stellung wie Bleigewichte an; er wagt, so fortschrittliche Ideen er sonst vertritt, im Grunde gar nicht, die Augen zu der verwöhnten Großbürger=tochter zu erheben, sie ernsthaft zu begehren. Und Henriette Gebert ist trotz allem „inneren Gefühl", nicht „hierher", das heißt in die Familie Salomon Gebert, zu gehören und bei aller latenten Neigung zum Ausbrechen — „manchmal möchte ich dem Bettler die Hand geben und mit ihm weggehen" — doch so weit Produkt ihrer Herkunft, Erziehung und Umwelt, daß sie im entscheidenden Moment jenem „Bettler" zwar die Hand gibt, aber nicht mit ihm fortgeht. Sie zieht es vor, sich in die „Wonne der Wehmut", in das Schwelgen im Entsagen zu flüchten. Auch in dem in das Literarische und Künstlerische verirrten Bürger Jason Gebert, der das „Geschmeiß" der „Industrieritter" und schäbigen Geschäftemacher, das die altangesehene Familie Gebert zuerst kompromittiert und dann unterminiert, so haßt, in dem enttäuschten 1813er, dem „Demagogen" und fortschrittlich sich gebenden Menschenfreund siegt der Großbürger über die Humanität. Auch er findet, weil es bei aller menschlichen Sympathie für Kößling doch gegen sein Klassenbewußtsein geht, daß jener die ihn von den Geberts trennende „Kluft" nicht respektiert, nicht den Entschluß zu einer helfenden Tat und läßt den Dingen ihren Lauf. Nicht das Schicksal im herkömmlichen Sinne trennt also Jettchen Gebert und den Doktor Kößling, sondern beide haben infolge ihrer Klassengebundenheit nicht die Kraft, die Hindernisse zu überwinden. —

Georg Hermann war nicht der erste, der ein solches Thema behandelte. Mit umgekehrten Vorzeichen erscheint der Konflikt von „Jettchen Gebert" in Fontanes „Frau Jenny Treibel" (Corinna Schmidt — Leopold Treibel — Jenny), und auch in Thomas Manns „Buddenbrooks" haben Jettchen (Tony Buddenbrook), Kößling (der Lotsensohn Morten Schwarzkopf), Salomon Gebert (der alte Konsul Johann Buddenbrook) und endlich Julius Jacoby (Bendix Grünlich) Vorgänger. Ob hier eine bewußte Anlehnung Georg Hermanns vorliegt, muß dahingestellt bleiben.

Der Weg des Schriftstellers Georg Hermann war bestimmt von der humanistischen Haltung und der Aufrichtigkeit der Aussage, die für viele bürgerliche Demokraten alten Stils bezeichnend waren. Sie machten ihn unter dem Eindruck des ersten Weltkrieges zu einem leidenschaftlichen Antimilitaristen und Kämpfer für den Frieden; sie waren auch schon wirksam, als er „Jettchen Gebert und ihre Zeit aus tiefster, letzter Vergessenheit wieder zum Scheinleben heraufzauberte".

Dr. Christfried Coler